中共北京市委宣传部
北京市人民政府国有资产监督管理委员会
北京市企业文化建设协会

文化驱动

WEN HUA QU DONG

北京日报报业集团
同心出版社

　　企业文化凝聚着企业的灵魂,体现着企业的核心价值,决定着企业的发展战略,引领着企业的发展方向,是企业的精气神,是无形的生产力。加强企业文化建设,有利于增强企业活力,有利于增强企业凝聚力,有利于增强企业软实力与竞争力。我们常说,企业发展"三年靠机遇,五年靠管理,十年靠品牌,百年靠文化",可见企业文化已成为企业长寿的命根子。因此,一个企业要想发展壮大、长久不衰,必须高度重视文化建设,切实加强企业文化建设,自觉把企业文化建设作为重大战略来设计、来组织、来推动。

　　当今时代,经济全球化不断深化,国际文化交流交融交织交锋,文化对经济社会发展的影响和作用更加凸显,企业间的竞争日益呈现以文化论输赢,以精神定成败的格局,企业文化已成为决定企业前途命运的关键因素。随着北京建设中国特色世界城市步伐的不断加快,北京企业走出国门、走向世界的道路也必将更宽更广,面临的竞争也将更加激烈。这就需要北京企业深刻认识新形势下企业文化建设的重要地位和作用,找准文化与经济的融合点、文化与市场的兴奋点、文化与品牌的契合点,把企业文化融入发展战略、生产经营、企业管理、市场推广等各个环节。只有这样,才能不断提升企业的市场竞争力,增强企业发展活力。

　　由北京市委宣传部、北京市国资委、北京市企业文化建设协会联合编著的《文化驱动——北京市国有企业企业文化建设新探索》,收录了全市42家市属国有企业加强企业文化建设的典型案例,汇集了他们的经验做法和理论思考,也展示了这些年来北京市企业文化建设取得的丰硕成果。全书由驱动创新、驱动变革、驱动转型、驱动管理四个篇章组成,分别从不同的角度,阐述了企业文化在企业发展中的重要作用,内容充实,可读性强,实用性强,是一本加强企业文化建设的生动教材。全市各类企业的经营管理人员特别是企业高管们可以抽出时间来看一看这本书,学习借鉴其中的一些好经验好做法,深化对企业文化建设的研究,通过一流的企业文化,提升企业的凝聚力、影响力、竞争力,更好地适应市场,占领市场,赢得市场。

中共北京市委常委、宣传部长、副市长　鲁炜
2012 年 11 月

目录 CONTENTS

■ 驱动创新 ■

▌驱 动 变 革▌

■ 驱动转型 ■

▓ 驱动管理 ▓

驱动创新

QU DONG CHUANG XIN

■企业文化理念摘录■

一心为乘客，服务最光荣。

尽心尽美，尽善尽美。

走进工美门，就是一家人。

干负责任的事业，做负责任的人。

打造『中国的心脏，世界的引擎』。

北京公共交通控股(集团)有限公司

企业简介:

北京公共交通控股(集团)有限公司是国有独资特大型公益性企业,是一个以城市地面公共交通客运主业为依托的大型公共交通集团企业。目前,集团公司拥有员工11万余人,运营车辆28000余部,运营线路948条,全年运送乘客50亿人次,每天平均运送乘客1319万人次,在首都经济建设和市民出行中,担负着不可或缺的公共客运交通任务。在北京城市公共交通发展中,处于主体地位,发挥着主导作用。

创新企业文化
建设人民群众满意的北京公交

■ 中共北京公共交通控股(集团)有限公司委员会 ■

从1921年第一条有轨电车线路诞生至今,北京公共交通潮起潮落地走过了近一个世纪的风雨历程,形成厚重的文化积淀。特别是新中国成立之后,一代又一代"公交人"在这片沃土上耕耘播种、无私奉献,逐渐培育形成了特色鲜明的文化绿荫和精神果实,孕育了包含人本性、服务性和奉献精神的优秀公交文化。

一、导入公交企业识别(CIS)系统,确定企业文化建设中长期任务目标

北京公交集团从2001年起开始着手总结提炼公交文化内涵,在深入挖掘、博采众长、传承历史、立足创新的原则指导下,进行了企业形象、理念识别规范和行为识别规范的设计,并于2005年最终确立和实施了集团公司企业理念、行为、视觉规范三个系统。

1. 导入企业文化CIS系统,明确企业文化本质和内涵。1921年,北洋政府和中法实业银行签订《北京电车合同》,官商合股,电车公司挂牌成立,这是北京公共交通的开始。新中国成立以后,一代又一代公交人传承"艰苦奋斗、勇挑重担、甘于奉献"的优良传统,在运营生产和车厢服务中,逐渐培育了共同的价值观和行为准则,形成了特色鲜明的优秀公交文化。随着市场经济的发展,面对新形势、新特点、新任务和员工精神文化的新需求,公交集团从2001年起总结提炼企业文化内涵,进行了企业形象、理念识别和行为识别的规范设计。2005年最终确立和实施了集团公司企业理念、行为、视觉识别的三个规范系统,明确了"以人为本,乘客至上"的核心理念,"一心为乘客,服务最光荣"的企业精神和"建设人文公交、科技公交、绿色公交,成为适应首都城市特点和功能的国内一流公交企业"的发展目标,使企业文化建设进一步明确和具体化。

2. 制定企业文化建设中长期规划,促进公交文化落地生根。随着创建首都文明行业目标的实现和北京奥运,及新中国成立60周年交通服务任务的圆满完成,北京公交整体服务水平达到了一个新的高度,社会各界对公交的需求和标准也随之提高。如何在新起点上传承优良传统、提高服务水平,落实公交优先、工作优秀,对企业文化建设提出了更高的要求。北京公交集团在全面导入企业文化CIS系统的基础上,根据当前形势发展和企业实际需要,制定实施了《关于加强企业文化建设的三年规划(2010年—2012年)》,从指导思想、工作重点、任务目标、载体途径、考核评价、组织保证等方面作出了中长期规划。为深入贯彻落实党的十七届六中全会精神,提高企业管理水平和干部员工素质,公交集团又制定下发了《深入贯彻十七届六中全会精神,提升公交企业文化软实力,全面推进企业文化建设工作方案(2012年)》,确定了企业文化建设任务目标,进一步加强了企业文化建设的领导和考核,明确了职责和分工,完善了制度和机制,为企业文化建设在运营生产中发挥更大作用奠定了坚实的基础。

3. 设计企业文化建设实践载体,大力弘扬优秀公交文化。北京公交集团从"大处着眼,小处入手",放眼企业文化建设的宏观前景和本质要求,设计了丰富多样的实践载体活动。公交集团结合创建文明行业工作,全面实施了"优质服务提升工程"、"科技进步推进工程"、"场站建设整治工程"、"员工素质培训工程"、"企业文化建设工程"和"和谐企业构建工程",广泛开展了"对照创建标准查找服务不足"、"文明服务专项整改月"和"百名礼仪服务标兵评选"活动。2010年公交集团设计开展了管理文化建设、车厢文化建设、品牌文化建设、安全文化建设、节能文化建设、场站环境文化建设和廉洁文化建设,组建公交职工艺术团和文体协会,并开展了丰富多彩的群众性文体活动。通过开展多种形式的实践活动,将弘扬优秀公交文化与做好车厢服务、树立公交品牌、加强人性化管理紧密结合,使全体干部员工逐渐形成了认知自觉和行动自觉,进一步增强了企业文化建设的针对性和实效性,促进了公交文化不断传承创新、发扬光大。

二、打造公交品牌文化,建设流动的"温馨家园"

北京公交集团以打造品牌文化、彰显品牌特色为出发点,以打造特色车厢文化作为导入和实践企业文化的契合点,大力弘扬"以人为本,乘客至上"的核心理念和"一心为乘客,服务最光荣"的企业精神,促进了整体服务水平的提高。

1. 创新特色车厢服务,带动整体水平提高。车厢是展示一个城市文明程度的窗口,北京公交集团不断创新车厢服务,创建精品线路,提高运营车辆标准,增加人性化服务设施。北京公交集团按照"人文公交、科技公交、绿色公交、人民群众满意公交"的标准,更新、购置运营车辆14445辆,购置低地板无障碍公交车4400辆,在单机车上安装了冷暖空调,全部运营车上安装了电子路牌、语音报站器、车内信息显示器、多媒体电视、行车记录仪等电子设施,实现了服务电子信息化。目前,北京公交车辆环保达到了国际先进标准,空调、低地板、车内设施突出了人性化理念,车载电视和电子滚动屏传播着文化信息。根据线路特点,创新特色服务。全国首条助老文明线路39路车队,把为老年乘客服务作为提高服务质量的突破口,总结出照顾老年人"八种"服务方法和"三禁"注意事项;途经牛街的10路车队在车厢服务中坚持用阿拉伯语报站,每逢穆斯林节日都向少数民族乘客送上真挚的祝福,被国务院授予了"民族团结先进单位"的称号;途经长安街的1路车队,用增强"长安街意识"教育激励员工,把公交文化内涵融汇到"树首都公交形象"的特色服务中;360路根据沿途盲人、肢残人多的特点,为残疾乘客提供各种方便,被全国残联评为"扶残助盲先进单位"。

2. 规范车厢服务标准,增强服务文化自觉。服务标准化是企业现代化管理的重要特征,不仅有利于提高服务质量、增强核心竞争力,更为企业文化建设提供了有力支撑。北京公交集团以"建设人民群众满意公交"为出发点和落脚点,先后开展了以"达标上岗,规范服务,树立首都公交新形象"为主要内容的"三个一工程"和"优质服务提升工程",规范了车厢服务标准,提高了司售员工的服务文化自觉。一是制定下发了《关于加强服务工作的决定》,提出了全面提升企业整体服务水平的总目标和阶段性目标,强化了在企业发展中突出服务导向,积极开展创建"标准化服务线路"和评选"星级乘务员"活动,使一部分乘务员率先达到更高的服务水平。截至2012年,90%以上的公交线路达到标准化服务。二是制定了《车厢(站台)标准化服务规范》和《集团公司驾驶员管理条例》;逐步完善出台了《公交文明用语、文明行为、文明行车、仪表仪容、饰品佩戴、车质车容、服务设施等七项规范》,提出九项服务承诺,从使用文明服务用语、倡导文明服务行为和创造文明服务环境等方面,对驾驶员、乘务员和调度员服务工作进行了全面规范。三是以企业理念、行为、视觉识别规范和文明礼仪规范为主要内容,编写宣讲提纲、制作专题光盘,大力宣传优秀公交文化,提高管理人员的服务意识和管理水平,增强了广大员工的服务自觉和文化自觉。

3. 完善社会监督渠道,营造车厢和谐氛围。社会监督是公交倾听乘客呼声的重要渠道,是推动公交整体服务水平提高的有效途径。北京公交集团建立了以公交服务热线、政风行风热线、公交网站、服务监督电话、聘请服务质量路风监督员和新闻媒体监督等为内容的一整套监督体系,加深乘客对公交的理解,在车厢内营造了和谐温馨的氛围。集团公司对各种监督信息加以分析、利用和反馈,实行"投诉公示制度",做到投诉问题件件有着落,事事有回音,努力提高办结满意率。定期开展"乘客满意度调查",组织社会监督员进行座谈,针对提高服务质量的热点、难点问题,广泛征求意见和建议,探讨改进方法,制定有效整改措施。1999年开通的"公交李素丽服务热线"现已升级为"北京交通服务热线",从开通至今共接来电 6000 余万个,为广大市民提供了方便快捷的交通信息咨询服务,赢得了广大市民及领导的认可和好评,先后获得"全国巾帼文明示范岗"、"首都劳动奖状"、"全国青年文明号"、"北京市劳模集体"等荣誉。2011 年组织社会监督员对 496 条线路进行了检查,监督员提出表扬 73 件、建议 39 件;集团公司将反映的问题进行汇总,认真落实整改并及时反馈,得到了社会监督员的认可。

三、坚持以人为本,提升文化管理核心驱动力

管理根植于企业文化,是企业文化的客观反映,其核心是以人为本。北京公交集团根据点多面广、流动分散、单兵作业的行业特点,按照"基础坚实化,规范全员化,行为标准化,创新人本化"的管理原则,把"人本"理念融入管理之中,提升了企业文化管理的核心驱动力。

1. 抓基层、打基础,"以人为本"筑根基。加强和创新企业管理,力量在基层,基础在群众。北京公交集团一方面充分发挥CIS系统的导向、凝

聚、激励和识别作用,使员工深刻理解公交文化本质、基础理念体系和行为理念体系;同时把企业的文化理念与工作实际紧密结合,通过制定行之有效的岗位规范、职业道德规范、激励奖罚规范、教育培训规范和文明礼仪规范,使之内化为全体员工的思想观念和行为准则。另一方面,在基层管理中牢固树立以人为本的观念,把"人本"文化理念体现在管理文化当中。例如:103路车队党支部坚持把为员工服务当作管理工作的重点,将"领导就是服务"落实在行动上,"做员工的生产参谋、后勤保障、解困帮手、知心朋友"。员工运营公里和票款任务完成得不好,车队干部帮助找原因、想办法、定对策;职工搬迁后上班远了,主动为他们调整班型;职工生病住院了,带着慰问品去探视;职工的亲人去世了,及时赶到家中慰问、帮助料理后事;职工有特殊困难时,带头捐款;为员工"冬送温暖、夏送清凉"是"干部责任制"的重要内容。车队干部为员工、帮员工,员工的"大事小情"爱和干部说,干部与普通员工成了知心朋友。

2. 抓学习、转作风,干部形象是关键。企业的发展离不开高素质的管理干部队伍。北京公交集团把建设学习型企业作为公交文化建设的重要组成部分,以更好地满足乘客出行需求为出发点和落脚点,充分发挥党校和业余党校学习阵地的作用,抓好两级党委中心组学习和基层党员干部培训,把传承公交优秀文化和提升管理水平融合到一起;围绕解决企业改革发展的突出矛盾和满足市民出行需求的重点问题,开展有针对性的调查研究,形成调研报告,促进成果转化。构建"服务型"企业,切实转变干部作风。集团公司从建立健全相关责任制度、工作机制和考核激励机制入手,逐渐形成了党组织为党员服务、党员为职工服务、职工为乘客服务、公交为社会服务的服务链;建立联系点制度,加强两级机关与基层的沟通,为一线职工解难事、办实事,使车队、职工在和谐的工作环境中为乘客提供满意的服务;把解决思想问题与解决实际问题结合起来,注重人文关怀和心理疏导,引导干部职工用正确方式处理人际关系,杜绝简单粗暴、以暴代管,真正成为职工群众的主心骨、带头人、贴心人。

3. 抓教育、提素质,文化管理增实效。北京公交集团以提高干部、员工综合素质为主要内容,开展了"素质建设工程",采取脱产学习、业余办班、专题培训、会议教育、参观讲座、观摩学习等多种方式,进行多层次、多主题、全方位的培训工作;坚持每年开展主题教育实践活动,以主题宣讲、大讨论、征文演讲等实践活动为载体,从关心、尊重、培养员工和调动员工积极性入手,将企业文化建设与运营、生产、服务紧密结合,提高了企业文化的凝聚力。通过坚持不懈地抓教育、提素质,各基层单位也积累了丰富的经验,形成了自己的管理特色。例如:八方达公司以"培训一次,激活一生"为口号连续五年开展了系统培训,组织全体干部员工进行集中军训、素质教育和有针对性的专业技能培训,切实提升了干部员工的服务意识,提高他们的专业技能和文化素养。专线分公司在全体员工中开展了为期三年的"践行'航空式'服务理念,争做乘客满意公交人"主题实践活动,制作践行"航空式"服务主题墙和活动海报,广泛开展宣传动员;结合"航空式"服务理念编写宣讲提纲,组织全员培训教育;开展"航空式"服务理念大讨论,征集心语感言并编辑成册。保修分公司七厂以"思想教育、职工文化、场区文化"为核心,构筑了企业文化与思想政治工作相融合的管理模式,在职工中征集"企业精神用语",拍摄制作《精进的保七——厂标识介绍》和《携手共创美好未来》宣传片,激发了广大职工热爱公交、奉献保修的热情;把企业精神、文化理念融入环境建设,建起了体现保修文化特点的"求真石"、文化墙和"文明你我,共创和谐"宣传窗,开辟出了绿地苗圃和员工健身休闲区,把公交历史发展和员工热爱企业的情结融合到一起。

　　总之,通过注入现代企业经营理念,建设具有北京公交特色的企业文化,北京公交集团的企业文化品位不断提升,员工整体素质日益增强,企业精神文明与物质文明同步发展。展望未来,北京公交集团将以建设北京"世界城市",构建"先进文化之都"为动力,以社会主义核心价值体系和"北京精神"为指导,适应首都现代化国际大都市功能要求,坚持企业文化建设,展示北京文明窗口的公交企业风貌,把公益性与市场化结合,创建一流服务,发挥主导作用,推动北京公交集团全面、协调、可持续发展。

(执笔人:崔健)

北京市自来水集团有限公司

企业简介：

  北京市自来水集团是国有独资公司,国家大型企业。集团的前身是始建于1908年4月的京师自来水股份有限公司。北京市自来水集团负责北京中心城区及门头沟、延庆、密云、怀柔、大兴、通州等郊区县新城的供水业务,兼营再生水、污水处理等业务。在供水能力、自来水水质、资产规模、技术装备、企业管理和经济技术指标等方面,均居国内同行业领先水平,是目前我国规模最大、最具影响力的城市供水企业之一。集团先后荣获首都文明行业、全国精神文明建设工作先进单位、全国五一劳动奖状、全国文明单位等称号。

再造文化理念体系
助力京水科学发展

■ 中共北京市自来水集团有限公司委员会 ■

北京市自来水集团通过大力加强企业文化建设,使企业文化成为凝聚职工队伍的精神支柱,为自来水集团可持续发展增添了新的动力,提供了强大的精神、智力和文化支持。

一、源远流长奔腾不息的京水文化

企业文化是企业的灵魂和精神支柱,是统一广大员工思想,增强企业和员工凝聚力、创造力的重要源泉,是进一步推进企业可持续发展的重要保证。北京自来水从1908年开始筹建第一座自来水厂到现在已有百余年历史。纵观北京供水事业的发展历程,在不同的历史时期有不同的经营理念和价值观,形成独具特色的京水文化。

2002年初,集团党委做出"大力开展企业文化建设"的决定,同时委托专业咨询公司对集团的企业文化理念行为系统和视觉形象识别系统进行策划。2003年9月,自来水集团组织有关方面力量,通过对积淀百年的"京水"文化进行整合提升,策划完成了企业文化"两个系统"方案。此后进行了持续不断的宣传贯彻,职工队伍的凝聚力不断增强,企业外部环境和形象得到规范统一。

随着近年来企业内外部发展形势的不断变化,自来水集团在企业发展进程中逐步形成许多新的经营思想,极大地丰富了企业文化内涵。为了把新的经营思想上升到文化层面,用于指导集团的生产经营、企业管理、对外服务等各项工作,使其真正成为企业科学发展的软实力和精神支柱,自来水集团于2010年4月启动了企业文化理念体系再造工程,在集团主要领导亲自参与、反复思考和提炼下,2012年2月形成了自来水集团新的企业文化理念体系,并在企业发展实践中得到了有效检验,取得了突出成效。

二、企业文化理念体系再造的必然要求

随着近年来企业发展形势不断变化,发展思路不断清晰,发展定位不断明确,迫切需要集团提升和丰富企业文化内涵,以便建立一套与之相适应的新的企业文化理念体系,为集团科学发展提供有效的文化支撑。

1. 集团内外部发展形势变化的需要。当前,北京处在历史上水资源最困难时期,可利用水资源量大幅衰减,夏季供水高峰时城区实际供水量接近集团现有能力极限。水资源匮乏、水源多样化、水质复杂化的形势前所未有,南水北调外来水、河北水源和本地水源多达22处,在全国乃至全世界都十分罕见。城市大规模建设和快速发展对地下供水管网运行安全的影响不断加剧,仍有部分老旧管线强度低、抗外界扰动能力差、易腐蚀,管网隐患依然不容忽视。2011年中央出台了加快水利改革发展的一号文件;北京市提出建设"人文北京、科技北京、绿色北京"和"中国特色世界城市"的发展战略,对推动水务改革发展做出了重大部署。这些变化客观上要求集团进行企业文化理念体系再造,使企业文化在创新中得到发展并始终保持企业文化的引领作用。

2. 集团发展思路不断清晰的需要。在改革发展实践中,自来水集团在不断把握政府要求,分析社会需求变化,剖析企业自身优劣势的基础上,进一步理清了集团发展思路。形成了"四个必须"的指导思想、"强基精管"的工作方针,明确了"确保首都供水安全"的企业使命、"企业发展、社会受益、职工增收"的价值取向,确定了走集约型、内涵式的发展道路,坚持做好"节"字文章,先后提出"外部开源,内部挖潜","在少水中增水、在无水中生水"等工作思路,这既是集团多年发展实践的总结,也是集团在新形势下实现科学发展的必然要求。通过企业文化理念体系再造,把近年来形成一系列科学的经营思想融入其中,不断深化和丰富集团企业文化的内涵,对引领企业当前和未来发展具有重要的指导意义。

3. 进一步明确集团发展定位的需要。面对政策性亏损逐年加大,持续发展遇到严重困难等发展难题,自来水集团积极主动向政府和有关部门汇报,加强沟通协调,努力争取政策支持。在市委、市政府的高度重视下,集团公益性企业定位得以确认,建设发展投资和日常经营成本补偿政策机制初步建立,在价格机制理顺前制约企业发展的难题取得了实

质性突破。政府政策和经营环境的变化，为企业持续发展创造了条件，同时政府对企业运营的监管和考核力度加大，对企业内部管理提出了更高要求。企业发展定位的变化要求自来水集团坚持"公益为先，效益为本"的经营宗旨，集中精力致力于供水主业的发展，不断提高企业精细化科学管理水平。通过企业文化理念体系再造，把企业发展定位的新要求上升到文化层面，用于指导企业今后的工作实践，这样才能为全面提升集团整体综合实力打下坚实基础。

三、企业文化理念体系再造的基本要求

企业文化理念体系再造要符合企业发展实际，有深刻的文化内涵，同时文字语言应该高度凝练、通俗易懂，便于广大职工接受、理解和执行。北京自来水集团企业文化理念体系再造主要依托自身力量开展，从2010年4月到2012年2月，历时近两年，在广泛听取专家学者和广大员工意见建议的基础上，由集团主要领导亲自主导，通过对企业形成的经营思想和发展客观规律的总结分析、概括提炼、反复修改、字斟句酌，八易其稿，形成了一整套新的企业文化理念体系，为打造在国内同行业中居领先地位的供水企业奠定了坚实的基础。

一是突出文化内涵。企业文化应该具有丰富和深刻的文化内涵，力求有说法，有出处，并讲究文采。再造后的企业精神"柔善清和"就蕴含了深刻的文化内涵。柔是水的外在风格。《道德经》说，"天下莫柔弱于水，而攻坚强者莫之能胜，以其无以易之。"柔是水的外在表现，柔能克刚，内在非常坚强。善是水的本质特征。《道德经》说，"上善若水"，也就是说最好的善就像水那样，"水利万物而不争"，水滋润万物却从来不与万物相争。"善"是表述做人和做事的基本准则。清是水的品德。水是自清的，能够自净。更重要的是，水可以洗净万物，把清洁留给别人，把污浊留给自己，这是水非常高尚的一种品德。和是水的品性。也就是水的性情。随方就圆，顺势而行，低则低处，高则高攀，顺则行进，阻则绕行。水总是顺其自然，非常圆融。"柔善清和"的企业精神与企业经营的产品紧密联系在一起，清晰反映了企业的本质特征，是全体员工共同追求的目标。

二是突出思想内涵。企业文化理念要有思想性，不是空洞的口号，要能给人以启迪，让人有所感悟。如企业发展目标由"打造中国水业龙

头,创建世界企业品牌"调整为"首都标准,国际水平",其思想内涵更加深刻,目标更加明确,可操作性更强。"首都标准"就是首善标准,就是不断发展创新的标准,不管今后首都发展形势如何变化,"首都标准"始终是北京最高的标准。"国际水平"就是国际同行业的最高水平,是集团要不断追求和达到的目标。通过瞄准企业发展目标,全面加强首都供水安全体系建设,使供水主业进一步突出,供水能力的安全系数大幅度提高,供水服务质量显著改善,企业运营效率稳步提升,企业与职工关系更加和谐,努力打造在国内供水行业居领先地位的现代化供水企业。

三是突出管理的相融性。自来水集团企业文化理念体系再造,是从近年来集团改革发展实践中总结提炼出来的,与企业管理非常相融。

"企业发展,社会受益,职工增收"的价值观,与企业的主体紧密联系,表达了企业和职工的意愿,符合集团的实际,容易被广大职工接受。"强基精管"的管理观已经在实践中得到了有效检验并发挥了重要作用,深深植根于广大职工心中。

行为准则是对广大干部职工的最基本要求,本着"简洁精炼,朴实直白,便于记忆和理解"的原则进行了整合提升。修改后的全体员工行为准则由过去的6句话24个字,调整为3句话12个字,即"爱岗敬业、安全规范、革新创新"。这3句话12个字不仅语言非常通俗直白,而且便于记忆和理解。作为一名员工,首先要爱岗敬业,只有爱岗敬业,才能兢兢业业做好工作;其次在工作中要安全规范,这是确保首都供水安全的基础;第三,员工有精力,要在革新创新上下足工夫,不断提升员工技能,保证企业可持续发展。

管理人员行为准则由过去的"重沟通、重协同、重实效"修改为现在的"精专业、会沟通、有效率、知进取",其内容不仅涵盖了过去行为准则所包含的意思,而且提出了精专业、知进取的更高要求。精专业是要求管理人员精通本职岗位业务,成为专业内的行家里手;会沟通是要求管理人员要有良好的人际关系,能够妥善协调、处理和解决所遇到的各种问题;有效率是要求管理人员讲求工作效率,注重工作结果;知进取是要求管理人员不断创新进取,在本职岗位上有所作为。

中高层领导行为准则与过去高层领导行为准则相比,首先是范围更广了,不仅有高层领导;还包括中层领导人员。其次是在具体内容上进行了修改,由过去的"先学、先思、先行"调整为"善学、厉行、示范、自爱",思想性更加深刻,内涵更加丰富。"善学"就是要求领导人员要善于学习,持续学习,在学习中勤于思索,不断提高自身综合能力和水平;"厉行"是要求领导人员要身体力行,勇于实践创新,并把自己的思想坚决、迅速地付诸于实际行动;"示范"是要求领导人员要率先垂范,起好带头和示范作用;"自爱"是要求领导人员要严格遵守党风廉政建设的各项规定和要求,切实做到清正廉洁。加上"自爱"这条,使对领导人员的要求更加全面、严格,符合廉洁文化建设的总体要求。

四是突出端正学风和文风。自来水集团企业文化理念体系再造始终保持端正的学风和文风。学风正,就是实事求是,从实际出发,是企业自己提炼的,没有照搬照抄;文风正就是没有假大空的内容,文短义精,语言朴素平实,可操作性强,体现企业特色。如人才观,由过去的"人皆有才尽其才"调整为"人用其才",首先文字更加简洁,其次更加准确。新增加的资源观"惜水如金",是集团对北京水资源紧缺现状的认知,是集团对待水资源的一种态度。水资源是供水企业可持续发展的生命线,建立科学的资源观,才能永续供水企业的活力,这对指导集团当前和今后科学发展具有重要意义。新增加的职业观"精益求精",是引导企业形成一个良好的职业氛围,培养广大职工良好的职业素养,做事要尽可能做到最好。

四、再造后企业文化理念体系的应用

近年来,自来水集团始终坚持以科学发展观为指导,积极探寻企业发展规律,把总结提升的经营思想和文化理念主动应用于企业改革发展的实践中,使文化理念成为凝聚职工队伍的思想支柱,成为企业科学发展的力量源泉。

1. 进一步提升了首都供水保障水平。自来水集团从首都城市的功能特点和国有公用性企业的性质出发,坚持把"确保首都供水安全"作为企业的使命,一心一意致力于供水主业的发展。集团先后实施了平谷应急水源、"三厂一线"、第九水厂应急改造等一系列重点工程建设,提高市区日供水能力60多万立方米,成功应对了用水需求逐年增长、高日水量屡创纪录、逼近供水能力极限的严峻形势。集团积极增加技术储备,优

化工艺流程,科学精细调配多种水源,实施从源头到龙头的水质监测,检测能力达到205项,有效应对了水质突发事件。在国内外罕见的水源多样化、水质复杂化的环境下,率先达到国家新颁布的106项生活饮用水卫生标准,确保了供水水质安全。集团不断加强供水管网的建设改造力度,强化管网运行的科学管理,创新应用管网漏失预警监测系统、管网抢修闸门定位系统等高科技手段,在管网规模扩大、外界扰动加剧的情况下,管网事故发生率大幅下降,隐患主动检出率逐年上升,管网安全保障度有了明显的提高。2011年,主动检查管网破损隐患比上一年上升11%,主动检出率超过50%,供水管网发生明漏事故同比下降14%,节约水量3108万立方米。

2. 进一步提升了企业管理水平。在新的发展形势和发展要求面前,自来水集团始终坚持"强基精管"的管理观,着力实施供水调度、应急抢修、客户服务、营销收费、成本考核、人力资源"四定一考核"等六大系统的构建,促进了企业内部改革的深化和体制机制的创新,企业运营效率明显提升。实现了营销账务系统升级,区域化管理和内部竞争机制的效果充分显现,水费回收率由改制前的95%提高到目前的98%以上。逐步完善母子公司管理体制,子公司生产经营能力和管理、技术水平进一步提升。坚持科技创新驱动,加大科技投入和科研成果转化力度。近五年在供水设施建设、水处理工艺、水质监测、管网运行管理、节能减排、信息化建设等方面取得51项科研成果。坚持依法治企,制度建设得到全面加强,先后制定、修订了决策程序、建设投资、对外担保、合同管理、水质安全、财务审计、房屋土地资产、安全生产、重大事项报告、绩效考核等61项重要经营管理制度,强化了管理基础工作。

3. 进一步提升了首都供水服务水平。自来水集团始终把推进服务文化建设作为企业文化建设的重点工作之一,坚持"亲情服务"的服务观,以"用户满意"为宗旨,确立了"设想在用户前面"、"比用户的需求做得更好"、"投诉就是事故"等服务理念,"打造首都供水特色金牌服务体系"的工作目标成为进一步完善服务体系,规范服务行为,全面提升优质服务水平的基本导向。先后出台了一系列规范对外服务的规章制度,制定了《对外服务岗位文明行为规范》,细化服务标准和要求,持续开展全员培训,不断提高服务人员综合素质。96116客户服务中心通过了全国客户联络中心标准体系四星级认证,在人员管理、规章制度、工作流程等方面更加规范化。全面启动了金牌服务创建活动,积极开展"金牌供水营销员、金牌柜台业务员、金牌客户服务代表和金牌营业厅"评选活动。不断改善和优化供水服务环境和设施,所有30多个对外服务窗口均按照企业文化视觉形象系统的要求进行了改造,为用户营造舒适的服务环境。先后实现与中国工商银行、交通银行等18家银行实时收费的对接,开辟了电话银行、网上银行、自助终端等多种缴费渠道,实现用户缴费不出门。通过大力加强服务文化建设,集团文明服务意识明显增强,人性化、差异化服务成为常态,规范化、制度化、标准化、科学化的金牌服务体系正在构建,首都供水服务发生了质的飞跃。

4. 进一步提升了集团文明创建工作水平。企业文化建设为文明行业创建工作的扎实开展注入了新的活力。在首都文明行业考评中,考评组对集团企业文化理念体系给予高度评价。2006年,集团实现了创建"首都文明行业"目标;2009年,集团荣获"全国精神文明建设工作先进单位"称号;2011年,集团荣获"全国文明单位"称号,同时,当年在全市民主评议基层站所活动中,集团以高分获得综合测评第一名的好成绩。

5. 进一步增强了广大员工的凝聚力和战斗力。自来水集团始终把企业文化的宣传贯彻作为企业文化建设工作的重点,作为推动员工奋发向上的力量源泉,作为增强员工队伍凝聚力和战斗力的有效途径。在集团承担的重点工程,完成的重大保驾任务中,企业文化作用于干部职工精神风貌得到有效检验。集团主动承担起建设平谷应急水源工程的重任,仅用半年时间就完成了本应是一年的工程任务,确保了当年夏季的高峰供水。集团实施的"三厂一线"重点工程,实现新增日供水能力46万立方米,为迎接外流域水进京提供了重要保证。在完成奥运会和国庆60周年供水保驾任务中,面对着保驾时间长、任务重、强度高、压力大等诸多困难,集团上下全力以赴、无私奉献、团结协作,在能力保障、供水调度、水质监测、管网管理、对外服务、安全稳定等诸多方面做了大量的工作,没有发生影响重点区域和居民正常用水的重大事故,实现了确保首都供水安然无恙的目标。

(执笔人:梁丽 骆黎斌)

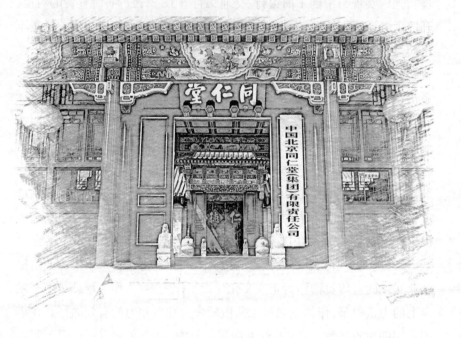

中国北京同仁堂（集团）有限责任公司

企业简介：

中国北京同仁堂（集团）有限责任公司是中药行业著名老字号，创建于清康熙八年（1669年），其产品以"配方独特、选料上乘、工艺精湛、疗效显著"享誉海内外。目前，在集团框架下发展现代制药业、零售商业和医疗服务三大板块，配套形成十大公司、两大基地、两个院、两个中心，拥有境内、境外两家上市公司，零售门店1500余家，其中海外门店66家，遍布16个国家和地区。曾获"中国最具影响力行业十佳品牌"、"影响北京百姓生活的十大品牌"，"中国出口名牌企业"，"同仁堂中医药文化"被国务院列入国家级非物质文化遗产名录。

弘扬传承同仁堂文化
创新企业文化建设体系

■ 中共中国北京同仁堂（集团）有限责任公司委员会 ■

同仁堂是一个历史悠久，文化底蕴深厚的老字号品牌企业。在343年的历史中，中医药文化在企业经营发展中一直发挥着潜移默化的、巨大的推动作用。

一、对同仁堂企业文化的再认识

同仁堂对企业文化的认识也有一个渐进的过程。1992年底，由市委宣传部和市企业文化建设协会等单位共同组成的同仁堂文化调研组进驻同仁堂，对同仁堂文化进行了系统的总结和归纳，提出了同仁堂文化的基本内涵，即"讲求经营之道，培育企业精神，塑造企业形象"，发表了题为《传统文化与现代文明相融合，建设有中国特色社会主义企业文化》的调研报告，荣获了中宣部"五个一"工程奖。这次调研，使同仁堂的企业文化建设实现由自发阶段向自为阶段的转变，开始有意识地总结、利用同仁堂文化，并把它融入于企业的生产经营和职工教育之中。

1997年、2000年同仁堂"股份"、"科技"相继在上海和香港上市。之后，国务院发展研究中心又为同仁堂制定了未来十年的发展规划，伴随着这一系列改革创新，同仁堂文化也进入了一个全新的发展阶段。2006年"同仁堂中医药文化"进入首批国家非物质文化遗产名录，集团抓住这一契机，在全系统深入开展了以落实同仁堂人的"四条标准"、领导干部的"三条标准"和"四提倡、四反对"为内容的"三落实"学习教育活动，掀起了企业文化建设的高潮。2007年同仁堂博物馆落成。2009年同仁堂抓住创建340周年这一契机，在市委宣传部和市国资委的正确领导和大力支持帮助下，开展了"五个一"系列文化活动，即评选表彰了50名一线企业劳模；举办了一场以品牌、人才、发展为主题的"百草香，中华情——同仁堂创建340周年大型文艺晚会"；命名表彰了一批同仁堂中医药大师;举办了一场富有传统特色的拜师会;《国宝同仁堂》一书出版,该书反映了300多年来同仁堂的史实。"五个一"系列文化活动又将同仁堂文化建设推向一个新的高潮。

2010年,同仁堂和国务院发展研究中心制定了《北京同仁堂文化发展战略》,主要从同仁堂文化的形成与现状、品牌价值与管理、战略定位与举措,以及干部职工队伍建设等方面进行系统总结、整理和提升,形成具有长期指导意义的文化战略体系。

二、同仁堂的文化体系

一个核心:质量诚信。

四大支柱:1. 同仁堂人的四条标准:用同仁堂的文化吸引人,用同仁堂的干劲鼓舞人,用规范化的管理要求人,用优良的经营成果回报人。2. 同仁堂发展的四条原则:独立运行,各有侧重,资源共享,整体发展。3. 同仁堂的四个质量:产品质量、服务质量、经营质量、资产质量。4. 同仁堂的四个善待:善待社会、善待职工、善待经营伙伴、善待投资者。

十项内容:

1. 以仁为根,仁德至上的善待文化:(1)以"仁德"创业。同仁堂的创业者尊崇"可以养生、可以济世者,惟医药为最",恪守"炮制虽繁必不敢省人工,品味虽贵必不敢减物力"的古训,树立"修合无人见、存心有天知"的自律意识,把行医卖药作为一种济世养生、效力于社会的高尚事业来做。这种诚实敬业的品德,一直深深影响着同仁堂历代经营者。(2)以"仁德"立业。在社会主义市场经济的新形势下,同仁堂的经营者始终认为诚实守信是对一个企业最基本的职业道德要求,在日常的生产经营中,同仁堂的干部职工自觉实践着诚实守信的职业道德。(3)以"仁德"续业。同仁堂新的一代经营团队继承了"仁德"理念的精华,并融入了新的内涵,提出了"善待"的思想,包括善待社会、善待职工、善待经营伙伴、善待投资者。这种"善待"文化的运用,使同仁堂的内在凝聚力和外在影响力大大增强,企业也得到前所未有的发展。

2. 以义为上,义利共生的诚信文化:(1)同仁堂文化的思想境界是讲求大义。正确处理好"义"和"利"的关系是同仁堂文化的核心。诚信文化所包含的正是义和利的哲学思想。(2)同仁堂的经营哲学是"以义为上，义利共生"，其深刻内涵就是以义取利，不取无义之利；尤其是当义、利发生矛盾时，坚持以义为上、为先，先义后利，以义取利。(3)从长远战略角度看，企业经营无义即无利，小义即小利，只有大义才能有大利，它反映的是企业当前利益与长远利益的关系，也是同仁堂得以做长的一个重要原因。

3. 以质为先，质量共赢的品质文化：(1)同仁堂文化的产品境界是质量第一，"一票否决"。正确处理好质和量的关系是同仁堂文化的先决条件。品质文化所包含的正是质和量的哲学思想。(2)如今我们把质量文化拓展为产品、服务、经营、资产四个方面。质量是同仁堂生存发展的根本，也是实现"做长、做强、做大"的前提和基础。(3)从历史上看，同仁堂职工严格的自律意识以及长达188年供奉御药期间无形的外在压力所形成的"质量至上、安全第一、疗效确切，万无一失"的责任和理念深深影响着一代又一代同仁堂人，构成了同仁堂独特的质量文化。

4. 以人为本，人业共兴的和谐文化：(1)以人为本包括对内和对外两个方面。对外是客户，对内是员工。对员工也要求坚持质量、诚信和创新，尊重客户，对客户以人为本。同仁堂文化的人和境界是尊敬人、理解人、人的因素第一。正确处理好人和事业的关系是同仁堂文化的本质要求。(2)同仁堂在创新发展中重视产品的绿色环保，从生产基地建设、生产原料种植采购、产品包装等各个环节都提出高标准，注重企业和自然环境的和谐。(3)同仁堂力求利益相关者权益的协调和最大化。在完成企业使命和发展目标时积极进取，提高效益，乐于奉献。(4)和谐文化所包含的正是人与人、人与事业、人与环境的和谐统一，共兴共荣。

5. 以稳为重，效速统一的发展文化：(1)发展文化所包含的是速度与效益之间的辩证关系。正确处理好发展速度和发展效益的关系，关键是一个"稳"字，即稳健发展。这是同仁堂文化的内在要求。行业特点决定同仁堂必须注重质量、不能大起大落。(2)健康发展，就是要继续确保产品、服务、经营和资产质量，始终保持健康可持续发展，实现做长同仁堂；和谐发展，就是要理解同仁堂是一个大家庭，要促进和保持公司上下、干部职工、单位之间以及与合资合作伙伴的和谐关系，同时还要保持与外部社会的和谐，要勇于承担社会责任，实现做强同仁堂；跨越式发展，就是要经过五年努力,实现指标翻一番,实现做大同仁堂。

6. 以新为荣,勇于变革的创新文化:解放思想的核心就是创新。通过解放思想寻找解决问题的新途径、新办法,以"治未病"、标本兼治的思路为企业开方,创新开展工作,提升水平上台阶。各级领导干部要牢牢把握"观念决定发展,人才决定实力,方法决定成功"的深刻内涵,并在实际工作中贯彻落实。

7. 以进为求,顺应潮流的现代文化:目前,同仁堂的发展到了历史的新阶段,我们积极构建有同仁堂特色的企业结构体系和现代产业体系,实现中医药产业升级,在发展中促转变,在转变中谋发展,努力在新的竞争条件下形成新的核心竞争力。走专业化、规模化、集团化"三化"道路,创新体制机制。

8. 以世为怀,服务人类的开放文化:(1)同仁堂343年的历史中,渗透和体现着鲜明的中国文化特色,尤其是中华文化的主脉——儒家文化的特色。"仁"是儒家文化的核心概念,也是同仁堂文化的精神支柱。(2)同仁堂的创始人提出"可以养生、可以济世者,惟医药为最",把行医卖药作为效力社会、服务百姓的最好形式。"同修仁德,济世养生"正是体现了这一思想。(3)创造健康就是既要给生病的人治病,又要使亚健康的人恢复健康,还要给健康的人群养生。(4)同仁堂所从事的事业,旨在提高人类生命与生活质量,同仁堂的服务意识与这种高尚的事业相适应的高品位服务。(5)"您的健康与幸福"是同仁堂服务的一个出发点,坚持四个"尽"字。"尽心尽意"、"尽善尽美"。

9. 以超为任,资源优扩的跨越文化:按照国务院发展研究中心为同仁堂制定的"以现代中药为核心,发展生命健康产业,成为国际知名的现代中医药集团"的战略目标,同仁堂形成了现代制药业、零售商业和医疗服务三大板块的产业结构,"1032"工程全面完成,主要经济指标连续15年两位数增长,实现了又好又快的发展。但是,同仁堂要做长做强做大,必须超越自我,实现跨越式发展。当前三大任务:(1)维护品牌,提升品牌,发展品牌。(2)健康、和谐、跨越式发展。(3)人才队伍建设。企业发展对资源的需求,关键不在于企业拥有多少资源,而在于利用了多少资源。要把有限的资源利用最大化,在企业内部要形成风险共担、利益共享、资源扩优,共同发展。要牢固树立同仁堂大家庭的观念。

10. 以和为贵,兼容并蓄的整合文化:同仁堂传统文化的突出特色是讲礼仪、重人和,具有浓郁的"人情味"。同仁堂将过去"以和为贵"的诚信传统上升为一种增强企业凝聚力,树立团队精神的新内容,通过各种方式教育员工,增强群体意识,树立大局意识,逐步建立了一种相互关心、相互依存、相互合作的干部与干部、干部与员工、员工与员工之间的和谐关系,营造出符合现代企业发展的良好环境。

三、同仁堂企业文化建设的思路与做法

同仁堂企业文化建设基本思路是:围绕一条主线(即增强文化软实力,使企业文化服务于经济建设的主线)。借助两个平台(即同仁堂博物馆及同仁堂教育学院的平台)。拥有三支队伍(即职工金字塔人才队伍,专兼职教师队伍,海外专家讲师团队伍)。把握四个结合:即文化建设与经济建设相结合;文化建设与人才建设相结合;文化建设与思想政治工作相结合;文化建设与品牌保护相结合,从而使企业文化真正成为推动企业发展的不竭动力。

同仁堂企业文化建设的主要做法是:

1. 经济文化并重,诚信带动发展。同仁堂在发展过程中,既推广中医药产品,也注重企业文化的传播,用"仁、德、信"带动企业健康发展,使金字招牌的影响力和美誉度不断扩大,体现了同仁堂既是经济实体又是文化载体的战略定位。(1)高品质的药品。同仁堂始终把药品质量视为企业的生命,以质为先的质量文化也成为同仁堂文化的重要组成部分。1995年以来,同仁堂投资6亿元在亦庄建立了两个现代化生产基地,提高了工艺工装水平。为保证制药原料的质量,同仁堂按照国家GAP标准在吉林、河北等中药材原产地建设了十多个药材种植基地;同仁堂产品市场抽检率连年达到100%。(2)高水平的服务。同仁堂有上千家零售药店,但服务的标准只有一个,那就是让顾客满意最大化。同仁堂提出"1%=100%"(即我的一次服务不规范等于顾客100%不满意)等新的服务理念,从强调服务的规范化入手,进而在创造差异化服务、个性化服务上下工夫。(3)"以义为上,义利共生"是同仁堂的经营哲学,也是同仁堂文化的重要组成部分。"非典"期间,同仁堂拿出1000万元平抑中药市场价格,对外公开三项承诺:保证产品质量,保证药品供应,保证药价不涨,累

计向市民提供治疗"非典"药和瓶装代煎液300万服,61家同仁堂店供应着全北京近一半的药量,满足了近100万人次的用药需求,自己却承担了近700万元的损失。同仁堂靠"义"赢得了"人心",赢得了信誉,赢得了市场。

2. 继承创新并举,文化传承育人。企业文化建设离不开人,同仁堂在人才队伍建设方面的一些做法可以说是同仁堂企业文化建设的创新之举。(1)设计并实施职工"金字塔"人才工程,为一线普通职工开辟了一条成长成才的通道。"金字塔"工程从上至下依次为中医药大师(特技传承师)、专家、优秀中青年人才、首席职工。目前,职工"金字塔"人才工程的各类人才已经突破千名,成为企业发展、文化传承的中坚力量。(2)整合内部教育资源,组建同仁堂教育学院。在培训内容的设置上,除业务技能课程外,还专门设置了"同仁堂文化"、职业道德和文明礼仪等课程,强化了职工素质教育。(3)"师带徒"是同仁堂人才培养的又一特色。2009年,召开了以"传承文化、传承技艺、传承人品"为主题的"北京同仁堂中医药大师命名暨师带徒拜师会",命名并嘉奖了20名同仁堂中医药大师和20名同仁堂特技传承师,确定了54名徒弟作为传承人。2011年底,同仁堂命名了第二批13名中医药大师。2012年1月,同仁堂命名了5名"海外特技传承师"。充分体现了集团对人才队伍建设及同仁堂文化传承工作的高度重视。(4)广招专业人才,队伍结构不断改善。近年来,集团公司共选拔、招聘海外派出、药店经理、财务管理等十类人才387名,为同仁堂发展提供了人才保障。(5)建立同仁堂大师工作室。2010年,为了使中医大师的医德、医风、医术得以更好地传承,同仁堂特色中医药文化得以更好地传承,由集团公司组织,同仁堂中医医院承办的"同仁堂中医大师工作室"正式成立,搭建了一个中医大师学术交流的平台。

3. 交流推广并重,突出载体作用。(1)联手孔子学院传播中医药文化。2010年6月,同仁堂与国家汉办签订了合作意向书,全球300多家孔子学院和200多家孔子讲堂成为同仁堂对外宣传中医药文化的平台。(2)充分发挥媒体宣传作用。同仁堂重视海内外媒体作用,经常在报纸、期刊、电视、广播安排同仁堂中医药知识栏目、连载以同仁堂历史故事为背景的文艺作品,如纪实文学《国宝同仁堂》、电视连续剧《大清药王》、《戊子风雪同仁堂》等,扩大企业的影响力。在海外,经常通过专题采访,让消费者了解同仁堂,了解中医药,让更多的外国朋友感受同仁堂文化的魅力,感受中医中药的魅力。(3)公益活动回报社会。积极参与公益事业是同仁堂进行中医药服务、传播中医药文化的又一重要举措。2010、2011、2012年同仁堂携手北京同仁医院,开展了"青海光明行"、"市政协委员、北京同仁堂革命老区光明行——走进房山"、"市政协委员、北京同仁堂革命老区光明行——走进平谷"大型公益活动。在国内,同仁堂经常开展中医专家到社区、学校,举办各类中医药知识讲座活动,围绕消费者普遍关心的问题提供中医药保健知识。在海外,同仁堂药店开业都举办大型的义诊活动,回报社会,回报患者。(4)建博物馆。对内对外开放,使文化传承有了物质载体。2006年,建立了同仁堂博物馆,2007年,同仁堂博物馆被正式命名为"崇文区中小学生中医药文化学习教育基地"。博物馆自开馆以来,已有2万多名企业内外的参观者来这里参观交流,为宣传同仁堂、弘扬中医药文化发挥了越来越重要的作用。

4. 抓好企业发展,为文化发展提供保障。同仁堂在其343年的发展中,秉承诚信经营的理念,遵循"炮制虽繁必不敢省人工,品味虽贵必不敢减物力"的古训,为做长企业奠定了基础。二十年来,同仁堂实施了一系列重大决策:1992年组建集团;1997年股改上市;2000年"分拆"在香港H股上市;2001年在国务院发展研究中心协助下制定了未来十年发展规划,确立了成立同仁堂十大公司的"1032"工程,使同仁堂得到了长足发展。到2011年为止,集团连续15年保持两位数增长,销售额达到163亿元,实现利润13亿元,出口创汇3400万美元,零售网点1500余家。雄厚的经济实力,为文化保护、传承与发展创造了先决条件。

(执笔人:张海燕)

北京工美集团有限责任公司

企业简介：

    北京工美集团有限责任公司是以弘扬发展中华民族优秀文化与精湛技艺为己任，以传承创新为设计理念，集工艺美术品设计开发、商业经营、国际贸易、检测鉴定、职业教育、文化交流等为一体的企业集团，是北京乃至全国工艺美术行业龙头企业。经营品种繁多，有被誉为"四大名旦"的玉器、象牙、景泰蓝、雕漆，有传统花丝镶嵌、绢花、仿古瓷、料器、金漆镶嵌、地毯、抽纱、工艺服装、金银首饰、字画等60多个大类、上万个花色品种，承担国家级礼品的设计生产任务。集团牵头成立的"工美企业联合集团"将成为全国有较强核心竞争力的大型文化创意产业航母。

追求和美凝聚人心
打造工美产业航母

■ 中共北京工美集团有限责任公司委员会 ■

北京工美集团有限责任公司（以下简称北京工美集团）2011年实现营业收入21亿元、利润4000万元，创"十二五"规划开门见喜好成绩。成绩的取得与北京工美集团充分认识企业文化建设的时代感、紧迫感和企业文化内涵及强大生命力，牢固树立"文化兴企"的发展方针，深度挖掘、激活文化资源的切入点，科学制定企业文化建设战略，精心建设北京工美集团"和美"文化，密不可分。

当今，企业文化越来越成为企业凝聚力和创造力的源泉，是企业核心竞争力的重要因素，是企业科学发展的重要支撑，企业文化建设已经成为衡量企业发展质量的显著标志。企业文化是企业的灵魂，一个没有文化的企业是没有希望的，企业没有了灵魂，也就谈不上长远发展。北京工美集团企业文化的精髓是"和美"二字，在实践中把"亲情"、"快乐"、"幸福"融为一体，充分调动了广大员工的积极性、主动性和创造性。

一、亲情文化——走进工美门，就是一家人

"走进工美门，就是一家人"这句带着豪迈，带着亲热，带着胸怀的话，不知使多少第一次踏进北京工美集团的人丢掉陌生，找到归属。人力资源部对应聘员工说"走进工美门，就是一家人"，意味着北京工美集团已然敞开怀抱，一份稳定而美好的工作为漂泊画上句号；投资发展部对合作伙伴说"走进工美门，就是一家人"，意味着一个注入新的资金、活力和希望的公司从此诞生，一个生机勃勃的市场主体跃然市场经济的大舞台；资产管理部对82家会员单位说"走进工美门，就是一家人"，意味着由北京工美集团牵头组建的北京工美联合企业集团正式成立，工艺美术百亿集团、产业航母扬帆起航；集团工会对困难职工说"走进工美门，就是一家人"，意味着他（她）的困难将得到"工美情"互助基金的救助，生活的

希望将再次点燃。

2011年，由集团公司党委倡导建立的"工美情"互助基金已满10年。10年来，"工美情"互助基金已成为集团公司关心职工生活、帮扶弱势群体便捷高效的绿色通道，基金是"送温暖"工程的长效措施及"和美"文化的重要载体。这份具有公益性、互助性的企业基金主要来源于企业行政、工会和职工三方面筹款、捐款。为了保证"工美情"互助基金的合理使用，集团公司成立了由各单位工会主席和相关部门负责人组成的"工美情"互助基金管理委员会，并制定了《基金管理章程》和《实施办法》，而且逐年更新救助条款，不断扩大救助范围。10年来，基金共计筹捐款517多万元，救助范围由原来的特困、困难和急困三类，拓展到在职与退休职工的"全覆盖"。救助条款由当初的2项，增加到21项，"工美情"互助金正在走进北京工美的每个家庭。越来越多的困难可以从"工美情"中找到希望，找到温暖，找到支撑，找到重新站起来的力量。比如：2011年，一名31岁的女员工怀孕了，喜讯到来这对夫妇非常高兴。但是天有不测风云，妊娠高血压综合症不仅让她备受折磨，妊娠7个月就住进医院，面临胎儿早产，并有重度窒息症状。一个靠呼吸机和暖箱维持的幼小生命，不仅让人揪心，更令治疗费扶摇直上。此时此刻，"工美情"救助资金不仅帮助孩子脱离了危险，更让这个家庭重新获得了希望。这对重获希望的夫妇感动地说："是'工美情'基金这个大暖箱，救活了我们的孩子，保住了我们的家！"

翻开2011年"工美情"互助基金账簿，满眼都是情，通篇都是爱：受助职工2645人次，使用"工美情"互助基金82万余元。其中：住院慰问25人次，救助金额5000元；在职重疾3人次，救助金额60000元；单亲助学7人次，救助金额7000元；困难职工助学5人次，救助金额74000元；困难职工救助37人次，救助金额65800元；退休重疾7人次，救助金额35000元；职工子女重疾1人次，救助金额4000元；为全体在职职工投保团体意外伤害保险1055人次，使用金额27880元；"三八"节为全体在岗女工480人购买书籍，使用金额22932元；为全体在职职工1025人投保商业医疗补充保险使用金额588850元。10年来，"工美情"互助基金共支出302万余元，救助并为职工投保1.7984万人次。如今，为"工美情"互助基金捐款已经成为工美人生活的一部分，"工美情"互助基金已然成为工美人心里的那道遮风挡雨的墙。

每逢团拜会,董事长、党委书记讲话总以三个"亲爱"开头:"亲爱的员工同志们、亲爱的兄弟姐妹们、亲爱的女士先生们"。总用三个"永远不会忘记"结尾:在继往开来的道路上,我们永远不会忘记大家为工美事业付出的辛勤努力,永远不会忘记大家对工美事业做出的卓越贡献,永远不会忘记大家对工美事业的那份真挚感情! 员工们爱听,因为他们从中听出感谢;老领导们爱听,因为他们从中听出感恩;各级干部们爱听,因为他们从中得到感悟;与会的合作单位爱听,因为他们从中品出感动。

北京工美集团用亲情构筑充满温暖、感动和大爱的"和美"文化之家。

二、快乐文化——快乐工作,幸福生活

企业文化是体现人本管理理论的最高层次,优秀的企业文化是凝聚人心、增强企业竞争力的无形资产和力量,是企业发展的原动力。让员工心甘情愿去努力工作,不仅靠严格管理,更在于让每个员工快乐工作,创造幸福生活。实践说明快乐是文化,企业需要快乐文化,北京工美集团着力酿造快乐文化,积极营造快乐的工作环境和人文环境。

2012年初,北京工美集团印发《2012年25项重要工作分解表》,其中"制定全年普惠方案"名列第14项,"普惠方案"就是一年四次,一季一次的职工"福利",是让更多的普通员工分享企业改革发展的成果,是"依靠工美人,办好工美事",员工当家作主的直接体现。2012年春节前后,《北京晚报》一条关于一个上等洛川苹果卖到23元的消息格外令工美员工兴奋,因为,集团刚给每人发了一箱看上去又大又红、吃起来又甜又脆的洛川苹果。几年来,北京工美集团始终坚持在全体职工中实行"普惠制"。2011年北京工美集团新一届领导班子更是将"普惠制"推入常态化轨道,"普惠"内容包括大米、水果、油、洗涤用品、超市购物卡、家用小药箱。总之,当上一份惊喜带来的快乐渐行渐远时,下一个新的惊喜则会再次令人感受到共享成果的喜悦。如今,中国经济总量已跃居世界第二,北京人均GDP更是超过1300美元。员工们对于"福利"的评价,早已不是价值几何,而是主人翁的礼遇和尊重。

北京工美集团文化还体现在从拆分汉字中寻找创建和谐企业的真谛。"和"字左边是"禾",右边是"口",意即人人有饭吃;"谐"字左边是

"言"，右边是"皆"，意即人人都有话语权。显然，只有物质、精神的双向激励和双向满足，才是和谐，才能快乐。北京工美集团每年9月举办"北京工美职工文化节"，从2008年起，一年一度的"北京工美职工文化节"成为职工们最为享受的文化盛宴。中国东方歌舞团、中央民族歌舞团、中国歌剧舞剧院这些在中国文艺界数一数二的演出团体，都会专门为工美员工献上一台量身订制的演出——工美专场。当腾格尔、德德玛、刘维维、韩磊等只有在电视上才能一睹风采的著名艺术家走下"神坛"就站在你面前，为你而歌而舞时，员工心情无比快乐。2010年，北京工美集团成立30周年，集团领导为连续工龄满30年的员工颁发"工美勋章"，将文化节开幕式推向高潮。"量身订制"已使"不够年限"的一脸羡慕，而那颗对企业忠诚度不断提升的员工的"忠诚之心"，令更多人选择了"在北京工美干下去！"

由王府井工美大厦员工组建的"星光艺术团"，不仅在集团内各类团拜会上出尽风头，更在东华门地区小有名气，经常被左邻右舍请去助兴。近百平方米的艺术团排练厅和一定的活动经费，使星光艺术团成为工美员工永远的"开心果"。每年、每位员工一张《北京晚报》订报卡，每年、每位员工一次全面体检，每年、每位员工一次外出培训考察，"埋单"的正是北京工美集团。

2012年25项重点工作之一的"王府井工美大厦屋顶花园"建设是又一项惠民工程。"人才强企，团队无价"，以"和美"为核心"创建和谐企业"的北京工美集团领导班子的价值观，永远构建在员工的感受上。建一座屋顶花园，工间时分员工们可换一种心情；建一座屋顶观景台，员工们搭手远眺，紫禁城的恢弘与大气使忙碌的员工神清气爽；建一座屋顶氧吧，让闷在钢筋水泥建筑中的员工，有机会呼吸一下绿色植物酿造的新鲜；建一座屋顶会客室，让员工们有地方和亲朋好友坐下来聊天。至于与屋顶花园配套建设的职工健身园地、多种健身器材，更将免费向职工开放。北京工美集团领导启动了一条欢快的价值链——建屋顶花园，员工们高兴；员工们高兴，他们的家庭就快乐；家庭快乐，企业就稳定；企业稳定，社会就和谐。

实践表明，"每天攒下一点快乐，你就是世界上最富有的人。"显然，北京工美集团正在通过快乐家园"制造"更多的"富翁"。

三、幸福文化——让"工美人"生活得更美好

"GDP减速，幸福提速"。2011年，从各地纷纷出台的"十二五"规划中，人们发现，提升"幸福指数"明显成为施政导向。北京市"十二五"规划要求"让人民生活得更幸福"，并以"一降一升"，即："十二五"期间GDP年均增长比"十一五"规划目标低1个百分点，城乡居民收入年均增长比"十一五"规划期间高2个百分点，从单纯追求GDP，到把更多政策、资源投向民生。对于幸福指数，"工美人"并不陌生，早在2008年北京工美集团党委就以"为让工美人生活得更美好而努力奋斗！"结束工作报告。起初对此似乎没人当真，直到它成为北京工美集团《工作报告》永恒的结语时，员工们终于从实践中体会"幸福指数"的实实在在。

"80后不仅是想干事的一代，而且是能干事、干成事的一代！"这是即将走马上任的"天坛工美大厦"总经理在2009年奥运经验交流会上的发言。那年，她才27岁。就连她自己都没想到，当年的她竟然成为北京工美集团有史以来最年轻的厂处级领导。毕业于北京工商大学经济专业的山东姑娘，年纪轻轻便走马上任第二十九届北京奥运旗舰店副总经理，她率领一支平均年龄不足30岁的奥运特许商品零售中心团队，让几十家奥运特许加盟店在北京遍地开花。而她的成功也最终成为所有工美年轻人的希望。她所创造的厂处级领导的年龄"下限"，也在北京工美开明的人才战略中被不断刷新。北京工美集团每年春、秋两季的员工招聘不仅为内部员工晋升开辟了常态化轨道，更为集团招贤纳士敞开了大门。2012年初，仅集团市场开发部品牌管理一个岗位，就有上百人应聘。

集团不仅是年轻人施展抱负的平台，同样也激发着老同志的成就感。"十二五"发展战略规划的实施，使几十年积淀下来一批工美"老人儿"，在当今"文化大发展、大繁荣"的舞台上，有了一展才能的天地。2012年出台的《北京工美集团设计师专业技术职务评定办法（试行）》，畅通了研发设计人员的职业发展道路。实现专业技术职务与薪酬同步提高，避免了"千根线、一根针"，行政职务晋升挤爆门的尴尬。北京工美集团实行职务晋升的双轨制，并在收入上参照行政系列执行，首席设计师享受二级企业班子副职工资待遇；二级设计师享受二级企业中层正职工资待遇；三级设计师享受二级企业中层副职工资待遇。在此基础上，设立以设计师冠名的工作室，将精神奖励纳入研发创新激励政策系统工

程,并以申报项目的形式,通过北京工美集团产品开发专项资金给予支持。"人才强企,团队无价"的用人之道极大地提升了"和美"文化的幸福含量。

　　总之,北京工美集团以"打造百亿集团、产业航母"为目标,正在努力实施"十二五"发展规划。着力构建"三大板块、五大中心"的企业布局,即:工业、商业、物业三大板块及技术中心、研发营销中心、黄金经营中心、物业中心和电子商务中心。北京工美集团将继续以"追求和美,凝聚人心,打造产业航母"为企业使命,以传承和弘扬中华民族工艺美术文化为核心,以发展文化创意产业为己任,结合企业自身特点,不断提升企业文化建设水平,助力企业快速发展,为"十二五"期间打造百亿集团、完善"三大板块、五大中心"的战略布局做出新的、更大的贡献。

　　　　　　　　　　　　　　　　　　　　　　　（执笔人：张功荣）

北京市首都公路发展集团有限公司

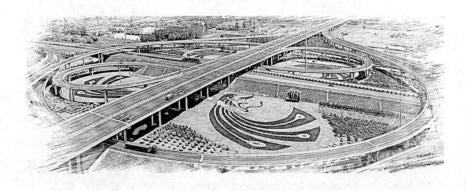

企业简介：

北京市首都公路发展集团有限公司于1999年9月成立,是北京市国有大型企业,负责北京高速公路建设、运营管理、筹融资和相关产业经营。成立以来,在北京市委、市政府领导下,始终秉承"替政府融资,为人民修路,尽社会责任,促企业发展"的基本宗旨,加快高速公路建设,初步实现了首都高速公路放射线加环线的网络化格局,服务管理水平不断提高,产业经营逐步进入主业与辅业相互促进、共同发展的良性循环,党建和企业文化建设取得了实效。

精心打造基业常青的"首发文化"

■ 中共北京市首都公路发展集团有限公司委员会 ■

胡锦涛总书记在党的十七大报告中指出:当今时代,文化越来越成为民族凝聚力和创造力的重要源泉、越来越成为综合国力竞争的重要因素,丰富精神文化生活越来越成为我国人民的热切愿望。企业文化是社会文化一个重要组成部分,是企业的风格和企业软实力的重要标志,是持续提高企业素质和市场竞争力,推动企业可持续发展的关键因素之一,也是构建企业民主、和谐的内在推动力。作为承担北京市高速公路建设运营的北京市大型国有企业,北京市首都公路发展集团有限公司(以下简称"首发集团")把企业文化建设放在重要的位置,打造了独特的首发文化,促进了集团公司的持续健康发展。

多年来,首发集团注重与高速公路建设相结合,积极推进企业文化的策划、实施工作,在建设企业文化的过程中,时刻铭记"替政府融资,为人民修路,尽社会责任,促企业发展"的企业使命,努力践行"路靠我发展,我靠路生存"的核心价值观,遵循以人为本的发展理念,弘扬"干负责任的事业,做负责任的人"的企业精神,形成了完整、严密、和谐的企业文化体系。经过多年的不懈努力,企业文化建设取得了丰硕的成果,首发集团先后荣获"全国创建文明行业工作先进单位"、"全国交通系统文明行业"、全国"安康杯"竞赛优胜单位、"首都国家安全工作先进集体"称号。首发集团的企业文化建设对企业产生了全方位的、深刻的、长远的影响,促进了企业的科学发展。

一、以人为本,打造独特首发文化

高速公路是北京市经济社会发展的助推器,是重要的公益性交通基础设施,是展现首都形象的重要窗口。四通八达的高速公路,是北京城市现代化的重要标志之一。目前,首发集团共运营管理高速公路777公里,每天承担着数十万车辆的通行保障任务。小小收费站岗亭,已成为首都城市文明的重要窗口。

十多年来,为社会和广大车主提供畅、洁、绿、美的高速公路通行环境,确保安全、便捷、畅通、舒适的高水平服务,是首发集团每一名高速公路建设者和管理者的职责与使命。从启动策划到《企业文化手册》的出台,从企业视觉识别系统设计到2008年试点单位经验的推行,从连续两年组织企业文化故事讲演比赛,到企业文化外化于形、内化于心,首发集团在12年发展历程中,不仅建设管理着777公里的高速公路,而且从实际出发,沿着集团发展的足迹,不断探索凝练出了一套独具企业特色,既有针对性,又有时代性,既有指导性,又有前瞻性的企业文化体系。

随着高速公路通车里程的不断增加,"十二五"期间首发集团负责收费运营及养护的高速公路里程规模将突破1000公里,运营管理各项业务规模继续保持增长。如今首发集团的整套企业文化体系已深入人心,被首发员工所接受和认同,"首发人"正在用自己的行动践行着首发的精神和理念,企业文化支撑"首发人"不断实践着"替政府融资,为人民修路,尽社会责任,促企业发展"的企业使命。

二、植入种子,"首发文化"落地生根

近年来,首发集团领导高度重视企业文化建设,把企业文化建设工作作为集团公司的一项重点工作,先后编制完成了《集团公司企业文化手册》、《集团公司企业视觉识别系统管理手册》,提出了《集团公司企业文化建设实施意见》。

2006年9月,首发集团正式启动了企业文化策划工作,成立了企业文化策划小组,认真分析总结集团发展改革中积淀的企业理念,反复广泛征求各个层次人员的意见,将领导人员和广大员工普遍接受和认同的"干负责的事业、做负责任的人"确定为集团公司企业精神,并于2007年2月,正式下发了包含14个企业理念及各层次人员行为规范的《集团公司企业文化手册》。从2007年起,启动了企业视觉识别系统设计工作。采用比稿的方式,邀请五家单位进行设计,在50多个方案中,经过集团领导、所属各单位、广大员工的多次投票选择,确定了新的企业标识。制定下发了《关于集团公司企业标识规范使用的通知》,明确了标识使用的范围、原则、要求。2008年,开展了企业文化试点工作,把京开路分公司、养护公司作为试点单

位,大力加强企业文化"落地"工作,通过印发手册、组织宣讲、橱窗板报、竞赛比武等形式,广泛宣传企业文化。做到了以点带面,促进了企业文化建设的全面展开。2009年,以庆祝集团成立10周年为契机,举行了由集团员工自编、自导、自演,以宣传企业文化为主要内容的大型文艺演出,获得了各级领导和广大员工的充分肯定,进一步诠释了首发集团企业文化。2010年、2011年,集团所属各单位广泛开展了企业文化故事会活动,坚持重在基层的原则,发动一线员工广泛参与,形成了人人讲故事、人人说故事,学习先进、践行理念、积极向上的良好氛围。在以"畅说身边故事践行企业文化"为主题的企业文化演讲比赛中,选手们以饱满的精神、朴实的语言、澎湃的激情,从不同角度、不同侧面,用身边人、身边事诠释了企业文化的核心理念。坚守在工程建设第一线的项目经理;在雨夜中热情帮助客户的收费员;相互支持、团结互助的服务区一线班组;远离家乡,长年不回家的交通工程管理人员;全员捐款救助重病员工等等。一个个感人的故事背后,诉说着首发员工践行企业文化的实际行动。首发集团企业理念、行为规范、核心价值观得到普遍推广,企业标识有步骤、分阶段得到应用。共同的文化理念增强了员工的凝聚力和向心力,克服了发展道路上的一个又一个困难,创造了高速公路建设的一个又一个奇迹,"区区通高速"目标提前两年实现,北京市高速公路网基本建成。

三、丰富载体,助推"首发文化"前行

职工文化是现代企业文化中最生动的形式,对于促进企业文化建设具有重要意义。首发集团为满足员工精神文化生活需求,提升职工队伍的思想道德素质和科学文化素质,培养职工文明风尚,以职工社团为载体开展了众多丰富多彩的职工文化活动。

2010年,首发集团为了活跃和丰富集团公司万名员工的业余文化生活,满足员工的精神需求,组建了"首发集团职工社团",开展了健康向上的各种活动。结合各单位实际,发挥各单位的特色,做到活动开展上下结合、大小结合、经常性与临时性相结合,外树形象,内强素质。借职工活动之力,强企业筋骨,营造"健康首发"、"快乐首发"、"和谐首发"的良好氛围,为建设具有首发集团鲜明特色的企业文化、展示"首发人"精神风貌作出了贡献。

职工艺术团、职工运动健康社团、职工竞技体育社团、职工书画艺术社

团组建以来,各单位认真组织,积极开展各项工作,使社团工作全面展开,并取得了优异成绩。2010年,首发集团在北京市国资委系统举办的"唱响国企之歌展示劳动风采"企业之歌大赛决赛中,荣获二等奖,并在二等奖中排分列第一。在市交通行业运动会各项比赛成绩斐然:在各分项活动取得优异成绩的同时,荣获团体总分第一名、优秀组织奖、体育道德风尚奖和宣传工作优秀奖。在2009年和2011年市交通行业文化艺术节中,首发集团充分展示了文化建设的成效。在2009年的首届艺术节中,参赛的8个作品中有6个获奖,并获得了四个类别中的三个一等奖。在2011年第二届艺术节中,获得歌咏比赛演唱一等奖、创意奖、声乐比赛一等奖、综合节目类比赛一等奖,同时还荣获了艺术节特殊贡献奖和优秀组织奖。2011年,首发集团荣获"北京市第八届首都职工文化艺术节"优秀组织奖、合唱比赛二等奖、曲艺和小品类比赛曲艺组和小品组两个一等奖、舞蹈类比赛一等奖、管乐展演优秀奖、声乐大赛三等奖;荣获第七届"舞动北京——群众舞蹈大赛"广场组银奖和总决赛铜奖。同时,首发集团在竞技体育方面也取得了良好成绩,先后荣获北京市羽毛球赛优秀组织奖、女子单打第五名;北京市乒乓球赛团体第三、优秀组织奖。

通过开展丰富多彩的活动,调动了广大员工参与企业文化建设的积极性、主动性和创造性,并依托企业文化建设扬名气、聚人气、鼓士气,进一步丰富了员工业余生活,满足了精神需求,增加了企业文化的有形载体,扩大了首发集团影响力,增强了员工的凝聚力,强化了促进企业发展的推动力。

四、文化铸魂,支撑首发科学发展

十年企业靠制度,百年企业靠文化。实践证明,独特的首发文化对首发集团的科学发展具有重要支撑作用。回顾首发集团成长、发展的12年,正是在"干负责任的事业,做负责任的人"的企业精神的激励下,首发集团资产规模大幅增长,高质量完成高速公路建设任务,高水平服务不断取得实效,业务结构不断优化,高效率管理落到实处,高科技应用显现成效,党组织作用充分发挥,首发集团取得了辉煌的成绩。

一是全面完成高速公路建设任务,保证工程质量。工程建设克服工期紧、任务重、技术复杂、施工困难大以及前期工作周期长等各种不利因素的影响,通过完善技术方案,规范建设程序,加强拆迁协调,强化合同管理和质量管理,圆满完成了建设任务。高速公路质量经政府质管部门检测,合格品率为100%,优良品率为95%,项目质量为优良等级,实现了高速度与高质量的有机统一。五环路工程获得了国家优质工程银质奖。二是提高通行服务质量,实现高水平服务。坚持"以人为本"的服务理念,积极推进畅通、文明、绿色、和谐的高水平服务标准。通过不断细化服务规范,组织开展评比、竞赛活动,认真接受社会监督,保证了高速公路运营服务始终处于国内同行业较高水平。2008年出色地完成奥运会通行服务保障工作,2009年完成了国庆60周年各项保障任务。"十一五"期间,通过社会问卷调查,窗口服务顾客满意度年度平均值达98%以上。2011年,在全国干线公路养护与管理大检查中取得全国第三、直辖市第一的优异成绩。三是进行多渠道筹融资,保证建设资金需求。首发集团本着"运作资本,整合资源,盘活资产"的发展思路,坚持"政府资金引导,依托金融资本,吸引社会资金"的多元融资模式,利用金融机构贷款、企业债券等方式筹资。通过与金融机构开展合作,建立了多元化的融资渠道,财务成本得到有效控制,资金到位及时,有效保证了建设资金需求。四是拓展经营思路,产业经营竞争能力不断增强。集团把搞好高速公路相关项目的产业开发,作为保持企业可持续发展的重要途径,现主要有智能交通、公路绿化、交通工程、物流枢纽、广告、加油站等多种产业。竞争性企业进一步拓展经营思路,强化市场意识、成本意识、竞争意识,走质量效益型的内涵式发展道路,不断追求效益更好、管理更规范、规模更适度、市场化程度更高的目标。

近年来,首发集团的企业精神已深深地融入每一位员工的心里,深入引导着员工的行动,增强了企业的凝聚力和向心力,促进了生产经营活动的开展,推动了首发集团持续健康发展。

综上所述,"十二五"是首都科学发展的重要时期,是北京交通加快发展的黄金机遇期,是北京高速公路事业进入建管养并重阶段的新时期,是首发集团实现"千亿元资产、千公里高速"的关键时期。企业文化建设是一个系统工程,是一项长期的工作任务。"十二五"时期,首发集团将围绕集团公司发展战略,不断把企业文化融入经营管理全过程,不断完善新的内涵,不断坚持方式方法的创新,适应集团公司发展的需求,促进集团公司的全面、协调、可持续发展。

(执笔人:王可　刘存来　关华)

BIAD 北京市建筑设计研究院

企业简介:

    北京市建筑设计研究院,成立于1949年10月,是与共和国同龄的大型国有民用建筑设计机构。经过几代人开拓创新、励精图治,累计完成建筑设计面积已超过1.5亿平方米,在建筑设计及科研领域取得了突出成绩,曾被北京市政府授予"首都建筑设计突出贡献设计研究单位"荣誉称号。

倡导创新激发灵感
打造企业发展新动力

中共北京市建筑设计研究院委员会

伴随着新中国的发展,北京市建筑设计研究院(英文名称:BEIJING INSTITUTE OF ARCHITECTURAL DESIGN,简称BIAD)以其优异的设计作品和专业水准,在首都北京完成了许多重大项目设计。进入21世纪,在丰富的实践经验积累基础上,紧紧抓住开放机遇,以全新姿态,积极投入到城市建设中,在全国及其他国家完成了一大批优秀的城市标志性建筑设计。

站在时代前沿的思想文化是实现企业繁荣发展的重要条件。北京建院始终倡导积极向上的价值观和社会责任感,在实践中不断开拓创新,努力营造具有品牌凝聚力的文化环境。

20世纪50年代的第一次北京"十大建筑"的评选,北京建院有人民大会堂、中国人民军事博物馆、北京工人体育场等八项工程入选;80年代"十大建筑"的评选,北京建院有中国国际展览中心2-5号馆等工程入选;90年代"十大建筑"的评选,北京建院有国家奥林匹克体育中心和亚运村等工程入选;2009年,"北京当代十大建筑"评选,北京建院设计的首都机场T3航站楼(合作)、国家大剧院(合作)和国家体育馆等工程入选。"十大建筑"记录着北京城市的发展,也记录着北京建院走过的辉煌历程,承载着60年与时俱进、不断创新的文化积淀。

一、倡导创新的企业文化理念

"人类因梦想而伟大,企业因文化而繁荣。"院领导层高度重视企业文化的建设,北京建院党委书记、院长朱小地同志曾明确指出:"强有力的企业文化,是激发员工积极性、提高对企业认可度的有效保证。一个企业不能仅仅重视规范、制度的建设,对于我院这样的科研设计咨询机构来说,更应该加强企业文化建设。制度是刚性的,文化是柔性的,'刚不可久，柔不可守'，二者合一，止于至善。从这个层面上说，企业文化正作为一股不可忽视的'软力量'成为影响企业核心竞争力的重要因素。"

建筑设计是人才密集型的行业，企业发展很大程度上依靠技术人员的专业技能、工作状态和创新精神。朱小地同志曾这样表述：我们要让职工在品牌建设过程中感到工作的充实、成长的快乐，感到企业的强大、生活的尊严。我们坚持以人为本，树立职工的主人翁意识，唤起他们的积极性、主动性和创造性，进而为企业的发展提供强大的动力，获得更高的品牌价值和市场美誉度。

60余年的发展和积淀，北京建院在实践的探索中提炼出企业文化的理念：BIAD长期坚持以改革促发展，以"建设中国卓越建筑设计企业"为共同目标，以"建筑服务社会"为核心理念，以"开放、合作、创新、共赢"为经营宗旨，以"为顾客提供高质量的建筑设计产品"为质量方针，坚定不移地实施BIAD品牌建设，充分利用设计与科研、人才与技术的综合优势，全面提升核心竞争力，在激烈的市场竞争中保持设计水平和原创能力的领先地位，为促进行业的发展和建筑设计领域的繁荣贡献力量。

企业文化理念的形成统一了企业干部职工的思想，通过有效的平台和载体，使企业文化理念逐步深入人心，以精神和文化的力量增强了企业凝聚力和职工使命感，成为推动企业发展的强大驱动力。

北京建院研究制定企业文化发展实施规划，通过一系列创新举措，使"建筑服务社会"的核心理念、"建设中国卓越的民用建筑设计企业"的发展目标、BIAD品牌意识，在全员中内化于心灵、外化于行动，成为一代又一代建院人锲而不舍的境界和追求。

二、打造创新的企业文化氛围

设计需要灵感，需要创新。北京建院创新文化载体为员工打造有特色的文化生活，为行业打造具有影响力的文化艺术活动。一系列的文化活动陶冶了职工的情操，激发了职工的艺术灵感，培养了创新的氛围。

搭建交流平台，激发员工主体地位。为了更好地深入职工，了解广大职工的思想和诉求，北京建院建立了重大问题决策的职代会审议机制，搭建起职工与院领导沟通、对话、交流的平台。此外，我们还通过大型文艺演出、新春团拜会、离退休职工座谈会、与统战人士茶话会、院领导走访老干部、慰问劳模等形式营造了和谐的企业氛围。

创新企业内刊,营造职工心灵港湾。北京建院的企业内刊从1988年《金厦报》创办到2006年改版为《北京建院》,再到2008年10月改版为《BIAD生活》杂志,经历了三次创新式发展。三次改版充分体现了北京建院企业文化与时俱进,勇于创新的精神。《BIAD生活》杂志作为全新的企业内刊,作为BIAD品牌文化的载体,立足于宣传企业文化和品牌建设成果,也更贴近职工的工作与生活,开辟了BIAD企业文化建设的新园地,以其艺术性、互动性、娱乐性的特征,受到全院职工的欢迎和喜爱,成为广大职工心灵的港湾。

创建BIAD生活馆,打造有特色的职工生活。在专注主业的同时,我们也在致力于不断提升职工生活的艺术品质,不断丰富职工生活的内容。在院领导的大力支持下,在院区设计创建了一个占地300平方米颇具设计创意的职工生活空间——BIAD生活馆。2009年10月,建院60周年院庆期间,BIAD生活馆正式开馆亮相。"BIAD生活"是我们倡导的全新文化生活理念,BIAD生活馆是这个理念的重要文化载体之一。BIAD生活馆由院工会统一进行管理,面向广大职工开放,常年策划组织体现BIAD生活理念的文化活动。自开馆以来,成功开展了展览发布、沟通交流、文化娱乐、主题沙龙、专业培训、职工社团等七类活动。BIAD生活馆里长期活跃着模特队、合唱团、小型乐队、舞蹈队、太极拳团队等,举办着书画邀请展、健康讲座、艺术沙龙、钢琴演奏会等,丰富了大家的业余生活。在短短的三年时间里,BIAD生活馆这一崭新的文化载体,承载了多种文化生活的形态,通过丰富多彩的创意活动,成为职工喜爱的一块"乐土"。2010年,《BIAD生活》杂志和BIAD生活馆荣获了北京市国资委宣传思想工作创新奖。

主办大型文化活动,推广建筑文化。近年来,北京建院成功策划举办了一系列全国性建筑文化影响力活动,将BIAD品牌推广到全社会,在扩大对中国建筑设计界的影响力和宣传BIAD品牌方面做出了可贵的探索。2006年,BIAD成功承办第十二届亚洲建筑师大会分会场活动,2007年承办"国际建筑教育大会"的主题展览。2009年10月举办的庆祝建院60周年的系列庆典活动,内容丰富,形式多样,策划周密,组织有序,体现了策划运作大型活动的能力,得到了各界人士的好评。2011年,BIAD承办"2011北京规划设计勘察测绘行业工作会"分论坛活动。我们主办或承办的一系列大型文化活动进一步扩大了BIAD的市场影响力,振奋了全院职工的精神,增强了热爱建院的情感,推动了我院企业文化的建设。

举办大型文艺演出,展现企业艺术魅力。北京建院文化底蕴丰厚,职工多才多艺,有着良好的文艺传统。早期形成了"北京建院之夜"、新春团拜会文艺演出的品牌活动。近年来,在院领导的重视和大力支持下,在院工会的精心组织下,通过多次的历练,职工文艺团体和日常活动空前活跃,职工文艺演出水准大幅提高,演出策划执行团队能力得到提升。我们从在企业内部举办一个小型的文艺活动发展到走出企业大门,走进专业剧院,登上专业舞台,面向行业、面向社会,打造一场高水平的视听盛宴。打造大型文艺演出在活跃职工文化生活、挖掘职工才艺的同时,振奋了职工精神,带来了高雅艺术享受,使北京建院原创的文艺演出具有品牌影响力,成为北京建院企业文化和品牌建设中的一大亮点。

近年来,我们依靠自己的策划执行团队,成功举办或参与了一系列具有社会影响力的大型文艺演出活动。2010年3月,院工会与北京市女建筑师协会在梅兰芳大剧院联合举办了纪念三八节百年华诞大型文艺演出,来自勘察设计行业的近百名职工演员登台献艺,在业界引起广泛关注。2010年9月,BIAD职工文艺团体远赴云南昆明新机场项目工地参加云南省"云岭之翼"大型慰问演出活动,在这座由BIAD人设计的建筑现场,展现了BIAD的企业风采,使BIAD品牌的旗帜飘扬在彩云之南。2011年6月,我们策划承办了中国勘察设计行业首届大型文艺演出,这台原创的文艺演出获得中国勘察设计协会的高度肯定,获得来自全国同行单位的广泛好评。2011年7月,我们的合唱团参加市国资委系统建党九十周年合唱比赛取得良好成绩。2011年BIAD职工新春文艺演出赢得市总工会的好评。2012年1月,由院工会精心策划筹办的2012新春文艺演出成功走进了中国国家大剧院,登上了歌剧院的金色舞台,展现了设计企业的风采,引起业界强烈反响。通过多次的历练,我们培养出了一个专业化的演出、策划、执行团队,挖掘和荟萃了一批具有较高演出水准的职工演员,并能呈现一台专业化水平较高的大型文艺演出,形成了BIAD的一个文化品牌,为企业文化的丰富和发展拓宽了新的领域,成为又一独具特色的企业文化载体。

驱动创新 QU DONG CHUANG XIN 043

三、以创新驱动企业发展

企业文化不应是一套空洞的理念和口号，它应该在实践中对企业发展形成强大的驱动力。如何才能使这种"软实力"有效地作用于企业发展？我们在探索中通过不断创新逐渐形成了企业文化发展的新格局：基于"建设中国最卓越的民用建筑设计企业"的发展目标，通过提升现代化的业务平台建设，为主业发展提供精神动力和智力支持，并为品牌内涵打下坚实基础。

作为一个拥有62年辉煌历史的大型国有设计企业，设计始终是我们的主业，主业的发展水平与企业的前途命运息息相关。北京建院始终强调专注于建筑设计主业、打造高端设计产品、在不断创新中由传统的单专业工程设计向现代的全专业创意设计转变。"建设中国最卓越的民用建筑设计企业"的是我们的发展目标，主业的硬实力是品牌的核心竞争力，因此，我们的企业文化建设首先要为主业发展提供不断创新的精神动力和智力支持。北京建院与时俱进，不断提升现代化的服务平台建设，打造出一批业界领先的特色业务平台。

充分利用创作平台和技术平台，加强学术交流和深度研究，将世界范围内一切先进的设计理论、设计方法和设计技术转化为自身的设计优势。不断总结经验，回顾以往的创作活动，经常性发布代表BIAD设计水平的设计方向导引，同时加强质量建设，为设计人员提供及时的技术保障和技术创新支持。

作为一个现代化的大型科研设计企业，我们打造了高科技的信息化平台，提供行业前沿服务。我们自主研发了协同设计软件和工程设计管理系统，将多年来不断完善的设计管理理念和体系通过信息化手段的支持提高到新的水平，实现了工程设计项目全过程的管理信息化。2011年我们成立了"BIAD-BIM研究室"和院建筑数字技术委员会，吸引院内、外专家和有兴趣的技术人员参与研发在BIM技术支撑下的产业链整合的可能性，在行业内再次引领前沿设计浪潮。

我们尝试为主业发展探索和创新多元化的形式，BIAD在北京市延庆县妫水北岸建立北京妫河建筑创意区，它将成为优秀设计人才施展才华的舞台，成为BIAD学习国际先进理念和设计成果，开展学术交流和科技研发平台，成为北京建院和建筑行业与社会各阶层广泛交流的平台，开启了建筑创意产业的新篇章。

作为一个知识密集型企业,我们非常重视员工的培训和人才的培养。我们注册成立了BIAD培训学校,设置不同级别的工程设计实务培训系列课程,使设计人员都能获得有效的技术培训。通过一系列经常性的交流活动,营造浓厚的学术氛围。BIAD培训学校的建立,使职工专业培训向着系统化、专业化的方向推进,为企业发展提供了智力支持。

BIAD建立博士后工作站,进行行业前沿领域的研究。BIAD还与许多知名高等院校保持着良好的合作关系,通过合作办学,充分利用全社会的科技资源和成果,使科研工作形成一种开放模式,加强了北京建院与高校的交流。

BIAD长期主办专业学术期刊《建筑创作》杂志,使之成为建筑师同行欢迎的工程设计类刊物,并以此为基础打造建筑文化传播机构,将BIAD品牌的影响力推广到全社会。

(执笔人:杨杨)

北京铁路局

企业简介:

　　北京铁路局是以铁路客、货运输为主的国有特大型企业,所辖线路分布在北京、天津、河北"两市一省"及山东、河南、山西省部分地区,与沈阳、济南、郑州、太原4个铁路局相接。营业里程5667.5公里,其中时速200公里以上高速铁路651.9公里。有职工20万人,下辖单位80个,其中运输站段57个;管内高速铁路3条,正线153条,其中主要干线15条。北京铁路局党委在企业发展中,大力推动文化创新,实施"典型引领工程",加强典型文化建设,对铁路建设发展起到积极的推动作用。

"典型引领工程" 创新文化建设

中共北京铁路局委员会

　　大力实施"典型引领工程",加强典型文化建设,是北京铁路局党委站在铁路发展新的历史起点上,大力推动文化创新,充分发挥先进典型塑造企业形象、凝聚职工队伍、推动建设发展示范引领作用的一项重大工程。"典型引领工程"实施以来,北京铁路局各级党组织高度重视、精心设计、深化落实,培养选树了一大批在安全、运输、经营、管理、科技、服务、党建、思想政治工作等领域的领军人物和先进集体,在全路、全国叫响了李东晓、张润秋、京藏车队等先进典型,在北京铁路局初步形成了"学典型、赶先进、创一流"的浓厚氛围,对铁路建设发展起到积极的推动作用。

一、实施"典型引领工程"的重要性和必要性

　　一是实施"典型引领工程",是适应职工多元化思想、树立社会主义核心价值观的重要途径。发挥先进典型的引领作用,是当前加强思想政治工作的重要途径,对于启迪、教育、感召和激励干部职工树立社会主义核心价值观,坚持把适应经济社会发展需要、满足人民群众需求的根本标尺落实到实际工作中,具有不可替代的示范引领作用。

　　二是实施"典型引领工程",是铁路跨入高铁新纪元的时代需求和现实需要。中国铁路进入高铁新时代,迫切需要我们从大力选树培养推广一批代表高铁安全、运营、管理、技术、服务等领域的先进典型入手,使他们走在高铁时代前沿,引领高铁向前发展,激励广大干部职工树立世界眼光,坚持更高标准,不断探索实践铁路发展的正确道路和成功经验,向世人展现高铁新形象。

　　三是实施"典型引领工程",是建设特色企业文化的迫切需求。先进典型是企业文化具体化、形象化的载体,其个体的先进作用和示范带动作用具有鲜明的时代性、创新性;在开展企业文化建设中,具有很强的导向性。实施"典型引领工程",有利于把先进典型的感人事迹作为职工的

工作动力,使先进典型的成功经验和榜样变为职工追求的目标。有利于形成比学赶帮超的良好氛围,培养和发展新时期的具有北京铁路局鲜明特色的企业文化,从而更好地促进企业和职工的全面发展。

四是实施"典型引领工程",是坚持以人为本、服务旅客创先争优的迫切需求。通过先进典型的引领作用,可以带动窗口单位服务质量的大幅度提升,切实践行"以人民群众满意为根本标尺"的服务新要求。同时,通过深化"典型引领工程",可以广泛深入地把先进典型的成功经验、感人事迹作为铁路工作的一个缩影报道出去,把铁路为服务旅客、货主付出的艰苦努力反映出来,在全社会形成对铁路的正面宣传声势,使社会各界和人民群众更加理解和支持铁路工作,为铁路科学发展、和谐发展营造良好的社会环境。

二、实施"典型引领工程"的主要做法

一是深入推进,在全局形成群星璀璨的良好效应。近三年来,重点在求突破、全覆盖上下工夫。一方面,抓典型,求突破。北京铁路局在发现、培养典型中,根据首都局在确保安全、优质服务的特殊地位和"稳、实、和,促发展"的发展思路,把选树行业领军人物、选树提升装备技术管理水平代表人物、展示老典型新形象等三个方面作为重点,选树了一大批先进典型。在充分展示路局客运服务的良好风采,大力推进服务文化建设,提升服务品位方面有所突破、创新。我们组织北京南站、天津站、天津客运段开展服务礼仪展示活动,以点带面,切实发挥典型引领作用的影响力和推动力,进一步引导和强化干部职工牢固树立"以服务为宗旨,待旅客如亲人"的服务理念,扎实推进以"服务标准、服务技能、服务形象、服务礼仪"为主要内容的实践展示活动,服务旅客创先争优,努力塑造北京铁路局的良好形象。另一方面,重拓展,实现典型引领的广覆盖。2011年以来,路局党委全面深化"典型引领工程",全局各级组织广泛选树在安全、运输、经营、服务、管理、党建思想政治工作等方面的先进典型,使之覆盖全局各系统、各层面,实现典型引领工作的深化拓展。局党委围绕安全生产、服务质量、运输经营、铁路建设、多元发展等方面,大力开展党内九大品牌工程创建活动。近三年来,全局各级组织针对系统特点和岗位分布,广泛开展典型选树,形成大量先进典型个人和群体。

截至目前,全局站段级以上先进典型已经达到25902人,占职工总数的15%;车间级以上党员岗区达到13956个,有效覆盖全局运输生产一线的各个岗位。在层层推选的基础上,全局有10个单位和个人荣获全国五一劳动奖状、奖章和全国工人先锋号等国家级荣誉,148个单位和个人荣获火车头奖杯奖章、首都劳动奖状奖章等省部级荣誉,实现了典型群体在基层车间和各系统的全覆盖,形成了先进典型数量多、领域全、作用强、影响大的群星璀璨的良好局面。

二是层层推选,确保先进典型过得硬、立得住、叫得响。各级组织注重在先进典型的发现、评选和评价上下工夫,确保典型质量过得硬、立得住、叫得响。第一,注重在一线发现典型。注重在岗位默默奉献、任劳任怨的职工中选树典型,注重以实际表现、引领作用、作出贡献等指标考量发现典型。既把选树重点放到做出成绩的关键岗位,又统筹考虑其他岗位职工,使选树的典型贴近职工,可亲、可敬、可学。如:李东晓同志的先进事迹正是他担当火车司机16年,驾驶12种机型,安全行车108万公里没有发生任何事故的情况下发现和培养的重大典型代表。京藏车队的先进事迹则是几年如一日,在5000米海拔落差中、在天天克服难以想象的困苦中默默奉献的情况下被挖掘出的时代精神。第二,注重在选树中科学评价。先进典型作为干部职工学习的榜样,一旦出现夸大、失实等问题,将给"典型引领工程"造成难以弥补的负面影响。各级组织在坚持科学评价的基础上,采取群众评议、组织审核的方式,确保先进典型可信、可学。如:北京南站的"润秋服务组",是以共产党员、全国劳动模范、全局十大领军人物、北京南站值班站长张润秋的名字命名的客运服务组,是北京南站深入开展"服务旅客创先争优"活动,推进"典型引领工程",全力打造的一支高铁客运服务品牌团队。"润秋服务组"自成立至今,收到感谢信三千余封,锦旗百余面,赢得了"外地旅客的导游、残疾旅客的亲人、老年旅客的儿女、年轻旅客的朋友、儿童旅客的老师、外籍旅客的翻译"等诸多美誉。

三是广泛宣传,在全局形成"学典型、赶先进、创一流"的浓厚氛围。各级组织对典型事迹的宣传采取全方位、多角度、立体化、深层次的措施,赋予了典型鲜活的生机和活力,确保了典型事迹深入人心。第一,在全方位宣传上,局党委紧紧抓住《人民日报》、新华社、《光明日报》、《经济日报》等中央各大主流媒体和新闻网站相继对李东晓同志先进事迹进行深度报道的有利契机，组织李东晓先进事迹报告团，在人民大会堂和辽宁、上海、四川、广州等六省市进行了巡回报告，使李东晓这一典型走向全路、推向全国。在做好对外宣传的同时，重点组建了由"润秋服务组"、李东晓和京藏车队有关人员参加的全国先进典型事迹报告团，深入局管内北京、天津、石家庄等8个地区进行现场巡回报告，大力营造浓厚的学习宣传氛围。第二，在多角度宣传上，在《北京铁道报》开设专栏，通过记者讲、典型说、周围职工议、广大群众评、评论员论等多个角度宣传先进典型，解决了从"怎么看"到"怎么干"的问题；路局出版了《引领——北京铁路局"典型引领工程"群英谱》、《活力——宣传思想文化工作立项攻关成果集》、《服务礼仪展示》折页，并配发了《"十大领军人物"先进事迹报告专题片》，北京车务段、天津车务段、唐山站等站段编印下发了《奋进》、《丰碑——先进典型事迹宣传手册》、《繁星——唐山站典型人物事迹集》，以图文并茂的精心设计、生动翔实的精彩内容、感人至深的文学和影视作品，全方位地反映了先进典型的优秀品质和崇高精神。第三，在深层次宣传上，在全局开展"李东晓现象"大讨论和"向李东晓同志学习、争做东晓式职工"专题讨论，通过中心组学习、组织生活会、座谈交流会、撰写心得体会、征文演讲等多种形式，由全局广大干部职工结合自身岗位实际进行深刻思考、深入讨论，把学习宣传先进典型推向新热潮。

四是注重实效，全面发挥先进典型的示范引领作用。全局各级组织在传、帮、带上下工夫，着力发挥先进典型的示范作用。第一，积极推广典型经验。在选树先进典型的过程中，各级组织注重总结提炼成功经验和做法，在系统内形成并推广运用了222项工作法和279项优质设备质量标准，使先进典型可学、能学、易学。特别是李东晓的1800秒作业法已经在全局乃至全路高铁司机中得到广泛推广；"毛泽东号"机车组"28字出乘作业法"成为机务系统的工作标准。第二，发挥典型"传帮带"作用。各级先进典型与职工以"一带一"、技术党课等形式帮教，使职工素质和能力得到明显提升。北京供电段"十大领军人物"赵大坪，把多年积累总结的好方法、小窍门以及作业中的绝招、绝活，手把手地传授给职工，主动送教学到一线，使全段职工学技练功蔚然成风，涌现出许多技术能手；丰台工务段把创建京津城际优质设备的典型做法制成教学光盘，下发到工区班组,使广大职工设备保安全的能力得到大幅提升。第三,发挥典型引领作用。各级组织将先进典型的作用扩展、延伸,带动整体工作发展,形成以点带面的良好局面。石家庄电务段注重放大全路党内优质品牌"国宏优质设备"的品牌效应,在全段生产一线党员中共创建"国宏优质设备"1380处,带动了设备质量的整体提升。

实施"典型引领工程"以来,在先进典型的引领和感召下,全局安全基础不断夯实,服务质量不断提升,运输经营屡创佳绩,客货运量均较往年有大幅提高,运输收入创造历史新高。全局干部职工正自觉地把学习先进典型的精神转化为服务社会、服务人民群众的动力,以实际行动推进铁路科学发展。

三、实施"典型引领工程"的几点思考

一是深化"典型引领工程",必须紧贴工作实际,在选树环节上下工夫,确保先进典型"过得硬"。只有选好评选角度的多样性和层次性,坚持在重大任务和重点工作中选树先进,坚持在平凡岗位默默无闻但却几十年如一日兢兢业业、执行标准的职工中挖掘典型,才能使先进典型既杰出又平凡,既贴近现场又使职工愿意学;只有保证先进典型事迹的真实性,不拔高、不夸大,才能使先进典型可亲、可信;只有保证评选过程的公开、公平、公正,广泛组织职工群众甚至是职工家属参与评选,并充分听取周围职工群众的评价,才能使先进典型既真实可信,又具有深厚的群众基础,干部职工认同;只有严肃选树过程,对选树先进典型出现的"戴帽式"、"轮流坐庄"等问题必须要严格考核、坚决纠正,对准备选树的先进典型认真把关、科学培育,才能使"典型引领工程"更深入、更扎实、更有效,更具生命力。

二是深化"典型引领工程",必须适应发展需求,在保持先进性上下工夫,确保先进典型"立得住"。先进典型只有适应时代发展和形势变化,立足全局安全、经营、服务等重点工作,不断学习党的政治理论知识,不断提升岗位技能,吸取同行业、同岗位的先进理念和先进经验,保持在同系统、同行业的领先水平,才能使先进典型始终保持鲜活的生命力和与时俱进的先进性。各级组织要加强先进典型的领导和指导,一方面,建立先进典型培养规划,提升工作标准,丰富培养内容,改进工作方法,

通过先进典型的岗位表现、引领作用等情况加强对他们的考核,促其不断发展进步。另一方面,抓好先进典型的后续培养,敢于向先进典型交更大任务、压更重担子,加强先进典型新理念、新知识、新技能的学习培训,使他们始终走在铁路发展的最前沿,不断体现新价值,彰显新活力。

三是深化"典型引领工程",必须加大宣传力度,在打造品牌上下工夫,确保先进典型"叫得响"。只有准确把握经济社会不同时期的脉搏,适时宣传、推广符合时代需求、体现铁路特色、人民群众信赖的重大典型,才能够受到社会重视、得到人民拥护、振奋铁路职工精神。只有不断拓展全方位、多角度、立体化的宣传方式,运用巡回报告、事迹展示、电视纪录片等多种载体,采取学习讨论、征文、演讲等多种形式,把先进典型的事迹传达给干部职工,才能使先进典型深入人心。只有把先进典型作为品牌精心打造、推向社会,使先进典型成为旅客、货主喜爱的"品牌",才能使先进典型广泛传扬。

四是深化"典型引领工程",必须总结推广成果,在示范和带动上下工夫,确保先进典型"推得开"。只有认真总结、及时推广先进典型的做法和经验,形成同系统、同行业干部职工可学可鉴、看得见、摸得着的有形化做法和标准,才能让先进典型真正起到示范引领作用。只有借助先进典型优势,让先进典型的标准成为周围职工、所在班组、所在系统的标准,形成以点带面、以面带全创先争优的良好局面。只有建立健全先进典型培养使用、表彰奖励、领导联系包保、定期走访谈话等一系列制度机制,政治上关心、思想上关怀、生活上帮助典型,才能激发先进典型活力和干部职工动力,在全局形成学先进、赶先进、当先进的生动局面。

(执笔人:岳石军　王好生)

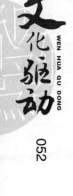

中国建筑一局（集团）有限公司

企业简介：

　　中国建筑一局（集团）有限公司（简称中建一局）是集投融资、设计、科研、施工、房地产开发、物流于一体,跨地区、跨国境经营的大型建筑企业集团,具有两个国家房屋建筑工程施工工程总承包新特级资质,年营业额超过500亿元。中建一局是中国建筑股份有限公司的骨干成员。"中国建筑"是中国最大的建筑地产综合企业集团,2011年位列世界五百强第147位。

加强企业文化载体建设
赋予铁军精神时代内涵

■ 中共中国建筑一局(集团)有限公司委员会 ■

近年来,在北京国资委党委的指导下,在"中国建筑"大文化的引领下,中建一局扎实开展企业文化体系建设基础工作,努力建设好企业文化载体,使集团的企业文化逐渐显性化和外在化,在教育和引导员工、规范企业管理、树立企业良好形象等方面发挥了重要作用,促进了企业综合竞争力的提高。

一、以"铁军精神"为核心的企业文化建设历程

中建一局在创业之初就将"南征北战、五湖四海、敢打敢拼、勇往直前"的铁军精神作为企业文化的核心,坚持不懈地用铁军精神构筑企业的思想基础。在60年的发展历程中,中建一局的企业文化兼收并蓄,不断传承,始终与国家的需要、时代的变迁及企业的发展战略相适应,"铁军精神"不断被赋予新的时代特征和丰富内涵,形成特色鲜明的中建一局文化。

"工业建筑的先锋,南征北战的铁军"。20世纪50年代,中建一局在技术条件十分落后、生产生活条件十分艰苦、气候条件十分恶劣的情况下,圆满完成了长春一汽等国家重点建设任务,为新中国的建设做出了突出贡献。1959年9月,当时的建筑工程部和全国建筑工会联合授予了中建一局"工业建筑的先锋,南征北战的铁军"的光荣称号。从那时起,中建一局就将铁军精神作为企业灵魂,始终响应国家的号召与调遣,奋战在祖国建设的最前沿。"铁军精神"鼓舞着中建一局始终走在行业前列,完成了一汽、一重、二重、大庆炼油厂、荆门炼油厂、北京燕山石化总厂等国家重点工程。

"献身、实干、进取、严细"。党的十一届三中全会以后,祖国建设发生了巨大变革,中建一局也由承担国家重点工程建设为主,逐步向适应

市场需要,全方位参与国内、国际市场竞争转变。在适应市场转型和提升管理的过程中,中建一局提出了"献身、实干、进取、严细"的企业精神,诠释了改革开放时期的中建一局铁军精神。面对社会巨变和经济转型的大形势和企业生产经营的困难,中建一局号召广大职工保持和发扬艰苦奋斗、无私奉献的优良传统,在计划经济向社会主义商品经济转型过程中加强管理,重建员工理想信念,保持企业平稳发展,正是用这种精神教育、凝聚、鼓舞职工,迎来了企业新一轮的大发展。

"用我们的承诺和智慧雕塑时代的艺术品"。1990年以来,中建一局提出了"用我们的承诺和智慧雕塑时代的艺术品"的理念,充分体现了在市场经济条件下,中建一局时刻保持勇做先锋的追求。在这一经营理念的激励下,中建一局20年来获得了26座中国建筑业的最高奖项——"鲁班奖",多次荣获"全国优秀施工企业"、"全国用户满意施工企业"等称号。先后建设了北京第一高楼中国国际贸易中心三期,世界最大膜结构工程、世界最大游泳馆国家游泳中心,全国最高钢混建筑温州世贸中心,世界最高钢混建筑、欧洲第一高楼俄罗斯联邦大厦等具有极高技术含量和施工难度的工程。

"诚信、盈利、发展"。如今,面对国内同行和兄弟单位竞相发展的态势,中建一局又提出"诚信、盈利、发展"的理念,成为铁军精神不断追求创新、追求卓越、勇争第一的新内涵,同时也表明了中建一局将在铁军精神的引领下,进一步调整经营结构和市场布局,扩大规模、精细管理、提高效益,实现企业"十二五"规划新的发展愿景。

二、以创新发展为宗旨的企业文化载体建设

从"南征北战的铁军,工业建设的先锋"到"诚信、盈利、发展",企业精神的升华、企业文化建设的深入,都离不开企业文化的载体建设。中建一局不断创新企业文化载体建设,注重文化积累,不断推出文化产品,精心组织开展文化活动,营造良好人文氛围,立体构建企业文化展示和传播体系,取得了显著的效果。

1. 以企业视觉形象为切入点,树立企业整体形象。大力推行CI视觉识别形象。中建一局按照"中国建筑"企业形象视觉识别规范的要求,对施工现场布置、装饰,做到了整齐、规范、统一,赢得了良好的社会信誉。在进一步扩大工程项目CI实施达标率的同时，更加注重办公环境和网络环境下的CI规范运用，对集团大厦的整体CI形象进行精心策划制作，对集团网站进行整体的形象包装和设计，采用标准化的中国建筑企业标志和标准色彩，指导下属各单位实施CI视觉识别系统，充分展示了中建一局的良好形象。

企业宣传片和荣誉展示厅彰显文化。近年来，中建一局先后制作了《蓝色幻想》、《建筑向往》、《建筑中国》三部企业宣传片，从展示企业成就到宣传企业的文化理念，三个版本的企业宣传片不仅在内容和技术层面上实现了改进和突破，还反映出了中建一局建筑文化和企业责任的升华。2008年，中建一局设立了记录一局的历史与文化、展示一局的业绩与成就的大型现代化多媒体展厅"建筑视界"，展厅建筑面积500平方米，采用了目前国内先进的展览展示手段。近年来，企业文化展示厅和企业宣传片在接待各级领导视察、业主考察、企业文化交流，尤其是在宣传集团改革发展成绩等方面发挥了巨大作用。

2. 以文化产品为载体，传承积累优秀文化，普及企业文化理念。一是着眼于传播企业核心文化理念价值观，凝聚职工力量，构建企业文化载体。早在1954年，中建一局的企业内部媒体《建设快报》就已诞生。1987年，《建设者报》创刊，并确立了"宣传政策、反映动态、传递信息、介绍经验、普及常识、丰富生活、探讨问题、培养人才"的办报宗旨。1993年，《建设者报》转为正式报纸，成为宣传企业的重要阵地和文化交流的重要媒介。1991年，中建一局创办了局政研会会刊，1992年改为北京市刊号内部发行的双月刊，定名为《征途》。后来几经改版，更加深入反映集团各项工作，更贴近职工群众，更具人文内涵。目前，《征途》从形式、内容到稿件质量都有了很大的提升，得到了集团上下和外部同行的高度评价。同时，中建一局各单位还创建了企业内刊和项目小报，尤其是项目小报丰富了工程建设者的精神生活，使项目部文化变得有声有色。另外，小报作为信息发布的载体、各单位交流的媒介、个人表达意见的平台，成为工程建设、团队建设、精神文明建设的又一大亮点，在传播中建一局企业文化，激励员工士气，引导员工提升政治素养、文化素养和职业化精神等方面起到了潜移默化的作用。

二是着眼于扩大企业文化影响力、适应新信息时代构建企业文化载

体。近年来,中建一局适应职工群众审美情趣和思想动态的新变化,适应信息技术和传播手段迅速发展的新趋势,不断创新和完善企业文化载体,创建了《建设者》电子报,开通了《征途》博客,并指导集团各单位及基层项目开通博客,形成了中建一局集团博客圈,加强了集团各单位的文化交流。

2011年,主题为"铁军风采"的中建一局企业文化平台网站正式上线试运行。网站以整合中建一局文化元素为目的,介绍了中建一局的历史文化,适时播报中建一局各层次文化活动新闻,重点展示了中建一局广大员工的绘画、书法、手工制作等方面的作品,成为员工抒发情感、展示才艺的平台。文化平台还具备网络调查和建议征集功能,其中的"一局论坛"为广大员工提供了内部交流的平台。文化平台网站成为进一步弘扬和改进集团企业文化建设的平台,展现了广大员工的风采、通畅了建议表达渠道,树立了企业品牌形象。

三是着眼于传承企业优秀历史文化,构建企业文化载体。2011年,中建一局编辑发行了企业文化案例集——《一局记忆》,用一个个鲜活的故事和一幅幅生动的图片,形象地展现了中建一局近60年来所形成的独具特色的企业文化;编印了《中建一局发展简史》,以生动活泼的形式简明扼要地展示了企业的历史和文化,成为教育员工、宣传企业的重要载体;通过采访离退休的老领导、寻找铁军文化的根源,编印了《岁月如歌——中建一局老领导访谈录》,为深入研讨集团企业文化提供了第一手素材。另外,中建一局还制作了反映企业建设奥运工程的专题宣传片《责任》、反映企业参加抗震救灾的专题图册《力量》《希望》,并对企业重大历史事件的珍贵资料进行了整理积累。

3. 以文化活动为载体,激发员工活力,营造企业和谐人文氛围。通过大型文体活动展现企业总体实力、培育职工的竞争意识和团队精神,集中展现企业文化内涵,提高企业的凝聚力,增强职工的归属感。中建一局以职工运动会和职工文化艺术节为载体,开展了多层次、立体化的文体活动,培养了中建一局敢打敢拼的竞争精神和精诚合作的团队精神,培养了集团员工重视和参与健康运动的良好习惯,充分展现了企业朝气蓬勃、积极向上的精神面貌。近年来,中建一局先后组织了庆祝国庆60周年文艺汇演、"感党恩、颂改革、爱企业、唱红歌"红歌大赛、"讲我们的故事给党听"视频作品大赛等有影响力的文体活动。2011年,中建一局运动会还邀请农民工代表参加,体现了团结、和谐、发展、诚信的企业主流文化,充分展示了中建一局企业文化的凝聚力和感召力。

通过基层单位灵活多样的文体活动激发员工活力,营造良好的企业人文氛围。各基层单位结合工作实际定期举办职工羽毛球比赛、登山比赛、演讲比赛等职工喜闻乐见的文体活动,各基层单位之间还举办了足球赛、篮球赛等文体交流活动;各基层项目部以建设和谐项目、书香项目为切入点,通过组织员工生日会、晨读会、开办图书角、组织员工参观游览等活动,营造了以人为本的和谐氛围。各项目部还组织与监理业主方的足球友谊赛、篮球友谊赛等,促进了与监理方和业主方的交流,树立了企业的良好形象。

文体活动已经成为中建一局企业文化发展的一大亮点,也成为落实企业文化不可或缺的重要组成部分。通过开展各种各样的文体活动,让员工在锻炼身心的同时又寓教于乐,形式多样的文体活动不仅体现出员工的素质水平,也为员工的全面发展提供了一个平台;通过艺术分享、竞技交流、融洽合作等过程,加上企业领导者的共同参与,创造了良好的人际关系环境,让所有员工在欢畅、快乐的心境中生活和工作;文体活动的多样性也使企业文化以多种方式渗透在员工的理念中,各种文体活动全面展示了企业的风采,极大地振奋了职工精神,同时也引起了新闻媒介的关注,展示了企业的良好形象。

三、中建一局企业文化建设的推进措施

企业文化建设是一项长期的系统工程,中建一局将企业文化建设纳入企业战略发展规划,统一认识,群策群力,并重点从以下三个方面推进:

一是加强领导,形成机制。企业文化建设不仅与企业经济效益紧密联系,对企业的社会形象、长远发展等都有至关重要的影响。因此,建设先进的企业文化是企业党政领导的共同职责,中建一局把企业文化建设作为一项重要工作纳入重要议事日程和企业发展战略,坚持党委领导下的企业文化工作体系,把企业文化建设作为企业管理的一部分,作为企业思想政治工作和精神文明建设的有效载体,保证了企业文化建设工作的顺畅运行。集团领导从政治高度认识企业文化建设的重要性和必要

性，不仅成为企业文化建设的积极倡导者，更成为实践企业文化的先进代表，用自己的实际行动为员工做出表率，成为企业精神和企业形象的代言人。

二是加强研究，总体规划。企业文化建设是一项浩大的工程，不能一蹴而就，中建一局着眼全局，详细规划，通过长期的努力和整体的提高，逐步完善企业文化建设体系。时间方面，制定长期目标和中期目标，以及分阶段实施的计划；制度方面，着眼于各部门协同和全体员工的努力，规定相应岗位职责，并制定奖惩措施，以制度保证落实；广度方面，专门培训与日常教育紧密结合，涵盖每位员工的一言一行，通过员工的行为展现企业风采，体现文化建设成果；深度方面，研究如何将工作做细做实，做好长期坚持不懈的准备；针对性方面，考虑企业领导、总部部门、子公司，直至一线员工的实际情况，以员工喜闻乐见的形式广泛深入开展企业文化建设；创新方面，提升企业文化建设层次，不断丰富企业文化建设内涵，紧密结合企业实际，提炼和塑造出富有时代特征，符合企业个性的企业文化。

三是加强投入，形成合力。企业文化建设牵涉面广，不仅需要企业中每个职工的积极参与，更需要集团各相关部门发挥主导作用，协同努力。党委工作部门是企业文化建设的主力，各级党委工作部门要在集团的统一规划指导下，综合运用CI宣传和内部教育手段，促进员工对企业确立的经营理念、文化观念和价值观的认同，保证员工的个人观念与企业的发展目标相吻合；人力资源部门在培训时重点突出企业文化精神，使企业文化理念等深入人心，使员工真诚地感受到企业文化的存在，并转化为员工的自觉行为，在选拔人才上不仅考察提拔对象为企业创造的效益，还要把团队精神、领导力等与企业文化密切相关的因素作为重要的考评指标；工会、共青团等群众组织充分为企业文化建设服务，组织开展主题活动，引导员工领悟企业精神。另外，集团还保证企业文化建设的工作经费和投入，加强企业文化基础设施建设，保证企业文化活动的经费，为企业文化建设提供必要的经费保障。

（执笔人：李延才　张瑞娟）

北京汽车动力总成公司

企业简介：

北京汽车动力总成有限公司成立于2009年8月6日，是北汽控股公司出资组建的国有全资子公司，由研发中心、发动机工厂和变速器工厂构成，为北京汽车集团化发展搭建的专业化动力总成平台。公司的成立，是北汽控股公司成功收购萨博发动机核心技术资产之后，在加大自主创新和产业链建设进程中的关键一步。

创新打造"世界的引擎"

中共北京汽车动力总成公司委员会

在北汽"推进集团化战略,加快自主品牌建设,必须牢牢抓住动力总成这个关键零部件"的战略部署下,北京汽车动力总成有限公司应运而生。作为集汽车发动机和变速器总成研发、设计、制造为一体的专业化动力总成平台,是北汽自主品牌建设强有力的支撑点,是北汽实施"二次创业"战略的关键环节。承担着为北京汽车实现跨越式腾飞提供"核心动力"的历史使命。

公司自2009年组建以来,坚持高起点战略定位、先进的文化引领助推,在转化萨博先进技术,加快动力总成产品自主研发、制造的艰苦创业中,不断挑战极限、创新发展,实现了零的突破,不断创造出惊人的业绩。同时,也逐步探索出了一条文化先导,驱动国有企业自主创新、创业发展之路。

一、领军人物率先"创新"示范,产生强大导向作用

马童立同志作为北汽集团的副总经理,被委派到动力总成公司担任党委书记、总经理,他怀着对为之奋斗三十余载的北京汽车的挚爱和使命感,在知命之年义无反顾地挑起为北汽自主品牌铸造核心动力的历史重任。

为北汽自主品牌铸造核心动力,不能亦步亦趋。为此,马童立一上任就瞄准世界先进水平,高瞻远瞩地提出了动力总成公司要打造"中国的心脏,世界的引擎",这既体现出北内、北齿人多年来致力于打造北京汽车自主品牌发动机和变速器而努力奋斗的情缘,也符合北汽"融世界、创未来"立足北汽、面向全国、走向世界的发展方向,成为动力总成公司的企业使命。在此基础上,确立了动力总成公司的愿景,即:"成为拥有自主创新能力,国内领先,国际一流的动力总成研发、制造、销售的现代化企业。"之后,进一步明确了"培养一流团队、打造一流产品、创建一流企业"的战略目标,为动力总成未来发展以及企业文化建设指明了方向。

他带头学习借鉴国内外先进技术,不断创新产品研发和公司高效管理运行模式,彰显出他几十年的功底和潜能。无论是国际化运作、商务谈判,还是通州基地建设、零部件供应体系的建立,他既坚持原则、最大限度维护公司利益,又坚持双赢互惠、以诚相待;从专业知识到谈判技巧,到实现有效快速的沟通协调,充分体现出公司领导游刃有余的综合能力和工作效率。他以严于律己、从不言败的尊严、睿智、能力和人格魅力,带领他的团队攻坚克难、不断创造佳绩,在短期内就与外商及合作伙伴建立起用户加朋友的关系,为动力总成赢得了良好的内外部形象和创业环境。

公司在加快转化萨博技术、工厂建设和发动机下线攻坚战中,以马童立为首的领导班子,身先士卒,带头挑战极限,顽强拼搏。他虽身患糖尿病,每天打针、喝中药,但仍风雨无阻地坚持深入工地一线指挥、协调推进工作,经常与员工吃住在现场,死盯死守,紧张阶段常废寝忘食,几个月身体就消瘦了10多公斤;他坚持高标准、严细实、不服输的作风,提出了"让灵魂注入角色,用成效彰显价值"的文化创新之言,感染带动着全体员工挑战极限,把不可能变为现实,确保了军令状任务的完成。为此,"灵魂注入角色,成效彰显价值"成为动力总成员工认同的核心价值观。主要领导率先垂范的言行及人格魅力影响,带出了一支高素质、团结拼搏、能打硬仗、善于创新的团队。

二、以构建创新文化为主线,打造一流产品

公司在成功收购萨博发动机、变速器知识产权后,站在巨人的肩膀上,以"高起点、高标准、高效率"的要求,从公司自身特点出发,坚持走独具特色的,开放式的,国际化协同发展的自主创新之路。在充分利用汽车产业全球化所创造的良好环境下,明确提出并积极实施"集成创新、引进消化吸收再创新、联合开发、自主开发、超前开发并举"的产品研发思路,大幅缩短了研发周期,为北汽自主品牌后发优势提供强有力的支撑。

公司以增强自主创新能力,从根本上提升企业核心竞争力为目标,在全球广泛开展合作交流,与众多业内领先企业及国际一流研发机构建立合作关系,并与BOSCH、FEV、DELPHI等多家跨国集团建立了高层互访机制。在短短三年时间里,公司已逐步掌握了缸内直喷、涡轮增压、可变进排气正时、无级变速等先进技术,研制开发出A、B两大系列发动机和手动、自

动变速器"四大系列产品",基本形成覆盖面广、门类较齐全的产品结构。同时,有计划、分步骤地进行技术改进和产品升级,逐步研发符合产业发展趋势和国家节能减排法规要求,具有国际先进水平的动力总成产品。目前,动力总成产品研发部拥有产品设计、应用和标定、试制和试验、CAE仿真等11个专业设计室,实行以产品开发为主线的项目管理制。在充分学习消化吸收萨博、威格尔先进研发体系的基础上,初步建立起了一整套基础技术管理制度及产品开发流程。下一步,将有效结合TS16949质量体系认证及PDM管理系统,进一步健全和完善管理制度、标准化体系和产品开发流程,逐步构建起科学的独具动力总成特色的产品研发体系。

三、以建设创新型人才为重点,培养一流团队

培养打造一流团队,是支撑企业持续健康发展的根本源泉。公司组建三年来,十分重视为来自各方面的员工搭建有利于施展才华的舞台,立足把他们培养锻炼成为企业发展的真正人才,体现出人才的价值。公司在构建人格文化上,始终坚持党管人才与实施人才战略相结合的原则,牢固树立"既要制造出动力总成产品,又要培养出一流人才"的理念,实施"以构建人力资源体系为核心、以调整优化人才结构为主线、以建设三支人才队伍为重点"的人才发展战略,并把强化领导班子自身建设,成为"学习型团队"和全面抓好"引人、育人、用人、留人"四个环节,作为培养一流团队的重要举措。

"企业文化建设好坏关键在领导班子,核心在一把手"。公司首先从领导班子自身建设入手,利用各种渠道统一思想认识,确保上下步调一致;注重提升班子在国际化、高科技、高效率运作中的综合能力素质。坚持在学习中运用、在实践中增长才干,无论是在萨博发动机、威格尔变速器引进谈判,还是组织萨博技术的转化、产品的自主研发制造,以及工厂建设和设备安装等错综复杂、快节奏、高效率的运作中,都体现出领导班子的现代化管理水平和综合素质能力。

公司倡导"只有好的人品,才能生产出好的产品"理念,领导带头宣讲"先学做人、再学做事";提倡"严细实、行必果"真抓实干的工作作风;在公司内形成了"想干事、能干事、干成事"的工作氛围。公司在选拔培养人才上,优先录用品学兼优的人才,坚持"德才兼备、以德为先"的原

则,不仅注重知识水平和专业技术能力,更重点考察品德修养,是否有事业心、忠诚度、执行力,是否愿与公司艰苦创业、共同成长,是否踏实肯干、爱岗敬业,不断优化员工队伍整体素质。在人才的培养使用上,坚持"以人为本,严爱相济,人尽其才",建立起"能者上、平者让、庸者下"的公平、公正的用人机制,尤其注重对年轻人才的培养,着力打造一支"又红又专"的人才队伍。同时,公司坚持对员工既严格要求,又关爱员工。在建设动力总成基地过程中,公司领导考虑到基地远离城区、特别是外地员工住宿困难等问题,积极争取到300多亩的生活设施用地,规划并加快推进职工宿舍、公寓的建设,最大限度解决好员工的后顾之忧。公司领导不仅与员工签订劳动合同,更注重签订心灵契约。留人留心、留心必办实事。公司领导始终把群众的事放在心上,倡导"群众在你心目中有多重,你就在群众心目中有多重",想员工之所想,急员工之所急。班子成员为一线员工夏季送清凉、冬季送温暖,真正做到"以感情留人、以事业留人、以绩效留人"。两年多来,公司的人才流失率不到0.3%,甚至有两名意大利上海柯玛公司员工,被动力总成干事业的氛围深深吸引,主动提出要留在动力总成公司工作。

公司致力于打造学习型团队,要求员工坚持"在干中学,在学中干"理念,利用内外部资源,开展职工大讲堂、党员培训班、质量培训、技能培训等多种形式的培训。还运用电子信息网络、公司刊物、学习材料等媒介,拓展公司内学习阵地,与各企业、科研单位广泛开展交流合作,聘请外籍专家现场授课,选送员工到海外学习,以工作为纽带将个人和团队学习有机结合起来,形成了学习无处不在的灵活机制,有效促进了员工的创新发展。

四、以管理创新为推手,创建一流企业

公司高度重视管理创新文化建设,坚持以"监管到位、服务到家、高效运作、忠实履职"为目标,强化规范化管理,通过合理地制定企业的管理制度、作业流程、工作标准等组织运行规则,构建并不断完善科学管理体系,达到管理工作井然有序、协调高效的目的。

随着企业规模不断壮大,公司及时对组织结构进行调整优化,按职能划分成立了13个部门,组建了发动机和变速器两个工厂,理顺了管理职

能,初步构建了项目管理与职能管理相交叉的组织架构,为构建高效运行模式奠定了基础。同时,不断强化"使命意识、责任意识、紧迫意识、成效意识",建章建制,组织研究和编制了一系列管理制度、管理办法和工作流程,着手制度汇编工作,不断使各项管理制度化、标准化和程序化。

公司坚持以"1%不合格等于100%不合格"为管理文化理念,全方位、精益求精地保证产品质量。在不断完善自主品牌动力总成零部件采购体系的同时,同步建立供应商质量管理体系,通过规范的质量认证体系评审,掌握优质潜在供应商资源近200家,初步构建形成动力总成自己的供应商体系。同时,严格按照质量认证流程,对定点供应商进行逐家排查,仅萨博发动机项目就针对不合格零件供应商提出了近200项次的质量整改计划并一一整改落实。此外,公司高度重视TS16949质量体系认证工作。公司将2012年定位为"管理基础年",在全公司范围内对工作流程进行梳理,按照规范重新编写程序文件,不断优化工作流程和管理制度,进一步全面提升完善公司经营管理。

公司不断强化执行力建设,严肃计划、项目管理,以计划协调平衡、项目预算监控为主要手段,实施规范运作,强化按制度和程序办事,不断加强计划的执行力度和预算的检查考核,保证了公司重点项目和工作计划的实施。同时,认真贯彻和落实全面预算管理,对于产品研发和基地建设等重大项目投资,严格按照集团内程序办理合同审核、资金审批手续,严格控制费用支出,努力降低管理成本。

五、党建工程助推"创新",形成浓郁氛围

公司党委着力打造党建"核心动力"工程,把企业文化这个凝聚员工的"魂"与"核心动力"创新工程紧密结合,不断强化"五心",即:围绕中心、凝聚人心、狠抓重心(工作重心下移)、文化强心、政治核心。通过加强基层党、工、团组织建设,围绕公司使命、愿景、战略目标等文化理念深入宣传贯彻,并及时总结党员、骨干各方面的典型,深入挖掘闪光点,利用报纸、多种宣传媒体大力表彰,以点带面,让创新创业先锋、弘扬先进文化的践行者,较好地发挥示范、辐射、传承作用。

围绕首台自主品牌发动机下线,公司党委在"百日大决战"的紧要关头,通过誓师大会、劳动竞赛、青年突击队、导师带徒、职工大讲堂、决战

百天专刊、公司信息等各种有效形式，激发员工弘扬"铁人"精神和"两弹一星"精神，以"亮剑"拼搏精神，践行"北汽腾飞、动力先行"的誓言，极大地调动了广大员工的工作激情。

面对北汽加快自主品牌建设、实现跨越式发展的大好时机，动力总成全体党员充分发挥先锋模范作用，无私无畏，敢于拼搏，甘于奉献，带领来自五湖四海的年富力强的年轻人，憋足了一股劲儿，在动力总成创业中，放弃了节假日休息，甚至放弃医治身体的病痛，头拱地，脱层皮，玩命干，"周六保证不休息，周日休息没保证"，自觉加班加点、连续作战、攻坚克难，克服了无数难以想象的困难，践行着"奋力拼搏，团结协作，知难而进，志在必得"的北汽精神，体现出对企业的无比忠诚和创业热情，他们把全部心血和智慧都毫无保留地倾注在动力总成建设上。这种创业氛围深深地感染着合作伙伴意大利上海柯玛公司的员工们，他们来京全力配合，创造了一个半月成功安装调试发动机生产线的最佳业绩。意大利、瑞典合作企业的"老外"也打破从不加班的法定惯例，与我们协同奋战。最终，动力总成基地建设和发动机成功下线得到了国外专家的一致好评，原美国通用公司发动机全球技术总监唐纳·格雷先生评价动力总成的建设和发动机水平是创造了一个奇迹。德国戴姆勒奔驰公司全球规划总监霍尔曼先生到动力总成基地参观后由衷地赞叹：在这么短的时间内达到如此水平简直不可思议。

在配合首台发动机下线攻坚战中，公司党政工团齐心协力，力排内外部各种干扰，组织完成了反映动力总成人艰苦创业，令人震撼的《心动时刻》宣传片、宣传图册、图片展等各项工作，确保了"下线仪式"的隆重圆满成功。通过创业阶段性成果的展示，彰显出动力总成创业者良好的精神风貌，极大地增强了公司内部的凝聚力和外部影响力。

动力总成公司作为北汽集团六大平台之一，承担着为北汽自主品牌整车提供核心动力总成系统的重任。到"十二五"末，将基本建成拥有集设计研发、试验配套、生产制造为一体的国内领先、国际一流的专业化、现代化动力总成基地。在先进文化驱动下，倾心打造"中国的心脏，世界的引擎"，为北汽自主品牌发展并成功跻身世界五百强提供坚强的动力保障。

（撰稿人：汪赟）

北京海纳川汽车部件股份有限公司

企业简介：

北京海纳川汽车部件股份有限公司是北京汽车零部件发展平台，旗下拥有所属企业33家，产品涵盖了汽车座椅、内外饰、热交换、汽车电子、汽车底盘及其他五大产品系统，市场覆盖全国绝大多数整车厂，产业园区面积达2平方千米，营销收入达160亿元。2011年，海纳川公司成功收购荷兰英纳法集团100%股权，海纳川公司跨入国际化企业行列。

用"和达"文化引领企业跨越发展

■ 中共北京海纳川汽车部件股份有限公司委员会 ■

2008年,海纳川公司提出了"纳百川精华 聚产业合力 成就中国最具竞争力的汽车零部件企业"的发展愿景,同时,策划设计了海纳川公司VI识别系统,形成了独特的对外形象识别。2009-2010年间,海纳川公司进一步明确提出了将自己的文化定位于"和达"文化。和达之和,是指为实现共同目标,团结一致、和衷共济、和睦相处、共赢共生的经营之道。和达之达,是指为企业基业永续,领行业发展、促社会进步、聚团队协同、助个人成长的经营智慧。在此基础上,又提出了"铸精品部件伴车行天下"的企业使命、"和而求强,达而致远"的核心价值观、"崇和、尚实、精诚、专注"的企业精神以及"客户、创业、创新、执行、学习、共赢"六个基本意识,海纳川公司"和达"文化核心价值体系初步形成。

"和达"文化系统阐释了海纳川公司与股东、员工、客户、子公司、环境发展的同欲同心,共生共赢。包容性、共赢性、领先性、发展性是和达文化的重要特征。

一、"和达"文化管理理论及模式

海纳川公司紧密结合企业的发展和经营管理进行了企业文化落地管理的有益尝试,明确了"1个核心,2个维度,3个适应"的文化管理理论。

一个核心是指以引领和推动北京汽车零部件平台经济发展和管理创新为核心;两个维度:基于零部件平台集团管控为核心的融合文化建设,基于产业链整合发展的链合文化建设;三个适应:一是与北京汽车零部件发展战略、发展规模、发展步骤、发展目标相适应,要站在振兴北京汽车零部件事业发展的高度打造海纳川文化引领力;二是与海纳川发展平台的资本结构、组织结构、不同文化结构特点相适应,形成能够统领和凝聚多种经济成分、多种合资文化共谋发展的文化管控力;三是要与零部件平台在北汽集团和行业产业链中的定位相适应,重点体现汽车产业链中零部件文化的上下游渗透,形成可持续发展的链合文化力。

在具体的企业发展和管理实践中,海纳川公司全面导入文化管理,探索出了具有自身特色的"四层次(核心理念层——基本意识层——文化行为层——工作业务层)文化落地管理模式"。四层次文化管理模式的具体内涵是:第一层是"核心理念层",即将公司发展使命、核心价值观、发展愿景、企业精神作为一切经营决策和管理实践的出发点和基础,企业的一切活动都体现核心价值理念要求;第二层次为"基本意识层",将公司的核心价值理念进一步具体化为六个基本意识,使理念要求更加清晰化;第三层次为"行为规范层",即进一步将基本意识结合企业经营发展分解为文化行为要求,明确理念的行为导向;第四层次为"工作业务层",根据公司理念的行为导向,结合公司年度发展目标和职责分工,确定各部门、各企业具体承担的"文化落地业务","工作业务层"内容根据每年的发展实际进行持续的策划和创新。

四层次管理模式不仅推动了"和达"文化在企业发展和经营管理上的落实,更推动了企业经营管理的不断创新,"和达"已经成为引领和驱动企业发展的根本动力。

二、"和达"文化推进系统

1. 建立文化管理组织机构,为文化建设提供组织保障。为推动公司文化建设,海纳川公司建立了企业文化建设决策委员会、企业文化建设工作办公室,各所属企业同步建立企业文化推进组织架构,公司领导班子全体成员、部门经理层级以上领导、所属企业高管领导全部列为文化建设机构成员,承担相应的责任和义务,保证了文化管理的组织落实。

2. 完善文化管理制度,为文化建设提供制度保障。为切实将文化要求贯彻到公司的经营管理当中,海纳川公司相继完善了"企业理念管理制度"、"企业VI系统管理办法"、"企业文化培训管理制度",并结合公司的经营管理,完善补充了90多个经营管理制度,启动了"管理流程优化项目",为文化的贯彻落实提供了制度保障。

3. 多样化传播载体,全面提升文化影响力。为促进文化宣传,让文化深入员工、深入企业、深入运营管理,海纳川公司先后制作了"和达文化手册"、"和达文化宣传海报"、"和达文化培训光盘",组织全员系统学习,促进了员工对文化的认识和理解;通过创办海纳川内刊《今日海纳川》,编写《激情海纳川》系列丛书,记录、传播"和达"文化发展历程,树立先进典型,弘扬主旋律;通过举办"海纳川公司职工文化节"、职工运动会、海纳川公司周年庆典、海纳川公司新春团拜会等年度性的文化活动,促进了海纳川与合作方文化的融合,提升了"和达"文化对各所属企业的影响力和凝聚力;"肩负重任,不辱使命"主题大讨论活动、"一名党员一面旗,跨越百亿我先行"等一年一度的海纳川党委年度主题活动,成为海纳川和达文化建设的重要活动品牌。

4. 引入考核和激励机制,保持文化建设的持续动力。在企业文化管理过程中,将各部门"工作业务层"内容的落实情况进行了严格的绩效考核,并与本人的收入相挂钩。在工作推进上,建立了严格的计划管理和季度工作汇报制度。在激励方面,海纳川公司设立了"生产经营突出贡献奖"、"重大项目奖"、"感动海纳川年度人物"、"海纳川榜样"、"海纳川杯最佳合作伙伴、最佳员工"等系列活动的评选和表彰,弘扬了"和达"文化,为文化建设的持续落实注入了不竭动力。

三、文化驱动运营管理创新实践

1. 文化驱动大平台发展战略落实。发展战略为文化建设指明方向,文化建设为发展战略实现提供保障。海纳川公司将"和达"文化"纳百川精华 聚产业合力 成就中国最具竞争力的汽车零部件企业"的发展愿景作为制定企业战略的根本前提,创新了以愿景落实为目标的战略管理模式,将战略管理创新作为企业管理创新的核心环节。

"十一五"期间,海纳川公司立足于零部件平台初建的实际,立足于对北汽集团化战略的研究和行业形势分析,提出了"一、二、三、四、五"的发展战略。即:一个方阵:打造零部件发展平台、走集团化发展道路;两条路径:在经营内容上,产品经营和资本经营相结合,横向做大;在竞争能力上,技术领先和成本领先相结合,纵向做强;三项业务:培育战略型业务、拓展规模型业务、提升渠道型业务;四大优势:管控模式的优势、资源配置的优势、企业规模的优势、人才支撑的优势;五项目标:行业排名目标、经营目标、产品目标、企业培育目标和人才目标进入全国前列。"十一五"战略源于发展并引领发展,得到了圆满落实,海纳川公司营业收入突破百亿元大关。

战略管理的创新来源于对企业愿景的深刻理解,也是"和达"文化作用力在创新战略管理上的具体体现,战略的落实体现了海纳川公司"和达"文化引领力的要求。

2. 分类管控凝聚发展合力。在运营管理实践中,海纳川公司将对所属企业的管理和运营管控与文化建设紧密融合起来,将培育和达文化有机整合、共生共赢的"共赢"意识作为各项工作的出发点和落脚点,强调海纳川公司与所属企业共同发展、与合作方互利共赢。

针对所属企业经济成分各异、发展阶段不同、文化特性不同的特点,海纳川公司确定了文化占领、文化创新、文化分立、文化渗透的分类管理模式,体现在运营管控上,根据不同企业的特点分别采取战略型管控、财务型管控相结合的分类管控模式。管控模式的创新是和达文化驱动运营管理创新的根本体现。

按照管控模式要求,海纳川公司在运营管理中突出了平台管理的"服务"职能,加强对所属企业的运营分析管理与服务、市场开发管理与服务、人才引进的支持与服务和工程项目建设的管理、指导与服务。在此基础上,建立起了经营形势分析例会制度、两级市场开发的营销例会制度、基层走访调研制度,这些指导与服务促进了所属企业的发展,得到了合作方的广泛认可。海纳川以"共赢和服务"促管控的管控思路,促进了北京汽车零部件发展平台运营合力的形成,体现了海纳川公司提出的从融合角度打造"和达"文化管控力的要求。同时,运营形势分析例会、两级市场营销工作例会都成为零部件平台管控文化的重要活动品牌。

3. 文化引领产业链资源整合。海纳川公司快速发展的关键在于对产业链资源的有机整合,海纳川公司"和达"文化在产业链资源整合中得以全面的运用和发展,以"和"促"达",以有机整合促进共生共赢,充分体现了"和达"文化链和文化力要求。具体体现在三个方面:

首先是在企业整合方面,在和达文化"共赢"意识指引下,海纳川公司结合企业"十二五"发展目标,将国际并购战略列入海纳川规模发展的重要方向。2011年,海纳川公司成功收购了全球汽车天窗第二品牌荷兰英纳法集团,新增销售收入40多亿元;在英纳法收购后的过渡过程中,海纳川公司坚持和达文化,秉承"和而不同"的文化管理原则,充分尊重英纳法公司原有文化,保留英纳法高层管理团队,尊重英纳法的管理制度、流程和行为习惯,并进行了有针对性的对接管理,保障了收购后英纳法运营的平稳过渡。英纳法并购成为国内汽车零部件企业实施国际并购的成功范例。此外,在其他零部件企业资源的整合上,海纳川公司共整合、重组、组建了企业18家,引进了47类新产品。

其次是在市场资源的整合方面,海纳川公司强调"服务"文化建设,主张在输出产品的同时也要输出文化,并将"客户为重服务到心"列入海纳川全体员工的基本意识贯彻执行。在市场开发过程中,提出了"内部市场集团化、外部市场联盟化"的市场资源整合模式。在北汽集团市场上,海纳川公司与北京整车厂实现了"共同确认合作产品、共同确认合作对象、共同确认市场份额、共同研究产品开发"四个共同的合作关系;在北京以外的市场上,海纳川公司重点输出平台管理文化,采用"外部市场联盟化"的合作模式,先后与保定长城、北奔重汽、江淮汽车建立了战略联盟合作关系。当前,以服务客户,促进整零战略合作为宗旨的"整零合作战略研讨会"逐步成为海纳川市场资源整合的又一活动品牌。

第三是在产业园区资源整合方面,海纳川公司突出产业管理的创新变革意识和客户需求出发的服务意识,推动建立产业园区集群化、规模化、网络化管理模式,为客户提供近距离的配套服务。在具体运作上,海纳川公司配合北汽集团整车产业布局和周边汽车整车厂,全力推进了园区网络化战略。几年来,海纳川公司相继在北京大兴、北京顺义、湖南株洲、广州增城、重庆黄骅等地累计开发产业园区2平方千米,这些园区具有配套半径短、税收政策优惠、配套设施完善、产业集中度高的特点,产业园区的开发逐步完善了北京汽车零部件在全国的布局,提升了发展的综合竞争力,并拉动了北京汽车产业链的整体发展,收到了很好的规模效应和产业链效应。2012年,为满足北京奔驰近距离的专向配套要求,海纳川公司又开展了北京奔驰汽车零部件配套产业园的开发建设工作,一个个产业园区的兴起,海纳川在用心服务客户的同时,也赢得了客户对"和达"文化的认同。

4. 文化凝聚培养人才。在人才培养上,海纳川公司将"学习文化"落地和学习型组织建设与人才培养紧密结合,确定了顶天立地的人才培养模式(即人才培养使用最顶尖的师资资源,同时人才培养又要立足于企业发展的实际)。在海纳川,热爱学习、专业能力、团队精神是对每名员工最起码的要求,在此基础上,海纳川公司还推进了对人才的科学管理:

一是根据海纳川文化要求建立员工胜任素质模型,规范人才引进标准，规范人才能力素质测评标准，帮助员工查找能力素质存在的不足，有针对性地进行培训教育，用海纳川的文化哺育一代海纳川人。

二是推进外派人才集中化管理。在组建之初，由于各所属企业干部的隶属关系不同，任职途径不同，薪酬水平不同，实施集中化管理其阻力很大。为此，海纳川公司创新管理方式，将"和达"文化要求贯彻到干部使用中，确定将所属企业党群干部与外派人员统筹考虑，允许参加海纳川各类重大经营决策会议，使外派人员得以多种身份发挥作用、施加影响和运作资源，有力推动了工作的开展。当前，完全实现了外派人员统一界定、劳动合同统一签订、绩效考核统一运作、薪酬统一发放管理的工作目标，海纳川对所属企业的管理通过外派人员得到真正实现。

三是建立起人才管理库系统。逐步建立起人才蓄水池机制，并采用导师制、定向培养、挂职锻炼、干部交流等方式促进了人才的成长，营造了人才成长的文化氛围。以"企业家论坛"为代表的海纳川公司学习品牌活动得到了北汽集团领导及各相关单位的高度评价。

教育、培养、凝聚成为培养一名合格的海纳川员工必须经历的三部曲。海纳川公司关注学习和人才培养的文化成就了一批专业化人才，为快速发展提供了有力的人才支撑。

2007年以来，随着北京汽车集团化战略的顺利推进，在"和达"文化的科学引领下，北汽零部件产业发展发生了从弱到强、从分到合、从劣到优的可喜变化。海纳川公司荣获"全国百家优秀汽车零部件供应商"称号，向着国内领先、国际知名的汽车零部件企业迈进。海纳川公司主要领导先后获得"中国汽车工业杰出人物"、中国汽车产业十大管理英才等荣誉称号。海纳川公司的发展创造出中国汽车零部件企业发展的奇迹。在推动海纳川公司各项主要经营管理业务创新管理的同时，海纳川公司党群管理、党建创新同步推进，探索出了一条多种经济成分并存条件下的党建工作新模式，并提出了党建工作链运行机制等党建创新的领先工作思路。海纳文化管理工作也实现了质的飞跃，公司软实力水平明显提升。海纳川党委先后连续荣获北京市和北汽集团"先进基层党组织"称号，海纳川公司连续两年获得"首都文明单位"称号，2011年，被中国企业文化研究会授予"中外企业文化融合荣誉单位"。

（撰稿人：杨采霞）

BATC　北京汽车研究总院

企业简介：

　　北京汽车研究总院有限公司(简称:北京汽车研究总院)是北汽集团打造"北京"汽车自主品牌而全力打造的研发战略平台,下设三个工程分院,从事汽车整车(包括乘用车、越野车、小型车)、关键零部件的研发及混合动力等新技术的研究,具备了同时研发15款新车型的能力。随着北京汽车产业研发基地的建成,该院将集产品研发中心、技术支持中心、实验验证中心、信息管理中心为一体,形成完整和先进的设计、试验、试制自主研发能力。

以创新文化
引领北汽自主品牌研发

中共北京汽车研究总院有限公司委员会

北汽股份汽车工程研究院(北京汽车研究总院有限公司),是北汽集团为实施北京汽车工业集团化发展战略,构筑自主品牌,提升创新能力,重塑"北京"牌汽车辉煌而全力打造的研发战略平台。组建于2007年。2010年9月,北汽集团成立北京汽车股份有限公司后,研究总院并入北汽股份,称为北汽股份汽车工程研究院。

多年来,研究院始终坚持继承创新,与时俱进,从战略发展的高度对企业文化建设进行统筹规划,着力构建具有鲜明时代特征和汽车行业特色的先进企业文化体系,不断将逐渐形成的企业文化理念转化为全体员工的自觉行为,实现了企业文化在研究院的落地生根、开花结果,为打赢北汽自主品牌攻坚战、创建世界一流汽车研发中心提供了文化源泉和精神支撑。

战略落地文化先行

2009年12月,北京汽车成功完成对萨博汽车公司相关知识产权的收购工作,开启了以国外先进平台为蓝本发展自主品牌之路,标志着北汽自主品牌建设站在了全新的起点上。如何尽快消化、吸收国际先进技术资源,引领北汽自主品牌建设驶入快车道?成为研究院党委一项亟待研究、探索的新课题。

正是在这种背景下,2010年,研究院党委把企业文化建设列入重要议事日程,认真辨析企业文化建设内涵,开始加强对企业文化建设工作的部署和指导,正式提出要率先以文化战略先行,把文化建设作为推动技术创新、提升管理水平、凝聚员工力量的重要途径,先后明确了研究院发展定位、企业精神、奋斗目标、文化理念,建立健全了理念识别系统、行为识别系统和视觉识别系统,塑造和谐发展的良好形象,初步构建了研究院企业文化的总体框架。

"全面打赢自主品牌攻坚战,创建世界一流汽车研发中心"是北汽集团赋予研究院的光荣使命,也是广大员工展现自身价值而追求的共同愿景。围绕这一目标,研究院在推进自主品牌的实践中,进一步培育企业核心价值观,又陆续总结、提炼了具有号召力的精神、口号,并伴随着研究院的发展过程逐步得到了完善。

党委明确提出,企业文化建设必须从各级领导干部做起,用自身优秀的价值观和崭新的精神风貌去感染和带动广大员工,各级领导要努力成为建设先进企业文化的积极倡导者、有力组织者、带头实践者。先进企业文化的形成,既需要领导者充分发挥倡导、垂范、推动作用,也需要广大职工对企业文化的共识。研究院党委联系实际,把员工的物质、感情、思想统一到一起,使员工与企业在目标、信念和价值观等方面达成高度一致,形成了公开的决策支持、公平的管理模式、公正的用人机制,资源的整合优化、内部环境的不断改善、人才环境的良性竞争等以文化建设增强企业核心竞争力的发展优势。同时,充分利用各种载体,通过各种形式强化宣传教育,让广大员工明白、了解研究院所提倡、崇尚和追求的文化价值理念,逐渐使研究院的企业文化深入人心。

创新驱动文化强院

"锐意创新"的精神曾贯穿于萨博60多年的发展历程,由此萨博创造出了许多汽车新技术并改革了行业标准。"源于萨博,高于萨博"成为研究院高品质轿车的研发理念。

做到"青出于蓝而胜于蓝",引领北汽自主品牌建设驶入快车道,仅仅依靠国外高端车型生产的先进技术和成熟经验远远不够,还必须具备持续不断的学习创新能力。以创新文化为重要支撑,才能走好"引进—消化—吸收—再创新"的自主品牌建设之路。简而言之,就是要让创新文化成为研究院加快自主品牌建设最核心的驱动力。

经过深入的分析、总结和研究,研究院党委在已有企业文化建设的基础上,把提高自主创新能力和激发员工创新活力结合起来,全面启动创新文化品牌的建设,为全院文化建设再上新的台阶进行积极有益的探索。提出了"用创新文化启迪发展理念、用创新文化引领技术进步、用创新文化提升人才实力",充分发挥创新文化"助推研发、凝聚人才、创造价值"的三大作用,努力实现研究院"创新驱动、文化强院"的新目标。

在创新文化品牌建设实践中,研究院党委不断拓宽渠道、搭建创新文化建设的载体,引入了"技术创新理论和方法(TRIZ理论)",为研发人员技术创新提供了有效的方法和途径。2010年7月,北京市科协和研究院共同主办了"TRIZ创新理论系列培训汽车专题培训班"等活动,激发了研发人员对"技术创新理论和方法"的求知热情,加深了对创新文化的深刻理解,为在今后产品开发过程中,发扬创新精神,解决技术难题,提升研发能力打下了基础。

为确保技术创新理论和方法的稳步推进,研究院建立了院部室三级技术创新管理推动体系,制订了"创新发明活动"实施方案,设定了推进目标。建立了运用技术创新理论和方法解决技术难题和科技创新成果的创新激励办法,并加大各部门的KPI考核计划中创新成果指标的权重,以提高部门、科室和全员技术创新理论和方法的普及运用水平,创造运用技术创新方法的环境。

各部门结合研发项目和员工本职岗位,深入开展学习、推广、应用技术创新理论,把"创新发明活动"作为研究院科学管理的一项全员性、长效性的重要活动进行认真策划、宣传和实施。电子电器二部汽车电子工程师孙灿在不断尝试有意识地运用创新理论和方法、工具分析和解决问题后,顺利完成了5项专利的申请。他在畅谈个人收获时说:"没有什么比创新更让人兴奋的了,TRIZ理论带给我们的是一种创新思维,给我们指出分析、解决问题的思路和方法。"创新已经逐渐成为研究院员工的一种工作习惯,有意识的创新行为转变成了一种下意识的自觉行为。

研究院通过开展创新发明小组活动、组织交流研讨、总结创新发明成果、外部交流拓展及利用经济技术创新、职工(专家)创新工作室、博士后工作站、院士专家工作站等深入推进"创新发明活动",使得创新文化在研究院遍地开花。以不同攻关课题为内容,先后成立9个"员工创新方法活动小组",运用技术创新理论和方法,结合专业知识深入攻关解决技术难题,以加快突破技术发展的瓶颈,实现技术创新。

其中,以"汽车耐久性开发技术职工创新工作室"为核心团队,完成了北京市科委"重点产业技术竞争力提升"主题的研发攻关类课题"轿车碰撞安全性及轻量化技术研究"(课题经费1100万元)的科研攻关工作,大幅度提升了北京汽车在耐撞性、耐久性及轻量化方面的核心技术能力。研究成果已经应用于北京牌轿车的开发过程,为高性能北京牌轿车的早日上市提供了技术保障。2011年6月,该课题顺利通过北京市科委验收,10月,"汽车耐久性开发技术职工创新工作室"荣获由中国冶金建材工会全国委员会和中国机械工业联合会授予的全国机械工业职工技术创新示范班组称号。2012年2月,以该工作室团队为核心的"CAE技术在北京牌轿车耐久性及轻量化开发中的技术成果"项目获北京市工业国防系统职工技术创新成果一等奖,其成果介绍被刊登在《创新、创造、创辉煌,北京市工业国防系统职工技术创新成果汇编中》。该项目是北汽集团唯一一个在此次职工技术创新评比中获得一等奖的项目。目前,该工作室成员30余人,其技术骨干中硕士以上学历人员占55%以上,成为了一支"讲创新、有激情、懂专业"的高精尖人才队伍。

为提高技术创新方法推广应用范围,研究院开展了"推广技术创新方法,打造学习创新型研究院"知识竞赛活动,策划编辑了《技术创新方法(TRIZ理论)普及手册》,印刷了1100册。这是北汽集团唯一的技术创新理论方法培训手册,成为了广大产品开发人员应用创新方法开展工作的宝典。研究院员工先后参加了一系列的系统培训,形成了较为全面的技术创新知识体系。近年来,研究院组织创新理论培训8次,培训人员达350多人次,选拔培养了15名研究院普及创新方法的讲师队伍。

通过两年以来的整体强化推进技术创新理论和方法的实践,研究院在科技创新指标方面取得了显著成效,从2011年7月以来至今,同比授权专利增长了13.3倍,申报专利累计增长28倍。截至2012年3月底,申报专利总量超过475项,已授权专利超过207项,平均每1.2个员工创造一项专利,平均每个工作日产生1.5个专利。承载着几代北京汽车人梦想的北京北汽自主品牌创新车型陆续横空出世。以2012年9月底下线的北京汽车第一款自主品牌中高端车型C70G为例,专利已超过150项。学习推广技术创新理论和方法的实践应用,进一步丰富了研究院创新文化建设,带来了实实在在的经济价值和文化效应。

人才跟进形成合力

人才是第一资源,是推进自主品牌建设的重要引擎。长期以来,研究院创新文化建设极大地促进了创新型人才队伍的建设。作为北汽自主品牌研发战线的排头兵,研究院始终把创新型人才的引进、培养和使用作为人才工作的重点,不断探索创新型人才队伍建设的新思路、新方法和新机制,与创新型的企业文化形成强大合力,为北汽自主品牌建设提供了有力的保障。

创新型人才是具有创新意识、创新精神和创新能力的人才。研究院不断拓宽引进渠道,广聚优秀人才,坚持"五湖四海"选人用人的原则,选贤任能,唯才是举,特别是利用"千人计划"、"海聚工程"、双高人才引进、争取市外专局支持,做好与美国SAE引智工程等方式不拘一格大力吸引创新型的高层次人才。

2011年上半年,研究院党委和北汽集团完成了赴德招聘任务。至目前,研究院海外归国高级专家已达28人,吸引了NVH专家吴列、CAE及性能分析专家徐仰汇、尺寸工程专家江荫众等一批海外高层次领军人物加入到北汽自主品牌建设中。目前,在研究院海外归国高层次人才中,有2名人才入选中央"千人计划",4名人才入选北京市"海聚工程"。

让创新型人才能够引得进、留得住、用得好,研究院党委不断创新聚才机制,优化人才环境,创建了有利于创新型人才脱颖而出的培养制度。积极利用清华大学等国内18家高校、院所和科技公司,开展新技术交流,扩大了创新型人才培养的渠道。此外,六级工程师和六级技师薪酬增长机制的建立,进一步探索了知识、技术、管理、技能等生产要素按贡献参与分配的办法,使员工的个人利益与研究院的发展有效结合。科学合理的人才评价体系的建立,切实发挥了考核评价在发现人才、配置人才、提供发展空间中的作用。针对不同专业员工的一整套系统的培训机制的建立,有效提升了员工创新意识、理论水平和专业技能。

为人才成长和发挥潜能搭建多种平台,极大推动了创新型人才在自主品牌建设中发挥出更大的作用。通过不断拓展产、学、研平台,利用获批的国家级轻量化创新重点实验室为研发人员提供更为广阔的锻炼平台。利用博士后工作站、院士工作站加强高端人才培养,解决了许多实际研发问题。以职工创新工作室为载体,普及推广职工技术创新活动。涌现出了张泉、陈娟、曲秀兰、吴列、张立玲、邴建等一批创新型的领军人物,他们成为了研究院自主品牌建设中的中坚力量,这些先进典范也代表了研究院创新文化建设的较高水平。在这些领军人的带领下,研究院自主创新能力不断提升,研发体系向着科学化、规范化迈进,研发成果显著增强。

研究院通过对企业文化建设的精心打造,深深体会到:培育具有自身特色的文化,要注重从外部环境和内部条件出发,把共性和个性、一般和个别有机地结合起来,深入挖掘整理宝贵的文化资源,在企业精神提炼、理念概括、实践方式上形成鲜明的特色。深化企业文化建设,要博采众长、融合创新,以开放、学习、兼容、整合的态度,学习和吸收先进企业的优秀文化成果。做到文化成果向研发成果转化,要坚持"以人为本"的理念,尊重劳动、尊重知识、尊重人才、尊重创造,激发全员工作的积极性、创造性和团队精神。实现企业文化落地、开花和结果,离不开各级领导的关心、重视和支持,也离不开广大员工的积极实践。只有全体动员、人人参与、共创成果,企业文化之花才能精彩绽放。

近几年,北汽股份汽车工程研究院对北汽集团"合作创新、和谐发展"的核心价值观进行了深入践行,立足实际,潜心研究,积极探索,将"追求卓越、永不满足"的创新文化贯穿于企业文化建设的全过程,逐渐形成具有自身特色的企业文化体系,成为了支撑研究院技术创新、引领自主品牌建设的重要力量和深层驱动力。

(撰稿人:王旭)

北京红星股份有限公司

企业简介：

　　北京红星股份有限公司于2000年8月29日正式成立,企业享有极高的社会知名度,产品行销全国和十几个国家和地区。企业和产品先后获得"中国驰名商标"、"国家级非物质文化遗产"、"中华老字号"、"全国五一劳动奖状"、"国家A级守信企业"、"中国食品工业百强企业"、"全国重合同守信用企业"、"全国用户信赖品牌"、"中国白酒十大影响力品牌"、"北京最具影响力十大品牌"等荣誉。

以传统文化为源泉
构建红星企业文化

■ 中共北京红星股份有限公司委员会 ■

　　北京红星股份有限公司成立于 2000 年 8 月,前身是北京的第一家国营酿酒厂——始建于 1949 年 5 月的华北酒业专卖公司实验厂,具有悠久的历史和深厚的文化底蕴。公司党委坚持以传统白酒文化为源泉,着力构建红星特色企业文化,通过加强企业文化建设提升红星品牌,扩大销售市场,不断增强企业软实力。红星的企业文化的发展,大致可概括为三个阶段。

一、点滴积累,形成传统

　　1949 年到 1993 年,是红星文化自然形成阶段。红星文化是在中国传统白酒文化的基础上,在长期的生产实践中,在计划经济向市场经济转化的推动下,不断吸收新的观念、学习新的思想和理论而自然而然形成的。在这个阶段,红星文化的核心是"以人为本",依靠职工建设企业,发展企业。

　　1949 年建厂之初,在物资匮乏的情况下,为了尽快恢复北京白酒生产,在新中国成立前生产出首批二锅头酒,企业对收编的老烧锅酒坊的技术人才给予了充分的尊重,积极创造条件发挥他们的特长。近 300 年来,北京二锅头酒的传统酿造技艺是中国白酒文化的重要组织部分,具有完整技术体系,人的感觉和悟性在其中起着至关重要的作用,其制曲、发酵、蒸馏等都是经验性极强的技能。这种技能以口传心授、师徒相延的方式代代传承,并不断得到创新、发展。在当今二锅头酒酿造的流程中,它仍起着不可替代的关键作用。"红星"在 60 年的发展中,始终认为人的因素是传统技艺延续和发展的关键。通过查阅档案可以看到,在工资、福利、工作环境、荣誉等方面,"红星"一直是向技术领域倾斜,而且已经成为全体员工的共识。可以说这个核心内容

一直延续到现在。

"红星"不仅一脉传续着老北京的酒脉,而且也成为了酿酒大师成长的摇篮。如:王秋芳、高景炎等酿酒大师都是从这里起步的。目前,"红星"拥有北京白酒行业最强大的技术队伍,红星生物发酵技术中心率先在北京白酒行业通过市级技术认证。中心拥有科技人员80余人,60%以上具有高级技术职称,其中博士2人,硕士5人,白酒高级品酒师11人,现任和曾任国家级评酒委员10余人。

二、文化自觉,强化建设

1993年到2000年,是红星文化从自然发展进入到强化建设阶段。在社会的推动下,企业对企业文化的理性认识不断深化,开始自觉加强企业文化建设。

这个阶段概括来说就是加强"以人为本"为核心的文化建设,通过实施"六个一"工程增强员工凝聚力、向心力。即:提炼了一个红星精神——"求实、创新、奉献、争先";编撰了一本50万字的《红星酒志》;建设了一个"红星展室";确定了一个"红星"厂徽;装修了一间文化活动室;创编了一首"红星之歌"。同时完成了企业VI设计,内容包括企业标识、职工工装、办公桌椅、名片信封等,进一步规范了企业形象。通过实施"六个一"工程,基本构建和形成了企业文化的基础模式,提炼了员工共同价值理念和行为准则。

在50万字的《红星酒志》中,不仅详细记载了"红星"自1949年建厂以来的重要事件,同时也对"红星"继承和创新传统白酒工艺做出具体的说明。在继承传统工艺,严谨操作规程,保持清香、醇正,始终如一"一个味"的基础上,并记录了"红星"从"匣子曲",到试验"帘子曲",到"机械通风制曲",再到"UV-11"的新菌种的应用等一个个工艺技术革新项目。这些技术革新在提高产量、满足消费者需求的同时,赋予了红星文化新的内涵,"红星"成为北京地区二锅头工艺技术创新的带头人。从这一时期开始,"以市场为导向,以顾客为中心,实施名牌战略,不断创新,持续改进,以一流的管理、一流的质量、一流的产品、一流的服务,持续满足顾客的需求"的企业经营理念开始深入到广大员工思想中,红星品牌植入到老百姓的日常生活中。

三、提升再造，创新发展

从2000年至今，是红星文化创新发展阶段。2000年8月，在北京市委、市政府和一轻控股公司、党委的支持下，"红星"联合京泰等五家公司，共同发起设立"北京红星股份有限公司"，注册资本1.2亿元，打响了红星改制的攻坚战。企业文化建设也伴随着企业的改制，进入全新的发展阶段。

适应建立现代企业制度和多家企业的联合，公司党委通过对企业文化理论的深入学习，全面系统分析企业文化现状和存在问题，对企业文化有了更加清晰的认识，确立了继承发展传统文化，打造现代企业文化的发展思路。

1. 发展和创新企业文化建设体系。确立"报效国家、服务社会、回报股东、关爱员工"为公司文化建设与构建和谐企业的核心内容；"求实、创新、奉献、争先"为红星精神。"红透京城、红遍全国、红火世界"为企业的发展愿景。

构建红星企业文化建设的七大体系，即：艰苦奋斗、奉献争先的创业文化；彰显个性、恪守诚信的经营文化；以人为本、追求和谐的管理文化；科学创新、严格公正的制度文化；顾客至上、京味浓郁的产品文化；服务党员、服务职工的党建文化；持续健康、绿色环保的发展文化。

创新发展了红星企业文化建设的"新六个一工程"：即：推广一个部门精神；续修一本《红星酒志》；建设一个"红星博物馆"；佩戴一个"红星"厂徽；创建一个"职工之家"；唱响一首"红星之歌"。

2. 深度挖掘二锅头酒文化的历史内涵。自2008年开始，"红星"从保护和传承二锅头酿制技艺出发，对白酒传统文化的保护和传承做了大量的工作。面向社会征集白酒制作和包装的老物件；组织专人全面整理所保存的档案资料，整理出二锅头酒行业唯一一份完整清晰的九代传承谱系；把北京解放前十余家老字号酒坊的技术工人档案进行编号整理；对在世的老技术工人进行访谈，制作成音像资料；选拔出一批优秀的传承弟子，研究他们的独特工艺绝活，去其糟粕，取其精华。由"红星"传承的北京二锅头酒传统酿制技艺入选国家级非物质文化遗产名录。专家委员会评价："红星"全面继承了北京二锅头传统酿制技艺，是这一技艺的正宗传承者。

3. 提升传统白酒文化与企业文化的融合度。2009年,为了保护和发展传统文化遗产,提升传统白酒文化与企业文化的融合度,使文化发展力成为企业生产力的重要组织部分。公司投资3000万元,历时两年,建设了北京二锅头酒博物馆和北京前门"源升号"博物馆,实施文化创意产业项目运作。博物馆主要以文字、图片、历史实物、场景复原、电子展示、动画多媒体等形式为参观者详细讲解"二锅头"工艺、名称的由来,及其300年的发展历程;在"二锅头"的发源地"源升号"中了解正宗的二锅头酒酿制流程,以及鲜为人知的传统工艺、"看花摘酒"的神秘绝技;详细阐述了"红星"与"二锅头"的渊源和"红星"对北京二锅头酒的创新发展,将"二锅头"品牌做大做强的历史轨迹。

融入了传统文化精髓的红星文化成为推动企业发展,实现效益增长的源泉。"红星"在"十一五"期间,累计实现销售收入59.59亿元,取得中国白酒产销量第一,市场综合占有率前三名的骄人业绩。"红星"先后获得"中国驰名商标"、"国家级非物质文化遗产"、"中华老字号"、"全国五一劳动奖状"、"国家A级守信企业"、"中国食品工业百强企业"、"全国重合同守信用企业"、"全国用户信赖品牌"、"中国白酒十大影响力品牌"、"北京最具影响力十大品牌"等荣誉。

(执笔人:穆然)

北京龙徽酿酒有限公司

企业简介：

　　北京龙徽酿酒有限公司隶属于北京一轻控股有限责任公司,是中国最早创建的葡萄酒厂之一。经历百年发展历史,从一家专供教会的酒坊发展成为拥有自有品牌、自主知识产权,专业生产、销售葡萄酒的国有控股公司。公司严格质量管理,通过了ISO9001质量管理体系认证和HACCP食品安全体系认证。拥有"龙徽"、"中华"、"夜光杯"三大品牌,产品在葡萄酒行业具有较高的知名度。

传承百年文化　铸就龙徽品牌

■ 中共北京龙徽酿酒有限公司委员会 ■

北京龙徽酿酒有限公司具有百年历史,前身是曾有着辉煌历史的北京葡萄酒厂。改革开放后和法国保乐力加集团合资成立龙徽公司。2001年起按照现代企业机制要求,公司完成股份制改造,成为国有控股公司,隶属于北京一轻控股有限责任公司。

一、文化创新的背景

1. 企业建设的需要。龙徽公司自2001年开始进行股份制改造,生产经营逐步走上健康、快速发展轨道,销售额连年递增。至2005年底,公司按照建立现代企业制度要求完成了股份制改造和增资扩股,企业规模进一步扩大。龙徽公司领导班子认识到:企业要想持续健康的发展,必须在经营理念、经营模式上进行创新,打造企业核心竞争力;必须突出重点,积极培育具有企业个性、体现企业特点、与市场经济相适应的企业文化。"一年企业靠运气,十年企业靠经营,百年企业靠文化"。只有进行企业文化创新,从企业百年的历史积淀中发掘出适应新时代特色的文化内涵,激发企业活力、增强企业凝聚力、培养职工使命感和责任感,企业在激烈的市场竞争中才能永葆生机。

2. 行业发展的需要。目前,国内葡萄酒市场仍处于快速发展期。人均消费量很少,仅占酒类消费的1.5%,远远落后于白酒和啤酒的消费,需要进行消费引导。从行业集中度看,一线品牌张裕、长城、王朝占据全国市场的半壁江山;二线品牌各有优势区域,形成三强鼎立、群雄割据的局面;进口葡萄酒咄咄逼人,大举进攻国内市场,使得行业竞争日趋白热化。葡萄酒在消费者的眼里不仅是高雅生活的代表,更是一种健康生活的方式,而葡萄酒丰富的文化内涵,可以与消费者产生情感共鸣,实现对品牌的认知,成为忠实的消费者。积极培育中国的葡萄酒文化,大力引导消费者,引领健康时尚生活,是行业持续健康发展的需要。

3. 营销发展的需要。龙徽公司经过多年的快速发展后,营销扩张遇到了很大的竞争压力。公司领导认识到：扩大龙徽的市场份额，创新营销模式，就要把龙徽公司百年历史和葡萄酒文化有机地结合起来；与建设文化创意产业有机结合起来；与企业闲置资源的开发利用和内部资源深度开发有机结合起来；进而达到弘扬企业文化与促进经济增长的目的。

二、文化引领的实践

1. 升华企业文化，重塑企业精神。实现股份制改造后，龙徽开始了"再造企业文化"工程。经过梳理龙徽百年历史文化脉络，挖掘葡萄酒文化内涵，结合公司发展战略目标，在原有企业文化理念的基础上，进行了再造升华，形成了新的龙徽企业文化理念体系。

龙徽文化标志语：龙行天下，徽记至尊。

企业目标：做中国最高品质的葡萄酒。

企业宗旨：为客户创造高品位的生活，为股东创造高价值的回报，与员工、果农利益共享，与国家、社会和谐发展。

企业哲学：内方外圆。

企业精神：真诚做人、精心酿酒。

工作作风：雷厉风行，合作创新。

企业氛围：和谐共赢。

质量方针：诚信质量为本，自主创新为源；认认真真栽培，踏踏实实酿酒。

人才理念：为人才提供舞台，用业绩证明能力。

客户理念：龙徽服务于那些追求高品质葡萄酒、高品位生活的客户；人人都是客户，时时换位思考；我希望做一个满意的客户，我努力让我的客户满意。

服务理念：服务重在沟通。

"龙徽"品牌核心内涵与传播语：龙行天下，徽记至尊。

"龙徽"品牌内涵的关键词：高品质、高品位，悠久的历史，中国文化，法国背景，国际化。

2. 创新企业文化，打造龙徽品牌。创建北京龙徽葡萄酒博物馆，以文化促进销售。公司建立了北京唯一一家讲述北京葡萄酒百年文化及历史发展的北京龙徽葡萄酒博物馆，从历史沿革、葡萄酒生产储存等角度，全面清晰地介绍了北京地区葡萄酒产业的发展过程和龙徽品牌。把博物馆办成都市休闲旅游场所，把参观办成独具特色的葡萄酒文化之旅，办成充满浓郁文化氛围的品牌销售平台。2006年6月，北京龙徽葡萄酒博物馆一期开始营业；2008年6月，进行博物馆第二期工程建设。参观人数和销售收入逐年增加，2009年博物馆销售收入突破千万元，参观人数突破10万人次；2010年、2011年博物馆销售收入分别达到1900万元和3300万元。

实施品牌定位，提高品牌忠诚度。葡萄酒是一种健康的饮品，更是一种成功、成就、稳定和富裕的象征。这些特点决定了龙徽公司多年来一直关注中高端市场，以星级宾馆销售为主，确立龙徽高端品牌形象，主推"龙徽怀来珍藏"、"龙徽赤霞珠"、"龙徽首都私藏"、馆藏桶装葡萄酒等高品质、高影响力的产品。特别是博物馆"首都私藏"桶装高档葡萄酒，可作为私人酒窖藏酒，用于待客和小型派对活动，体现高雅和尊贵。制作个性化的瓶贴，将互动性娱乐性与实用性功能性更紧密结合在一起，黏合客户和品牌之间的亲密感，依此建立起忠实的消费群体。

拓展品牌形象，扩大国际市场。1910年，法国圣母天主教修士沈蕴璞在阜成门外马尾沟教堂建立了北京市第一家葡萄酒窖，生产法国风格的葡萄酒，用于教会弥撒和教徒饮用，是龙徽葡萄酒的前身。龙徽和法国葡萄酒的渊源，璧合中西传统文化的元素，是开拓国际市场的文化资源优势。龙徽公司和法国干邑世家卡慕签约，进入全球免税市场，使龙徽品牌成为中国葡萄酒的代表，与国酒茅台、古越龙山并列为中国三大酒业之翘楚，跻身高档品牌行列，稳步扩大出口份额。

三、文化营销的发展

1. 加强企业品牌建设。建立一个知名品牌，是一项长期的系统工程，这和企业产品的质量、服务、企业文化等诸多因素密不可分。要充分发挥文化的引领作用，坚持不懈地加强品牌建设，通过强化企业管理，提高员工素质，采用先进技术，确保产品质量，提升文化内涵，实现龙徽企业目标，做中国最高品质的葡萄酒。

2. 扩大品牌的受众面。在主打高端市场的同时，大力发展中、低档品牌产品。龙徽公司旗下的"中华"、"夜光杯"等品牌，具有悠久的历史，在大众中有良好的口碑和广泛的认知度，正是这些忠实的消费者，构成了金字塔的坚实基础。充分发掘这些品牌的市场潜力,为更多的消费者提供优质产品和服务,不但是企业的社会责任,也是龙徽公司下一个百年历史的起点。

3. 发挥社会公益功能。龙徽公司是北京市的青少年校外活动基地,在实现传播历史文化、普及科学知识的同时,也为企业增加了美誉度。在今后的发展中,增加一些动手体验等公益项目。例如"做一天酒厂小职工"、"我给长辈酿红酒"等,既培养青少年的劳动意识、动手能力,也弘扬了中华民族孝敬长辈的优良传统。在多种活动中要达成企业和社会双赢。

(执笔人:赵红　罗旗　审核人:赵红)

唐 大唐国际北京高井热电厂

企业简介：

　　高井热电厂始建于1959年,1974年全部建成投产,共安装6台100兆瓦机组。1996年并入大唐国际发电股份有限公司,是中国大唐集团公司和大唐国际在京的唯一发电企业。电厂具备每年为首都提供48亿千瓦时电力的能力;电厂供热管线进入首都西二环线,供热面积超过1200万平方米。自2001年起,该厂陆续进行了系列环保改造。如今,高井热电厂已成为国内环保设备种类最齐全,环保技术最先进,同类指标最优的绿色环保型电厂。

以文化推进企业创新

【 中共大唐国际北京高井热电厂委员会 】

大唐国际北京高井热电厂（以下简称高井热电厂）是一个有着50余年历史的老企业，在发展过程中，形成了优良传统，也积淀了深厚的文化底蕴。进入新世纪以来，高井热电厂不断探索实践企业文化建设，推进企业又好又快发展。

一、企业文化建设的探索与实践

中国大唐集团公司高度重视企业文化建设，形成了集团层面企业文化——"同心文化"。按照中国大唐的统一部署，高井热电厂一方面认真开展"同心文化"的宣传贯彻工作，另一方面结合自身特点，开展"同心文化"子文化建设，并形成了一整套行之有效的工作方法和机制。

1. 建立组织，形成机制。高井热电厂经过多年实践，建立和完善了由党委统一领导，党政齐抓共管，各方面分工负责，宣传部门组织协调，职工广泛参与的企业文化建设领导管理体制和工作机制。厂党委将企业文化建设纳入年度工作计划和文明单位建设考核之中，利用职代会和政工会对企业文化进行专门部署和安排；每年职工教育培训计划都要列入企业文化培训，都要经过职工代表团审议通过，形成先期双向沟通、定位需求的教育形式。

按照上级公司要求，高井热电厂制定了《高井热电厂2008年至2010年企业文化建设规划》。《规划》是根据集团公司"同心文化"总体部署和大唐国际企业文化建设五年规划，以及高井实际需要制定的。其核心内容是：坚持"务实和谐、同心跨越"的文化精髓，以文化凝聚力量，以文化融入管理，切实做到"文化入位"。

2. 反复探索，实践创新。为将中国大唐的"同心文化"与高井自身的特点相结合，打造出一个具有鲜明高井特色的"同心"子文化，高井热电厂自2008年开始，先后多次召集相关人员，对企业的发展历史、形成的优良传统和丰厚的文化积淀进行梳理,反复总结提炼,并在全厂范围内广泛征集企业文化精神的意见建议。同时,为了提升企业文化的质量,高井热电厂先后两次拨出专款,聘请专业咨询机构驻厂诊断,其间,专家深入车间班组,与一线职工直接沟通。在咨询机构拿出完整企业文化方案后,厂党委再次组织人员,对方案进行反复修改,并将方案在企业内部公示,提请全厂职工发表意见建议,最终确定了高井热电厂的企业文化。高井热电厂的企业文化以集团"同心文化"为行动纲领,在"务实和谐,同心跨越"的企业精神指引下,坚持"人为本、和为贵、效为先"的核心价值观,结合企业实际,提炼和诠释具有高井特点的特色文化,并确立了以"同心跨越,基业常青"为主题的文化体系。

"同心跨越"是延展大唐集团的"同心文化",结合自身实际,实施"重铸辉煌,树立标杆,创老厂窗口企业"的一项艰巨工程,是高井人"我要生存、我要发展、我要兴旺"的信念与行动的具体体现。同时也表达了高井人继承和发扬优良传统、跨越历史、超越自我,通过全面的革新从而跻身于新时代电力企业先进行列的决心。

"基业常青"是通过职工自我的个人跨越和高井热电厂的整体跨越,延承几十年创业和发展的历史,再铸高井热电厂的辉煌,实现高井热电厂事业如新、基业常青。

高井企业文化体系还包含了企业愿景、安全理念、管理理念、发展战略、人才理念、经营理念、环保理念等具体内容。以基本道德规范、基本意识规范、基本工作规范构成行为文化。以绿色旋律活动、快乐学习活动、安全日活动、爱厂教育活动构成重点活动。以公共关系活动的对象、基本准则、具体要求对公共关系进行文化内容的充实。

3. 培植特色,开展活动。高井热电厂是一个老企业,既面临企业生存的压力,也面临着企业改造的机遇。为了使文化服务推动企业的发展,全厂开展了一系列特色鲜明的文化创建活动。

学习文化:通过建立多层次、多类型、全覆盖的运行体系,对学习型企业的系统模式进行有效支持、滋养和延展。制定和完善了《创建学习型组织规划》和《实施细则》;建立和完善员工学习激励和互动交流的机制。开展了"日学一小时,月读一本书,季写一心得,半年一交流,年度一评比"五个一等专题活动。通过活动的开展,检修公司本体一班被评为全国学习型班组和"中国大唐红旗学习型班组"。职工陈瑞富取得中国大唐集团2008年度转动机械检修技能比赛第一名的佳绩。

安全文化：一是相继提出"6S"管理，精细化管理、"两基"安全教育（即最基本的岗位责任制，最基础的两票三制、操作五要领、危险点分析、危险点控制等）、三基管理（基层、基础、基本功）等管理理念，狠抓安全工作环节。二是每年利用安全生产月，在全厂内征集安全漫画、警句活动，连续14年出刊漫画集六期。利用廉政教育月，举办警言警句、书法作品征集，促进员工学习思考的积极性，助推员工参与企业管理。三是每年开展十大新闻征集和评选活动，增强企业向心力、战斗力。

廉洁文化：广泛宣传集团公司"依法经营、规范运作，诚信守约、廉洁从业"的廉洁文化理念，通过厂内媒体，不断增强廉洁文化的渗透力和影响力。投资建设了企业廉洁教育基地，将党和国家、上级公司反腐倡廉、廉洁从业的相关精神，以及贪腐反面案例陈列其中，组织相关人员定期参观。同时结合实际，创新廉洁文化建设的方法和途径，扎实推进廉洁文化建设纳入企业核心文化体系，引导广大党员干部加强党性修养，树立廉洁意识，培养廉洁习惯，形成廉洁氛围。

4. 植根群众，广泛参与。高井热电厂有着良好的文体活动基础，近年来逐步建立歌舞表演、摄影、羽毛球等13个文体协会，协会组织职工群众日常的文体活动。

企业每两年举办一届职工体育文化艺术节，2012年已经是第七届。文化协会成为艺术节组织筹办的骨干力量；每届都集中举办了书画、摄影、棋类、球类、田径、游泳等十几个大项、六十多个小项，十多个文体艺术门类的展览、展示和比赛活动，每届艺术节参与职工超过2000人次。通过艺术节的形式，企业有效地将发展战略渗透到职工中去，引导、统一职工思想、凝聚人心。文化节已经成为展示企业文化建设成果的盛会。

离退休中心专门在厂外和家属区设立了书画协会活动室和球类活动区，定期搞技艺交流和展览，多次参加市区级比赛和演出。多姿多彩的业余活动既丰富了职工的文化生活，又增强了企业文化的辐射力。

5. 建设载体，文化落地。为使企业战略、企业精神、各项规范有效地得到落实，厂里对原有的媒体资源进行整合和开发利用。目前已经形成了电视、网络、报纸、橱窗、板报、广播立体式宣传平台，并构建了以党小组为单元的宣传网络,对于各项精神的贯彻落实能够做到电视有影、广播有声、橱窗有形、报纸有字;强势的宣传给职工从视觉、听觉等各个方面传递着企业的信息,同时将职工的信息及时地反馈给企业领导,减少了沟通环节。通过大规模的先进典型的宣传和先进事迹的宣传,有效地鼓舞了职工士气。

2009年,厂里投资40万元,建设了职工读书屋,配备了电脑,每年拨专款购置图书;2011年,高井热电厂投资50万元,建设了厂史馆,馆内陈列着建厂50多年来的历史资料和文物展品,使之成为企业教育的重要阵地;2012年,厂里又投资20万元,建设了"廉洁教育基地"。近两年还先后投资超过100万元,对厂内的文体活动设施进行了全面维护和更新,使文化硬件建设提升到了全新的水平。

二、企业文化建设推动企业创新

优秀的企业文化是一种与时俱进的文化,是科学发展的文化。高井热电厂的企业文化建设,既有对厚重历史传统的继承,更有一种不断开拓,勇于进取,敢于创新的文化。当高井面临越来越激烈的市场竞争和生存压力时,高井热电厂依靠文化的力量,不断创新,不断改变着企业的经营状况,使老企业焕发出勃勃生机。

1. 以文化更新观念。高井热电厂因建厂早,机组小,用人多,在激烈的市场竞争中,居于不利地位,生存压力日趋沉重。但因长年在计划经济体制下运行,企业的干部职工却缺少变革的紧迫感。高井热电厂以"同心跨越,基业常青"为主旨,根据企业形势和任务,每年都会组织思想大讨论活动。如在2007年组织了"解放思想,更新观念"大讨论,2008年组织开展了"重铸辉煌,树立标杆,创老厂窗口企业"大讨论。2012年,随着高井新机建设取得突破,厂党委再次组织开展了"新机建设,我该做什么?"大讨论活动。这些思想大讨论采取了下发调查问卷、座谈会和支部大会、工会学习等形式进行,连续多年的持续引导,推动职工跨越历史、超越自我,使职工的思想观念得以改变,为企业的改革提供了坚实的思想基础。为了开阔视野,认识差距,厂里组织中层干部和部分党务干部赴广东潮州、福建宁德进行考察调研。新厂新制和新的管理方法使得干部们受益良深,提升了他们的管理水平。

2. 以文化推进改革。为了适应市场竞争和企业的未来发展,高井热电厂以"人为本、和为贵、效为先"核心价值观为根本,开始重新优化调整了企业管理机构。经过反复研究和缜密筹备,2009年,高井热电厂按照生产机构、管理机构、三产机构的顺序对全厂组织机构进行优化调整,有大批人员调换了工作岗位。调整后机构管理界面划分清晰,岗位责权对等,管理效率提高,企业内部执行力大大增强。为了企业未来的发展,高井热电厂以"大唐大舞台,尽责尽人才"的人才理念为蓝本,制定了企业人才战略,并分步实施:一是拟定高井热电厂人力资源发展三年规划,并建立各种类别的人力资源库,目前已经完成后备干部、企业管理、专业技术、生产技能和安全生产专家等各类人才库建设,备案各种人才100余人。二是按照给想干事的人一个机会,给能干事的人一个舞台,给干成事的人一副担子的原则,开辟技术职务与领导职务两条晋升途径,打开人才成长的空间;两年来共有17位领导干部输送到集团公司系统,有83人调整了行政职务,有97人调整了技术职务。三是本着干什么学什么,学什么专什么,干什么会什么,缺什么补什么及适度超前的原则,开展培训需求的调研和培训实施。通过脱产、在岗培训等多种培训手段,不断提高干部职工的专业素质。同时高井热电厂还注意培养"五型干部"(学习型、务实型、创新型、廉洁型、和谐型干部)和高素质人才;积极完善各项激励机制,通过激励机制的跟进,激发全厂干部职工的积极性,增强凝聚力和向心力。

通过人才战略的实施和机构优化调整,使高井热电厂职工精神面貌大为改观,干部职工学习和工作热情大大高涨。高井热电厂已经形成了职工与企业共同成长的和谐型发展模式。

3. 以文化促管理创新。2006年,高井热电厂接连发生了几起事故,安全生产不稳。厂里认真分析原因,他们对厂内各级干部的执行力进行了一次评估,发现班组的执行力只有50%,班组是厂里最薄弱的环节。厂领导分别深入班组调研,他们发现厂里各级管理者没有站到班组的角度思考,没有为基层提供一种便于操作,执行简便的管理方法。高井热电厂坚持"一切事故都是可以避免的"安全理念,调动全厂管理骨干,集中精力搞会战攻关。2006年8月开始,厂里共组织召开了四次研讨会,邀请了厂领导、中层干部、班组长、普通职工不同层次的人员参加研讨,形成了"三讲一落实"的基本思路。紧接着又召开了各个层面参加的12次研讨会,充分征求了干部职工的意见和建议,对"三讲一落实"内容进行了不断的修改和完善,使其内容更加符合班组实际,更加便于操作运用。由此,"三讲一落实"班组安全生产管理方法应运而生。

"三讲一落实"是指班组在组织生产工作过程中,在讲工作任务的同时,要讲作业过程的安全风险,讲安全风险的控制措施,抓好安全风险控制措施的落实。归纳为"讲任务、讲风险、讲措施,抓落实"。通过几年的实践,高井热电厂员工安全意识明显增强。员工在工作现场自我安全管理的行为多了,漠视安全的行为少了;自我安全保护行为多了,随意蛮干的行为少了,有效保证了企业的安全生产局面。2009年,"三讲一落实"获得了全国电力管理创新成果一等奖,并在中国大唐集团公司系统全面推广;其后,2010年,国家安全生产监督管理总局副局长孙华山和全国总工会领导高度肯定这一方法。

三、企业文化建设的发展成果

高井热电厂的企业文化建设,常年坚持不懈,突出自身特色,植根群众之中,取得了良好效果。2008年,高井热电厂企业文化与品牌建设课题荣获了全国电力行业企业文化成果特等奖。企业已连续14年荣获石景山区文明单位、首都文明单位称号,曾先后荣获大唐国际文明单位和集团公司文明单位称号,并被集团公司授予"企业文化建设示范基地"称号。

独具特色的企业文化建设,使企业文化成为企业科学发展的重要推力。近年来,高井热电厂安全生产稳定,职工队伍团结,企业发展空间拓展,形成了人心齐、士气旺、事业兴的良好局面。

2008年,高井热电厂获得了北京奥运会、残奥会环境质量保障特别贡献奖,2009年获得了2009年度暨保国庆60周年首都能源运行保障突出贡献单位称号。2010年,高井热电厂荣获中国电力企业标准化管理一等奖、全国电力党建思想政治工作优秀成果一等奖、全国安康杯劳动竞赛优秀企业。此外,高井热电厂还先后荣获集团公司一流企业、两型企业、文明单位。

更为可喜的是,高井热电厂扩建3台35万千瓦燃气机组项目于2012

年3月29日获得北京市发改委正式核准。目前企业上下正团结一致,全力以赴投入新机建设之中。高井热电厂"同心跨越,基业常青"文化建设将取得新的成果。

(执笔人:苑建军)

驱动变革

QU DONG BIAN GE

■企业文化理念摘录■

有一必争，有旗必夺。

粮比天大，信比物重。

解放思想，敢为人先。

为石化品牌增辉，为首都发展加油。

做就做最好。

追求卓越品质，共创幸福生活。

北京市地铁运营有限公司

企业简介：

　　北京市地铁运营有限公司(简称北京地铁公司)是负责北京市轨道交通运营管理的专业化公司,现有员工2万多名,目前共经营15条线路、180座车站,总里程达323公里。2011年客运量达18.7亿人次,占北京市公交出行比例的42%,乘客满意率达95.6%,为缓解交通拥堵作出了重要贡献。北京地铁公司按照建设"六型地铁",即:"平安型地铁、人文型地铁、高效型地铁、节约型地铁、便捷型地铁、创新型地铁"的要求,践行"畅通北京,让首都更美好"的企业使命。

推进企业文化建设
推动"六型地铁"发展

中共北京市地铁运营有限公司委员会

北京地铁是中国第一条地铁,是中国首都的地铁。北京地铁悠久光荣的发展历史,形成了北京地铁独特的企业文化。其企业理念体系、行为规范体系、标识体系等已渗透于企业的各个领域。

目前,北京地铁公司通过企业文化的建设实施,大大促进了人文型地铁的建设,企业人文素质得以持续优化。同时,企业文化建设是一项系统工程,既是北京地铁突出以人为本,提升服务,建设人文型地铁的内在需要,又是实现北京地铁公司企业文化管理的重要方面,全力打造具有自身特色的北京地铁企业文化,为已经进入网络化运营的北京地铁公司实现跨越式发展提供了文化动力和保障。

北京地铁公司通过全面系统把握"六型地铁"企业文化核心内容,打通传承和弘扬北京地铁先进文化的实现途径,充分发挥企业文化的导向、凝聚、辐射和约束作用,提高"六型地铁"企业文化实施效率。同时,紧紧围绕北京地铁公司"六型地铁"发展规划,通过企业文化建设将企业文化核心理念融入到每个地铁员工的心中,为实现北京地铁公司"六型地铁"发展规划目标的实现提供文化支撑、文化条件和文化动力,全面促进企业文化管理,全面提升北京地铁品牌价值。

一、立足"六型地铁"发展规划,全面推进六大实施工程,加快完善企业文化体系

1. 在北京地铁公司职代会通过的企业文化相关文件的基础上,结合北京地铁公司"六型地铁"发展规划以及征求到的公司领导和单位意见建议,进一步修订了相关内容,对公司企业文化理念、行为规范、宣贯方案、实施方案等内容及时进行了调整,使之相互统一、相互促进。

2. 通过推进"安全文化实施工程"、"服务文化实施工程"、"效益文化实施工程"、"制度文化实施工程"、"品牌文化实施工程"和"廉洁文化实施工程"六大实施工程,加快完善北京地铁公司亚文化体系。为实现"六型地铁"发展目标,实施安全文化工程,突出安全可靠、长治久安,建设平安型地铁;实施服务文化工程,突出以人为本、提升服务,建设人文型地铁;实施效益文化工程,突出以人为本、低耗环保,建设节约型地铁;实施制度文化工程,突出技术创新、管理创新,建设创新型地铁;实施塑形文化工程,通过打造"六型地铁",锻造国内领先、世界一流的地铁专业运营集团品牌;实施廉洁文化工程,把廉洁文化融入企业文化和经营管理,努力营造廉荣贪耻的文化氛围。同时,通过落实《北京地铁公司企业文化建设宣贯方案》,完善组织领导保证机制、学习教育保证机制、宣贯考评保证机制、实施监督保证机制和物质保障保证机制,加快推进北京地铁公司子文化体系建设。

3. 北京地铁公司结合各部室职能战略和各单位分战略内容,进一步实施完善企业文化的亚文化系统和各单位的子文化系统落地工作。公司各部室结合各自职能战略,各单位结合各自分战略,分别改进各自的亚文化和子文化,并使之相互统一、相互促进。同时,公司通过制作发放企业文化相关学习材料等方式,通过组织开展企业文化专题讲座、报告会、新员工培训等方式,向广大员工渗透企业文化相关内容。

二、强势启动宣贯工作,努力实现全方位覆盖

1. 在完善北京地铁公司企业文化规范文件的基础上,按照以人为本和一致性、充分性、特殊性的原则,利用《北京地铁》报、《新地铁画报》、北京地铁网等各种宣传载体,以公司成立周年纪念为契机,开展了系列活动。其中包括制作40年发展成就展览、纪念册、专题片,编写北京地铁公司40年发展纪实专集、劳模专集,筹办国内首条地铁列车国产化示范线首列车下线庆祝活动、"我与地铁同行"书法摄影绘画评选活动、安全运营劳动竞赛、职工文艺汇演、首届全国城市轨道交通职工运动会、庆典大会、"北京地铁有缘人"活动等一系列活动。在北京地铁公司成立41周年之际,"畅通北京"——北京地铁展览厅暨北京地铁公司企业文化传播教育基地正式开展。在2012年北京地铁公司成立42周年之际,由北京地铁公司主持编写的有关北京地铁近60年发展历史的全国第一部地铁发展史《北京地铁发展史》正式发行,并在西单图书大厦举行了首发签售仪式。通过系列活动的广泛开展,向公司员工、广大乘客和全社会,宣传了北京地铁公司的企业文化,传承了企业精神、优秀传统、专业化的运营管理、规范化的运营服务等,进一步增强了企业的凝聚力和向心力,树立了北京地铁公司良好的品牌形象,不断推动北京地铁公司实现又好又快发展。

2. 通过报告会、座谈会、讨论会等形式确保北京地铁公司企业文化进课堂、进车间、进班组。如:北京地铁公司的全国劳动模范朱志英和北京市劳模集体北京地铁运营三分公司的代表,参加了北京市国资委系统劳模报告团的多场报告会,陆续到市国资委系统的企事业单位,深入到车间、班组等基层作巡回报告,在传播事迹的同时,进一步树立了北京地铁公司的形象,提升了北京地铁公司劳模品牌价值。北京地铁公司也于2011年底启动了"劳模大讲堂",通过开展"劳模大讲堂"传承了劳模精神、劳模作风和劳模技能,发挥了劳模在员工队伍建设中的传帮带作用,在弘扬企业文化的同时也推动了基层班组管理工作的发展。

3. 通过宣传画、宣传册、宣传片确保企业文化进视线、进头脑、进思想。在规范理念、行为、视觉手册的基础上,按规范化、标准化、程序化的原则,充分利用车站、车厢等现有传播条件,积极主动地扩大北京地铁企业文化的传播范围。以建设北京地铁文化长廊为重点,通过建立地铁文化墙、文化栏和文化窗,传播北京地铁公司的企业文化,传播北京地铁公司的精神文明,传播北京地铁公司的公益形象。如:在北京地铁复兴门站专门设立了21平方米的文化墙,配合不同的宣传主题,设计制作了如以"畅通北京,北京地铁劳模风采"等为内容的大幅宣传画。并且通过车载电视等系统加大北京地铁企业文化的宣传力度,运用现代化的手段,达到更好的宣传效果。在北京地铁公司内部配合公司成立周年活动,制作相关主题展板,并在公司机关及各二级单位广泛张贴相关主题宣传海报,营造浓厚的企业文化氛围。此外,每年北京地铁公司都编印当年的《新地铁画报——十大新闻专刊》,在员工中影响很大,受到普遍认可。

4. 北京地铁公司通过连续的调研对企业文化宣传贯彻情况进行摸底和分析,不断修正工作方向和工作重点,使企业文化的宣贯更加有的放矢。同时,针对北京地铁公司企业文化相关内容和"六型地铁"发展规划等内容,在广泛进行调研并分析研究的基础上,持续推动北京地铁公司企业文化相关理念的与时俱进。

三、创新企业文化宣贯方式,全面促进文化管理

按照企业文化与管理相融合的原则实施企业文化管理。一方面,按照建立现代企业制度和ISO9001质量管理体系的要求,结合北京地铁公司管理创新和制度完善,采用"文化导入法",将企业文化建设融入到公司各项工作中。通过进一步修订完善岗位职责和流程,对现有各项制度结合各单位及岗位特点精炼和细化,最终形成北京地铁公司行为规范手册的完整体系。另一方面,按照建设先进企业文化的要求,围绕北京地铁公司"六型地铁"发展规划,对北京地铁公司的企业文化内涵和行为规范等内容,采取边研究、边提炼、边修改、边座谈、边宣贯等办法,不断推进企业文化建设,使之能够不断推动北京地铁公司安全、服务和效益水平的提高,以及企业管理与改革的加强和深化,进而显著增强企业的核心竞争力。

四、通过推进企业文化建设,全面提升"北京地铁"品牌价值

北京地铁公司结合各项工作和借助各种媒体平台,积极开展品牌创建活动。在获得了政府信赖、乘客满意、社会好评和同行称赞的同时,还取得了多项成绩和各种荣誉。这些不仅为北京地铁公司改革、发展、稳定创造了良好的舆论环境,提高了"北京地铁"的知名度,而且更激发了广大员工爱企、爱岗的热情,增加了企业的凝集力,进而更好地推动了"六型地铁"的发展。

1. 通过不断提高安全运营和优质服务水平,打牢企业文化建设的基础,从而不断提升"北京地铁"品牌价值。北京地铁公司近年出色地完成了老线的更新改造,高水平开通了新线,成功实施了低票价政策并大幅提高了运输能力。特别是出色完成了奥运交通保障任务,荣获"北京奥运会残奥会先进集体"称号,之后又以超奥运标准,出色完成了国庆60周年交通保障任务,得到中央领导和市委市政府的高度评价。并且,在国际地铁协会(CoMET)KPI指标2009年和2010年年度对标中,北京地铁公

司综合得分分别排名第二和第三,跻身世界一流地铁行列。

2. 北京地铁公司各级党组织还开展了创建党建项目品牌活动,以提高企业核心竞争力,为发展创造良好的社会氛围。如:北京地铁1号线乘务中心党支部开展的"做先锋、克难关、争分秒、保运营"活动,为1号线缩短行车间隔至2分05秒工作的顺利实施,提供了有力的保障;北京地铁王府井站区党支部以开展"1+X"和谐共建活动为抓手,通过对外"五位一体"共建,促进地铁政治核心区运营生产、服务保障工作,不断提升和谐共建水平;北京地铁机场线以打造"国门第一线"为目标,通过开展形象大使微笑服务、最佳名片活动、春节送祝福活动等一系列特色活动,与乘客开展互动,进一步扩大了企业的社会影响力。

3. 积极策划组织参与社会公益活动,打造"北京地铁"品牌,提升品牌价值。如:北京地铁公司在2009年和2011年的第四届、第五届"北京影响力"评选活动中,通过各种形式和途径广泛营造文化氛围,发动企业员工扩大品牌宣传,在荣获"影响百姓经济生活的十大企业"称号的同时,也进一步扩大了"北京地铁"品牌的影响力和企业的凝聚力。此外,北京地铁公司还积极打造"六型地铁"大讲堂学习品牌,组织开展各种形式的培训活动,以此为载体进一步深化北京地铁公司学习型党组织建设,大幅度提升干部队伍素质,提供人才保证和智力支持,从而推进北京地铁公司"六型地铁"建设和发展规划的实现。

4. 通过与各种媒体建立良好的沟通机制,进一步搭建了同社会沟通、交流、理解的平台,展示了北京地铁公司的企业形象,提升了"北京地铁"品牌价值。仅2011年北京地铁公司在新闻媒体上刊发新闻稿138篇760余件,组织召开新闻通气会9次,安排专题采访18次,协调记者采访40余次。积极宣传报道了北京地铁公司全面推进"六型地铁"建设的新举措和新成效。如:在建设公交城市和倡导绿色出行工作中取得的成绩和发挥的作用,在安全运营、优质服务、新线筹备、运力提升、提高企业效率和效益水平以及企业党建工作的做法和成效,以及北京地铁员工辛勤工作、脚踏实地、默默奉献的精神和高度的社会责任感等内容,进一步扩大了北京地铁公司的社会影响力。

5. 积极与北京市国资委宣传处、北京市交通委、北京市思想政治工作研究会以及中国企业文化研究会等上级单位和相关单位加强沟通、交流和合作,不断提高北京地铁公司企业文化建设水平。近年,北京地铁公司积极参与并先后荣获了第四届、第五届"北京影响力——影响百姓经济生活的十大企业"称号,2010年被交通部授予"全国交通运输文明行业"称号,2011年被国家安全生产监督管理总局授予"全国安全文化建设示范企业"称号,并先后获得"改革开放30年全国企业文化优秀单位"、"2009年度全国企业文化建设先进单位"、"2010年度全国企业文化建设优秀单位"、"2011年度全国企业文化建设优秀单位"称号。

随着北京的快速发展,北京地铁进入了快速发展时期。根据北京市交通发展规划,北京地铁2015年将达到561公里,2020年将达到1000公里。为了适应北京地铁快速发展需要,北京地铁公司将以培育、弘扬和践行"北京精神"为有力抓手,使北京地铁公司的企业文化与"北京精神"相融合,进一步增强企业文化软实力,团结和凝聚北京地铁全体员工的智慧和力量,大力推进"六型地铁"建设,大力推进北京地铁又好又快发展。同时,北京地铁作为北京的一个窗口,不仅要畅通北京让首都更美好,更要代表首都展示中国,为首都打造中国特色的世界城市,更好地履行我们的职责与使命。

(执笔人:陈薇)

behc 北京电子控股集团有限责任公司

企业简介：

北京电子控股集团有限责任公司(以下简称北京电控)拥有京东方、七星电子、电子城3家上市公司,27家二级企事业单位。在美国、欧洲、中国台湾地区分别设有研发基地;拥有TFT-LCD工艺技术国家工程实验室和3个博士后工作站。营销和服务体系覆盖欧、美、亚、非全球主要地区;在全国多个省市及欧洲拥有大规模产业制造基地。旗下老工业基地成功转型,培育了798艺术区等特色园区。面向"十二五",北京电控致力于形成以电子高科技产业为主业、以园区地产服务业与文化创意产业为支撑的"1+2"产业格局及相关产业链与产业集群。

点燃文化引擎　驱动企业变革

中共北京电子控股集团有限责任公司委员会

近几年,随着国有企业改革调整的深化,北京市委市政府、市国资委对北京电控提出明确要求:进一步突出主业,走集团化发展道路,加快构建产业集团。从政府机构转身为国有资产管理企业再到今天走产业集团化建设之路,北京电控不断用变革迎来发展机遇,而驱动变革的内生力量就是企业文化。

一、文化为战略制定提供原始动力

"十一五"末期,北京电控开始筹划面向"十二五"的发展战略。北京电控所属的20多家企业多为有着悠久历史的科技企业,它们伴随着新中国的建立见证并实践着中国电子科技产业的兴衰变迁,许多企业为中国的电子和国防工业做出了不可磨灭的贡献,至今仍在业界有着不可撼动的影响。也有一些企业在整个市场大环境中失去往日的辉煌,产业萎缩,或开创新的产业路径,或举步维艰,但是所有企业在市场的沉浮中都积淀了具有各自特色的企业文化,在这样一种状况下,北京电控作为一级企业应如何制定面向未来发展的战略显得艰难而又意义非凡。

北京电控用了一年多时间推出了"十二五"规划,制定了"一二三一"战略,内容既是北京市委市政府、市国资委的要求,也是在北京电控自身的资源禀赋基础上做出的抉择,兼顾了北京电控的历史基础及未来发展,其中也涵盖了北京电控的文化精神。北京电控的"一二三一"战略,即打造"1+2"的产业格局,按照"'3'个集中"优化资源配置,实现"'1'个转变",成为具有国际竞争力、在国内技术领先的战略控股型产业集团。"1+2"的产业格局指电子信息产业是电控的产业主体,园区地产服务业与文化创意产业是电子信息产业的重要支持。这一清晰战略充分体现了电控产业报国的情怀,这是历史赋予的使命,也是未来发展的希望。尽管在市场的大环境下,与许多国有企业一样,我们经历过改革的阵痛,市场的彷徨,但是产业报国的理想从未消逝,这也是北京电控企业文化的内核,更是我们战略选择与制定的原始内动力。

二、文化汇集人才文化凝聚人心

北京电控几经变革,但对人才的渴求与重视从未变过。北京电控人才战略的着力点是面向未来,"十一五"期间,我们通过"百千万"人才工程等一系列人力资源开发和管理工作,为"十二五"的发展打下了良好的基础。进入"十二五",人才队伍建设仍然是我们成功的关键,随着产业快速发展,对高素质的人才需求显得更加紧迫。为此我们启动了"砺剑工程",着力推动人才能力素质的培育和提升,高端人才的引进、培养,完善人才工作机制,优化人才结构。

在人才建设过程中,北京电控强调"德"。在人才队伍的结构性调整补充上,坚持"五湖四海"的观念,广纳五湖四海之贤才,既注重发掘培养内部人才,也注重结构性地从市场上引进人才。2011年,我们组织了84个职位的公开招聘,启动了对电控系统二级及部分重点三级企(事)业单位领导班子、班子成员及后备干部集中考察推荐工作,对部分企事业单位领导班子进行调整,切实使面向"十二五"的领导班子结构、人才队伍结构得到优化;在企业经营过程中,始终以人为出发点和终结点,注重培养人,强调人尽其才,才尽其用,把用人工作转变成工作育人。

在人才战略的实施过程中,我们注重环境与氛围的营造,倡导一种团结向上、积极进取、风清气正的氛围,用文化汇集人才,用文化凝聚人心。事实上,在北京电控变革发展的历程中,具有自身特点的人才观一直从思想上指导人才战略或是潜移默化的影响人才战略的制定,而人才战略又在具体实践中丰富着人才观及企业文化的内涵。在实施人才战略的具体路径上,我们以各企业为主体,加大各专业科技人才的培养,加强适应未来产业需要的梯队建设。面向国内外,加强人才引进力度,响应国家"外专计划"、"千人计划"和市政府"海聚工程",借助海外人才机构,拓宽人才引进通道,大举引进国际科技人才和研发团队。在引进的海外人才中,现已有5人获得国家"千人计划"、6人获得北京市"海聚工程"的人才资助。

三、文化是资源优化的加速器

北京电控处在完全竞争的高科技行业,要实现企业的快速发展,变革是唯一出路。我们需要加快改革调整力度，实现资源的优化配置，提高资产质量，通过科技产业集中规划，在明确企业定位和尊重市场规律的基础上，本着有利于产业发展的要求，积极推进产业载体间、企业内部的调整重组，提高产业集中度和企业关联度，满足重点产业快速发展过程中对资源的需求；加大力度压缩管理层级和劣势企业退出工作，通过对重点企业进行梳理，使主产业更加突出，加快资源的优化配置和有效利用，推动北京电控经济规模和效益大幅提升，真正与北京电控800多亿元的资产规模相匹配，与作为大型国有高科技企业在北京市的地位相匹配。

变革意味着打破旧有的利益格局，压缩管理层级；资源整合意味着一些单位与岗位将不再存在，加之各企业都存在的一种历史情结，多年形成的思想观念一时难以改变，一时间出现各种思想观念的碰撞增加了变革的难度。要进行变革，实现资源的优化，必须打通思想观念这一关，这当中企业文化扮演了促进资源整合、改革调整加速器的角色。在改革调整过程中，思想政治工作总是先锋队，组织专门的工作队，对被调整对象进行讲解，每一次说服过程都是北京电控企业文化的宣讲过程。企业文化又是企业战略思想的表现，也是整个团队信念的表现，讲清战略，统一大家的思想认识，才可能凝聚力量，共同推进工作。北京电控的一家二级企业的真实事例充分说明了这一点。这家企业是一个有着近三十年为国家战略性产业配套历史的企业，在业界一直有着较高的声誉，但在2010年，大家都信心满满的一项重点项目申请，却最终因企业规模小，产品老化，产品单一而出局。在对这个企业进行整合时，从召开调整重组启动大会，到严密部署、制订方案，电控集团领导多次奔跑于一线，积极与企业沟通，把思想政治工作放到重要位置，从产业发展的外在环境到企业自身发展的需要，先从战略思想上统一了大家的认识，强调北京电控的文化是整体发展，一切以企业的生存发展为原则。经过艰苦的努力，2011年的改革调整工作取得了成效，各企业的领导人在思想上明确了调整的重要性和紧迫性，从自发到自觉，加大了变革的力度与速度，为北京电控的产业发展打下了良好基础。

四、创新文化推动创新发展

创新是推动企业可持续发展的力量源泉，也是企业核心竞争力的内在动力,特别是对北京电控这样一个处于国际竞争环境,又处于变革期的高科技企业集团来讲,创新显得愈加重要。而北京电控倡导的创新文化对企业发展起到了积极的推动作用。

北京电控的企业文化倡导创新,创新意味着变革,意味着调整,意味着通过不断的"否定之否定"引入新的生产函数,创造新的经济价值,实现自我提升和自我超越。面对经济的发展和环境的变化,也唯有创新,才能使企业从容应对风云变幻的市场。北京电控发展到今天离不开所有电控人的勇于创新、善于创新的精神,未来的可持续发展、永续经营同样需要创新,解决了这一问题,就解决了我们持续发展的驱动力问题。在创新文化中,我们提倡在尊重科学规律、经济规律和社会规律的基础上追求创新,反对盲目创新、为创新而创新。几年来,北京电控在技术创新和管理创新上都取得了显著成绩,特别是在电子工艺装备、基础电子元器件、自动化控制和仪器仪表等方面积累了技术研发能力和制造能力。面向"十二五",北京电控要进一步健全和完善自主创新体系建设,以打造具有国际竞争力、在国内技术领先的战略控股型产业集团为目标,大力推动技术创新和管理创新,尤其是以02国家重大专项为契机,加快重点产业核心装备和关键产品的研发及产业化步伐,抓好一批重大项目,全面提升企业自主创新能力。企业文化中创新的内涵让北京电控达成创新的共识,在具体的经营实践中自然就会将创新的思想与理念贯穿其中,为产业快速发展注入不竭动力。

同时,北京电控企业文化也注重形式上的创新,作为企业文化建设的重要步骤,不仅为企业文化的内涵提供了有力的载体,也更有效地发挥了企业文化对企业发展的推动作用。北京电控的企业文化建设采取的是自下而上的方式,自2007起,由北京电控总部下发了《关于加强电控公司企业文化建设的指导意见》,采取分步实施、整体推进的办法推进全系统企业文化建设,到2010年,全系统各企事业单位全部启动企业文化建设工作,并基本完成CIS体系建设。经过努力,目前电控系统企业文化建设已经进入一个有组织、有步骤、有统一目标导向的发展阶段。实现了企业文化建设"由零散向系统"、"由自发向自觉"、"由表层向深层"的转变。在企业文化的建设过程中,各单位以传播为手段,精心培育优秀的企业文化,不断提升员工的文化品位和专业素质,为企业战略目标的实现提供文化支持，为企业的创新发展贡献了积极力量。2012年，随着北京电控集团化建设的展开，集团文化体系建设工作也正式拉开帷幕。我们将以"北京电子"为核心，在依托和发扬各单位优良文化的基础上构建具有北京电控特色的集团文化体系，它将是一个融企业特色与时代精神于一体，具有现代企业管理气质的文化新体系，也必将在推动北京电控产业发展中发挥应有的作用。

"十二五"期间，北京电控企业文化建设将紧紧围绕北京电控发展战略的实施，在继承优良文化传统的基础上，积极吸收借鉴国内外现代管理和企业文化的优秀成果，进一步提炼强化我们的核心价值理念。对内改善管理、凝聚人心，提升执行力，对外塑造形象、培育品牌，提升影响力，进一步增强北京电控的凝聚力和竞争力，推动北京电控产业的发展壮大，在"十二五""北京服务"和"北京创造"的蓝图中贡献力量。

（执笔人：宋梅）

北京城建集团有限责任公司

企业简介：

　　北京城建集团是以工程总承包、房地产开发、设计咨询为主业的大型综合性建筑企业集团，总资产518亿元，年经营额540亿元，施工面积3000万平方米，房地产开发面积300万平方米，71次荣获中国建筑业"鲁班奖"、国家优质工程奖和詹天佑大奖，跻身"中国企业500强"、"世界225家最大国际承包商"行列，先后获得全国思想政治工作先进单位、中国最具影响力企业等荣誉称号，是北京奥运工程建设唯一一家受到党中央、国务院表彰的施工企业集团。

用先进文化力驱动生产力

中共北京城建集团有限责任公司委员会

北京城建集团组建以来,先后完成了百余项国家及省市重点工程。特别是在北京奥运及配套工程建设中,集团先后承担了国家体育场、国家体育馆、五棵松体育文化中心、奥运村等奥运工程建设任务和中央电视台电视文化艺术中心、北京电视艺术中心、首都机场3号航站楼、地铁4号、5号、7号、9号、10号线等奥运配套工程建设任务共计41项,以及国家大剧院、国家博物馆改扩建、市委办公用房等重点工程建设任务。凭借一流的业绩,跻身中国企业500强、国际225家大承包商和北京最具影响力企业之列,也是唯一获得党中央、国务院颁发的奥运工程建设先进集体荣誉的企业。

北京城建集团在企业建设和发展中,十分重视企业文化建设。经过多年的培养,实现了"军旅文化"和"大学生文化"的有机融合,铸魂、立道、塑形,用文化力驱动生产力,企业两个文明建设硕果累累。先后荣获全国思想政治工作先进单位、全国建设系统企业文化建设先进单位、北京市企业文化建设先进单位等多项荣誉。集团CIS战略被评为全国企业文化建设"创新实践奖",创建"文明四区"活动经市民投票,被评为首都精神文明建设"最佳创意奖"和"最佳实践奖"。在多年的实践中,北京城建集团一直注重用先进的文化力来驱动生产力,特别是党的十七届六中全会以来,更加注重先进企业文化的保持和培育,使企业文化一直保持先进性的特质,用先进的企业文化促进企业持续和谐健康发展。

在企业文化建设中,北京城建集团的主要做法是:

一、铸魂:推行人本管理,以文化力培养向心力、凝聚力和战斗力

价值观的培育是企业文化的核心要义。在实际工作中,北京城建集团大力倡导"同心图治、唯实创新、追求卓越"的企业精神、"重信兴利、服务社会"的企业宗旨、"有一必争、有旗必夺"的团队作风、"特别能吃苦、特别能奉献、特别能战斗、特别能经营、特别能管理"的团队品格和"以承担责任为荣,以不负责任为耻;以赢利为荣,以亏损为耻;以按时发放职工工资及五

险一金为荣,以不能发放职工工资及五险一金为耻"的企业荣辱观,共同构成了北京城建集团核心价值体系。培育职工热爱企业的意识,树立团结和谐、奋发向上的品质,唤起员工对企业的归属感、自豪感和使命感,达到目标共识、感情共鸣、任务共担、难关共渡、利益共享的命运共同体。

1. 以理论教育武装人。要使职工素质好,思想基础须打牢。北京城建集团始终坚持以马列主义、毛泽东思想、邓小平理论和"三个代表"重要思想武装职工头脑。每年,通过党委理论学习中心组、党课教育、全员脱产轮训等多种形式,结合企业的改革发展和生产经营的实际,有针对性地开展政治理论、爱国主义、集体主义和革命传统教育,不间断地在职工中开展理想信念、企业文化和职业道德教育。轮训教育每年都突出一个专题,采取多种形式配合进行,每年3至5天的脱产轮训教育已坚持了29年。2012年,结合党的十七届六中全会精神的贯彻和企业实际,开展了"弘扬企业文化,培育优良作风,促进和谐发展"为主题的全员教育,在全体员工中进行社会主义核心价值体系、北京精神和企业核心价值体系教育,并把这一教育活动贯穿于全年日常工作当中。长期的潜移默化的教育,不仅有助于职工队伍整体素质的提高,也为企业文化建设奠定了思想基础和文化基础。

2. 以工作成果鼓舞人。北京城建集团十分重视宣传企业的工作成果和"闪光点",运用这些鲜活的教材,采取不同的形式去教育感化职工。比如,在抗击非典的特殊战斗中,北京城建集团坚守岗位,坚持生产,用7天7夜的时间,完成了小汤山医院的紧急抢建任务;与非典病毒零距离接触,完成了北京胸科医院的紧急改建任务。北京城建集团及时组织力量,对涌现的典型事迹进行总结和宣传,在极短的时间组织了抗击非典摄影展览,编撰出《天降大任——北京城建集团抗击非典实录》一书,编写事迹材料,参加北京市抗击非典事迹报告会。2008年,北京奥运会召开前夕,由于提前部署,很快编撰出《让历史记住今天》,详细记述了集团承担的41项奥运工程建设过程和先进人物、先进集体的事迹。2011年初,在上一年末成功召开集团思想政治工作大会、表彰一批优秀思想政治工作者的基础上,与《前线》杂志社合作出版专刊,详细总结集团多年来的思想政治工作经验,大力宣传优秀思想政治工作者的先进事迹。为促进和提升企业文化建设水平,2004年,集团又组织专门力量,对企业文化建设进行总结分析,完成了我国首部建筑业企业文化专著《建筑业企业文化》的写作,并公开出版。这些都对企业精神的塑造和培育发挥了重要的作用。这一连串的事迹宣传,在职工队伍中引起极大的震撼。

3. 以榜样力量感染人。在企业文化建设中,北京城建集团把培育和塑造英模及其群体作为一个重要内容,充分发挥先进典型的示范作用。集团先后宣传推广了舍己救人的郜三喜、优秀共产党员于忠新、勇斗歹徒的田景贵、企业优秀管理者代表刘建江、奥运工程建设先进人物李久林、什邡援建优秀项目经理张权等一大批先进个人典型。宣传推广了青岛"6·15"舍己救人英雄集体、伊朗德黑兰地铁项目部"龙舞中东、为国争光"、三公司抢险大队"为民抢险、无私无畏"的模范群体。2005年7月,为搞好保持共产党员先进性教育,在组织劳模事迹报告会的基础上,又编撰了《城建先锋》一书,作为集团保持共产党员先进性教育活动的必读书目。为弘扬正气、促进发展,从2012年开始将每年大力表彰一批杰出项目经理。这些典型的树立和推广,对于在市场经济条件下大力弘扬爱国主义、集体主义精神,坚持全心全意为人民服务的宗旨,激励职工爱岗敬业、无私奉献,培育职工良好的思想道德风尚,都产生了非常好的效果。

4. 以道德规范提高人。北京城建集团十分重视对全体职工进行道德规范教育,把它作为提高职工素质的重要内容。集团公司及所属各行业都结合自己的行业特点,编写了各行业的职业道德规范。如有的单位编写了岗位道德规范,有的单位编写了岗位信条,有的单位编写了服务规范。这些规范和信条都是在广泛发动群众,自下而上广泛征集后形成的。形成的过程,也是职工自我教育、自我提高的过程,具有较强的针对性和深厚的群众基础。推广后,成为规范职工职业道德行为的准则,也是企业内部实行严格管理的标准。

二、立道:创出具有城建特色的文化管理模式,用文化力驱动生产力

建筑业企业塑造和培育企业精神,必须重视与企业的生产经营相融合,使企业精神在企业生产经营管理的过程中得到历练和锻造。北京城建集团十分重视管理文化的塑造和培育,注重企业文化建设的实效性,牢牢坚持经济效益与社会效益并重,把企业文化理念融入到企业的生产经营活动之中;突出示范性,抓样板,树榜样,把思想道德建设贯穿到作风建设的全过程;注重感化性,始终坚持服务与教育相结合,把企业文化建设辐射到

全体职工工作和生活之中,延伸到八小时之外。北京城建集团"眼睛盯在市场上,工夫下在质量上,效益出在管理上",提出"财务管理精确化,质量管理精品化,生产管理科学化,基础管理精细化",通过管理把全体员工的个体价值观汇聚并提升为企业宗旨、企业作风、企业哲学、企业质量等核心理念,通过企业精神的焕发,用文化力驱动生产力。

1. 注重经营思想创新,营造战略文化。2011年之前的五年,按照"做强做大集团总部,放开搞活二级公司,协调发展,繁荣稳定"的战略思想,集团不断深化企业改革,使产业结构进行调整,优势资源得到整合,目的是加强项目前期工作的经济技术规划能力,加强项目施工管理和技术管理能力,增强招投标力量,提高市场开发能力,培育集团的核心竞争力。为保持和增强集团设计勘测领域的竞争优势,集团对设计研究优势资源进行整合,变单一经营向设计咨询延伸,大力发展环保、文化体育、能源、水利等领域的设计咨询业务,巩固和扩大国际国内设计咨询市场份额。为了在工程总承包业务上占据优势地位,集团在原来唯一的工程总承包部基础上,成立了土木工程总承包部、建筑工程总承包部和国际工程总承包部,使它们相互之间形成良性竞争,同时加大海外市场开拓力度。对于一级施工资质的大型土建和专业公司,进一步明确了市场定位,重做强,慎做大,使之成为大而强、大而专的施工总包公司和专业施工公司。以房地产开发和物业管理为核心的第二层次产业,经过多年的精心培育,已具有相当规模,成为集团的重要产业。经过五年努力,这一战略目标已经顺利实现。借助设计、开发、工程总承包、资本运作的完善为产业链条,北京城建集团为自己的发展布下了一盘先手棋局,目前已经制定并正在实施"十二五"规划,全体职工正在为实现"工程承包高端化、地产开发高效化、设计咨询规模化"这一战略目标而努力奋斗。

从经营地域入手,实施市场扩张战略。集团各级领导始终把开拓市场作为企业发展的重要着力点。在跨地区经营方面,充分利用已经进入某些地区的有利条件,以重点城市为中心,逐步向周边地区辐射。开拓了广州、深圳、福州、厦门等沿海市场;拓展了辽宁、河北、内蒙古、山东、陕西、河南、宁夏、甘肃、青海、新疆等省市自治区的建筑市场。在国际工程承包方面,采取"走出去"的发展战略,除签订了莫桑比克国家石油天然气工程这一大单外,集团还出色地完成了突尼斯、博茨瓦纳、伊朗、加蓬、新加坡、蒙古等

30多个国家和地区的工程建设项目。

从施工领域入手,实施产品扩张战略。根据国家投资方向的变化,及时调整产品结构,在巩固房建施工优势的基础上,进一步扩大城市基础设施建设和高速公路施工的市场占有率。在完成北京二环、三环、四环、五环、公路二环部分高等级城市快速路建设的同时,出色完成了济青、济德、铁四、京石、宝山、锦沈、盘海、洛三等800多公里的高速路施工任务。地铁、轨道交通设计、勘测涉及北京、上海、南京、广州、深圳、郑州等国内30余个城市。下属北京城建设计研究总院在这些城市都成立了分院,为继续扩张市场做好了资源储备。地铁盾构施工技术作为集团新的经济增长点已在北京地铁4号、5号、9号线上广泛运用。

2. 注重人才培养,营造竞争文化。北京城建集团始终坚持"管理人员能上能下,操作人员能进能出,职工收入能高能低"和"经营管理人员激励约束机制、员工竞争上岗机制和年度综合考核测评机制"并举,把管理机制的创新统一到提高企业核心竞争力的根本要求上来。以工作态度、能力和业绩为依据,以公开竞岗为手段,选拔任用各级管理人员,吸引了一大批中、高级人才,全员的创新活力逐年增强。集团通过内部竞聘已经产生了两任集团公司总经理,带领经营班子出色地完成了集团"十一五"发展战略目标,并正团结带领职工努力完成"十二五"发展战略目标。集团坚持面向市场,建立和形成了培养人才、吸引人才、重用人才的有效机制,使人力资源优势不断得到优化。集团公司坚持按照干部的德才标准和"四化"要求,从1992年开始实施青年干部培养工程,共举办16期青年干部培训班,培训青年干部近900人。在企业各级领导班子中,具有大专以上文化程度的由1983年的17.9%上升到2012年的99%以上。集团先后引进历届毕业生9000余人,其中博士38人,硕士807人,大学本科7483人,极大地改善了企业职工队伍的知识结构、专业结构和年龄结构。集团公司两次荣获教育部颁发的"珍惜人才奖"。

3. 加强质量管理,铸就质量文化。北京城建集团把提高质量意识作为永恒的主题,号召员工以优质的产品赢得市场、占领市场、拓展市场。企业十分重视深化质量意识的教育,通过分层次、多形式的创优活动,促进员工自觉地把先进的质量意识和质量标准贯彻到生产经营活动的全过程,使不接受缺陷、不制造缺陷、不隐瞒缺陷、不传递缺陷作为员工的自觉行动,企业管理日臻完善。先后荣获"全国先进施工企业"、"全国实施用户满意工程先进单位"等称号。集团公司及所属40家企业通过了ISO9000、ISO14001、OHS18000认证。先后获鲁班奖、詹天佑奖、国优工程奖项目71项，北京市长城杯工程及省市优质工程奖791余项，全国市政工程金杯奖2项、中国建筑钢结构金奖2项。

4. 加强科技管理，提升科技文化。北京城建集团实施"技术创新、科技强企"的发展战略，建立了适应市场经济发展的科技创新体制，推动了企业的科技进步，为实现产业升级提供了技术保证。2001年1月，集团技术中心被认定为国家一级技术中心，成为全国建筑业仅有的3个国家一级技术中心之一。集团还成立博士后工作站，组建城建设计研究总院，形成了较完善的科技开发和推广应用网络。集团拥有工业和民用建筑、高速公路双特级资质以及市政、勘察综合类、智能建筑、工程咨询等9个甲级资质，创造了"中国第一家城市轨道交通专业设计单位"、"第一家地铁设计总承包单位"、第一位地铁建设专业的工程院院士等多项辉煌业绩，在地铁、城市轨道交通建设的咨询论证和设计方面居国内同行业前列。科技兴企、科技强企理念的贯彻，尤其是以"鸟巢"为代表的奥运及高端建筑项目的成功实施，使北京城建集团科技开发取得了比较显著的成效。特别是在高层建筑、高速公路、高级装修、超大平台滑模、深基础、浅埋暗挖、盾构等新技术、新工艺、新材料的科技开发及应用方面取得了突出成果，有的还填补了国内空白。近30年来，集团共取得各类科技成果1590多项，其中，获得国家、建设部和北京市科技奖120项，取得国家专利201项，有68项科技成果达到国际先进水平；主编国家标准11部，地方标准和行业标准12部。

5. 注重文化元素的融入，创立企业特色文化。集团公司始终坚持"两手抓、两手都要硬"的方针，把企业文化建设纳入企业发展总体规划和战略之中，着眼于提高全体职工的素质，有针对性地开展全员教育和创建活动。从有形化入手，重建设、抓创新、设载体，把企业文化建设与企业的生产经营管理有机结合，不断提高企业的文化素质和涵养，努力培养和造就有理想、有道德、有文化、有纪律的"四有"职工队伍，形成了具有城建特色的企业文化。

集团在全国建设系统率先制定并成功导入CIS战略，制定了理念、行为、视觉识别系统，在北京市乃至全国进一步提升了集团的整体形象，受到

国内传媒和企业形象策划专家、学者的高度评价。企业品牌被评为"中国著名(建筑业)品牌",集团CIS战略被评为"中国企业文化创新实践奖"等9项全国大奖,集团主要领导被授予"品牌战略家"荣誉称号,集团标志(LOGO)在2011北京国际设计周上荣获视觉传达设计大奖。

北京城建集团企业文化建设十分重视活动载体的设置。开展创建"文明四区"活动,促进集团整体文明程度的提升。集团创建"文明四区"工作经验受到了建设部和北京市领导的高度评价,在全国建设系统和全市建设系统进行了推广。创建"文明四区"活动被评为首都精神文明建设"最佳活动奖"和"最佳创意奖"。

三、塑形:树立独具魅力的企业形象,以文化力提升形象力

在企业文化建设过程中,北京城建集团始终把增强企业凝聚力作为制高点、把工程质量和服务水平作为着力点,把品牌宣传作为关节点,有重点、分步骤地开展工作,极大地增强了企业的核心竞争力。

1. 恪守诚信原则,建立良好的经营形象。北京城建集团把"重信兴利,服务社会"作为企业宗旨,把"信"归纳为三层含义:一是信用。落实到工作中,就是要遵守合同,按时交工。二是信任。就是以"创建精美工程,提供满意服务"为质量方针,树立精品意识和服务意识,以此赢得客户的信任。努力培育职工的精品意识、精品观念,把交付满意工程、放心工程作为建设者的终极目标。三是信证。通过产品质量认证、质量体系认证、环境保护体系认证、职业健康安全保证体系认证和创建"守信"企业活动,规范企业管理行为,提高企业社会信誉。

2. 营造和谐的文化环境,构建团结互助的集体形象。和谐的工作环境,良好的人际关系,是企业文化的一个重要构成要素。这些年来,北京城建集团把企业文化建设同企业精神文明建设、企业思想政治工作有机地结合并统一起来,大力营造良好的企业文化环境。集团十分重视和谐人际关系的培养,在工作中,人与人相互沟通的环节简单直接,从文化观念上彻底消除可能出现的人为梗塞。注重感情沟通,通过座谈、交心等多种形式,疏导情绪、化解矛盾,关心人、理解人都化成了实实在在的行动。为帮助困难职工,集团公司设立"送温暖基金",逢年过节,集团各级领导深入一线、深入外埠、深入职工家庭嘘寒问暖。职工遇到困难需要帮助,单位领导总是

第一个赶到,同事之间也伸出援助的手,尽全力帮助渡过难关。为培养团结互助的精神,培养集体观念,集团每五年举办一届职工运动会,2010年在自己亲手建设的"鸟巢"举办了第五届职工运动会,极大地鼓舞了职工的热情。组建城建集团文联。曾连续六年赞助北京女足,树立了良好的企业形象。集团还成立了职工书画协会、摄影协会等组织,不定期举办笔会和绘画、摄影比赛,先后八次在中国美术馆、劳动人民文化宫、炎黄艺术馆等艺术殿堂举办了书画摄影展。集团还经常组织群众性歌咏活动,举行职工和外来务工人员文艺汇演,为活跃基层生活,还深入到施工一线和家属区、外来务工人员生活区巡回演出。集团与中央电视台、北京电视台及省市级文艺团体合作,先后举办多场大型文艺晚会。为活跃来京务工人员的业余文化生活,从2004年开始,集团公司专门购置电影放映机,巡回到各工地放映电影。"流动电影进工地"这项活动,受到职工的欢迎,市委、市政府领导专门批示,在北京市推广。上述这些活动的开展,既丰富了职工的业余生活,陶冶了情操,提高了职工的文化品位和素养,又营造了团结和谐向上的文化环境。

3. 加大新闻宣传工作力度,提升企业的社会形象。北京城建集团十分重视企业文化建设经验的积累和成果的总结推广,经验成果多次在全国相关会议上作介绍,在中央和省市级新闻媒体进行宣传,刊发了一批质量较高的新闻稿件,每年在各类媒体上的刊稿量都在4000篇以上。集团还编撰了两部共270万字的新闻作品选。针对集团外埠工程多和担负了国际工程的特点,注意对外埠和国际工程进行报道,扩大了集团在国内外的认知度。在集团范围内,还十分重视内部经验的推广,通过典型经验的总结和推广,对企业文化建设和职工价值观的培育起到良好的促进作用。从2011年开始,集团对门户网站进行了改版,全新的版面充满了清新的气息,受到社会的广泛赞誉和企业职工的普遍喜爱,年浏览量在30万人次以上。这为提升集团社会形象、提振职工士气、传播企业文化做出了较大贡献。

北京城建集团企业精神和核心价值体系培育和塑造的历程表明,文化本质和人的本质的统一是企业文化的本质,是企业文化"心的呼唤",二者紧密相连,统一在企业文化之中,其塑造培育的内容、方式、方法更为重要。

(执笔人:程宣)

BBMG 北京金隅集团有限责任公司

企业简介：

北京金隅集团有限责任公司成立于1992年，是由原北京市建材工业局逐步转变而来的。二十年来，金隅集团以发展为第一要务，坚持"有进有退、有所为有所不为"的方针，大力进行结构调整，积极转变经济增长方式，得到了稳步、持续、快速发展，国有资产实现大幅增值。由过去传统单一的建材产品生产企业发展成为以"水泥及预拌混凝土—新型建材制造—房地产开发—物业投资与管理"四大产业板块为主业并于境内外上市的大型产业集团，走出了一条具有自身特色的持续快速健康发展之路。

金隅文化成就事业发展

中共北京金隅集团有限责任公司委员会

　　五十余载风雨兼程,百炼成"金";三十多年改革开放,智融一"隅"。金隅集团的前身是北京建材工业局、北京建材集团,至今已有50多年的创业历程。集团作为首都大型国有企业,成立20年来既取得了巨大的物质财富,又创造了宝贵的精神财富,金隅文化成就了金隅事业发展。金隅人兢兢业业、拼搏奋进,用智慧和汗水书写了金隅开拓创新的历史篇章,"信用、责任、尊重"的企业核心价值观、"重实际、重创新、重效益、争一流"的企业精神、"共融、共享、共赢、共荣"的发展理念和"八个特别"的人文精神构成了金隅文化,成为引领企业持续快速发展的强劲引擎和不竭动力。

一、"八个特别",展现金隅文化的独特魅力

　　金隅20年的发展,是金隅人艰苦创业,不屈不挠,紧跟时代的波澜壮阔乐章。党委书记、董事长蒋卫平总结出的"八个特别",高度概括了金隅文化的价值和人文精神。

　　特别能吃苦。曾背负"苦、脏、累、穷、远"的历史标签,历经"砖、瓦、灰、砂、石"艰苦岁月的金隅人以苦为乐、自觉加压,逐渐形成了今天的使命金隅、责任金隅、价值金隅的追求和理念,展现了金隅人为国分忧,敢于担当的使命感和责任感。

　　特别能奉献。金隅精神薪火相传,爱岗位、爱企业、爱北京、爱祖国与改革创新的时代精神相融合,传承建材行业的优良传统,从创业守责走向创新发展,大国企、大担当、大奉献的雄心壮志已经根植于金隅人的心中。

　　特别有激情。在挑战和机遇面前,敢于"亮剑",在主动顺应宏观大势中积极营造自身发展之势,在改革中探索、在探索中创新,一路披荆斩棘,成功实现企业化、集团化、股份化、证券化等一系列战略转型。

　　特别有思路。在转变经济发展方式、实现产业优化升级的关键阶段,紧按时代脉搏,独辟蹊径,顺势而为。各基层企业领导班子坚持科学发展观,在实际工作中拓宽思路谋发展,联系实际抓落实,充分发挥创造性。

特别能融合。在快速发展不断收购兼并重组多地企业的过程中，以北京宽广的胸怀和包容的心态吸引、融合各地不同的文化，主动调适、取长补短、优势互补、尊重差异、和谐发展。

特别有追求。金隅由小到大、由弱到强，既凝聚了老一辈创业的艰辛，也赋予当代金隅人更加艰巨而光荣的使命。站在新的历史起点上，金隅将实现"三个翻番带动一个翻番"的"十二五"阶段性目标，进而创新发展、实现进军世界500强的战略目标，奋力开创金隅更加美好的未来。

特别能理解。金隅不仅形成了先进的文化，也培育了金隅人文明有礼的优秀品德。尚礼、厚道、宽容、助人展示了金隅首都国企文化的历史传承。积极践行社会主义荣辱观，以人为本、大力弘扬诚信、友爱、互助、奉献的道德风尚，用宽厚的德行来容载万众、万象、万事、万物。

特别能实干。崇尚实干精神，倡导实干作风，奉行实干文化。金隅全系统上下始终心往一处想、劲往一处使，各级领导班子团结奋斗、求同存异，自觉服从和服务于发展大局，凝聚智慧、勤勉尽责、攻坚克难，形成了强大发展动力和巨大文化合力，实现了一次又一次的历史性跨越。

"八个特别"铸就了金隅事业发展的辉煌。截至2011年，金隅集团总资产年均增长33.71%，净资产年均增长34.12%，净资产收益率年均增长12.78%，营业总收入年均增长27.12%，实现利润年均增长56.82%，净利润年均增长55.09%，经济效益和经营规模在北京市国资委监管一级企业中的排名跃升至前列，跻身"中国企业效益200佳"和"盈利能力100强"。金隅集团先后荣获"全国五一劳动奖状"、"全国建设系统思想政治工作先进单位"、"北京市思想政治工作先进单位"、"全国企业文化示范基地"称号。集团党委书记蒋卫平荣获2009年全国企业文化突出贡献奖和2010年全国优秀企业家荣誉称号。2011年集团荣获"影响百姓生活十大影响力企业"，党委书记、董事长蒋卫平荣获"影响百姓生活十大影响力企业家"称号。

二、创新驱动，形成金隅文化建设模式

金隅集团在传承50年文化积淀的基础上，从构建企业文化框架入手，选准切入点，不断完善推进体系，加大企业文化建设的投入，积极探索具有金隅特色的企业文化建设模式。

一是建设制度文化，固化企业文化建设成果。文化进入管理，内化成为意识，将核心理念渗透到各个管理模块中去，让文化在现场看到，在岗位上体现，在流程中沉淀，在细节行为习惯上表现。2000年7月，在总结多年思想政治工作经验的基础上，制定了《经常性思想政治工作条例》，条例涵盖了党建日常工作、民主管理、劳动管理、职工生活管理、家庭慰问、离退休职工管理、表扬先进、树立新风等内容。后来根据形势变化，三次修改完善了《思想政治工作条例》。贯彻这一条例是金隅通过制度建设开展企业文化建设工作的重要部分，它使企业文化渗透到车间、班组和职工家中，使职工群众处处感受到组织上的温暖，把职工的个人前途和企业发展目标结合起来，发挥了员工的积极性、创造性。

二是实施凝聚力工程，构建"和谐金隅"。集团党委制定下发了《关于建设集团凝聚力系统工程的指导意见》。内容包括充分认识凝聚力系统工程建设的重要性、指导思想和实现目标，以建设集团先进文化凝聚员工；以建立长效机制激励员工；以选树先进典型，塑造新形象引领员工的方法途径。这些可操作、可量化的制度措施，把意识形态的无形化为有形；以政策制度的稳定促进人心的稳定，使职工不仅在精神层面与集团公司保持高度一致，而且使其把这种精神和物质动力内化为工作、生活、学习的共同价值理念和行为准则。在此基础上，集团党委又将近年来先后制订出台的多项关于加强凝聚力建设、构建"和谐金隅"的管理制度，用汇编的形式汇集起来，从"激励篇"、"关怀篇"、"培养篇"三个方面、20项内容编辑了《北京金隅集团党委凝聚力系统工程管理制度汇编》单行本，从激励机制、人文关怀、人力资源开发等各个方面诠释了凝聚力的具体内涵，极大地调动了金隅员工的积极性和创造性，增强了广大职工的归属感和认同感，形成上下同心、共谋发展的大好局面。

三是文化落地生根，科学有序地推进金隅文化建设。以弘扬金隅文化为核心，以展现职工风采、凝聚发展激情为主题，以提升职工素质为重点，以开展各项赛事活动为载体，开展丰富多彩的职工文化娱乐活动和体育活动。金隅职工艺术团每年下基层义务演出30多场。连续举办金隅文化艺术节、金隅职工运动会，开展登山、歌咏、征文、摄影、书画和金隅核心价值宣传口号创作大赛等系列活动。开展游泳、篮球、乒乓球、羽毛球、登山等专项体育赛事活动。丰富多彩、健康有益的业余生活和文体活动,既陶冶了情操,提高了员工的精神境界,又密切了干群之间的关系,增强了集体荣誉感和企业凝聚力。

四是建设人才队伍,强化集团发展的人文保障。在"八个特别"人文精神的激励和引导下,金隅逐渐形成了"以人为本,人人皆可成才"的金隅人才观,将政治上靠得住、工作上有本事、作风上过得硬、职工群众信得过的人才大胆选配到各级领导岗位,为想干事、能干事、干成事的人提供更加广阔的施展才华的平台。与此同时,大力营造识人才、爱人才、用人才的宽松环境,教育引导各类人才敢于直面发展矛盾、敢于破解发展难题,在不断增强政治意识、大局意识、忧患意识、责任意识中开阔眼界、开阔思路、开阔胸襟,从而不断提升综合素质,不断增长创业才干。"对长期在条件艰苦、工作困难的地方工作的干部职工格外关注;对不图虚名、踏实干事的干部职工多加留意;对埋头苦干,注重为长远发展打基础的干部职工绝不亏待",已成为金隅集团的选人标准和用人导向。

五是典型引路,营造健康向上的文化氛围。集团党委紧密结合经济工作的中心任务,树立先进典型。每年组织"四优"党员、"十佳"党员、"十佳"团员等创先争优活动,组织和激励党员在改革发展中多作贡献。近五年先后有800多名党员被集团党委授予荣誉称号。广大党员在企业急、难、险、重的任务面前,发扬了勇于成功、无私奉献的精神。近年来,集团党委在七一党的生日之际,组织十佳党员、劳动模范等先进人物作事迹报告。集团党委推出的十佳党员冯运生、安志强、付秋涛、李伟东、赵雍、王斌等先后被评为全国和北京市劳动模范,并走上金隅股份公司和所属企业领导岗位,成为集团发展的重要骨干。《北京金隅》报对思想政治工作的先进典型和每年评选的十佳共产党员、十佳团员青年、十佳销售人员、十佳科技人员进行宣传。开辟专栏歌颂职工艰苦奋斗、蓬勃向上的精神风貌,宣传了优秀典型李国章、张力川、郭玉全等一大批刻苦钻研、甘愿奉献、敬业爱岗,在平凡岗位上作出突出贡献的全国劳模、市级劳模、先进集体和先进个人的先进事迹,使广大职工学有榜样,为推动集团健康快速发展营造了健康向上的文化氛围。

六是宣传推广,塑造金隅品牌的影响力。注重对外宣传报道,展示改革成果和强大实力。集团公司每年在省市级以上新闻媒体发表反映集团整体形象的重点稿件200余篇,各成员单位发表反映重点工作和名优产品的稿件800余篇。围绕金隅品牌建设,强化品牌统一策划、宣传及管理。成功冠名承办了"金隅杯——首都是我快乐的家"来京建设者卡拉OK大赛、"金隅杯——当代首都十大建筑评选"等活动。在实现快速发展的同时,金隅积极投身教育、体育、环保、公共设施建设等公益事业,真情回报社会。在北京联合大学设立"金隅奖助学金";连续多年冠名北京金隅篮球队、体操队;赞助奥运"鸟巢"测试赛等大型赛事,促进体育事业发展;投入上亿元资金建设了17公顷的南湖公园,免费向市民开放,投资近2亿元兴建了大型水上公园,大大改善了周边环境。四川汶川、青海玉树发生强烈地震后,集团领导带头、广大职工积极踊跃捐款,第一时间组织职工分别捐款160多万元、210多万元,组织党员交特殊党费90余万元,以实际行动帮助灾区同胞战胜难关、重建家园。在奥运场馆建设中,金隅集团旗下各企业共为42个奥运场馆和奥运重点工程提供了26种环保绿色建材产品,价值13亿元。其中13种产品独家入主17个奥运场馆及配套工程建设。金隅在发展中一直秉承着"国企•责任"之理念,得到社会的广泛认可。

三、践行文化,增强金隅发展的强劲动力

金隅集团以文化为驱动力,始终坚持艰苦奋斗,紧跟时代步伐,做大做强国有企业。2005年采用发起设立方式组建北京金隅股份有限公司(以下简称金隅股份),完成集团层面股份制改造;2006年、2007年先后重组国资委一级企业建材经贸公司和大成房地产开发公司;2009年7月金隅股份以香港资本市场上"九个第一"的骄人业绩实现境外整体上市,成为香港联交所自金融风暴以来的成功发行范例。2011年3月金隅股份成功在A股上市,实现境内境外A+H股两个资本市场上市,金隅进入跨越式发展新阶段。

金隅的成长史,是一部波澜壮阔的发展史,"八个特别"的深刻影响力书写着几代金隅人生生不息、拼搏创业的故事。河北鹿泉鼎鑫水泥公司融入金隅之前曾几易其主,生产断断续续,职工队伍涣散,是一家严重亏损的"老大难"企业。加盟金隅后,金隅派出7名领导干部进驻鼎鑫公司,企业两任领导班子发扬金隅文化在管理和生产中的引领作用,编撰了《金隅文化学习手册》,创刊了《金隅鼎鑫人报》;在落实《"十二五"金隅

文化·驱动
WEN HUA QU DONG

鼎鑫文化规划》中,开展"身边的感动"、"八个特别"原型人物风采展示活动,用社会主义核心价值体系武装干部员工的思想,形成了富有特点的"金隅鼎鑫争先文化"。该企业融入金隅当年赢利4000万元;第二年赢利6000万元;第三年赢利1亿元,在不到5年的时间里,产能、利税、员工收入均实现翻番增长。企业总资产从不到10亿元增长到35亿元,年利润总额实现25倍的增长,创造了一个起死回生的奇迹。目前鼎鑫公司已经成为金隅水泥"舰队"中的旗舰。

2011年,金隅集团开展了文化深入提升工作,成立了金隅文化工作小组,就"提升金隅文化,为金隅快速发展服务"课题,进行了多次深入系统的学习研究,明确了重点工作、时间安排、工作内容、责任人。先后组织到北京自来水集团、同仁堂集团、胜利油田、潍坊动力参观考察,邀请专家学者来公司指导工作,深入了解国内外企业文化发展的前沿动态,就金隅文化二次提升课题听取专家意见。在充分准备和研究的基础上,制定了《关于进一步加强和推进金隅文化建设工作的意见》、《2011 – 2015年金隅文化教育规划》,修改完善了《金隅文化手册》,召开了金隅集团2011年政研会暨集团文化成果发布会。为充分调动广大员工参与金隅文化建设的积极性,面向全体员工开展了"金隅文化理念表述语"和"金隅故事"有奖征集活动,引导员工对金隅文化传承与弘扬的相关课题进行思考,深入挖掘员工智慧,增强文化理念与基层实际工作的贴近度和生命力。

金隅文化是成就事业发展的原动力。面对着新的机遇和挑战,金隅确立了"三个翻番带动一个翻番"的战略发展目标,吹响了进军世界500强的号角,加快了向国际一流公司迈进的步伐。使命金隅、价值金隅、责任金隅展示出金隅人昂扬的精神状态,胸怀拳拳爱国之心和高尚社会责任感,金隅将走向更加辉煌的未来!

(执笔人:贺路启)

北京粮食集团有限责任公司

企业简介:

北京粮食集团有限责任公司作为北京市大型国有粮食企业,长期承担着维护首都粮食安全的重任。自1999年成立以来,京粮集团实施"做市场、做品牌、做资本"的发展战略,积极参与市场竞争,用精良铸就京粮,走出一条创新发展的健康之路。京粮集团已经成为粮食行业具有市场竞争力、品牌影响力、市场保障力、产业带动力的知名企业,在首都粮食安全流通体系中发挥着主渠道作用。

京粮文化成就京粮跨越发展

中共北京粮食集团有限责任公司委员会

京粮集团自1999年成立以来,充分发挥企业文化的引领和支撑作用,实施"做市场、做品牌、做资本"的发展战略,积极参与市场竞争,秉承"用精良铸就京粮"的理念,走出一条创新发展的健康之路。

一、文化的深刻蜕变,奠定京粮发展的思想高度

生存危机为京粮文化注入变革的基因。1999年7月28日,根据国务院粮食流通体制改革精神,北京市政府组建的国有独资公司——北京粮食集团有限责任公司正式挂牌成立。作为步入市场经济较晚的国有企业,京粮面临着两大难题:一是老人、老粮、老债,如同三座大山,使企业经营困难,举步维艰,1999年成立当年即亏损9129万元;二是长期计划经济和"统购统销",形成了僵化的管理模式和陈旧的思想观念。集团党委将强烈的危机意识与忧患意识转化为集团思想和体制的变革,从思想上打破等、靠、要的旧思想,树立竞争、创新、创效的新观念,在全体员工中形成"不改革就没有出路"的共识;从体制上推进186家小企业改制和4家劣势企业破产,打破铁交椅、铁饭碗、铁工资,员工总数由1.96万人减少到4700多人。改革创新赋予了京粮企业文化的时代特征。

历史积淀为京粮文化注入责任的血脉。长期以来,在以维护国家利益为天职的使命追求中,孕育了粮食职工视粮食为生命、视责任如泰山的优秀品质。在北京粮食系统50多年的发展历程中,"宁流千滴汗,不坏一粒粮"和"爱国敬业、全心为民、朴实本分、诚实守信"的淳朴信念,凝聚和激励了一代代粮食人为保障国家粮食安全而默默奉献。

京粮集团构建企业文化,传承了这些优秀文化传统,形成特色鲜明的京粮核心价值体系。"为民承重,兴粮富国"的企业使命、"粮比天大,信比物重"的企业价值观等成为京粮文化最本质的核心和最厚重的内核;"思危、思进、思变"的企业精神,体现了永不懈怠、挑战自我、锐意创新的时代精神;建设"中国最具竞争力的现代粮食产业集团"的企业愿景,反

映了京粮人追求卓越、敢为人先的品质。

二、持续以文化人,凝聚京粮发展的思想共识

企业文化理念的制定,只是企业文化建设的一个开端。只有将文化转化为全体员工共同的思想认识、价值理念和行为规范,才能推动文化落地生根,发挥出强大的内在驱动力。

持续渗透、潜移默化传播京粮核心理念。2005年,集团《企业文化手册》制作完成后,集团党委召开京粮文化宣贯动员大会,强势启动,扎实推进。几年来,组织专家演示京粮文化,充分阐释京粮文化理念的形成背景和深刻内涵;营造举目可见的文化氛围,将文化理念、行为规范制作成标牌在企业广泛悬挂、张贴;利用各种会议讲文化、讲战略;先后举办以传播京粮文化为主题的拓展训练、演讲会、故事会、礼仪展示等互动活动。通过耳濡目染、潜移默化的深入传播,增强员工对京粮文化的认知度和认同度。

完善机制、多措并举搭建文化宣传平台。集团党委通过"一会、一刊、一网、一包",搭建企业文化的传播平台。"一会",即于2003年成立的"京粮集团企业文化建设协会",以基层企业作为会员单位,坚持每年召开一至两次理事会暨研讨会,研究企业文化建设的重点难点问题,交流推广成功经验。"一刊",即创办面向全体员工的《京粮文化》刊物,用京粮的发展形势和优秀员工的故事传播京粮核心价值理念,形成覆盖面广、易于接受、稳定有效的文化传播载体。"一网",即京粮网,将京粮文化核心价值观和《京粮文化》刊物置于互联网,扩大京粮文化的影响力。"一包",即整合企业文化相关资料,制作成"企业文化培训教材包",引导京粮员工更深入、更广泛地理解、认知、认同京粮文化。

抓住契机、有的放矢深化价值理念融合。紧紧围绕重大活动、重大节点推进企业文化建设。2009年,在集团成立10周年之际,举办京粮文化节;筹建"京粮展览馆";举办展现京粮壮志满怀奔向未来的"十周年庆典晚会";举行"为民承重,兴粮富国"揭牌仪式,传递京粮文化的历史与责任、希望与梦想。2011年,在"十二五"开局之年,集团党委启动"同享欢乐,共享成长"集团司庆日活动;深入挖掘集团成立以来践行京粮文化核心价值理念的50个典型范例,汇集制作成《京粮故事》一书,用故事串起京粮跨越时空的历史传承、勇于担当的优秀品质、创新超越的精神追求,树立起生动鲜活的标杆和典范。

经过京粮文化的宣传,"中国最具竞争力的现代粮食产业集团"的企业愿景、"为民承重,兴粮富国"的企业使命、"思危、思进、思变"的企业精神扎根于干部职工,共同理想、共同理念成为联结京粮人思想和行动的桥梁和纽带,成为京粮核心竞争力的动力和源泉。

三、鲜明的变革理念,成就京粮发展的成功跨越

1999年到2005年的"十五"期末,经过改革调整,京粮集团用五年的时间实现两个根本性转变:一是从1999年到2002年,由亏损9000多万元到扭亏为盈,实现由政府局向自主经营、自我发展的市场主体转变;二是从2002年到2005年,盈利水平平稳攀升,实现由求生存向求发展的艰难跨越。

2006年到2010年的"十一五"期间,集团实现三大突破:一是经济总量跨越百亿大关,总收入由30亿元增长到110亿元,是"十五"期末的近4倍;二是利润水平突破2亿元大关,达到2.08亿元,是"十五"期末的10倍;三是资产规模实现翻番,由48.8亿元增加到93.8亿元,实现改革发展的成功跨越。

2011年"十二五"开局之年,集团经济发展再创新高。实现总收入163亿元,利润4.85亿元;京粮股份公司成立运营;区县粮食企业合并重组。

战略创新,战略引领京粮发展。2006年、2011年,集团分别制定"十一五"、"十二五"发展战略,持续深化"做市场、做品牌、做资本"战略,产业格局由"四大板块"向"一链两翼"和"一链两翼多园区"提升和发展,形成战略目标持续提升、产业格局持续拓展、发展路径持续改进的战略统领态势,朝着"中国最具竞争力的现代粮食产业集团"愿景迈进。

市场创新,市场网络快速拓展。集团的粮食专业物流企业由传统的仓储企业向仓储+贸易转型,实施"大贸易+大客户"战略,上游建基地抢抓一手粮源,下游找市场开辟贸易通道,形成一批以梅花味精、山东西王等大型用粮企业为核心的客户群。集团的粮油加工企业坚持"立足北京、聚集环渤海、放眼全国"的市场拓展思路,以"古船"为龙头的集团产品销往全国30个省(区市)、北京市场覆盖率超过90%,古船面粉销量连续三年荣列全国同类产品市场综合占有率第一位。

品牌创新，品牌战略结出硕果。构建起以"京粮"为旗帜品牌，以"古船"、"绿宝"、"火鸟"、"古币"等产品品牌和"京粮物流"服务品牌为子品牌的母子品牌体系。"古船"品牌2004年、2007年连续两届荣膺"中国名牌"称号；2011年，"古船"商标荣获"中国驰名商标"，品牌价值由2004年的15.56亿元跃升到41.69亿元。

资本创新，资本触角快速延伸。相继成立河北古船、山西古船、青岛古船等集团控股企业。先后与怀柔源益盛粮油总公司（原怀柔粮食局）、华北京海公司实施吸收式重组，发挥国有资产"1+1>2"的规模效应。奥北地区最大的商业购物中心——龙德广场建成运营，"京粮广场"、南苑商贸城等项目也正在推进。2009年以来，吉林榆树大米加工基地项目、天津临港油脂工业基地项目、大兴粮油产业基地项目先后启动并陆续投入运营。2011年，集团实现对八个区县粮油企业的并入式重组，形成全市粮食工作"一盘棋"的新局面，集团做资本的触角向郊区、向产区、向港区，向多元化延伸。

科技创新，科技成果引领潮流。古船企业坚持"研发一代、储备一代、上市一代"的产品持续开发战略，加大方便食品、绿色食品、有机食品、营养强化食品、特殊群体食品的研发力度。集团的米、面、油、面包产品从成立之初的67个增加到258个，形成丰富的京粮产品群，引领了市场消费潮流。粮食仓储企业致力于打造"绿色储粮体系"，科学保粮率由1999年的70%上升为2011年的99%。2009年，北京市唯一的粮油食品产业研发基地落户京粮，形成产、学、研一体化的创新体系。

管理创新，管理体系日益规范。集团以发展战略为统领，以法人治理结构为基础，以内控制度为主线，率先实施财务总监派驻制度，率先引入全面质量管理体系，率先推进内控体系建设，全面构建以防范风险为核心的决策、财务、市场、运营、法律等的全面风险管理体系，推动集团管理模式由粗放向精细、由传统向现代的转变。2010年，集团成为北京内控E化升级三家试点企业之一。

四、厚重的责任文化，铸就京粮发展的光荣梦想

经过坚持不懈的文化洗礼，"为民承重，兴粮富国"的企业使命和"粮比天大，信比物重"的企业价值观逐步深入人心，并演变为京粮人的自觉行动。

在责任文化的驱动下，集团精心构建以"一个方案，四个体系"为核心的首都粮食安全保障执行体系，即：北京粮食应急保障方案和粮食采购体系、储备物流体系、加工生产体系、市场网络体系。在上游，建设一手粮源基地123个，物流环节与区县重组后，仓容从151万吨提升到372万吨；在中游，米、面、油新增产能200万吨，总产能达到350万吨；在下游，形成覆盖商超、餐饮、机关团体、集贸市场以及军供、特供的多重销售网络，构建起从田间到餐桌的完整的粮油食品产业链。

在责任文化的驱动下，始终奉行"用精良铸就京粮"的品牌理念和"为健康的每一天"的行动准则。从2001年起在全国率先实施"安全放心粮油食品工程"，全面开展进农村、进社区、进军营、进高校、进农贸市场的"万村千乡市场工程"。倡导"安全放心，营养健康"的产品理念，率先承诺小包装面粉不含任何添加剂，率先推出"7＋1"营养强化面粉，率先推行环保纸包装等，统一启用"健康生活保证"标识。

在责任文化的驱动下，关键时期彰显企业的社会责任。2003年"非典"期间，京粮集团为政府分忧，急百姓所急，组织各大粮库、各个生产加工企业紧急加工、出库，一天出动118部车，仅用一天半的时间就平息了抢购风波。2007年底，粮油价格暴涨，市政府决定对部分企业的部分产品实行价格限制。京粮集团坚决遵循不囤积、不惜售、不调价的原则，古船面粉、古船油和绿宝油以低于成本的价格足额供应，为平抑市场粮油价格做出了积极贡献。2008年奥运会期间，京粮集团以精益品质和精细作风，赢得奥运粮油保障任务的全面胜利，荣获市"北京奥运会、残奥会保障先进单位"光荣称号。从2010年底到2011年上半年，在历时6个月的市场调控期内，集团响应市委市政府号召，所属古船食品公司耗用小麦31万吨，向市场投放面粉近21万吨，带头每500克降价3分钱，承受经济倒挂的损失，为稳定物价、稳定市场、稳定民心做出重要贡献。

（执笔人：王红霞）

北京外企服务集团有限责任公司

企业简介：

　　北京外企服务集团有限责任公司(FESCO)成立于1979年,是我国人力资源服务行业具有开创意义的第一家企业,专门解决外商外事机构和外资企业在我国的人力资源本土化问题。经过30多年的发展,外企集团主营业务涵盖了人事社保代理、人才派遣、招聘猎头、薪酬福利、管理咨询等人力资源服务的各个领域。自2007年起,外企集团连续进入中国企业500强,FESCO已经成为中国人力资源领域内最具影响力的品牌。

以文化驱动变革
立志打造FESCO百年老店

■ 中共北京外企服务集团有限责任公司委员会 ■

党的十七届六中全会提出"文化大发展、大繁荣"的战略任务,号召全党全国人民共同努力,不断提高文化建设科学化水平,为把我国建设成为社会主义文化强国打下坚实基础。企业是经济社会的主体,企业文化是国家文化的重要组成部分。21世纪是文化管理的时代,企业文化是企业的核心竞争力所在,是企业管理的最重要内容。北京外企服务集团有限责任公司(以下简称"外企集团",英文缩写为FESCO)在33年的发展历程中,以企业文化驱动企业变革,促进企业发展,FESCO企业文化焕发勃勃生机。外企集团站在新的历史起点,展望未来,立志打造一个繁荣昌盛的FESCO百年老店。

一、认识外企集团(FESCO)

外企集团成立于1979年,是改革开放的产物,是我国最早成立的向外商驻华代表机构提供人力资源服务的企业,也是北京市国资委系统唯一一家从事人力资源服务的国有企业。经过多年发展,截至2012年3月底,外企集团服务的外派员工达到70万人,30年来累计外派员工超过百万人,服务的客户公司达到万余家,其中在京的"全球500强"企业中,90%以上选择了FESCO的服务。业务范围涵盖人力资源服务全领域,包括人事社保代理、员工派遣、招聘猎头、薪酬福利、教育培训、保险经纪、管理咨询等多个方面,拥有一支3000人左右的员工队伍。外企集团建立了以北京为中心、覆盖全国的业务网络。自2007年起,外企集团连续进入中国企业500强。FESCO已经成为中国人力资源领域内最具影响力的品牌之一。

二、集团企业文化建设发展历程

外企集团伴随改革开放大潮而生,主要由于改革开放后外资企业进入中国,产生了人力资源服务需求。创立之初只有十几个人,在一个小旅馆的几间房间办公。以往外企人艰苦创业的场景至今历历在目:我们骑着自行车穿越大半个北京城给员工送资料;我们每个周末都在固定场所组织外派员工参加党组织活动;我们在没有空调的房间挥汗如雨整理并审核堆积如山的员工材料等等。

当时,企业提出了"解放思想、敢为人先"的口号。正是靠着这种创业精神、创新精神,外企集团开创了许多行业第一:最早向外商派遣中方员工,最早尝试人事档案管理改革,最早改革收费模式,最早举办场地人才招聘会,最早实行菜单式服务,最早提供呼叫中心服务等。很多外企当年率先实践的业务模式和业务规范现在已经为整个行业所采用,从这个意义上讲,外企集团是我国人力资源服务行业的开创者和先行者。可以说,"解放思想、敢为人先"企业精神的实质在于,伴随国家干部人事制度改革和人才市场的完善,外企集团是最早以公司的形式,专业化地开展人力资源服务,在这条路上,外企集团继续紧跟市场发展步伐,不断开拓创新取得了长足发展。在企业口号上,从"外商的需求就是我们的工作",到"汇聚人力资本、助力中外企业、服务职场员工",成为中国人力资源服务行业的领导者;在服务范围上,从以前的业务开展以北京为主,到今天实现"一地签约、全国服务",成为了一家真正意义上的全国性公司;在服务方式上,从以前的纯手工到今天依托互联网、呼叫中心等现代化手段,提供快捷、人性化的服务;从以前的服务产品品种单一,到今天在人力资源领域提供系统化解决方案,形成较为完备的产业链,成立了合资公司外企德科公司(FESCO Adecco),以更加国际化、专业化的水准服务中外企业客户。在集团历任领导集体的带领下,广大干部职工白手起家,奋力拼搏,为外企集团今天的事业打下了基础。

1998年,外企集团推出了企业标识"方胜",并制定了"FESCO企业视觉识别系统",固化企业形象,使FESCO品牌日益成为企业重要的无形资产,日益得到社会各界的良好认同与支持,进一步提升了企业文化的精神内涵。在日益激励的市场竞争中,外企集团以企业文化建设为抓手,从形象创新、文化创新、管理创新等方面出发,塑造企业经营理念和企业精神,加强企业品牌形象建设,增强了企业凝聚力,提升了企业的综合实力和竞争力。

三、企业文化驱动企业变革

在外企集团的"十二五"规划中,集团提出了要建设一个百年老店的构想。这个构想的提出,既是着眼于集团经过几个阶段的发展,已经成长为具有一定实力和品牌影响力的行业龙头企业,又是着眼于在全球化背景和后工业时代,企业谋求可持续发展面临市场的广阔空间和日益复杂多变的形势。2009年,在外企集团成立30周年之际,集团较为系统地回顾了企业的发展历程;2010年底,集团专门总结了"十一五"期间的主要工作。这些工作的一个主要目的就是希望通过梳理企业发展脉络,探寻企业的文化轨迹,进一步构建企业文化建设,促进企业发展。

1. 聚焦人力资源服务主业。外企集团成立之初,业务单一。上世纪90年代初,由于宏观经济形势的变化,企业开始"多元化投资和经营",到1999年,辅业投资带来的利润达到40%,几乎与人力资源服务主业平分秋色。但由于缺乏有效管理,时间一长,多元化投资带来的弊端就显露无遗。进入新世纪,外企集团的主要精力之一就是处理这些投资形成的负担。这不是外企集团一家,而是大多数国企没有经验、走粗放式扩张道路的共同特征。2007年以来,外企集团提出要"返璞归真",就是要回归到人力资源服务这个主业,这不仅是业务的回归,更是文化层面的回归。人力资源服务作为外企集团的主业,今后的发展目标是,以现有核心业务为基础,着力打造一条完整的人力资源服务产业链,通过转换升级,不断提升高附加值业务的比例,努力占据产业链的高端。"FESCO全国化业务网络"项目成为了外企集团聚焦人力资源主业、推进战略创新、驱动企业变革的成功实践。"FESCO全国化业务网络"的内涵突出地体现在:这是主业以市场化、专业化为基础,以价值链为核心,以产品、管理和品牌为抓手,实施的一次战略性的规模化扩张。面对高速发展的行业态势,外企集团集中精力、排除万难,加快进入新的市场,通过专业化推动规模化,在实现规模增长的同时不断提高质量,在加快发展中跟进管理。

经过多年的探索实践,外企集团以全球化的视野来审视和推动全国化发展,更加强调整体意识和"全国一盘棋"意识。集团主业企业外企人力资源服务公司逐步建立了一个"立足北京、覆盖全国,区域化经营、垂直化管理"的运营格局,形成了较为完善的产品体系、服务流程、管理规范和管控制度。截至2011年底,外企人力资源服务公司建立了较为完善的全国业务网络,覆盖全国31个省区市280余座城市。公司通过单独设立、并购重组等方式,在上海、广州、深圳、大连、苏州、杭州等16个主要城市设立了控股投资公司,在46个城市设立了分公司。此外,在全国范围内还有100余家签约人力资源服务合作伙伴。

2010年底,在市委、市政府和市国资委的大力支持下,人力资源服务公司对上海投资公司进行股权改造,与国际人力资源服务巨头Adecco(德科集团,全球最大的国际性人力资源服务公司)成功开展战略合作,双方正式成立了北京外企德科人力资源服务上海有限公司。合资公司的成立推动了"FESCO全国化业务网络"项目实现质的提升,是我国人力资源服务行业中的龙头企业与国际领先同行第一次成功的携手合作,也是我国人力资源服务行业发展的里程碑。外企集团在"解放思想、敢为人先"的道路上开拓创新,继往开来。

2. "服务"始终是FESCO的文化核心。作为一家人力资源服务供应商,"服务"始终是FESCO的文化核心。外企集团始终秉承"优质服务、诚信服务"的传统,以客户需求为导向,以"企业服务平台、员工服务平台、网络服务平台"为基础,搭建三个业务共享服务平台,实现了标准、规范、便捷的业务服务实施与输出平台,通过更加专业、专注的服务为客户和员工创造出更大的价值。"为员工发展创造机会,为企业生存创新环境,为社会进步创造财富"的企业使命在服务中得到进一步彰显。

外企集团在专业化开展人力资源服务的同时,始终牢记企业的使命,真诚服务社会,并以实际行动履行一个国有企业应有的社会责任,为员工成长创造机会,为企业发展创新环境,为社会进步创造财富,为公益事业贡献力量。集团致力于帮助员工提高职场竞争力,实现职业发展理想,同时提供多样化福利管理方案,解决员工的后顾之忧,并为社会发展创造更多就业机会。集团致力于人力资源服务的精细化、差异化和创新化,使不同类型的客户企业享受到高品质的增值服务,为中外客户企业的成功创造更大价值。集团致力于发展成为最具行业影响力的企业集团,以高标准的商业管理和经营,追求卓越创新,着力实现企业可持续发展。集团长期致力于植树绿化、无偿献血、捐书赠物、义务工作、帮扶弱势群体等社会公益活动,积极参与四川什邡市地震遗址保护与灾后重建工作,外企志愿者定期活跃在远郊农村、偏远山区、敬老院、孤儿院、打工子弟学校等地方,并以优良的素质与卓越的技能服务于北京奥运会、残奥会。FESCO在社会慈善公益领域积累了较高的知名度和良好的社会口碑。

四、企业文化"三年规划"

为进一步丰富企业文化内涵,外企集团从2009年起,分别以"论坛年"、"体育年"和"文化年"为年度企业文化建设主题,开展了集团企业文化"三年规划"。目前第一个企业文化"三年规划"已顺利完成,并取得了良好效果。

2009年,外企集团以司庆30周年为契机,成功举办了"中国人力资源服务30周年高峰论坛",作为人力资源服务行业的领跑者,外企集团见证了中国人力资源服务行业发展30年全过程。来自国家和北京市等有关政府部门的领导、专家学者、在华跨国公司高管以及市属国企高管等550余人出席,中央和北京市20余家新闻单位作了采访报道,活动取得了圆满成功。外企集团"论坛年"活动内聚人心,外树形象。

2010年,外企集团以"体育年"为主题,开展了系列群众性体育活动,并隆重举办了第十届运动会暨外企体育协会首届运动会,得到了上级领导的高度重视和社会媒体的广泛关注。运动会是间断7年之后举办的,也是外企体协成立以来首次主办的大型综合运动会,共有30余支代表队其中10家外资企业独立组队参加,规格、规模都彰显了集团蓬勃发展的气势,是集团企业文化建设的宝贵财富。

2011年,外企集团以"展示职工才华,共建和谐企业"为内容,开展了"文化年"活动。集团在培育企业文化底蕴上下工夫,在所属各企业和广大职工中开展了提炼企业精神、制作企业宣传片(宣传册)、企业文化台历、举办健康知识讲座、征文、书画、摄影等活动。职工歌咏汇演有12个单位的200多名干部职工自编自演了精彩纷呈的歌舞节目,展现了广大职工的精神风貌,提升了企业文化的自觉性与自信力,也将"文化年"活动推向了高潮。

实践说明,企业是国家兴旺的重要支撑,在中国走向文化强国的过程中,拥有卓越文化的企业也必定能实现腾飞。外企集团将站在新的历史起点,展望未来,制定新的企业文化建设规划,以企业发展战略为先导,为打造繁荣昌盛的百年中国企业,开拓创新,锐意进取,努力奋斗。

(执笔人:颜宏梅)

中国移动通信集团北京有限公司

企业简介:

    中国移动通信集团北京有限公司1999年成立,2000年12月分别在香港和纽约上市,成为中国移动通信集团公司全资控股子公司。主要经营移动话音、数据、多媒体业务,IP电话以及互联网接入服务。拥有"全球通"、"动感地带"、"神州行"等著名服务品牌。公司移动通信网络质量和信息服务能力处于行业领先水平,在首都信息化发展进程中发挥着主导作用。经十年的砥砺发展,已建成覆盖范围广、通信质量高、业务品种丰富、服务水平一流的综合信息服务网络,网络规模和客户规模居全市首位,客户总数超一千万户。

持续打造文化软实力
提升企业科学管理水平

——中国移动北京公司企业文化建设实践与思考

中共中国移动通信集团北京有限公司委员会

经过十年的跨越式发展,中国移动北京公司持续推进企业文化建设,创新改革思路,探索具有北京公司特色的文化建设模式,不断提升管理者文化领导力、班组文化凝聚力、员工文化执行力,以文化软实力提升企业发展核心竞争力。

围绕首都"人文北京、科技北京、绿色北京"的发展理念,依靠一支忘我拼搏的员工队伍,公司全面持续提升网络、服务和基础管理水平,为客户提供周到、细致、便捷的服务,积极推动首都信息化建设,勇于承担企业社会责任,为首都经济持续健康发展作出贡献,为实现中国移动从优秀到卓越的新跨越贡献力量。

一、培育管理者领导力,身体力行做表率

美国管理大师约翰•科特在企业研究中发现,管理和领导的含义是不同的。从根本上来说,管理是计划、预算、组织和控制某些活动的过程。管理的主要职能是维护一个复杂的企业组织的秩序,使组织高效运转。领导则是保证组织有明确的前进方向,并使相关的人都理解和坚信它的正确性。领导的基本职能在于为实现企业愿景目标制定变革战略,不断推动企业进行各种改革。

移动通信行业是典型的技术密集型行业,具有信息化程度高、高素质人才聚集的特质。近几年来,大批博士、硕士的加盟,让移动通信行业愈加成为人才高地。随着电信重组、三网融合和电信市场日益饱和,全业务竞争也逐步深入且日趋激烈。内外部环境的变化,传统的管理手段与模式势必捉襟见肘,管理者提升领导力显得极为迫切。这就要求公司

管理者在品德力、亲和力、影响力等方面以身作则不断提升,而企业理念传播最重要的渠道是管理者言传身教,尤其是高层领导的言行。

为此,公司加强对经理人员的引导和管理,要求经理人员对公司价值观做出真心实意的承诺,最终将组织的信仰转化为个人的信仰;要求经理人员要在组织内部培育相互尊重和相互信任的氛围,尊重员工的人格,尊重员工创造的价值,与员工坦诚沟通,效益共享,共同进步。领导言行一致则事半功倍,领导言行不一则事倍功半。公司提倡管理层必须做到以身作则,身体力行,力争使每个人都成为企业理念的执行者,成为制度的守护者,坚决避免管理者破坏制度流程的现象发生,避免管理者言行不一的情况出现。

二、提升员工执行能力,精细执行确保战略落地

执行力是构成企业竞争力的基本因素,是企业核心竞争力最有力的保障。公司坚信每一位成员都会真心认同并通过自身的行为对企业价值观做出承诺,以优秀的职业表现提升公司的文化内涵。公司要求员工在企业价值观引领下,追求专业技能和个人修养的全面提升,成为专家型的人才,让自己成为组织使命赖以实现的智能单元;要求员工善于打破思维定式,在工作中不断尝试新的思路和方法,把一项任务的结束作为新任务的起点,不断将自己的思考成果融入下一轮的工作中。

经过多年的行业扩张和高速增长之后,公司开始进入稳定增长期。在高速增长期,企业的成长模式是以投资拉动为主的扩张模式,管理相对粗放,企业的成长依赖于迅速占领市场,通过市场份额的快速增长拉动企业的利润增长。而在企业的平稳发展期,企业的市场份额增长放缓,企业外部的市场空间已经不足以支撑企业的快速发展,企业必须把更多的精力关注于企业的效益,集约化经营和精细化管理成为现实经营管理中的新的需求,而打造精细文化,实现精细管理,则是北京公司决胜未来的必由之路。为此,公司在营造良好的执行文化氛围和培养精细化执行习惯两方面下工夫:一是培育良好的执行文化氛围。创造先进的工作方法,创造适用于知识型员工的新型管理模式,有效团结充满个性的知识型员工,使之认同企业的管理制度和发展战略;推行严肃的执行理念,在员工中大力培养快速反应、雷厉风行的执行意识,精准求实、追求卓越

的严细作风，"言必行、行必果"的工作准则。二是培养精确执行习惯。公司对每一项决策都提倡执著精神，要求在每一个阶段、每一个细节上做到措施得力、执行到位。对于事关全局的战略决策，公司主张要从微观中来，再回到微观中去。引导员工持续用企业价值理念反思自己的工作、行为、成果。强调方案落实到执行层面，落实到每一执行的细节。强调把简单的事持续做对、做好。

三、增强团队凝聚力，发挥典型示范作用

构建一支充满斗志、勇于担当、善于创新、协调一致、和睦融洽的高效团队，是提高企业文化软实力的重要环节之一。一是塑造团队合作精神。公司意识到团队合作精神是精神文化、组织文化、制度文化在团队中的集中表现形式，因此公司要求员工思想、心态高度整合，在行动上要默契与互补。公司还认识到客户对企业的感知是整体性的，只有整体卓越，各部门、员工的价值才能得到体现，公司鼓励个人价值在团队中实现。二是发挥好领导者的沟通和协调作用。由于价值观、性格、处世方法等方面的差异，团队成员之间难免出现不同意见，有的关系紧张、摩擦甚至冲突。公司要求领导者成为员工沟通的桥梁，引导团队成员调整心态准确定位；要求领导者成为团队合作的凝结核和催化剂，有效地将各方力量汇聚一起并目标一致。

为了发挥标杆典型的示范作用，公司在实践中，对标有"中国移动企业文化标杆"实行闭环管理体系。围绕生产经营，持续深化企业文化示范单位创建工作，不断完善示范单位交流推广机制，有效激励各部门的文化建设热情，确保示范单位建设的科学化、系统化、标准化，形成企业文化示范单位PDCA（计划－实施－督查－建设提升）闭环管理。不断完善"企业文化案例库"管理机制，常态化开展企业文化优秀案例征集、评选、宣传活动，开发出《企业文化案例集》、《企业文化示范班组案例集》等有力度的宣传品，搭建企业文化工作成果和经验的共享平台，推动各级文化工作人员素能提升，推进企业文化建设向企业文化管理阶段迈进。

四、优化人本管理水平，打造和谐文化

知识经济时代，知识、技术等无形资本是企业得以立足的根本，而知

识、技术总是和其拥有者密不可分。因此,创造并应用知识的人是管理中应重视的首要因素。管理归根到底是人进行的管理,又是对人的管理。越来越多的学者和企业管理实践者发现,企业不单单要创造利润和经济价值,还需要为社会的和谐以及员工的健康、平衡发展负责。

公司从制度与激励两方面进一步保障"以人为本"管理理念的落地。首先,在制度设计上实现责、权、利的对称性。要实现责、权、利的对称,必须以责任为中心设计不同岗位员工的权力和利益,责任成为权力和利益的约束条件。其次,在员工激励上发挥主体自觉性。只有具备了主体自觉性,员工的潜能才能得到彻底的激发,其创造性才能得到充分发挥。第三,主体自觉性发挥主要来自对企业和自身待遇的认同感。而对企业的认同感包括对企业使命、价值观、管理模式和经营策略的认同。对个人待遇的认同包括对薪酬的认同、对个人发展机会的认同、对受重视程度的认同。企业要保持可持续发展,需要从责、权、利的对称性和员工主体自觉性的发挥入手,逐步实现员工对企业的认同与忠诚。

一是持续推进员工全方位参与管理,实现员工与企业共同成长。它不限于员工目前所从事的工作,员工可以根据自己的兴趣、爱好,对自己工作范围以外的其他工作提出建议和意见。公司提供一定的条件,帮助员工从事自己喜爱的工作并发挥创造力。这既做到了提升企业绩效的目标,也让员工在工作过程中满足了较高层次需求(社交、尊重、自我实现)。公司不断优化完善能力素质模型建设,增加员工职业和个人发展培训课程、开展职业生涯教育和职业能力教育培训,建立员工个人档案等职业指导。按照职业探索阶段、立业发展阶段、职业中期阶段、职业后期阶段四个阶段进行适应性职业指导,从而提升员工执行业务的各项基本技能及知识水平。同时,持续培养员工的团队精神,提高其沟通能力、学习能力和创新能力,增强员工的工作能力、提升工作意愿、激发员工工作潜能、鼓舞员工士气。鼓励员工不断学习,构建学习型组织,从而在变革中提升市场竞争力。

二是通过心理品质优化推动服务品质提升。公司提出了"三位一体"的员工心理管理计划,即员工心理契约管理、员工心智模式提升、员工心理健康管理(EAP),实现企业和员工的共同成长。第一,培育主动积极的心智模式。为实现中国移动倡导的"激情工作,快乐生活,健康成长"理念,公司鼓励员工将工作谋生上升为精进人生的实践,提倡培育主动积极的心智模式。第二,加强心理契约管理。心理契约实质上是企业文化的基石和内核。公司定期对员工进行调研,根据调研结果系统优化工作环境、同事关系、福利情况、工作安全感、报酬、晋升的机会等,达到提高员工的满意度的目标。公司持续以EAP项目为抓手,围绕员工的思想、素质和成长,从健康、生活、沟通、安全、激励、环境、职业等多个方面系统实施。力争做到"贴近需求、创新形式、服务发展、有效管理",以达到缓解员工压力,提升心理素质,提高员工对公司的忠诚度、归属感,最终提升企业的凝聚力和战斗力的目标,搭建管理者心理资本提升平台,推进心理契约管理。第三,开展心理援助计划(EAP)。随着移动通信市场竞争日益激烈,移动员工的心理压力日渐加大。公司早在2007年就制定了《EAP项目三年规划》,并在此规划的基础上不断创新,把对员工的心理关怀作为重点工程来实施。在EAP实施过程中,始终坚持"用最新、最科学的心理学、管理学、组织行为学"等方法,将目标定位在"为员工提升身心幸福"上,不断进行EAP创新,解决员工心理方面的困扰,提升心理资本,帮助员工获得心灵成长。公司广大员工广泛认同并积极参与,形成了"小绿伞"项目LOGO、"阳光心态"手机报、心智"宝宝"平面形象等独特的传播品牌。

三是持续强化班组文化建设,将集团核心理念、公司工作文化融入班组文化建设,培育和谐型班组文化。促进阳光关怀文化进班组,实现心理危机预防和干预系统向班组延伸,将心智模式七要素纳入班组文化建设。同时,拓宽班组长职业发展道路,提升班组长文化管理能力,将班组长培养与公司后备人才选拔培养有机衔接;立足增强班组运行活力,提高班组员工素质,完善班组管理职能,着力塑造适应新形势新任务的学习型、团队型、创新型、安全型、自我管理型的高效能和谐班组,培养高素质、高技能、高适应性的员工队伍。

五、在创新中追求卓越,提升服务品质

优秀企业与卓越企业的最大差距就在于缺少不断摆脱过去、打破现状的创新精神。企业需要有计划地淘汰那些不再适合于企业宗旨使命,不再能够为顾客带来满足并做出卓越贡献的"旧事物",要不断审视企业

现有业务、服务、流程和习惯做法，勇于摆脱那些不再具有高生产率的、陈旧的、失效的东西。

创新是企业的基本功能，是企业发展的根本动力，是创世界一流通信企业的前提；创新是企业必须承担的责任，也正是北京公司追求卓越的根本动力。能否在竞争中长盛不衰，取决于企业能否发现竞争对手不能发现的客户价值点，在于总能够为客户提供对手不能提供的价值，在于企业的创新力，创新是公司战略的基石。公司始终坚持致力于营造创新的文化氛围，激发组织创新力；立足结合实际，解决问题，推进模仿创新、集成创新与原始创新相结合；以公司战略为出发点，在服务、产品、管理、技术四大领域积聚创新力。

作为服务行业，随着应对不同时期内外部环境的挑战，需要不断提升服务品质。公司不断丰富服务文化内涵，2001年初公司将"建首强之网，创优质服务，向世界一流通信企业迈进"确定为企业发展目标。2004年，公司将"客户至上"写入公司企业文化纲领，提出在优质网络的基础上，延伸出全方位、多层次、高品质的服务体系，在功能上不断拓展服务的外延，在品质上不断丰富服务的内涵。2006年，公司提出"我服务，我快乐"的服务文化。强调立足客户感知，从细节入手开展主动式、顾问式服务，整合服务资源，传递服务压力，服务品质得到有效提升。强调一级服务一级、一级支撑一级的服务倒三角关系，不断通过服务这面镜子，实现"没有最好、只有更好"的服务目标。强调"我服务，我快乐"的全员服务意识，继续秉持为客户、为社会、为他人作贡献的责任意识，倡导为客户、为社会、为他人服务的自觉意识，鼓励为客户、为社会、为他人作贡献的自觉行为。鼓励员工主动站在客户的角度去思考，主张前台员工为外部服务，后台为前台服务，主张一线员工为客户服务，管理为一线服务，上级为下级服务。

六、全面履行社会责任，做优秀企业公民

社会责任通常是指组织承担的高于组织自身目标的社会义务。如果一个企业不仅承担了法律上和经济上的义务，还承担了"追求对社会有利的长期目标"的义务，我们就说该企业是有社会责任的。公司强调企业要遵循社会契约，形成良好的社会形象，并坚持不懈地做了大量卓有

成效的工作。

十年间,北京公司承担并出色完成国家和北京市各项重大事件通信保障任务,以实际行动保障了人民生命财产的安全和首都社会的稳定。积极配合政府工作,开展四大工程建设,即:"农村工程",完善农村通信和服务网络覆盖,以移动信息化助力社会主义新农村建设。全面推进了"绿色工程",持续推进"绿箱子"环保计划,以节能减排为中心,减低设备能耗和环境损害,争创通信行业节能减排工作的领先者,积极利用移动信息技术促进社会能耗降低。强化了"生命工程",提高突发事件的通信保障反应速度,积极参与教育、环保等慈善公益活动。积极推动了"文化工程",全力配合政府防范有害网络信息,极力治理垃圾短信和骚扰电话等。公司还在力所能及的情况下积极支持慈善事业和投身公益事业。

总之,中国移动北京公司将继承十年来企业发展过程中积淀的优秀文化,不断提升学习能力、创新能力、执行协作能力、精细化管理能力。持续打造文化软实力,通过培养更加团结协作的队伍,开展更加积极有效的创新,实施更加先进完善的管理,追求更加精益求精的冠军品质,在新的环境中不断挖掘企业新的经济价值、社会价值的增长点,以文化软实力增强企业核心竞争力,推进企业科学发展。

(执笔人:徐晓杰)

中石化北京石油有限责任公司

企业简介：

　　北京石油有限责任公司隶属于中国石油化工集团公司,始建于1950年,前身是北京市属的石油集团公司;1998年9月成建制划归中国石油化工集团公司。经过多年发展,公司目前设有16个综合管理部门、8个专业中心和2个专属机构;拥有在营油库11座,总库容45万立方米,加油站583座,汽柴油管线158公里,航煤管线98公里,资产总额达115.64亿元,在职员工7000人。

内聚人心　外树形象　共促发展

中共中国石油化工股份有限公司北京石油分公司委员会

一个成功的企业,必然有一种优秀的企业文化作支撑。在北京石油公司取得的每一点成绩的背后,正是得益于公司提炼、发展并自觉运用企业文化,让企业文化统领员工心志,并贯穿于企业生产经营管理每个环节的实践中,激发了员工活力,促进了企业和谐,推动了企业发展。

一、与时俱进,理念先行

企业文化是当今被国际企业界推崇和遵循的有效管理理念和管理方式,是提升企业核心竞争力的重要基础之一。企业文化建设,决定着企业的持续稳定发展,"以文化制胜"已成为众多企业的指导思想。

2009年,中国石化集团公司以企业文化发展历史为脉络,以"爱我中华、振兴石化"的企业精神为基础,经过党组反复研究、慎重考虑,颁布实施了《中国石油化工集团公司企业文化建设纲要》,并相继配套修订下发了《中国石化视觉识别手册》和《员工守则》,规范全系统形象标识的使用和员工言行,并编撰了《中国石化企业文化——画说理念》卡通画册、《中国石油化工发展历程简明读本》等相关文件和书籍,从物质文化、制度文化、行为文化、精神文化4个层面分别对中国石化的企业文化进行了统一和规范。

与此同时,作为一个有着50多年历史的"老"国企,随着企业改革发展过程的不断推进,特别是自2004年体制改革以来,北京石油公司也在实践中开始主动打破旧文化、旧观念、旧思路、旧方法的框架和束缚,转而以打造百年老店为目标,逐步树立起了牢固的市场经济意识和忧患意识,并力图在现代科学管理理论的基础上,进一步从企业经营哲学的高度来研究企业管理,将企业视为文化实体来实施管理。在《中国石油化工集团公司企业文化建设纲要》的精神指引下,2010年,北京石油公司以60周年庆典为契机,以企业发展的现实阶段为背景,以企业改革发展的目标为参照,在与中国石化集团公司企业形象标识保持高度一致的前提下,经过广泛征求员工意见和无数次的研究探讨,正式印发了《中国石化北京石油分公司企业文化宣贯材料》，明确提出了以"将北京石油建设成为国内领先、国际一流的石油销售企业"为企业愿景，以"为石化品牌增辉、为首都发展加油"为企业使命，以"以人为本、和谐、共赢"为企业价值观，以"忠诚、友爱、奋斗、创新"为企业精神，以"精益求精、谦虚谨慎、务实高效、乐观向上"为企业作风，以"规范诚信、服务至上、共同发展"为企业经营理念的一套完整的企业文化核心价值理念，并分别对其内涵进行了深刻精辟的阐释，既体现了与中国石化集团公司企业文化一脉相承的基本要求，又彰显了北京石油公司的企业个性和文化特色。

二、丰富载体，宣传贯彻

优秀的企业文化，不仅要落到纸面上，更要落到员工心里。两年来，北京石油积极创新手段、丰富载体，在加大宣传贯彻企业文化、自觉运用企业文化，努力让企业文化统领员工的心志，成为凝聚员工智慧的重要精神力量方面狠下工夫，取得了良好的成效。

1. 以公司内部媒体为载体，构建企业文化宣传网络体系。北京石油公司下属单位众多，具有点多、线长、面广的特点，对企业文化宣传贯彻工作提出了很高的要求。针对这一情况，公司党委首先提出要充分发挥内部媒体优势，积极推行企业文化的思路。即：利用公司局域网、门户网站、OA办公系统、《北京石油报》、《北京石油青年》等平台，利用其同步快速、图文并茂的特点，使企业的最新动态和政策精神在全公司范围内得以迅速传播、共享，保证步调一致，实现员工与公司的零距离接触。同时，公司还日益形成了一项无须硬性规定的规定：不论在何种形式、何种规模的会议上，凡需统一发放会议材料的场合，都会将企业文化核心价值理念印制在各类文件材料的扉页上，使员工可以时刻感受到企业的核心价值理念无处不在，让企业文化的宣传贯彻变得更加具体而实在。此外，公司还编撰了《60年的追求》纪念文集，制作了企业文化宣传贯彻口袋书，达到了使员工对企业文化耳熟能详、记忆深刻的目的。

2. 以"三级培训"体系为载体，深度推进企业文化入脑入心。从校企合作进行加油员定向培训到大学生入职培训，从一线员工专业技能培训到各级管理人员岗位培训，从中层领导干部定期脱产培训到专职党务人员素质培训，从企业日常"博闻课堂"系列讲座培训到各部门自主组织开展的业务培训,企业文化始终是各类培训中的一项重要内容,越来越具有强大的渗透力、感染力和影响力。

3. 以文体活动为载体,用文化的力量鼓舞人。北京石油公司以丰富多彩的文体活动为载体,把企业文化融入其中,用文化的力量吸引人、引导人、鼓舞人。公司每年都会至少举办一次职工文艺汇演、消防运动会、棋牌比赛、厨艺比赛和定期开展各项球类竞赛,并组建了具有较高水平的舞蹈队和乐队,还在机关大楼、一线油库、加油站、营业室等各个单位设有职工图书室和党员活动室100余个。同时,还会不定期组织开展企业文化知识竞赛和有奖答题、中国石化之歌及红歌赛、共青团组织青歌赛、革命红色之旅等文化活动,将企业文化提升到与党的历史和文化理念,以及中国石化的历史和文化理念相融相通的新高度。

4. 以企业精神文明建设为载体,营造和谐发展环境。"企"字无人则止,企业发展的力量来源于职工群众,发展的成果必须惠及每一位员工,让每一位员工生活幸福安康。长期以来,北京石油公司在取得良好业绩和成就、实现企业资产规模成倍增长和跨越式发展的同时,从来没有忘记辛勤耕耘在各个岗位的广大员工。近几年来,公司共为340余名住房困难员工解决了住房问题;先后完成了员工激励性企业年金的分配工作、住房货币化补贴工作、为广大劳务工增缴住房公积金和加入工会工作。2011年,公司劳务工年均收入就上涨了24.1%;仅2011年就累计为2000余名离退休老职工和困难职工发放慰问金和补贴78万元。企业文化中"以人为本"的价值观在实践中得到了最有力的展现。

三、强化执行,推动落地

企业文化的最终落脚点,就是通过企业文化的贯彻执行促进企业的经营和效益不断提高。北京石油公司在企业文化宣传贯彻上不仅注重精神层面的核心价值理念的阐释和宣传,还注意在推动企业文化在物质、行为和制度层面的落地。

推动企业物质文化落地。物质文化是由企业员工创造的产品和各种物质设施等构成的表层文化,如企业取得的骄人业绩和企业形象标识、员工工装等。由于隶属中国石化集团公司,北京石油公司的企业物质文化与中国石化的企业物质文化基本上是完全一致的。北京石油公司始终严格按照中国石化集团公司的要求,通过坚持规范使用中国石化朝阳标识、满天星标识和易捷便利店商标标识,统一对加油站形象进行改造,统一发放并不断改进加油员蓝色工装(近期,为加油员发放了新版的蓝色工装,在每套工装4个部位增加了反光条,大大提高了加油员夜间加油服务的安全性,充分体现以人为本的企业价值观),严格加强油品数质量管理,确保每一滴油100%合格,大力推广发行中石化加油卡,全面升级会员朝阳卡,并创新推出了会员电子期刊,在中石化销售系统作为首家试点单位率先上线了易捷商品购物网、开创了电子商务的新模式。还以企业60周年庆典为契机制作了企业宣传片和宣传画册,以及积极筹建企业荣誉室等,有效推进了企业物质文化得到真正贯彻执行,切实担负起了加强企业品牌建设、"为石化品牌增辉"的使命。

推动企业行为文化落地。行为文化是指企业在生产经营、学习娱乐中产生的活动文化。如果说物质文化是企业文化的最外层,那么企业行为文化则可称为企业文化的第二层。在这方面,北京石油公司通过推出规范员工行为的《员工守则》、企业安全生产禁令和标准的加油"八步法"、卸油"十步法",以及持续加强企业精细化管理,不断提升优质服务水平,丰富广大员工文体活动等形式,强化了员工的执行力,用广大员工良好的精神风貌直接反映企业的文明程度和企业文化建设的实际成效。

推动企业制度文化落地。制度文化是指得到企业广大员工认同并自觉遵从的由企业的领导体制、组织形态和经营管理形态构成的外显文化,是一种约束企业和员工行为的规范性文化。作为城市型石油公司,北京石油公司自实施"一级管理、一级核算"的专业化扁平化经营管理体制以来,围绕企业中心工作,通过不断完善企业各项规章制度、加强"三基"标准化建设和基层组织建设、强化纪律约束机制、规范业务经营流程和一线业务操作流程、修订完善薪酬考评和用人育人制度等,力求使每一项工作、每一项操作在制度规范上均有明确规定。"十一五"期间,公司先后完成了128项制度的制定细化工作和411个岗位说明书的编写工作,并形成了《企业标准化、文本化管理工作体系》等多项制度工作成果,受到中国石化集团公司的表彰。通过对多类管理体系的整合、管理流程的理顺和制度文本的修订,切实使企业各项规章制度成为了广大干部职工的自觉行为,增强了企业的凝聚力,突出体现了企业制度和文化理念有效融合的乘法效应。

以领导带头推动企业文化落地。企业的价值观,从源头上讲,就是领导者的价值观,只有领导者身体力行、坚持推进,使领导的观念与员工的自觉践行上下结合、融为一体,才能在企业建立和谐、积极进取的氛围,激发员工潜能,提高企业活力和创造力。多年来,北京石油公司各级领导干部都能高度重视和主动积极参与到企业文化建设中,并在践行企业文化方面做出表率。如:在每年的工作报告中,公司领导都会将企业文化作为一项重要内容反复强化;在办公大楼场所,各级领导带头遵守规范着装、禁烟等办公礼仪规范;上级领导到油库、加油站等一线单位指导工作或检查时,自觉按照门禁管理制度和安全生产管理规定的要求行事等。通过领导的良好言行在员工中造成正面的、积极的影响,在潜移默化中带动员工自觉"贯彻执行"。

以典型示范推动企业文化落地。先进典型是企业文化的重要构成要素,具有引导和示范作用,是传播和传递文化的重要载体。北京石油公司高度注重对先进典型人物的评选和宣传,通过开展党员示范岗、青年文明号创建、首都劳动奖章、"比学赶帮超"标兵、"为民服务创先争优"活动优秀个人等称号的评选,充分发挥了典型引路的积极作用。仅2011年,北京石油公司就推荐上报和获得各类荣誉的先进典型206个,并通过对先进典型人物事迹的宣传,使广大员工都知道为什么他们是先进,他们做的哪些事是符合公司企业文化的,有效激发了广大员工见贤思齐、奋发有为的热情,使企业文化的推广变得具体而生动。

四、勇担责任,和谐发展

在北京石油公司的企业文化中,时刻传递着这样一种理念:一个好的企业能为顾客提供优质的产品和服务,而一个伟大的企业不仅能为顾客提供优质的产品和服务,还会竭尽全力使这个世界变得更美好。北京石油公司始终致力于做一个负责任的企业公民,促进企业与社会的和谐发展。

倡导绿色发展、践行环保理念。着眼于中国石化集团公司绿色低碳发展战略,北京石油公司结合自身实际,一是通过严格落实安全生产责任制,以高度的责任心狠抓人和物的安全管理。2007年至今,从未发生一起安全生产和人身伤亡事故,未导致任何环境污染破坏。二是大力开展节能降耗工作。以抓好公司一、二次物流的全要素优化为重点,将物流优化理念融入到日常工作中。2012年1至3月份,北京石油公司管输吨油能耗和综合能耗同比分别下降21.7%和18.1%,创下了历史新低。三是创新技术手段降本压费,鼓励员工对接卸栈桥液压油箱进行整体改造,不断改善经营管理和优化业务流程,将勤俭节约过紧日子的思想融入到具体实践中。四是倡导自助加油。成为全国率先推广自助加油站的试点之一,客户自助加油可以每升省5分钱,不仅让客户得到了实惠,更充分践行了绿色服务理念。五是携手公益环保。与搜狐汽车事业部合作,组合1000余名中石化金卡会员和搜狐车会会员,在怀柔植树基地联合举办了以"多一片绿色、多一份温馨"为主题的公益植树行动;公司各部门还积极组织员工,分别开展了协同公交总站举办"绿色出行、你我同行",帮助大学校园进行义务劳动,到公园和风景区清扫白色垃圾等系列环保活动。

履行社会责任,彰显企业形象。企业有责乃远。在2008年北京奥运会、2009年国庆60周年、每年一度的"两会"等重大活动和各种节假日期间,认真做好各项志愿服务,坚持不折不扣地履行首都地区成品油保供责任;在四川汶川地震、南方雪灾、青海玉树地震等地区自然灾害期间,慷慨解囊,累计组织向灾区捐款30余万元,并在汶川地震后招收都江堰灾区的98名学生到北京石油公司工作,认真为他们解决生活、心理等方面的问题,体现出企业关注灾情、关注受灾群众的强烈社会责任感。这使北京石油公司的企业文化核心价值理念在丰富的社会实践中获得了持久的生命力,得到了社会的充分肯定,树立了中国石化和北京石油的良好品牌形象,为企业深化改革、持续发展提供了不竭的动力支持。

北京石油公司的企业文化建设实践证明,优秀的企业文化具有强大的精神力量,对内可以凝聚员工,把员工个人的行为统一于企业行为的共同方向上,促进企业和谐发展;对外可以树立良好的企业形象,吸引顾客,赢得支持,为企业更好地发展带来可持续的综合效益。

(执笔人:赵振生 刘尧胡 飞燕)

北京银行

企业简介：

　　北京银行成立于1996年1月，是一家中外资本融合的上市银行。截至2011年末，北京银行资产突破万亿元，在英国《银行家》杂志2011年最新公布的全球1000家大银行排名中，北京银行按一级资本排名第145位，在北京、天津、上海、西安、深圳、杭州、长沙、南京、济南及南昌等10大中心城市设有分行。北京银行高度重视企业文化建设，建立起一切依靠业绩和能力说话的公平竞争机制，营造了干事创业、争先创优的良好氛围，激发全行力量，推动北京银行朝着成功的彼岸破浪前行。

依靠文化驱动
建设国际优秀银行

中共北京银行股份有限公司委员会

企业发展"三年靠机遇,五年靠管理,十年靠品牌,百年靠文化",企业文化已经成为未来决定企业兴衰的关键因素。北京银行高度重视企业文化建设,将"诚信、稳健、创新、共赢"作为企业核心价值观,将"为客户创造价值,为股东创造收益,为员工创造未来,为社会创造财富"作为企业使命,形成了"特别能吃苦、特别能战斗、特别能攻关、特别能奉献"的企业精神。

作为新型股份制商业银行,北京银行从组建开始,就明确提出要大胆突破传统思维定式,积极探索"用机制管人,用制度管事"的改革发展新途径,充分依靠文化来凝聚力量、赢得竞争。北京银行在全行范围积极倡导实践"战舰理论,以业绩论英雄"的文化理念,营造了"岗位靠竞争,收入靠贡献,成才靠学习,业绩靠努力"的环境,让德才兼备、业绩突出的优秀人才愿意在北京银行工作,激励全行上下精诚团结、弘扬正气、拼搏进取,形成了人与事业和谐发展的良好氛围。

一、精心组织,搞好顶层设计

2002年初,行党委主持成立了北京银行企业文化建设领导小组,集中力量进行系统的企业文化建设,提炼出一套完整的企业文化核心理念,并形成了一个长期的企业文化发展战略。

2003年初,行党委提出以"企业文化塑造工程"等为主要内容的十大工程战略目标,提出在以人为本的基础上建设以团队精神、创新精神和奉献精神为核心的文化氛围,造就一支高素质的员工队伍,形成一批科技含量高、具有竞争优势的金融产品,树立一批具有鲜明特色和形象标识的服务品牌。

2003年9月,行党委决定引入外部专业咨询机构。通过向社会进行公开招标,经过严格评比和筛选,选择了专业的咨询公司入行提供企业文化系统咨询服务。

2004年2月,企业文化建设项目正式启动。首先在全行范围内进行企业文化调研诊断,由外部咨询公司对总行及28家支行的312名员工进行了抽样访谈,对350名员工进行了问卷调查,并走访了北京银行部分客户。依据调研数据,运用专业模型进行汇总分析,完成《企业文化调研诊断报告》,对北京银行成功经验、员工期望、使命定位、愿景认同、社会形象等五个方面进行深入剖析。

2004年7月至2005年11月,基于北京银行文化发展现状和企业个性特征,反复研讨、修改文化体系核心理念。为充实手册内容,分别于7月和10月在全行范围内征集了企业形象宣传语300多条和反映全员风貌的企业文化故事300多篇。企业文化体系基本成型后,在行领导、总行部门、支行等各个层级多次征求意见,反复修改完善,最终完成《卓越成就基业》企业文化手册文字稿,首次提出了北京银行使命、愿景、价值观、员工行为规范和行训等核心理念,初步形成了既反映以往宝贵发展经验又符合未来发展要求的文化思想体系。通过全面实施质量管理体系,形成了"质量是企业的生命"、"以客户为关注焦点"、"持续改进"等质量意识,并通过督办制度、检查制度使员工养成了良好的工作习惯,以客户为中心的观念进一步深入人心。

2011年,根据北京银行发展情况,对企业文化内涵进行更深入发掘和丰富,增添了鲜活的典型案例,推出企业文化手册2.0版。

二、培育具有北京银行特色的企业文化

1. "真诚,所以信赖"的服务文化。作为金融企业,客户至上始终是北京银行企业文化的灵魂,在强调产品创新、技术领先的同时,更加注重服务的人性化,更加强调用真情去服务,用真诚赢得信赖。提出"支持首都经济,服务中小企业,造福京城百姓"的鲜明市场定位,凭着真诚热情的高品质服务,北京银行赢得了首都各界的赞誉,赢得了京城百姓的关爱。奥运期间,北京银行各项服务更是赢得广泛认可。

同时,这种真诚也延伸到北京银行内部,成为员工之间交流沟通的纽带和桥梁。在北京银行,总行对支行的真诚服务,部门和支行内部的真心交流,已经使真诚待人、热忱待事成为一种文化,使北京银行更像一个和谐融洽的大家庭。而这种和谐正在成为凝聚北京银行发展的力量,让北京银行的每个人变得更自信、更坚强、更忘我、更投入。面向未来,北京银行进一步提出以德治行、以德育人,先树人品,再创产品、再造服务,实施以人为本、客户至上的服务工程,努力建设内在与外在相统一的精品银行,倾力打造服务领先型商业银行。

2."战舰理论"为核心的协作奉献文化。为打造一支忠诚敬业、专业精湛的卓越团队,凝聚形成发展合力,北京银行提出"战舰理论",即:北京银行是一艘在金融改革开放大潮中扬帆远航的战舰,每一位员工都是一名忠诚敬业的水手,只有依靠全体员工团结协作、奋力划桨,才能推动战舰破浪前行,最终抵达成功的彼岸。"战舰理论"作为一种象征,已经成为北京银行协作奉献文化的核心。翻开北京银行成长的历史,广大员工团结拼搏、无私奉献的事例比比皆是。今天的北京银行,在全行倡导"战舰理论",激励全行干部员工团结协作,积极进取,共同推动北京银行这艘满载着希望和梦想的战舰不断乘风破浪,扬帆驶向成功的彼岸。拼搏奉献、爱岗敬业、团结协作的良好行风,是推动北京银行持续发展的宝贵精神财富。

3."以业绩论英雄"的激励文化。北京银行积极探索"用机制管人,用制度管事"的改革发展新途径,明确提出"以业绩论英雄"的价值理念。在这种理念的指导下,北京银行不断建立和健全绩效考核体系,真正实现了风险与利益、责任与权利、压力与动力的完美匹配。正是这种不搞平均主义,做到差别分配,一切依靠业绩和能力说话的公平竞争机制,营造了北京银行干事创业、争先创优的良好氛围,极大地调动了员工创业的积极性,激发起全行力量为发展的目标共同努力。

三、创新方式方法,加强企业文化建设

1.加强全员理论学习,提升经营管理素质。打造学习型组织是企业文化建设的重要内容,是发展文明企业的灵魂和载体。北京银行从上至下都高度重视加强理论学习,做到了有制度、有计划、有主题、有层次、有实效,积极营造"全员学习、终身学习"的良好氛围,将全行员工的思想引导到讲发展、讲贡献、讲团结的正确方向上来。

文化·驱动

WEN HUA QU DONG

160

一是制度保障,领导率先垂范。16年来,北京银行党委中心组坚持每周一固定时间学习雷打不动,并对组织形式、学习内容、学习方法、学习纪律等方面进行了详细规定。行党委每年第一号文件始终是《年度政治理论学习安排》,将理论学习、专家讲座、外出考察等内容细化到每一周。

二是创新形式,拓宽发展视野。北京银行在学习方式上坚持请进来和走出去相结合、理论和实践相结合,定期举办政治、经济、外交、军事等多场形势报告会,2004年至今,共举办各类报告会60余场。适时组织参观国际国内知名企业,学习先进管理经验;组织党员干部赴革命圣地学习考察;邀请各方面知名经济学家、外交专家、军事家到行里作报告。

三是强化培训,提升综合素质。按照多层次、多渠道、全方位培训的原则,针对外部竞争的要求和自身发展的需要,北京银行开展了形式多样、内容广泛的岗位培训,增强金融专业素质,提高经营管理水平。组织中高层管理人员参加厦门大学EMBA的学习深造;与清华大学、北京大学、中金会、泛太平洋管理研究中心等联合举办现代商业银行管理研修班;将干部员工送到美国、荷兰、新加坡等金融发达国家或地区学习培训。同时,建立完善的考核激励机制,制定奖励计划,对考试成绩突出和自学成才人员给予奖励,切实提高全员学习的自觉性和能动性,提升全员学习效果和实践能力。

2. 创新工作方式方法,强化思想教育效果。一是坚持求真务实,深入基层调研。在全行广泛开展深入支行、深入一线、深入员工的"三深入"活动;高度重视青年员工培养,每年都召开职工代表大会、大学生座谈会及各个层面的座谈会,与员工交心、交友、交谈,通报全行改革发展的最新情况,使员工理解支持改革、有力推动各项工作的发展。帮助员工解决思想、工作、生活中的实际问题,使员工感受和体会到企业的关怀。在对全行重大问题的决策上坚持民主集中制原则,对干部的考核、任命、调整、奖惩、工资福利和各项管理制度的制定及执行等,都在充分调研和讨论的基础上进行决策,保证决策的科学性,形成了领导办实事、谋实利,员工讲实话、鼓实劲的良好内部环境。

二是凝聚发展合力,拓宽沟通渠道。北京银行成立之初就创办了《北京银行》报,后来又创办了《城市经济与金融》双月刊杂志,目前更名为《北京银行》杂志,成为统一思想、加强沟通的重要载体。同时,北京银行坚持行长接待日、领导班子联系点、董事长行长信箱制度,进一步拓宽交流沟通渠道,在全行建立起员工舆情动态定期调查和分析工作机制,加强双向交流力度,让员工了解企业动态,让管理层了解员工需要,实现了思想大碰撞、观念大更新,进一步凝聚了人气、树立了正气、鼓舞了士气。

三是陶冶员工情操,搭建交流平台。针对青年员工多、思想活跃的特点,北京银行每年都开展丰富多彩、寓教于乐的各种文化活动。先后举办了六届职工运动会和一届艺术节,成立了足球协会、篮球协会、合唱团、舞蹈队等群众性文化组织,经常组织文娱演出、各类球赛,举办了丰富多彩的演讲、征文、知识竞赛、才艺表演等活动。行党委持续加强团委工作,充分发挥团组织的作用。

四是践行社会责任,投身公益事业。在支持经济发展、完善服务品质的同时,北京银行积极投身社会公益事业。16年来,通过各种方式向社会捐款达数千万元,以一如既往的实际行动践行企业社会责任,在积极奉献社会中感召和凝聚全员力量。2008年2月3日,北京银行向南方遭受雨雪冰冻危害的灾区人民捐款100万元;2008年3月28日,在西安分行开业之际,北京银行捐款50万元,用于支持在陕西贫困山区建立希望小学;2008年5月14日,北京银行向四川地震灾区紧急捐款近千万元,全行干部员工积极参加捐款捐物、义务献血等活动,全体党员踊跃交纳"特殊党费",全部营业网点开通救灾款项汇划绿色通道,免收救灾捐赠款项的手续费用,与遭受巨大损失的灾区民众共渡难关。

五是弘扬优良作风,加强廉洁自律。认真落实党风廉政建设责任制,结合实际制定了《廉洁自律有关规定》、《北京银行六条禁令》、《重要岗位人员八小时以外监督办法》等,构筑制度防线;坚决依法处治用国家信贷资产换取个人私利的行为;以发展历程中的典型案例为内容,举办了"北京银行反腐警示教育展",在全行引起强烈反响;每年都组织干部员工观看警示教育片,让廉洁自律意识深深植根于全行员工心中;组织全行员工观看话剧《立秋》,参观平遥古城,了解金融创立史,使全行员工接受思想教育,提高综合素质。

3. 构建优秀企业文化,营造和谐发展氛围。第一,以先进的理念激励拼搏进取。系统性地提出了"诚信、稳健、创新、共赢"的核心价值观,形成了以"以业绩论英雄"、"战舰理论"为核心的企业文化理念,建立起一切依靠业绩和能力说话的公平竞争机制,营造了干事创业、争先创优的良好氛围,极大地调动全行员工的积极性,激发全行力量,推动北京银行朝着成功的彼岸破浪前行。

第二,以和谐的氛围凝聚发展力量。和谐文化是全行拼搏进取的重要精神支柱。16年来,北京银行通过深化改革,按照现代企业制度的内在要求,建立起以"育马"为基础、"赛马"为核心、"用马"为根本的开放竞争的选人、育人、用人机制。坚持以"育马"为基础,建立起覆盖全员、种类丰富、厚积薄发的培训体系。坚持以"赛马"为核心,多次以"全体起立"方式,进行全员竞聘竞岗。开辟聘用海外人才、引进国内人才和培养内部人才等多种途径,从中国香港、英国、美国、中国台湾等国家和地区引进数十名具有海外从业经验的高级专业人才。坚持以"用马"为根本,在激励机制上,员工收入结构和分配体制充分体现个人贡献度和市场价值;完善薪酬福利体系,提供优厚福利待遇,在国内银行业中首家实现了真正意义上的全员持股。北京银行坚持以人为本,注重人文关怀,建立和谐的人际关系,积极营造员工可以信赖和依靠的温馨家园,形成和谐进取的企业文化氛围。

第三,以光辉的前景开创美好未来。在加快走出区域、成功发行上市的历史时期,面对机遇与挑战并存的未来,北京银行制定了清晰的战略规划,明确提出以科学发展观为统领,抢抓跨越发展的战略机遇期,以市场化、资本化、国际化为方向,加快实施品牌化经营、区域化布局、综合化发展战略,打造中国一流的现代商业银行。这是所有北京银行人共同的梦想、共同的愿景,激励全行上下积极进取、奋勇拼搏,开创灿烂美好的明天。

四、优秀的企业文化强化了管理,推动了发展

16年来,北京银行企业文化建设有声有色地展开,以形式多样的主题教育活动凝聚人,以丰富多彩的文化娱乐活动吸引人,以参与社会公益事业的行动教育人,以正确的舆论导向引导人,取得了丰硕的成果。

北京银行先后两次被评为市级"思想政治工作先进单位";获得市级"综合治理先进单位"、"首都防治非典型肺炎工作先进集体"和市级民族工作先进集体的荣誉称号;2003年,北京银行被民政部授予"爱心捐助

奖";被中纪委、中组部、国务院、国有资产监督管理委员会、监察部和中华全国总工会联合授予"全国厂务公开工作先进单位"称号;2004年,北京银行顺利通过首都创建文明行业达标工作验收,被评为"文明达标先进工作机构";2005年和2008年,北京银行被中央精神文明建设指导委员会分别授予"全国精神文明建设工作先进单位"和"全国文明单位"称号。

当前,北京银行正在按照北京市委、市国资委的统一部署,在全行范围内深入开展创先争优活动。在全行上下引起了强烈震动和巨大反响,特别是干部队伍的作风建设显著提升,进一步树立起总行为分支行服务的理念,取得了实实在在的成效。涌现出一批先进基层党组织、优秀共产党员和优秀党建创新项目。其中,月坛管辖行党支部荣获北京市先进基层党组织,其"雁阵创优"项目被评为北京市优秀党建创新项目。数位同志荣获市国资委系统优秀共产党员及优秀党务工作者。

成功的企业,都有优秀的企业文化。从成长到优秀是北京银行正在实现的跨越,从优秀到卓越是北京银行永远不懈的追求,北京银行在不断超越自身中,把企业文化作为统一全行意志、规范全行行为的法宝,作为北京银行发展的内在驱动力,用企业文化成就长盛不衰的宏伟基业。

(供稿:北京银行机关党委办公室)

首创置业股份有限公司

企业简介：

    首创置业是北京首都创业集团有限公司控股子公司,是中国领先的房地产综合营运商,2003年6月19日在香港联合交易所主板上市,综合实力居国内领先地位。首创置业以北京为基地,在全国范围内累计开发项目60余个,面积超过1600万平方米。2005年以来,公司以系列化、标准化产品线不断进行异地复制扩张。截至2011年底,已进入全国四大区域20个城市,土地储备超过1000万平方米,总资产达377亿元。

文化兴企　基业常青

【 中共首创置业股份有限公司委员会 】

　　文化管理是现代企业管理的高级阶段。百年基业,文化为魂。企业文化是一个企业中长期形成的共同理想、核心价值观、作风、习惯和行为规范的总称,是企业经营管理过程中创造的具有本企业特色的精神财富总和。现代企业发展实践表明,企业文化是企业生生不息、长盛不衰的精神支柱与动力源泉,是企业软实力的重要组成部分。

　　多年来,首创置业全体员工在首创置业党委的正确领导下,紧紧围绕企业中心工作,深入贯彻落实科学发展观,发挥坚强的政治领导核心和战斗堡垒作用,始终秉承"目标一致、遵从规则、学习创新"的企业文化,丰富企业文化活动形式,拓展企业文化内涵,不断加强企业文化建设,引领企业的发展与进步,开创了物质文明和精神文明双丰收的局面。

一、文化缘起

　　首创置业是一家重组型公司,从公司成立起,建立共同遵循的企业文化就成为公司全体员工所关心和期望的目标。2004年,随着各项业务进入平稳运转阶段,公司决定启动首创置业企业文化建设项目,目的是使企业向着规范化、科学化和国际化的目标迈进,使公司未来的战略与经营运作活动保持一致性和紧密性,在集中与分散的有机统一的前提下,加强全局驾驭的能力和整体运营的协调性;同时,使全员共同自觉遵守统一的行动方式和准则,不断提高学习能力,强化探索精神和勇于承担风险的精神,最终满足客户、股东日益提升的要求。

　　首创置业企业文化的形成,经历了全员参与、内外结合、集思广益的过程,它来自于对企业历史传统的发掘,着眼于企业未来的发展,取材于全体员工,并由专业人员进行集成和总结。在具体提炼过程中,首创置业的学习精神、质量意识等良好传统在新的文化中得到了保留。同时,我们认为企业文化要服务于未来的发展,要承载着公司对未来的期望,要担负着改变过去不足之处的责任。在这方面,很多内容充分体现了员工的愿望,例如充分发扬"共赢"的思想,使员工能够分享公司的成功,为员工的发展创造空间。在确立企业文化的过程中,公司面向全体员工,通过调查问卷和访谈了解员工的看法和期望;还选择部分代表通过研讨会的形式,形成对未来期望的共识。最后,聘请了专业的管理咨询服务公司借鉴国内外优秀企业的成功经验,对有价值的素材进行合理的组织、分析、提炼,最终形成了以"目标一致、遵从规则、学习创新"十二字为核心的首创置业企业文化。

二、精神内涵

进入21世纪,尤其是"十一五"、"十二五"时期,已经出现了一个"鲤鱼跳龙门"的战略机遇期。如果我们没有一致的目标,思想不解放,经营的理念走不到发展的前头,我们就会丧失这个重要的机遇期。我们必须树立长远目标,众志成城;必须坚守市场规则,加强管理;必须坚持改革创新,开拓进取。唯有如此才能适应环境的发展变化。所以,"目标一致、遵从规则、学习创新"的企业文化理念符合当前企业发展实际。

那么,什么是"目标一致、遵从规则、学习创新"? 这短短十二字,其实蕴藏着深刻的含义。

首先,"目标一致"的内涵是忠诚于股东、忠诚于公司,顾客至上;着眼于公司长期的利益,用"共赢"的思想来统一投资者、员工、客户和社会的利益和目标;追求卓越,倡导开放、协作的团队文化。作为一家在海外整体上市的企业,"目标一致"要求公司要始终与投资人的利益保持一致;要让员工分享公司的成功;要致力于与客户发展长期的合作关系;要承担社会责任,促进社会进步。

而"遵从规则"则是要按照统一的管理规范做事,尊重规则、执行规则;倡导以规则为基础开放透明的团队协作;严守职业道德规范。企业要建设国际化、标准化的管理模式,就要强调垂直管理和总体控制;首创置业的广大员工都要以遵守规则为己任。

"学习创新"的内涵是在尊重知识积累的基础上,以持续的"改进与创新"作为共同的工作方式;勇于拓展、敢于承担,推动业务和管理不断创新;为员工提供公平、开放的发展空间,激发员工潜能的发挥,吸引优秀人才,重视和留住人才。

首创置业企业文化的最终目的是推动企业价值运营最大化。"目标一致、遵从规则、学习创新"的形成,在企业的发展过程中,逐步发挥了"铸魂、塑形、育人"的重要作用。而从短短十二个字所体现的首创置业的凝聚力、开放心态、国际化视野、国企社会责任感,事实上都得到了首创置业广大员工的认同、信奉和践行。

三、落地驱动

文化在中国历史上最早是指"以文教化"和"以文化成"的总称,但无论是"化成"还是"教化"都体现了一个行为过程。"文"是说以什么来"化"之,以什么"化成"。对企业来说,"化"才是最重要的,要达到企业倡导的企业文化进化、消化的过程。可以说,企业文化,重在建设,贵在实践。

就首创置业而言,这些年,公司干部员工在实际工作中能够自觉实践"目标一致、遵从规则、学习创新"企业文化。企业文化的核心价值理念都恰到好处地落实到具体的行为上、行动中,尤其是落实到企业的各项管理工作和管理行为上。在首创置业企业文化的落地过程中,我们一直强调贯彻"目标一致、遵从规则、学习创新"的精髓,以团队文化、品牌文化、廉洁文化和责任文化为抓手,切实推进企业文化的实践工程,发挥企业文化对企业发展的驱动作用。

以团队文化为驱动企业发展提供组织保证——

团队优势是首创置业的核心竞争优势之一。近年来,首创置业公司以"目标一致、遵从规则、学习创新"作为团队建设的理念,以一丝不苟的敬业精神,坚定不移的执行能力,破釜沉舟的勇气,克服了各种难以想象的困难,抓住了发展机遇,使公司走上持续健康快速发展的正确轨道。

为了更好地发挥企业文化的驱动作用,首创置业融入员工胜任力模型体系,企业文化也作为员工的核心能力被固化下来。在团队建设中,一是坚持以价值战略为导向,制定了人力资本战略规划作为持续提升和优化公司人力资本价值的纲领,保障公司战略有效落地。二是坚持创新人力资本价值运营,优化了总部专业引导与服务支撑功能,塑造一线公司组织自我发展核心能力,加速总部与一线公司的角色转型。三是建立起总部与一线公司考核激励体系,补充完善绩效闭环,倡导积极的绩效文化,强化绩效的日常引导作用,提升了团队协同作战的能力。

为了更好地发扬团队文化，增强员工的团队意识，首创置业举办了各式各样的团队活动。例如，2007年新春团拜会，公司专门举行了企业文化建设专题活动——"激情99秒"，让团队通过不断优化分工和协作，在99秒内接力式完成6个课题。团队成员在活动过程中体验、探索组织成果与人际的无隔阂和业务流程的无缝隙的关系，强化只有所有成员具有整体意识、团结一心，才能成功的原理。这个活动的设计目标与首创置业企业文化的核心内容"目标一致、遵从规则、学习创新"相契合，增强了广大员工的团队观念，形成了团结一心、积极向上的精神风貌。此后成为了新加入公司的员工入职培训的企业文化必修课，同时辅以"高效能人士七个习惯"的专题培训，促成新员工在工作中形成良好的、高效的习惯，更加深入理解"目标一致、遵从规则、学习创新"的含义，在工作中发挥最大效能。

　　在良好的团队文化引导下，2011年，Hay Group（合益集团）针对首创置业的员工调研报告显示，首创置业的员工尊重认可度、绩效管理、对领导者的信心、合作能力、员工敬业度、组织支持度以及薪酬福利、发展机会等维度均高于同行业水平，且较以往呈现逐年提升的趋势，展现了首创置业优秀的团队文化和团队建设，为企业发展提供了良好的组织保证。

　　以品牌文化为驱动企业发展提供形象支持——

　　品牌是企业的生命。首创置业成立以来，即定位为一家有着规范化的治理结构、国际化的经营管理理念、立志打造百年品牌，有着充分社会责任感的中国主流地产综合营运商，并一直把打造企业品牌作为重点工作。

　　首创置业以中国地产综合营运商为品牌定位，旨在以房地产开发为核心，实现全面资源整合与营运，超越传统地产企业发展模式而全面提升企业国际化实力和综合竞争优势，迈向更坚实的百年基业。为此，我们确立了以中国最具价值地产综合营运商为品牌愿景，以"全价值·全生活"为品牌理念，以"不止筑屋"为品牌宗旨，各项品牌理念和"目标一致、遵从规则、学习创新"有机结合，体现了首创置业的企业文化精神。

　　在品牌的传播过程中，首创置业积极借助大众传媒定期或不定期地同大众沟通首创置业的动态、资讯、理念、愿景等。从2003年到2010年，我们根据公司实际情况每年确定一个宣传主题,先后开展了美国哈佛鳄鱼清唱团(The Harvard Krokodiloes)与首创置业文化交流、国际奥委会终身荣誉主席萨马兰奇参加的由首创置业主办的"奥运经济与城市发展"国际论坛、主题为"想象•活在未来城市"的首届"房地产语文沙龙"、携手美国麻省理工学院举办的"全球化背景下的地产观——首创•MIT(麻省理工学院)对话"高峰论坛等活动,来传达公司理念、品牌。2011年,更是以阶段性品牌理念"生活+"行动,统领品牌整合传播,推动品牌理念规范,以产品品牌理念带动产品线发展及落地。加上公司的内刊——《首创置业》早在2003年年底创刊,专门对公司战略、行业前瞻、社会潮流、项目营运、公司文化等内容进行宣传,彰显首创置业企业文化和行业影响力。通过连续多年的多维、立体化传播,首创置业作为中国主流的地产综合营运商的形象已经稳固树立。

以廉洁文化为驱动企业发展提供思想保障——

首创置业是一家高风险、高投入、高回报的"三高企业"。在企业文化建设过程中,首创置业强调企业文化建设和廉洁文化建设有效结合,格外注重加强党风廉政建设,将廉洁教育、廉洁文化建设和企业文化建设相结合,建立企业文化的保障机制,使广大干部职工警钟长鸣,为企业的健康良性发展保驾护航。

结合"目标一致",首创置业在为客户营造优质生活空间,为投资者创造稳定增长收益的同时,积极开展思想道德教育,开展了"读一本廉政书籍,悟一个人生哲理"图书阅读等活动,把廉洁从业的价值观,融入首创置业经营管理及价值成长的目标;结合"遵从规则",开展了廉洁制度建设,制定了《党风廉政建设责任制》、《反腐倡廉建设责任制》等廉洁制度,并融入经营管理制度,融入员工的日常工作,通过廉洁制度加强首创置业的经营"规则";结合"学习创新",创新廉洁文化建设的方式方法及宣传载体,通过公司OA办公平台"党纪工团"门户专题宣传栏宣传各种廉洁文化,通过公司电子显示屏通告廉洁文化活动情况。在公司企业文化的导向下,首创置业积极组织各种廉洁文化知识竞赛,提高员工廉洁从业意识;定期发送廉洁文化邮件期刊或短信期刊,通过电子手段实现廉洁文化传播。通过多种方式、手段,廉政文化建设取得了突出进展,并且以廉洁文化促进了纪检监察惩防体系建设,在公司上下形成了廉洁自律的良好风气,为实现首创置业的健康良性发展,提供了思想保障。

以责任文化为驱动企业发展提供政治动力——

"目标一致、遵从规则、学习创新"包含一个重要内容:企业要承担社会责任,促进社会进步。这是一种责任文化。它不但体现了首创置业作为国有企业的一种政治责任、社会责任,也体现了首创置业积极倡导为社会和谐不断贡献的公益精神。

2003年5月,首创置业向怀柔区人民政府捐款人民币30万元,为支持怀柔区抗击"非典"做出贡献。同年6月,首创置业向香港公益金捐助港币100万元,充分体现了公司对社会责任的承担。12月,首创置业被北京市海淀区教委评为"育才助教先进单位"。2004年7月1日,适逢公司在香港上市一周年,首创置业在北京建筑工程学院设立了"首创置业百年奖学金"。2004年10月,由首创置业协办的"法国时尚百年设计大展"在国家博物馆成功展出,法国总统希拉克亲临现场,中法文化年正式开幕。而在首创置业董事长刘晓光的大力倡导下,多家企业联手成立了"阿拉善SEE生态协会",并联合出资成立了阿拉善治沙基金,为建设西北生态屏障贡献力量。2004年4月22日世界地球日,由SEE协会设立的中国第一个民间环保奖"阿拉善SEE生态奖"在北京首次颁奖。

2006、2007年,首创置业每年资助中国女子乒乓球队300万元人民币,成立首创女子乒乓球俱乐部,以实际行动支持中国体育事业。2008年北京奥运会期间,首创置业旗下北京金融街洲际酒店和北京中环假日酒店,派出50名员工作为奥运志愿者,代表首创置业全体员工到奥运村和媒体村服务。同时,奥运会期间,北京金融街洲际酒店接待了以美国男子和女子篮球队为主的客人,通过精心细致的安排和服务,奥运期间未发生任何安全责任事故和投诉。无论是奥运志愿者们,还是金融街洲际酒店,都展现出了首创置业以实际行动支持北京奥运的公益精神。

2008年至今,在我国南方部分地区发生冰冻灾害,四川汶川和青海玉树发生大地震,甘南舟曲县发生特大泥石流等灾害的情况下,首创置业大力发扬"一方有难、八方支援"的精神,积极组织参与救灾捐款活动,体现了首创置业作为国有企业所具有的强烈的社会责任感。首创置业在快速发展中,始终不忘反哺社会,并以之作为企业长远发展的政治动力。

四、体会展望

长期以来,首创置业党委有计划地总结提炼、培育首创置业文化,认同并践行首创置业文化,以文化力打造竞争力,以文化实现企业的兴旺发展,充分发挥了企业文化的引领和支撑作用。作为杰出的国有房地产开发企业,首创置业先后获得中国房地产社会责任卓越贡献企业、中国房地产上市公司社会价值典范、北京房产标杆责任企业、中国蓝筹地产、中国房地产公司品牌价值TOP10、中国地产年度金牌企业等数十项大奖。"目标一致、遵从规则、学习创新",正是这些年首创置业管理实践的文化结晶,克服困难的真实写照,是我们事业成长发展的历史缩影,也是我们适应变革、勇于创新精神气质的高度概括,是打造中国最有价值营运商的基石,更是激励我们永葆青春活力的精神境界。

"目标一致、遵从规则、学习创新"的企业文化,业已成为广大干部员工的行为习惯和价值取向,已成为首创置业的文化品牌,成为企业发展的灵魂,成为广大员工的精神动力。每一位首创置业人,都将以公司倡导的价值理念为追求,以公司主张的行为准则为规范,殚精竭虑筹谋企业发展,真正实现首创置业基业常青!

(执笔人:董洁)

北京奔驰汽车有限公司

企业简介：

北京奔驰汽车有限公司(简称BBAC)于2005年8月8日正式成立,具备年产10万辆汽车的生产能力。其以5大特色定义了现代化汽车企业的全新基准:国际化的管理团队、出类拔萃的产品、严格的质量控制、卓越的生态环境、高素质的技术工人。目前主要生产梅赛德斯-奔驰长轴距E级轿车、C级轿车、GLK中型豪华SUV等产品。

变革：向走向世界的
国际化汽车企业迈进

中共北京奔驰汽车有限公司委员会

2008年，北京奔驰完成了经营管理团队重组调整，新的团队肩负起"实现扭亏为盈，振兴北京奔驰"的历史重任。而此时的北京奔驰公司生产经营处于连年亏损的低谷；由于产品单一，生产经营和士气受到极大影响；企业处于"战略不明，经营不善，人心不稳"的困境。

在北京怀柔与密云交界的金山岭长城脚下，北京奔驰高层管理团队对企业未来进行了深入的研讨，确定了企业未来战略发展目标，同时制定以"使命、愿景、价值观"为核心的企业文化体系——使命：拓展行驶空间，提高生活品质；愿景：我们将凭借出类拔萃的业绩表现成为中国高端轿车市场的主角；核心价值：客户导向、开诚布公、责任感。并以此为核心形成了战略执行图。

企业的使命、愿景、核心价值和战略执行图，于2009年3月6日获得北京奔驰公司第十一次董事会批准并全面实施。

由此，北京奔驰文化形成了基本的理论框架，北京奔驰以全新的精神面貌，为"中国高端轿车品牌的标杆企业"这一战略发展目标开始走上奋力拼搏的变革之路。

一、在危机面前以求变突围

2009年戴克拆分，克莱斯勒退出了北京奔驰股东，在剥离了克莱斯勒业务之后，北京奔驰的生产流水线上只有奔驰C级轿车一个品种，面临"独木难支"的危机。北京奔驰的经营遭受了一次重大的震荡，业内与媒体甚至出现了悲观的论调。

"危则变，变则通，通则久"。北京奔驰从危机中看到的是"合作伙伴明确，品牌发展清晰"的转折良机。在对国内高端品牌轿车市场进行了认真的调研、分析之后，北京奔驰制定了以"百年品牌"——奔驰为核心的品牌战略发展经营理念；制定了以产品结构优化调整为主线的走出低谷，振兴北京奔驰，实现快速发展的实施计划。

启动奔驰长轴距 E 级车项目是北京奔驰做出的第一个产品结构调整决策。随后，北京奔驰又启动了奔驰 C180 项目。正是奔驰长轴距 E 级车，使北京奔驰结束单一车型经营，形成两翼齐飞的经营局面；正是面向普通消费者的奔驰 C180 以高性价比的优势，推动了 C 级车市场不断攀升。在这期间，发动机更新换代提升了产品竞争力；争取进口整车资源弥补了北京奔驰产能不足的缺陷，扩大了市场占有率。

这一系列的调整策略，使北京奔驰在 2009 年以奔驰 C 级车销售同比增长 29% 的业绩，比预定计划提前两年实现了盈利。2010 年，随着奔驰长轴距 E 级车下线和 C180 投放市场，北京奔驰成功实现销售 5 万辆的挑战目标，年度销售同比增长 179%，营业收入及利润成倍的跨越式增长。2011 年，北京奔驰继续高歌猛进，以产品销售突破 93000 辆，同比增长 86%，销售收入和利润大幅增长；成为北汽集团经营增长幅度最大，贡献率增长最快的整车企业。同年，奔驰 GLK 中型豪华 SUV 在北京奔驰正式量产，它将成为北京奔驰 2012 年市场营销的主力车型。

2010 年是北京奔驰战略发展的转折点。4 月，公司正式更名为"北京奔驰汽车有限公司"；5 月，双方股东决定投资在北京奔驰筹建新发动机工厂，北京奔驰成为德国本土以外第一家生产梅赛德斯—奔驰发动机的企业；11 月，北京奔驰董事会批准了北京奔驰未来五年的发展规划，这个规划包括：生产产能提升的工厂改造项目、GLK 等新产品引进项目、产品车进入国际市场营销的市场拓展项目、产品研发中心建设项目和发动机引进及工厂建设项目等诸多发展和建设方案。

产品链是企业生存的根本，伟岸的大树总是枝叶繁茂的。事实证明，正是以"百年品牌"为核心的产品结构优化调整战略规划，将北京奔驰经营纳入了正确的发展轨道，成为北京奔驰走出低谷、实现快速发展的科学决策。

从走出低谷，到跨越式高速发展；从产品结构优化调整，到制定未来战略规划。北京奔驰始终以变革为准则，自强不息、积极进取，以前瞻性的思考和决策，不断提升企业的战略目标；以求真务实的部署和实施，不断提升企业的经营业绩。

二、新战略目标凝聚变革共识

在求变突围之后，北京奔驰重新制定了企业未来发展目标——把北京奔驰建设成为走向世界的、国际化的中国高端轿车品牌标杆企业。

"上下同欲者胜"。团队的凝聚力，精神的感召力，目标的执行力是一个团队克敌制胜的法宝。对于北京奔驰公司来说，最大的"欲"就是"把北京奔驰建设成为走向世界的、国际化的中国高端轿车品牌标杆企业"。为实现这一目标，不仅需要具有高度使命感、出色的专业素质和强大的战斗力，更需要强烈的变革共识。以文化的力量汇集团队智慧，以文化的魅力焕发团队精神。

其实，2008年以来，"实现扭亏为盈，振兴北京奔驰"便成为凝聚全体员工变革意识的基点。而新的战略目标，无疑加速了这一过程。

北京奔驰公司党委以建立党委扩大会议制度的方式，吸纳中方中层以上管理干部和党外人士参加党委工作会议，及时通报经营情况，贯彻经营决策，明确经营目标。使执行管理团队思想统一、步调一致、方向明确。经营战略方针得到高效的贯彻、执行，为公司的变革与发展发挥了积极的推动作用。

同时，以教育主题的方式，根据战略发展规划提出了年度的工作指导方针——2009年提出了"凝聚团队、苦练内功、提升管理、创新发展"的工作指导方针；2010年提出"提升管理、开拓市场、创造效益、创新发展"的工作指导方针；2011年提出"开拓市场、提升效益、推进战略项目、实现跨越发展"的工作指导方针；2012年提出"开拓市场，提升管理，推进未来项目，为实现北京奔驰战略目标而努力奋斗"的工作指导方针。公司党委在思想和理论建设上为凝聚变革共识发挥着主要作用。

2009年，北京奔驰在全体员工中开展了征集和演唱公司司歌的活动，《北京奔驰——我们的骄傲》的主题，将以"使命、愿景、价值观"为核心的新的企业文化理念，以艺术表现和传播形式，变为振奋团队士气，凝聚团队精神的主旋律。

近200名员工积极参与到司歌的创作当中，一篇篇歌词当中凝聚着员工对品牌的热爱、对企业愿景的美好期望，与企业同呼吸、共命运的心愿——"司歌征集活动激发了员工对公司的热爱之情，司歌的传唱也必将激发员工的自豪感。希望司歌词曲能让北京奔驰人越唱越自豪，越唱

越有干劲。"

三、理念变革——"始终被追随,无法被超越"

同样是做轿车的,梅赛德斯—奔驰公司却把轿车做成了顶级品牌。北京奔驰在广大员工中也展开了一场从做产品向做世界顶级轿车品牌的理念变革。

The Best or Nothing——"做就做最好",是北京奔驰始终追求的目标。从拥有"世界第一汽车品牌"的自豪感,到保持"世界第一汽车品牌"的责任感,北京奔驰的品牌文化建设更立足于创造"北京奔驰汽车品牌"的使命感。

一个来访的德国专家随口问一个总装装配线上的员工,"扳子掉到地上怎么办?"职工马上回答道:"先把扳手拿到校扭仪上去校验,校验合格后才能继续使用。"这就是北京奔驰员工的基本意识——规矩和责任。"做事很简单,就是把事情做到最好"、"只传递产品,不传递缺陷"、"用造艺术品的态度造奔驰",这些精品制造理念已经成为北京奔驰员工自觉的行为准则。

每一名新入职的员工,都要接受"梅赛德斯—奔驰品牌文化"和专业技能两项培训。技能素质矩阵图是北京奔驰采用的对员工培训、使用和管理的科学方式。只有经过严格的培训和考核后合格的员工才能上线操作。

"正确的人+正确的领导+正确的流程=好的质量",奔驰品牌文化和精品品质的理念深入北京奔驰员工的心中,这种文化和理念正通过优质的产品体现出来。奔驰C级车投产时,他们创造了"下线就是合格车"的奇迹;长轴距奔驰E级轿车焊装流水线生产出超过德国辛德芬根制造标准的白车身;GLK中型豪华SUV一次通过戴姆勒全球质量标准放行验证,如期投产下线。

"我们在打造奔驰,奔驰也在雕刻我们。"这是来自参与梅赛德斯—奔驰长轴距E级车项目的工程技术人员的感言。她这样写道:"一个世界顶级品牌砥砺练的是人、是观念,更是一个组织的文化。我们在打造奔驰,而奔驰也在雕刻着我们,看着奔驰总部被浓郁的工程师文化浸濯过的专家们不苟言笑又不乏自负地说出'梅赛德斯—奔驰标准'时,相信不远的将来，'北京奔驰标准'也一定会令业界肃然起敬。"

始终被追随，无法被超越。这是梅赛德斯—奔驰的产品广告语，它正在成为北京奔驰自我激励的精品文化理念。

四、管理变革——"改善无止境"

北京奔驰以求真务实的态度和脱胎换骨的勇气，秉承"管理要创新，改善无止境"的指导理念，从管理意识、管理体制和管理模式方面进行了深层次的变革，从而奠定未来发展的坚实基础，企业的竞争实力亦获得高层次的提升。

北京奔驰开展了全员参与的改善活动。通过改善降低了制造成本，提高上下工序间的满意度，实现流程的优化，生产效率和工作效率得到极大提高。一线生产工人作为改善的主力军，他们积极地参与和实践，逐步树立起全员参与管理的主动意识。"节约一个亿是改善，节约一分钱也是改善。"在这个口号的影响下，改善活动迅速普及并收到成效。不但为企业带来经济效益，也激发员工的创造精神和成就感，北京奔驰的竞争力和整体活力都在持续改善中得到增强。

以强化管理体制和完善管理流程为切入点，把管理纳入依法治企的轨道。2008年，北京奔驰成立了审计与合规部，用以审核企业管理中的漏洞和制度缺失，并对规章制度的执行情况给予检查和监督。随后，在强制性合规培训基础上，制定下发了《北京奔驰公司审计章程》，所有白领员工均须签订《商务廉洁责任承诺书》。以廉洁奉公、诚实守信、恪守职责的合规文化在北京奔驰蔚然成风。

实行"非生产资料采购审查委员会制度"。从生产设备，到办公用品；从重大改造项目，到小型接待活动；所有费用支出必须遵循"三家比价"或"多方竞标"的原则。这些变革从源头开始强化了企业内部控制力，形成了恪守成宪的管理氛围，使管理有法可依，使执行有章可循。

2009年，北京奔驰成功实现了从CKD到PBP生产模式的转换。PBP被称为"按件供货"，是国际最先进的一种高质量、高效率的供应及物流方式，这种生产组织方式的根本变革，推动了采购、物流、生产、工程、质量、财务、销售等多部门、多层面的管理体系的变革。

2010年，适应更高的管理要求和目标，北京奔驰启动了主题为"成就卓越"的"零基础"管理结构。"零基础"管理结构调整是以"零基础预算"方法,在原有人员配置、组织架构的体系和流程上的继承和优化。把"精益和发展"作为指导原则,把"优化和梳理"作为实施标准。建构出符合北京奔驰未来核心业务长远发展需要的精益的组织、高效的流程以及资源优化的人力配置。

2011年,北京奔驰完成未来战略发展布局。从新产品和核心技术的引进到产品研发中心的建立,从产能规模的大幅增长到销售市场的突破,预示着北京奔驰经营规模都将发生巨大的变化。在新的形势下,北京奔驰开始了体系化管理的深化变革,加快了向国际化企业管理推进的速度。以实施重点项目为契机,建立项目运行管理体系;以完成经营目标为契机,完善BBOS精益生产管理体系;以实施KPI和LEAD相结合,扩大绩效管理和领导力测评的考核范围,加大人才培养和管理力度,以戴姆勒闭环质量控制模式为基础,从零部件质量、现场生产、成品考核进行全方位的质量控制等等。

这是从内而外提升竞争实力的自我修行,在倡导"以发展的眼光,从全局的高度,用市场的标准"分析解决问题的同时,形成了"以奉献和敬业的精神,运用科学的管理,依靠团队的力量"推动企业发展的价值观念。

厚积薄发,昨日之修行 天道酬勤,今日之辉煌

2011年2月16日,中共中央政治局常委、全国政协主席贾庆林率部分全国政协委员到北京奔驰公司调研。贾主席高度肯定了北京奔驰取得的成绩。他希望北京奔驰抓住机遇,不断提高品牌影响力,尽快做强、做大、做优,为中国汽车工业和经济发展做出新贡献。

2011年1月4日,中共中央政治局委员、北京市委书记刘淇,市长郭金龙在开发区听取了徐和谊董事长和蔡速平高级执行副总裁对北京奔驰公司目前经营情况和未来发展计划的汇报。刘淇书记对北京奔驰取得的经营业绩表示非常高兴,对北京奔驰未来五年的发展规划表示了极大重视,他对有关领导说,"这是高端产业、高端产品,要给予全力支持。"

高度的关注,由衷的评价,殷切的期望,都充分印证着北京奔驰快速提升的经营业绩和未来长远的战略规划,契合了国家"转变经济发展方式"的主线；契合了市委、市政府以"汽车工业作为首都经济发展支柱产业"的战略决策；契合了北汽集团"大幅度提升经济效益"的工作中心指导思想。

2011年，北京奔驰公司荣获"首都劳动奖状"荣誉称号；公司党委荣获北京市"先进基层党组织"称号；此外，"党代表工作室"和"党代表任期制度"荣获北京市优秀基层党建工作创新项目；北京奔驰工会荣获"全国机械冶金建材系统劳动关系和谐企业"荣誉称号。

今天的北京奔驰，正以务实高效的战略发展规划、以持续增长的经营业绩、以科学有效的管理变革和令人惊异的成长速度，进入到向世界级企业迈进的新的里程。

（撰稿人：仇盛福）

WEN HUA QU DONG

北京现代汽车有限公司

企业简介：

    北京现代汽车有限公司由北京汽车投资有限公司和韩国现代自动车株式会社共同出资设立，中韩双方各占50%的投资比例，公司现有中韩员工10198名。"十一五"时期，企业实现了从30万产能到60万产能的转型，企业实力逐步加强，盈利能力快速提升。截至"十一五"末期，北京现代年产销已突破70万辆，销售收入突破700亿元，真正成为了首都经济发展的支柱企业。

和谐文化为"现代"提速

■ 中共北京现代汽车有限公司委员会 ■

　　北京现代汽车有限公司是我国加入世界贸易组织后的第一个汽车合资企业,成立于2002年10月18日,由北京汽车投资有限公司和韩国现代自动车株式会社共同出资设立,中韩双方各占50%的投资比例,合资期限30年,公司现有中韩员工10198名。北京现代从诞生之日起,就肩负着发展首都经济、振兴北京现代制造业的特殊使命和历史重任。

　　合资企业特别是像汽车行业这种50%对50%合资比例的合资企业如何在经济全球化的大潮中,通过大力加强企业文化建设,打造和提升企业的核心竞争力,不断壮大企业实力,为全面建设小康社会、加快推进社会主义现代化做出新的历史性贡献,是时代赋予我们的神圣使命,也是一个重大的挑战性课题。

　　回顾十年来的发展,北京现代作为一家中韩合资的企业,由于双方的出资比例均为50%,所以北京现代的经营管理委员会乃至几大职能部门的中高级管理人员均为中韩双方"平分秋色";同时,由于公司的员工来自不同的国家,文化地域、工作背景等情况都决定了企业内部特别是中韩员工之间有着不同的思维模式、行为方式以及较大的文化差异。因此,如何创造出适合北京现代发展的企业文化是一件非常有挑战性的事情。我们的做法是,充分发挥党群系统企业文化建设主力军作用,以加强企业党建创新为载体和核心,逐步推行现代企业制度建设,以人为本,努力打造融合文化、责任文化、和谐文化、人才文化,最终形成了和谐共进的合资企业文化。

一、打造融合文化,实现中韩管理层和谐

　　在合资企业中,中外双方产生问题,除了是由于社会背景、文化背景不同造成的外,很多是由于双方沟通不畅或沟通方式不对造成的。因此,实现中韩双方特别是高层管理人员之间的和谐、高效沟通是摆在我们面前的一个难题。为了实现党委会与经管会的和谐、高效沟通,北京现代经过慎重考虑,把公司副总以上的中方高级管理人员全部纳入党委班子。这样,

党委会的构成就覆盖了经管会的所有中方人员,这些既是党委会成员又是经管会成员的高级管理人员就起到了中韩双方特别是高层人员之间沟通桥梁的作用,使得党委会的意见建议能够传达到经管会中去,经管会的内容决议也能反映到党委会中来,不仅提高了党的经营管理能力和执政能力,还保障了中韩双方的和谐、高效沟通,促进了双方的相互理解、支持和双方共同认可的企业文化的形成。

北京现代党委牢牢把握北京现代先进文化前进方向,注重中韩文化的融合,以树立品牌形象、培育企业文化为目标,全面增强企业软实力建设,广泛开展多种形式的企业文化建设活动,切实促进具有北京现代特色的优秀企业文化的形成,为企业实现可持续发展注入新的活力。先后确定了"为中国人民的幸福生活创造一片美好的蓝天"的企业最高价值观,"追求卓越品质,共创幸福生活"的企业宗旨,"三个最好,达到三个满意"的企业理念。特别是在北京现代的艰苦创业中,凝练和积淀了蕴含中韩两国优秀精神特质的,具有传承和创新相结合的,为公司中韩员工充分认可和大力践行的"奋力拼搏、团结协作、知难而进、志在必得"的企业精神。这一企业精神还被誉为"北京汽车精神",彰显了北京现代在精神层面对北京汽车工业的贡献。

二、坚持以人为本,实现员工与企业和谐

北京现代党委始终坚持以人为本,大力发挥党委职能的辐射作用,通过党工团共建,切实把广大员工的利益作为各方面工作的出发点和落脚点,维护了员工切身利益,提高了员工综合素质,提升了员工职业道德水平,心系员工利益、把握关注热点、解决实际问题,以实际行动践行了"立党为公,执政为民"的思想,不断推进和谐企业建设。

十年来,公司各级党工团组织广泛开展节日期间以及经常性的送温暖活动,累计使用送温暖经费760余万元,先后现场慰问和入户慰问困难员工11000人次。每个除夕之夜,北京现代党委的主要领导都要放弃与家人团圆,赶到公司,在徐和谊同志的带领下,向节日期间坚守在工作岗位的广大员工恭贺新春。鉴于多数员工不是顺义本地人,北京现代党委积极争取有关政府部门的大力支持,建立大学生公寓及青年公寓,为新入职的大学生、蓝领员工解决住宿问题。为了解除骨干人才的后顾之忧,积极推进"安居工程",为员工争取优惠购买商品房的机会,企业已经先后进行三期安居

工程,解决了256户骨干员工的住房问题。

　　同时,在现有文体设施基础上,公司党委积极推进第一工厂文体中心建设,建成后的一工厂文体中心将成为集图书馆、乒乓球、台球、羽毛球练习场、音乐舞蹈排练厅等诸多文体设施于一体的多功能文体中心,为广大员工提供全方位的文体活动场所。公司党委还积极倡导以员工自主设计为导向的"温馨小家"建设,将休息区的格局和布置全部交由员工设计安排,广大员工发散思维、群策群力,将一个个休息室变成文化氛围浓郁、个性特征明显的"员工之家",实现了"家"文化的实体化。

三、打造人才文化,实现人才与企业和谐共进

　　在任何一家企业,员工队伍都是企业成功最重要的基础。只有拥有一流的员工队伍,才能成为一流的企业。在北京现代,我们坚持"事业兴衰,以人为本"的理念,按照"用一流人才,办一流企业"的目标,优化工作环境,为员工的工作、成长和发展创造一个和谐的内部环境。

　　北京现代党委坚持"党管人才"和以人为本思想,在发展企业的同时,实现员工的全面发展。在2008年11月召开的公司第一次党代会党委工作报告中,专门制定了北京现代"十百千"人才发展规划,提出注重培养四支人才队伍。即:10名有战略眼光和国际化视野、运筹帷幄、驾驭全局的高层决策人才队伍;100名贯彻公司高层决策、精通各项业务内容的中层和基层管理者队伍;100名兢兢业业、功底深厚、具备较高基本素质和科技创新能力的技术管理人员队伍;1000名多专业熟练、掌握各种操作技能的技术工人队伍。

　　以"十百千"人才发展规划为宗旨,北京现代开办了以"自我教育、分享经验、共同成长"为理念的"北京现代大讲堂";与清华大学校企合作,开办"北京现代高级工商管理课程班";建立优秀人才进修机制,每年选送一批优秀人才到清华、北大、北理工攻读MBA;开展"首都职工素质教育工程",利用五年时间培训生产一线全部600名班组长和技术骨干;在北京市合资企业中第一个启动"学分银行计划"项目,为近150名生产骨干提高学历创造条件等等。

　　通过一系列创新方式,北京现代党委把"党管人才"变成了符合合资企业运作规范的人才管理。如果说北京现代勃勃的发展生机成为吸引人才的磁场,那么党委就成为吸引人才、发展人才、用好人才、培养人才的"磁核"。

四、打造责任文化,实现企业与社会和谐

企业作为社会的基本经济单元,不但具有经济性,也具有社会性,不仅要以盈利为目的进行生产经营活动、创造财富,同时也要对社会公益事业、公共环境保护等承担相应的义务和责任,这已经成为现代企业家和学者们的共识。同时,企业作为社会的一个经济实体,不可能脱离社会公众,一个企业如果得不到社会公众的认可,终将难以生存和发展。因此,企业应该积极塑造企业形象,保持与社会公众的和谐。

北京现代党委在企业文化建设中,坚持把社会主义价值观注入其中,积极引导广大员工爱祖国、爱企业,勇敢承担起"实现企业快速发展,振兴首都现代制造业"的神圣使命。在北京现代,时任党委书记徐和谊同志带领筹备组员工"500把镰刀搞创业"的故事;劳模宋顺生同志带领第一批赴韩学习装配技术员工"国旗下的誓言"的故事;为了保证第一辆索纳塔轿车顺利下线,北京现代第一支"知识型突击队攻克技术难关"等一大批催人奋进的感人故事在员工中广为流传。这不断激励北京现代员工队伍迸发出强烈的主人翁责任感,屡屡在企业发展的关键时刻,奋力拼搏、忘我奉献,创造出一个又一个令人惊叹的业界奇迹。

党委在实现企业自身快速发展的同时,始终以"履行社会责任、弘扬互助美德"作为企业和员工的行为准则,推动合资企业为和谐社会建设贡献力量。2003年,北京现代向北京市政府捐赠13辆索纳塔高级轿车,以奖励在攻克"非典"病毒科研攻关中做出突出贡献的科技勇士;2005年开展"红色之旅"扶贫助学公益活动,驱车来到陕西省子洲县和延安市的10所小学,将80余万元的学习用品送到贫困孩子手中;从2004年至今,连续开展"车教助学"活动,向全国各地120多所院校捐赠359辆整车,835台发动机、上千套汽车部件,价值4300余万元的汽车教学设备。同时,北京现代积极响应共青团中央关于开展"青年就业创业见习基地"活动的号召,先后为78名大学生提供实习岗位。自2008年开始,连续4年组织公司青年骨干80余人,携手中韩两国大学生志愿者共同参与到内蒙古查干诺尔干湖盆治理项目当中。汶川地震和玉树地震发生后,北京现代都在第一时间捐款捐物。

据不完全统计,北京现代十年来捐赠钱物的总价值累计2.2亿元人民币。在企业履行社会责任的同时,党委在广大员工中广泛开展"真情献爱心、同心促和谐"的志愿者活动。北京现代和谐志愿者服务总队,下设22

个分队，拥有经常性参加活动的志愿者多达3500余名。

十年来，北京现代党委努力外化企业文化，传播企业文化，用文化的力量凝聚员工队伍，先后举办了三届职工运动会和三届企业文化节，每年的"七一"和厂庆都举办如"新的征程一路高歌"、"跟随你的队伍越走越长"、"让我们一起继续来打拼"等大型群众性文艺演出。特别是在庆祝公司成立五周年庆典仪式上，公司工会前后历时近8个月，筹备、酝酿、创作并录制完成的北京现代司歌《北京现代Drive Your Way》隆重发布，受到了中韩员工的一致好评。随后举办以"承载发展使命、唱响北京现代"为主题的北京现代司歌合唱节，中韩领导、员工踊跃参与，在北京现代企业文化建设历史上又写下浓重一笔。在2011年，全新改版的北京现代司歌《北京现代之歌》录制完成，新司歌进一步体现了全新发展形势下北京现代的全新面貌。

十年的时间，北京现代特有的企业文化理念在广大员工中深入人心，成为企业在激烈的市场竞争中制胜的法宝。在党委的积极倡导下，公司成立了企业文化建设管理委员会，将逐步形成一套完整的、可操作性较强的企业文化建设五年纲要和建设方案，更好地弘扬"奋力拼搏、团结协作、知难而进、志在必得"的企业精神，不断培育北京现代无可战胜的优秀软实力。应该说，北京现代虽然是一个中韩双方按照各占50%的投资比例组建的合资企业，但是，党委、工会是企业文化建设的主力军，已经成为合资企业中韩双方在长期合作共赢中达成的高度共识。

在北京现代党委的带领下，北京现代的企业文化建设逐步走向成熟，北京现代党委也取得了一系列丰硕的成果。十年来，北京现代党委先后被中共中央组织部授予"全国先进基层党组织"光荣称号，全国非公企业"双强百佳党组织"光荣称号。北京现代还被中国文化管理学会授予"中国企业文化影响力十强"等荣誉称号。

当前，北京现代第三工厂正在加紧建设。2012年，在企业成立10周年之际，随着第三工厂的建成投产，北京现代将真正发展成为百万辆级的乘用车企业。展望"十二五"，更加宏伟的发展蓝图已经绘就：2015年，公司将拥有四个整车生产工厂及15000名员工，具有130到150万辆整车的年生产能力。北京现代将以更加优异的经营业绩为首都的经济发展和社会进步做出新的更大的贡献。

（撰稿人：肖晶）

驱动转型

QU DONG ZHUAN XING

■ 企业文化理念摘录 ■

看准的事快定，定下的事快干，干就干出一流。

制造精良，装备世界。精于术理，诚以信合。

建德立业，工于品质。

信为业本，智为利源，点滴之间，卓越无限。

人文购物，人性服务。

精心工作，止于至善。

首钢总公司

企业简介：

　　首钢始建于1919年,是一家以钢铁业为主,跨行业、跨地区、跨所有制、跨国经营的大型企业集团。首钢在为国家经济社会做出重大贡献的同时,也积淀了底蕴丰厚的企业文化,成为首钢发展中永不枯竭的动力源泉,宝贵的精神财富。2010年,集团钢产量突破3000万吨,销售收入超2000亿元,2011年进入世界500强。首钢在搬迁调整转型发展中,始终以先进文化为引领,显示出先进文化在推动首钢发展中的巨大力量。

用先进文化引领首钢转型发展

■ 中共首钢总公司委员会 ■

　　进入新世纪以来,首钢致力于用先进文化推动企业转型发展,大力推进实施搬迁调整、转型发展的发展战略,相继建成了首钢迁钢公司、首秦公司、顺义冷轧公司、京唐公司,联合重组了水钢公司、长钢公司、通钢公司、贵钢公司和伊钢公司,钢铁产业布局由北京一地发展到全国多地,发展到沿海和资源富集地区;产品结构实现了由长材为主向高端板材和精品长材的转变。首钢在北京石景山的老厂区停产后,着力打造新首钢高端产业综合服务区。当前首钢人在先进文化的引领下,正以昂扬饱满的斗志、奋发进取的精神,全面打造"首钢服务、首钢品牌、首钢创造"的综合竞争力,在转型发展中,努力把首钢建成一个具有世界影响力的综合性大型企业集团。2011年,在钢铁业进入寒冬、北京老厂区全部停产的艰难形势下,首钢集团完成钢产量3004万吨,销售收入2460亿元,实现利润18.9亿元,仍旧保持了稳定发展的良好势头。

一、首钢用先进文化引领转型发展的主要做法

　　1. 注重顶层设计,不断丰富首钢文化体系。在贯彻落实科学发展观、全面推进搬迁调整的过程中,首钢党委一直高度重视企业文化建设,每年都在党委扩大会和职代会上提出企业文化建设的思路和目标,对企业文化建设工作进行专门研究,主要领导身体力行不断提出优秀文化的新观念。

　　2003年以来,首钢党委先后颁发了《关于推进首钢企业文化建设的指导意见》、《推进企业创新工程的指导意见》、《创建学习型企业的指导意见》、《关于加强首钢企业文化建设的指导意见》、《关于贯彻落实党的十七届六中全会〈决定〉的意见》,成为指导首钢全集团企业文化建设的纲领性文件;这些年,首钢不断深入开展解放思想、转变观念的思想教育活动,提出了"八破八立八做到",大力倡导创建学习型企业活动,把"弘扬长征精神,立志创新创优创业,建设21世纪新首钢"作为核心价值追

求，使"自强开放、务实创新、诚信敬业"的十二字精神深入人心。2011年首钢新的集团化管理格局形成以后，首钢党委加大新时期企业文化内涵的丰富、提升。重新确立了核心价值追求，"首钢服务、首钢品牌、首钢创造"；企业愿景"把首钢建成具有世界影响力的综合性大型企业集团"；主题实践活动"创新创优创业"；企业目标"产品一流、管理一流、环境一流、效益一流"；企业作风"看准的事快定、定下的事快干、干就干出一流"；管理文化的具体内容"标准文化、严谨文化、工艺技术文化、执行文化、高效文化、市场文化、进取文化"；品牌口号"首钢—首选之钢"；企业形象"人、技术、环境和谐一致"。

2. 注重与搬迁调整相结合，发挥文化的引领和支撑作用。在首钢搬迁结构调整中，始终坚持把企业文化渗透到企业的经营管理、生产建设的各个环节、各个方面，注重解决实际问题，保证了首钢文化在企业中落地生根，发挥作用。随着首钢结构调整的不断推进，首钢的钢铁产品也从以长材为主向板材转移，在这种形势下，企业目标、发展思路，企业精神、行为规范和企业形象，都围绕板材生产来展开，全面开展了构建具有首钢特色的板材文化体系活动。2003年首钢决定调整发展战略，随即组织开展了"八破八立八做到"的解放思想、转变观念活动，破除陈旧落后的思维方式、思想观念、行为习惯，树立与时俱进的思想文化。企业文化建设推动了改革发展和生产经营，生产经营的提升又激发了干部职工们开拓进取的创业激情，从而形成一个"精神变物质，物质变精神"的良性互动。

3. 注重以重大活动为载体平台，推进企业文化建设。首钢持续开展"创新创优创业"主题教育活动，把"三创"作为人人焕发激情、贡献智慧和力量的平台。根据首钢不同时期的发展形势，与时俱进，不断丰富"三创"的主题内涵，引导全集团广大干部职工积极投入到丰富多彩的"三创"实践活动中去。连续八年举办的月季园赏花会，已成为展示首钢以人为本、科学发展的良好形象，诠释新世纪新首钢内涵的品牌活动。开展了"三个代表"、科学发展观进班组活动。编写"三个代表"重要思想班组读本《理论篇》、《实践篇》，科学发展观班组读本《和谐篇》、《学习篇》、《创新篇》，成为广大干部职工解疑释惑、提高认识，转变观念、积极投入改革的重要载体。每年开展的首钢年度十大新闻评选活动，每两年开展的首钢名优产品评选活动,都起到了展示首钢取得的辉煌成绩,不断从精神上鼓舞和激励职工的良好效果。首钢还通过不同历史阶段的重大纪念日,开展各种纪念活动。组织开展了纪念改革开放30周年活动,庆祝首钢建厂90周年活动。通过重点工程奠基、开工和投产仪式、重点设施停产、退役仪式、首钢"一业多地"参观考察活动、举办"新世纪、新首钢——首钢的昨天•今天•明天"图片展览活动等,教育、激励、鼓舞职工,提升职工文明素质,营造和谐安定环境。

首钢充分利用现代化的载体和手段,先后建成中国首钢网络电视、首钢日报网站,各单位也都建立了自己的局域网。其中中国首钢网络电视是国内企业首家推出的宣传企业方针政策和思想文化、适应一业多地信息交流的新平台。

4. 注重典型示范作用,营造学习创新的氛围。首钢通过这些年的企业文化建设,涌现出了一大批先进典型和模范人物。他们是首钢人的杰出代表,是首钢优秀文化的建设者和诠释者,是首钢发展的宝贵财富。首钢各个时期都非常重视培育、树立、宣传这些先进典型,给予重奖表彰。据统计,新中国成立以来,首钢共有894名职工分别获得全国和省、部、市级劳动模范称号及全国五一劳动奖章,其中全国劳模32人。

首钢在倡导大力弘扬"三创"精神中,非常注重发挥典型的示范引领作用,把学习宣传先进典型作为推动社会主义核心价值体系建设的有力抓手。定期开展劳动模范、先进职工、优秀党员评选活动,总结宣传了一大批模范人物;及时总结首钢各单位创新创优创业方面的好做法、好经验,在全集团进行交流推广。首钢在"三创"活动中,共总结宣传表彰了100多个典型单位。首钢党委授予在2011年第六届世界虚拟炼钢挑战赛中,夺得企业组世界冠军的路飞、于晨首钢"三创标兵"荣誉称号,每人晋升两级工资,一次性奖励参赛团队10万元。

5. 注重文化融合,积极推进集团文化建设。开展企业联合重组,不仅仅是企业之间的经济行为,它更是一种文化行为。首钢在90多年的发展中,形成了首钢人的优良传统,体现了与时俱进、改革创新的时代精神,成为首钢开展企业文化融合中的主导性理念。

在联合重组过程中,首钢搞好文化融合的指导思想是始终遵循"总部统领、整体协同、分层定位、各具特色"的原则,按照"平等协商、和谐共

赢"的精神,推进企业文化融合。一是重点加强理念融合。为把不同地域的企业连结在一起,把不同经历的人们融入到首钢大家庭中,在文化融合上不是强势灌输、硬性统一,而是"平等协商、和谐共赢"。充分运用理念融合引领制度融合、管理融合、行为融合,实现最终的文化融合。二是切实搞好制度融合。对企业文化、生产经营管理、执行力、质量、创新、工艺流程、产品结构、操作规程等方面进行认真的审查、整合与修订,最终重新规范形成的管理制度,使重组企业生产经营、管理水平等方面上了一个新台阶。三是有效促进行为融合。企业行为、领导行为、员工行为的融合才是完全的文化融合。在行为融合上,主要表现在心往一处想、劲往一处使,"一条心、一股劲、一盘棋"。四是注重"文化本土化"。增强了文化的稳定性和传承性。首钢在企业重组中,面对差异,坚持文化包容,充分尊重个性,实施本土化战略,努力实现文化本土化,逐步实现了首钢文化与当地文化之间的完美融合。

二、先进文化的引领使首钢转型发展取得丰硕成果

1. 发展方式转变使首钢集团实现了质的飞跃。一是首钢的产业布局实现了新的跨越。钢铁业从石景山走向了渤海湾,实现了从"山"到"海"的转移,集团发展布局产品结构有了重大转变,技术、工艺水平有了明显提高。首钢京唐公司建成了新一代可循环钢铁工艺流程,成为具有国际先进水平的精品板材生产基地和自主创新的示范工厂,成为节能减排和发展循环经济的标志性工厂。二是新的生产方式、经营方式和发展方式的崛起,促进了个人愿望、企业目标和社会责任之间的平衡,推进了物质消耗和环境保护之间的平衡。2010年,首钢被科技部、国资委、全国总工会列入第三批"国家创新型试点企业",并荣获自主创新研发创造奖。2011年美国《财富》杂志发布世界500强排行榜,首钢集团首次跻身其中,列第325位。是北京市第一家进入世界500强的市属国有企业。

2. 一业多地的发展使搬迁调整取得了阶段性成功。首钢通过搬迁调整,除了显示出首钢京唐公司的先进性以外,相继建成的迁钢公司、首秦公司、顺义冷轧公司,技术装备也达到了国际一流水平,多项指标位于全国同类企业前列。与此同时,首钢积极落实国家《钢铁产业调整和振兴规划》,企业联合重组,优化区域布局也取得了重大进展,为我国钢铁

工业布局调整、推进产业结构优化升级提供了新经验。产品结构实现了由长材为主向高端板材和精品长材的转变,非钢产业从2004年以前整体亏损到2010年盈利45.2亿元。人才队伍从大量流失到实现了"博士过百、硕士过千、本科过万"。

首钢建立了产销研、产学研联合协作的技术创新体系,大力开发新产品,建立精细化、规范化管理体系,不断提高产品质量。2011年,顺义冷轧公司全年汽车板生产达到83万吨,为国内38家汽车生产企业提供汽车板;管线钢的产量和销量均居全国第一;家电板打进了三星、松下、海尔、美菱等知名家电企业,其中海尔60%以上的冰箱钢板使用首钢产品。首钢大力发展循环经济,实施了利用焦炉系统处理城市废塑料的工业化试验,在迁钢建设全国冶金企业首家循环经济产业园,在京唐公司开展了海水淡化等一系列项目。同时,首钢在北京地区获得了转型发展的良好机遇,站在了打造具有世界影响力综合性大型企业集团的新起点。

3. 首钢非钢产业实现了与钢铁主业的共同发展。2006年以来,首钢非钢产业中的各个企业创新思路,加强与国内外大企业的战略合作,开拓高端领域,提高与首钢钢铁业互动支撑能力,加大市场开发和重点工程建设力度,全面提升了非钢产业盈利能力。2010年11月初,北京首钢建设集团有限公司主承建的首钢京唐公司一期一步冶炼(炼铁、炼钢)工程,获得中国建筑最高奖项"中国建设工程鲁班奖",实现了首钢建设史上"鲁班奖"零的突破。环保产业事业部自主研发废旧耐火材料、钢渣尾渣、含铁尘泥等综合利用技术,申请国家专利10余项。房地产公司首次中标并独立开发金顶街"两限房"项目。中首公司积极应对国际市场变化,科学组织钢铁出口和矿石进口,抓好海运市场运作,大幅度降低成本,开发终端用户取得新成效。首钢控股公司合作开发、成功运作了一系列煤矿、铁矿以及钼矿、有色金属项目。矿业公司开发了"选矿过程监测与自动控制系统的研究与应用"等科技成果,取得了"牙轮钻机智能控制和监测装置"等9项专利技术,成功走向地下开采,获全国冶金矿山"十佳厂矿"荣誉称号。

4. 软实力得到明显增强,取得了丰硕的文化成果。企业竞争能力和综合实力整体提升,干部职工的思想观念实现了向"创新创优创业"的转变,呈现出与时俱进、真抓实干、激情创业的喜人局面。首钢文化得到了广大干部职工的普遍认同,各级领导干部成为先进文化的积极倡导者,有力组织者,带头实践者。目前已有40多人参加了全国中、高级企业文化师职业资格培训,取得了合格证书。2006年,7万多名职工参加了企业文化全员培训。2008年,首钢总公司获得"改革开放30年全国企业文化杰出品牌组织奖",首钢党委书记、董事长朱继民获得"改革开放30年全国企业文化杰出贡献人物奖"。

三、用先进文化驱动转型发展的启示

1. 只有坚持以人为本,才能真正激发广大职工的积极性、主动性,确保企业文化的健康发展。在转型发展、搬迁调整中给首钢带来最严峻的挑战和考验,就是职工分流安置问题。从2005年到2010年,首钢北京地区共有6.47万名富余人员需要分流安置,人员众多、时间紧迫、情况复杂。首钢始终坚持以人为本、有情操作、动态管理,确保每一名职工都得到妥善安置。2010年底北京石景山地区冶炼、热轧部分全部停产,我们尽最大努力安排好每一名职工,最大限度地维护职工权益,确定了职工分流安置的"十一条渠道",并按计划平稳有序推进。没有发生一起上访事件。

2. 只有坚持服务于发展战略,坚持结合实际、解决实题,才能确保企业文化落地生根、开花结果。坚持围绕企业的发展战略,为实现首钢各项发展目标、任务服务。坚持长期培育、不断推进,有力地推动了首钢的转型发展,也使企业文化在企业发展战略的推进中不断提升。尤其是近年来,首钢企业文化建设紧紧围绕首钢"三步走"发展战略,以"建设21世纪新首钢"美好愿景为方向,深入开展创新创优创业活动,培育了优秀企业精神,强化了先进理念,形成了优良作风,丰富了文化内涵。先进文化的积极培育,有力地解决了经营生产中的一些问题,取得了良好实效,使首钢的战略性转移和结构调整得以顺利进行,引领了发展方式的转变,促进了人与企业的共同发展。

3. 只有坚持开放学习、博采众长,才能不断为企业注入新思想新理念,确保企业文化的旺盛活力。做到在开放中学习,在学习中开放,在一系列思想文化创新活动中,引导职工树立大开放、大合作、大发展的新观念,引导各单位在"走出去、请进来"中博采众长。虚心学习别人的先进

经验,查找影响本单位改革发展的主要矛盾和突出问题,跳出首钢看首钢;聘请外部专家组成咨询顾问团,定期进行研讨、交流;邀请知名专家、学者来首钢进行各种讲座;以深入推动创建学习型组织为平台,开辟了各种有效的学习形式,如联合办学、继续教育、赴国外培训、创建高端研发平台等,为首钢改革发展不断注入新的管理思想、管理理念。这些做法,有效地推动了首钢企业文化建设不断向纵深发展。

4. 只有坚持系统规划、加强领导、合力推进,才能确保企业文化全面深入、切实有效地建设发展。优秀的企业文化具有先进性和前瞻性,不会轻易被人们接受。因此,在贯彻实施中要系统规划、加强领导、合力推进。首钢在这方面的体会是坚持"五有"、"四强化"。"五有",就是首钢把企业文化建设作为一项系统工程,在建设过程中做到:有组织机构、有活动策划、有培训教材、有检查考核、有案例典型。"四强化",就是首钢的企业文化建设坚持做到:强化协作、强化宣传、强化教育、强化统一。

(审稿人:姜兴宏 执笔人:承伟 撒元智 邓德敏)

北京京城机电工业控股有限责任公司

企业简介：

　　北京京城机电工业控股有限责任公司是由北京市政府授权的大型国有资产经营管理公司，是中国最大500家企业集团之一。公司旗下拥有数控机床、发电设备、气体储运装备、工程机械、新能源、环保产业、印刷机械、开关电气、工业物流以及液压元件等多个产业集群，集工程设计、产品开发、设备制造和技术服务为一体，为电力、冶金、船舶、交通、工程建设、机械制造、航空航天等多个工业领域提供高质量的专业装备制造与服务，客户遍及全球70多个国家和地区。

以文化铸魂
推动京城机电转型发展

■ 中共北京京城机电工业控股有限责任公司委员会 ■

北京京城机电工业控股有限责任公司(以下简称京城机电)拥有数十年大工业产业积累的厚重之美。多年来,京城机电始终秉承"回报股东,惠及员工,造福社会"的经营理念,坚持用企业文化的引领力,推动战略实施的执行力;用基层组织的凝聚力,增强公司变革的推动力;用职工群众的创造力,提升企业发展的竞争力;用企业形象的感召力,扩大社会责任的影响力。形成了以核心理念贯穿始终,以每年一个主题文化活动统领全年,以文化创新为立足点推动企业文化建设的良好局面,筑就了企业之魂。京城机电围绕中心深入开展企业文化建设,以文化的巨大影响力在企业的转型发展中统一思想,强化战略,凝聚职工,构建和谐,有效促进了企业健康持续发展。

一、以核心理念聚力引领,推动企业转型发展

京城机电始终强化"制造精良、装备世界"的使命和"精于术理、诚以信合"的核心价值观,隆重发布企业文化元素,将阶段性成果与广大职工分享,通过各种途径宣传核心理念。通过对"制造精良、装备世界"和"精于术理、诚以信合"十六个字的不断深入解析内涵并扩展外延,统一公司全体员工的共同价值观,凝聚人心,汇聚力量,引领企业转型发展。

核心理念:

制造精良——始终追求高端技术的开发和应用,坚持以先进的制造技术和手段为保障,用精品制造精品,为用户提供品质精良的产品和服务。

装备世界——始终把装备制造产业作为自己的核心业务领域,致力于为世界范围内的客户提供能够创造价值的装备和服务,创建客户信任和依靠的品牌。

精于术理——既是公司对于自身能力的不懈追求，也是公司在竞争中的制胜之道。"精"，是精细（方法）、精品（目的）、精致（结果），"精"是机械制造业的特征之一；"精"也有精通的含义；"术"，既是产品的技术，也是指制造的技术、方法和手段；"理"，管理，也是企业运行、发展的客观规律。指京城机电始终立足装备制造业领域，专注于为用户提供实现价值的精品。致力于通过不断的创新，实现对先进技术和制造手段的开发和应用，通过不断的学习，实现对企业运行规律和先进的管理思想的理解和实践，通过不断的变革，实现对资源效率和企业价值的优化和提升。充分体现了京城机电对于竞争优势的理解和对于创造价值的追求。

诚以信合——既是公司对于内部、外部关系的准确诠释，也是公司在经济社会的立身之本。"诚"，诚实，忠诚，热诚："诚实"是指尊重客观、实事求是；"忠诚"是指对企业忠诚，对事业忠诚，对客户忠诚，对团队伙伴忠诚；"热诚"是指对待工作乃至任何事物都热心而充满激情；"诚"也是"成"的谐音，有成功的意思。"信"，是指信任、信用和守信，信是说话算数和信守然诺。"合"，是指合作、合力，也是"和"的谐音，有和谐的意思。京城机电强调与供应商、客户的合作，实现共赢，强调内部企业、员工之间的合作，形成合力。由"合"生"和"，通过内部、外部的合作，实现和睦协调。京城机电始终坚持用诚实承载信用，用忠诚对待事业，用热诚对待工作，用合作实现和谐，达到合作伙伴之间、企业与员工之间的共同成长和成功，充分体现了京城机电对于成功路径的理解和和谐共存的追求。

"精"与"诚"，"术"与"理"，"信"与"和"，不仅传承着中国传统文化，同时也在不断地追求现代科技的本质。用现代经济契约关系和真诚无欺、信守然诺的传统美德来规范思想和行为。这是一种内在的精神和价值，是一种外在的声誉和资源。"精诚"也是公司"京城"名字的谐音。

二、以文化创新强化体系，推动企业文化建设

京城机电注重以文化创新为立足点，强化企业文化体系建设，不断推动企业文化深入开展，以行之有效的方式，通过新颖的载体，突出针对性和实际效果，实现企业文化与企业中心工作有机结合，助推企业发展。

——企业文化与战略相结合，创新思路，促进转型发展。企业文化

建设与公司"十一五"、"十二五"战略紧密结合,在战略中对企业文化提出明确的发展方向和工作要求。"十一五"战略,公司提出"诚信、责任"的核心价值理念,凝聚员工,共谋发展。"十二五"战略,在对企业文化元素进行系统梳理发布的基础上,进一步确定了"成为全球领先的装备制造与服务供应商"的企业愿景,并对企业使命、核心价值观、经营理念进一步明确,成为指导公司"十二五"发展的思想统领。

——企业文化与制度相结合,创新机制,促进体系规范。公司专门制定《管理人员职业道德准则》和《员工职业行为规范》,对管理人员从恪尽职守、遵守法规、诚实守信、公平公正、禁谋私利等九个方面提出了要求,对员工提出了追求卓越、诚信经营、充分尊重、勇担责任的总希望。通过文化的力量从道德层面规范和引导广大干部员工尊崇企业行为理念,约束自身行为,履行自身义务,逐步成为衡量自身的标准。

——企业文化与廉政相结合,创新载体,促进廉洁文化。为进一步推动党风廉政建设,加强对领导干部廉洁自律的约束,公司为每一位管理者专门制作廉洁文化台历,每年更换不同内容,使领导干部在潜移默化中接受廉洁教育,公司专门开辟廉政网页,以文化的力量促进廉政,受到了广大干部的广泛好评。

——企业文化与安全相结合,创新领域,促进和谐稳定。安全是企业生产的重中之重,也是企业文化工作的重点。几年来,我们通过多种方式加强安全生产宣传,先后制作了FLASH类型的安全警示宣传片,卡通漫画类型的安全事故处理程序和安全温馨提示,并广泛张贴在企业显要位置。制作了安全生产扑克分发给广大职工,通过娱乐加强安全意识。2011年,公司在长期调研总结的基础上制定了控股公司级的安全生产管理规范,完善了安全体系建设,为职工安全生产,企业和谐发展创造了条件。

——企业文化与品牌相结合,创新理念,促进持续发展。公司将文化与品牌有机结合,具有企业文化核心元素的公司企业形象宣传片、企业形象宣传册及产品手册,在重要展会及客户见面会上为企业形象推广发挥重要作用。同时,企业各类展示活动中,公司注重企业文化在品牌宣传中的渗透,创意各具特色,但核心理念始终一致。公司从2012年开始编制企业社会责任书,规范公司总体形象,扩大了品牌影响力,为企业持续发展奠定了基础。

三、以主题活动彰显活力，助力企业转型发展

从2006年京城机电"十一五"战略确定以来，公司通过每年一个主题文化活动的形式，有效统筹全年文化工作，通过主题文化活动的实施进一步营造和谐、稳定、发展的良好氛围，强化战略，统一思想，振奋人心，凝聚职工，锻炼队伍，收到了良好效果。

2006年，是"十一五"战略实施的开局之年，公司精心组织以"凝聚员工力量、扬'十一五'风帆，共创美好明天"为主题的公司首届职工运动会。突出公司文化，打造遵从控股公司价值理念的组织团队，提升控股公司组织团队的执行力。"职工运动会"历时三个月，共有23个单位1600人次参加了6个竞赛项目200余场比赛。通过举办运动会进一步展示了控股公司"十五"成果和"十一五"发展战略规划主题，展示了控股公司团队的凝聚力，树立了控股公司整体形象。

2007年，公司通过推出以"迎盼奥运、诚信勤勉、共筑和谐"为主题的"职工大型合唱节"活动，极大地丰富了广大职工的文化生活，凝聚了职工的力量。职工参与热情极为高涨，共有17家单位千余名演员积极准备并参加了合唱节。通过职工大型合唱节三个篇章的演唱，进一步营造迎盼奥运的环境氛围，遵循廉洁勤勉的道德规范，推进和谐企业的构建，使广大职工的团队意识和集体荣誉感普遍得到增强，丰富了企业文化内涵，促进了公司企业文化建设。

2008年，为检验三年来职工素质教育的成果，培养全系统优秀操作者，选树通用工种技术能手的领军人物，激发广大职工学习、钻研、爱岗的职业精神。公司开展了以"学知识、学技能、比创新、比贡献"为主题的"职工技能大赛"，比赛共设立8个比赛项目，公司系统13家企业共1132人次选手参加初赛，421人次进入复赛，184人次进入决赛最终产生8个工种状元，并举行了"庆五一国际劳动节暨技能大赛颁奖典礼"，隆重表彰获奖选手。技能大赛的成功举办，营造了广大职工学知识、学技能的良好氛围，为职工的成长提供了平台。

2009年，为推进公司"十一五"战略的有效实施，进一步弘扬公司的文化，振奋广大职工的精神，迎接国庆60周年，公司从2009年4—9月，成功举办了主题为"回顾发展成就，坚定发展信心，展示发展力量"的"职工文化节"活动。职工文化节从2009年4月开始，先后组织了登山比赛、职

工创意才艺展示大赛、职工书法绘画摄影比赛、企业文化征文等系列活动,历时7个月,直接参与职工1378人;9月17日公司举行了主题为"红旗领航"的庆祝新中国成立60周年暨企业文化元素发布盛典。通过系列活动和庆典,鼓舞了人心,振奋了斗志,充分展示了控股公司所取得的成就,进一步激发了广大职工的爱国热情和不断进取的精神,推动了公司的文化建设。

2010年正值"十一五"收官及谋划"十二五"战略的关键之年,公司举办了以"力量、风采、未来"为主题的京城控股公司"第二届职工运动会",历时158天,参赛选手超千人,参与人数更是超过万人。先后组织了乒乓球、羽毛球、篮球、田径等项目的角逐,并专门设立了千人工间操竞赛,充分体现了凝聚员工力量,展示企业风采,共创美好未来的初衷。让每位员工感受到公司的凝聚力和感召力,推动了企业文化的进一步发展,彰显了京城机电控股公司再续辉煌的无限生机与活力。

2011年是"十二五"战略的开局之年,是中国共产党成立90周年,也是加快转变经济发展方式,实现公司跨越发展的重要之年。公司在全系统开展了以"颂歌献给党、跨越'十二五'"为主题的"纪念建党90周年系列活动",编纂了京城机电组织史;开展了主题党日活动;组织了知识答卷活动;举行了纪念征文比赛;完成了网上书画、摄影作品展;制作了《光辉岁月 锦绣前程》企业形象专题片;召开了纪念表彰大会;举办了"颂歌献给党,建功'十二五'"大型文艺汇演。通过各种活动唱响时代主旋律,引导和激励各级党组织和广大共产党员、职工群众为实现"十二五"跨越发展而积极奉献。

每年一个主题文化活动的开展,极大鼓舞了基层广大职工的士气,提振了精神,凝聚了人心。每个主题活动的参与者都超过千人,广大职工表现出良好的精神状态,活动的开展使广大职工的团队意识和集体荣誉感逐渐增强,为企业的长远发展奠定了基础。通过主题文化活动的开展,也极大地调动了广大职工的积极性和创造性,职工良好的精神状态和高超的能力水平,通过主题文化活动的平台展示出来。在为京城机电控股公司成为"全球领先的装备制造与服务供应商"目标作出贡献的同时,广大职工劳动热情和创造活力得到激发,促进了企业发展。每年一个大活动的成功组织,扩大了企业的影响力,提高了广大员工对企业的认同感,强化了公司战略的执行力,搭建了职工成才的平台,为企业中心工作顺利推进创造了良好环境。

京城机电从"十一五"以来,资产总量从2005年的185.7亿元发展到2011年的277亿元,主营业务收入从2005年的90.4亿元发展到2011年的199.6亿元,实现利润从2005年的3.32亿元发展到2011年的7.5亿元。特别是2011年,公司上下团结一心,攻坚克难,实现主营业务收入199.6亿元,同比2010年增长23.6%,创出"十二五"战略开门红的好成绩。

京城机电控股公司多年持续增长的良好势头,主营业务收入、利润等重要指标良好的发展态势,企业文化打造企业之魂的功劳功不可没。通过企业文化作用的发挥,有效地促进了和谐企业建设,为企业顺利转型奠定了基础,为企业持续发展创造了良好的内外部环境。

(执笔人:吴振江 刘哲)

北京隆达轻工控股有限责任公司

企业简介:

北京隆达轻工控股有限责任公司是由原二轻总公司、印刷总公司和有色工业总公司重组而成,是北京市政府授权经营与管理的资产经营公司。隆达公司以特种新材料和特色印刷为主业,主要经营特色稀贵金属新材料及塑料新材料、特色印刷、特色都市服务和高端家电投资等。"十二五"期间,隆达公司以国有企业市场化重构为主题,围绕"三特一高"产业发展方向,努力构建隆达特色经济,加快向科技主导、创新驱动、健康盈利的集团化转型。

特色企业文化
推动隆达公司加快转型发展

■ 中共北京隆达轻工控股有限责任公司委员会 ■

  党的十七届六中全会吹响了"文化兴国"的号角。"文化兴国"是中国立足于世界之林的战略选择,"文化强企"将成为完全竞争型企业健康发展的重要支撑。北京隆达轻工控股有限责任公司(以下简称隆达公司)作为一个"年轻的老国有企业",按照首都经济的发展要求,在从初级加工产业向战略新兴产业加快转型过程中,企业文化的融合、提炼、升级并形成广泛的战略共识,已经成为提升企业核心竞争力的重要基础,将为隆达公司努力发展特色经济提供强大的精神动力,为凝聚集体智慧、激发创新能力、培育优质个性提供坚实的思想保证。

一、推动文化融合,夯实发展基础

  隆达公司成立于2000年,是由原北京二轻总公司、北京印刷集团总公司和北京市有色金属工业总公司经过两次重组而成,行使市政府授权的国有资产经营权和集体资产管理权。按照市委、市政府加快国有企业改革调整的发展要求,如何把一个跨行业、跨所有制的"综合型"控股公司管理好、发展好,并形成适应市场要求的核心竞争能力是一个重大课题。面对产业多元、所有制多元、企业文化多元的实际情况,在推动企业科学发展的基础上,从树立企业核心价值观、弘扬企业优质个性文化入手,高度重视企业文化的融合,是隆达公司转型发展的重要基础。

  1. 弘扬优质个性,促进企业文化融合。弘扬企业文化优质个性是促进企业文化融合的客观要求。隆达公司由三个"局级"总公司重组而成。从产业划分,二轻工业总公司属于轻工业,有色金属工业总公司属于重工业,印刷集团总公司属于国家规定的特种行业和文化产业。由于所从事的行业特点和不同的发展历程,使各自的企业文化自然禀赋存在着较大差异,影响了隆达公司发展战略共识的形成。"十一五"期间,隆达

驱动转型

QU DONG ZHUAN XING

205

公司立足企业的生存性调整,提出了公司阶段性发展理念,制定了《隆达公司"十一五"期间企业文化建设规划》,努力推动企业发展战略与企业文化的和谐统一、企业发展与员工发展的和谐统一、企业文化优势与企业竞争优势的和谐统一。进入"十二五"期间,隆达公司立足首都经济的发展要求,围绕"三特一高"产业发展方向,有序推动优势企业和优秀经营团队的布局,努力打造隆达特色企业文化。通过弘扬企业优质文化个性,整合隆达优质共性,使"二轻、有色、印刷"的企业文化有序融合,逐步形成了"隆达"的企业文化。

2. 加快结构调整,推动企业文化融合。企业与产业结构调整是促进企业文化融合的有效手段。"十一五"期间,隆达企业文化突出体现了"发展隆达、贡献社会、造福员工"的总体原则。按照国资委"调、改、剥、破"和"调、改、剥、退"的发展要求,以结构调整为切入点,集中力量发展印刷包装、有色新材料、塑料新材料及家用电器四个产业板块。通过主辅分离改制、对外合作、政策性破产、劣势企业退出等方式,完成了2户企业的整体改制、2户企业的政策性破产、14户企业的整体退出和58户四级企业的清理,理顺了8个二级企业的管理关系,促进了企业文化的融合。"十二五"时期,隆达企业文化将突出体现"追求特色卓越、企业健康盈利、员工健康成长"的核心价值观,按照国资委"调整、改革、合作、创新"的发展要求,以"强主业、增资产、控成本、聚合力"为主线,坚持"三特一高"(特种新材料、特色印刷、特色都市服务、高端家电投资)产业方向,着力于"四高一低"(主业经营高效益,物业经营高创意,长期投资高收益,资产经营高效率,成本费用低比例)经济结构调整,高度重视员工共享改革发展成果的有效实现形式,促进企业文化的深度融合、提炼与升级。

3. 强化制度管理,加快企业文化融合。制度建设是加快企业文化融合的重要保障。"十一五"期间,从企业生存性结构调整出发,完善了《隆达公司党委会、董事会议事规则》,健全了《惩防体系基本制度》、《法律事务内控体系》,优化了《经营者考核与评价办法》等多项管理制度,在制度框架下,促进了企业文化的融合。"十二五"规划以来,从发展隆达特色经济出发,先后发布了《规范劳动用工、促进员工健康成长》、《加强安全生产、促进企业健康盈利》、《建设集成总部,提升集团管控能力》、《加强风险管控,促进企业持续健康发展》、《企业经营团队三年工作目标》等指导意见,强化战略共识的形成,重视内生动力的激发,鼓励创新能力的发挥。这些制度和规定,体现了新时期隆达公司企业文化的特征和内涵,推动了企业文化的深度融合。

二、以人为本,营造和谐发展环境

"十二五"期间,加快发展隆达特色经济任重而道远。结合企业特点和未来发展,加快以"尊重民意、相互信任、推动转型"为特征的人文环境建设,不仅是打造隆达特色企业文化的现实需要,更是发展隆达特色经济的客观要求。

1. 增强深度互信,优化工作环境。工作软环境的优劣,是企业文化状况的直接反映。符合企业发展要求的工作软环境是企业文化适应外部环境不断进入更高层面的基础。隆达公司作为完全竞争型企业,围绕市场竞争要求,以增进相互信任、激活发展动力为切入点,注重把建立良好的人与人之间、企业与企业之间、企业和客户之间的和谐关系作为基础工作来抓。通过定期召开互动式的研讨会、恳谈会和专业团队会等多种形式,把公司高层领导与各层级员工的直接交流制度化、常规化,努力营造员工间"深度沟通、坦诚互动、相互尊重"的工作氛围;依靠团队式工作,以公司总部为下属企业提供增值服务为切入点,打造企业间"相互尊重而不相互博弈、深度沟通而不简单命令、坦诚互动而不相互猜测、强调统一而不压制优质个性、依托绩效考核而不是一团和气"的工作环境,把"团结、向上"的工作状态植入整个工作过程。工作软环境的不断优化,最直接的效果是战略共识更加容易形成,工作合力更加易于凝聚,展现了用思想转型促进观念转型,加快发展转型的良好效果。

2. 搭建成长平台,营造和谐环境。员工是企业生存与发展的核心资源,是推动企业管理进入高端环节的原动力。为员工健康成长搭建发展平台,支持员工立足岗位创新,是隆达公司营造和谐环境的主体脉络。几年来,隆达公司从多个层面为激发员工的创新能力和工作热情创造条件。一是搭建职工创新平台。全力支持"职工创新工作室"的建立,为群众性经济技术创新活动创造条件。近两年来,共成立了20个公司级"职工创新工作室",群众性经济技术创新立项共66项,创新项目从航天新材料到文化创意产品,为员工全方位参与经济发展起到了很好的推动作用。二是搭建职工技能提升平台。开展了"首席员工"命名表彰活动,由隆达公司总部出资为"首席员工"发放津贴,鼓励基层员工立足岗位提高技能,使员工找到自身在隆达特色经济发展中的价值定位。2012年,已经有20名"首席员工"正式命名,为基层员工提高工作技能起到良好的示范作用。三是搭建职工综合素质展示平台。以举办重大活动为契机,为展示员工综合能力创造条件。2011年,在庆祝中国共产党成立90周年大会上,以"颂歌献给党,建功'十二五'"为主题的职工文艺汇演,24家企事业单位的429名演职人员参加了演出。在天桥剧场"专业"水准的精彩演出和团结向上的积极氛围,给与会的各级领导和全体员工留下了难忘的记忆,极大地增强了员工凝聚力,提升了"隆达公司"的知名度。四是搭建职工共享改革发展成果平台。充分利用中关村"1+6"政策,努力认证高新技术企业。目前,隆达公司已经有9家高新技术企业,其中,2家企业的技术、管理、经营骨干享有分红权,极大地激发了职工的积极性和创造性。五是搭建员工锻炼、成长平台,为员工提升综合素质创造条件。以隆达公司总部、下属优势企业为载体,每年选择20名左右优秀青年员工到隆达公司总部或下属优势企业挂职锻炼,最大限度为员工健康成长提供发展空间,为提升综合素质创造了条件。

　　3. 强化素质培训,夯实成长环境。加强隆达公司特色企业文化建设,关键是要树立"以人为本"的核心地位,把"关心人、理解人、尊重人、培养人"贯穿于隆达特色企业文化与特色经济建设的全过程,让每一名员工切实感受到自己在公司发展中的地位、作用和贡献。2010年以来,隆达公司结合企业特点,推动以人力资源为核心的集成管控,以员工多层次培训为切入点,"一人多岗、一专多能"为原则,有序推进员工的专业知识培训,为夯实员工健康成长环境创造基础条件。一是支持一年期(含一年)以内,或10万元费用以下的专项培训。短期培训的初始费用由企业和个人各负担50%,员工自取得《结业合格证书》后,工作每满一年,报销10%,直到全部报销为止。二是支持三年期以内,或50万元费用以下的专业培训。专业培训的费用由企业和个人各负担50%的方式进行。员工自取得结业合格证书后,工作每满一年,报销5%,直到全部报销为止。三是依托公司党校的教育平台,加强员工内部专项培训。根据员工的业务需要和工作实际,采取多种形式,为提高员工综合素质提供最大限度的免费培训支持。四是支持"年轻"员工参加国家级统一考试。对在隆达公司工作5年及以上的"年轻"员工,公司鼓励参加法律、财务、税务等国家统一考试以及北京市各委办局的公务员考试。

三、打造公司核心价值观,促进公司转型发展

"十二五"期间,隆达公司按照首都经济的发展要求和市国资委"调、改、合、创"的发展主题,加快转变经济发展方式,集中资源培育隆达特色经济。隆达特色企业文化的"特色"到底是什么,决定公司未来的发展方向。隆达特色经济在于激发人力资源潜能,实现从加工型向科技型企业为主导的成功转型。因此,隆达特色企业文化的"特色"在于人力资源能力的充分提升、挖掘与释放。打造隆达公司核心价值观,本质上是按照"三特一高"产业方向,按照市场标准,全方位开发人力资源,使企业的发展方向适应首都经济的发展要求。

1. 创新发展理念,提炼核心价值观。隆达公司作为一个跨行业、跨所有制的"综合型"市属国有一级企业,2000年成立之初,产业高度多元,涉及了17个行业;经过10年来的改革调整,企业所有制多元,包含了国有、集体、职工共同共有、外资、民营、职工持股6种形态;大多数企业经过历史沿革,近60年砥砺发展,目前65家企业聚合了近800家企业文化的各种特质;企业形态多元更是一个突出特点。就目前65家企业而言,有手工业为基础的企业,有简单加工企业,有服务航天、军工、微电子的高新技术企业,有与世界500强、中国500强合作的企业,有国内同行业绩效优良的优势企业,但也仍有不适应首都经济发展要求的亏损企业。面对产业多元、企业多元、所有制多元、特别是企业文化多元的特点,考虑到公司内部难以形成完整产业链的具体情况,如何按照首都经济和市场竞争的发展要求,创新发展理念,提炼出隆达公司的核心价值观,已经成为隆达公司发展特色经济的一个重大战略选择。首先,我们提出了在母子公司制和相互尊重企业法人财产权基础上的集团化转型总体思路,解决企业所有制多元引发的企业间利益博弈问题;第二,提出了"三特一高"的产业发展方向,围绕特色新材料制造、特色印刷、特色都市服务业、高端家电制造四个产业发展方向,既解决了产业分散问题,又为65家企业指明了未来发展方向;第三,提出了"隆达发展靠企业支撑,企业发展

靠隆达带动"的企业大家庭发展理念,加快实施优势企业布局,由此解决企业"小、散、弱"问题,为发挥隆达公司的整体竞争力创造了条件;第四,确定了"以人为本,高度重视优质个性,努力促进共享改革发展成果"的企业发展方向,广泛宣传"隆达公司一家人、健康盈利一盘棋、员工成长一条心"的整体发展思路,把隆达公司的整体利益与二、三级企业的核心利益有机地结合起来,把人力资源与经营性资源的潜能有机地结合起来,初步解决了优质资产向优秀经营团队和优势产业流动问题;第五,以人力资源管控为核心,强力推进制度面前"人人平等有机遇",工作面前"事事依规有活力",决策面前"依法依规依民意",实施面前"依法依规依程序",摆正了企业与员工之间的关系;第六,围绕企业健康盈利,努力推动"企业有文化、员工有技能、经营有特色、资源有活力"的经营理念。以上这些系统思考,在广泛征求员工意见的基础上,我们提炼出隆达公司整体核心价值观——"追求特色卓越,企业健康盈利,员工健康成长"。把众多纷繁的个性文化,统一凝聚在隆达公司核心价值观整体理念上。

2. 找准发展方向,培育核心价值观。隆达公司作为一个"年轻的老国有企业",在产业、企业、所有制多元的基础上,还有一个突出特点,就是在职职工与离退休的比例目前已经达到1:6,在职职工6000人,离退休人员36000人,历史责任非常沉重。把社会责任与市场竞争兼顾起来,同样是隆达公司的一个战略选择。"追求特色卓越,企业健康盈利,员工健康成长"的公司核心价值观,简单诠释就是企业经济发展追求特色,管理追求一流,企业从优势向卓越不断迈进;企业健康盈利,是公司4万多人随着社会发展有尊严生活的基础;员工健康成长,是按照科学发展观"以人为本"的核心和首都经济发展要求,加快转型发展"隆达特色经济"的重要支撑。在培育公司核心价值观的过程中,关键是让每一个企业、每一名员工在隆达特色经济发展中找到自身定位。在今后较长时期内,隆达公司着力于找准两个方向:一是产业发展方向,以高新技术企业为载体,延长产业链为手段,通过相关企业建立产权关系,促进企业加快发展;二是打造一流员工队伍,以打造优秀经营团队为载体、对服务型企业进行组织重组、扩大资源总量为手段,促进企业健康盈利,员工健康成长,稳定职工队伍。找准了这两个方向,就把培育公司的核心价值观落到了实处并融入整个工作过程中。

3. 加强团队建设，践行核心价值观。"追求特色卓越，企业健康盈利，员工健康成长"的公司核心价值观，正在得到企业和员工广泛的支持和认同。以经营团队建设为载体，加快践行核心价值观，发挥经营团队的带动引导作用，不仅是实践核心价值观的系统工程、聚力工程，更是一个构建和谐企业的增值工程。2010年以来，公司组建了由220人组成的15个二级企业经营团队和财务管理、人力资源、科技创新、风险管理等6个专业团队。以"系统思考、重点突破、持续变革"为工作方向，把握出资人最新发展要求为切入点，链式管理法为手段，在打造"善团结、重绩效、受尊重"职业化经营团队过程中，取得了良好的效果。形成了"战略共识高度统一，集体智慧迅速发挥，工作合力加快凝聚"的工作格局，促进了"十一五"规划的顺利收官和"十二五"规划的良好开局，为完成"十二五"发展目标奠定了基础。团队式工作为践行公司核心价值观起到强大的引导和支撑作用。

总之，隆达公司按照首都经济的发展要求，努力培育隆达特色企业文化，用特色企业文化推动隆达公司加快转型发展，使"年轻的老企业"在未来发展中焕发出青春和活力。隆达公司将从"文化兴企"的战略高度，把培育隆达特色企业文化和发展隆达特色经济有机地结合起来，用思想转型促进结构转型，用企业文化创新推动企业转型发展升级。在首都经济发展中充分展现隆达公司文化力与经济力的融合作用，充分展示隆达公司在战略转型中的经济价值和社会价值。

（执笔人：黄宗武）

驱动转型 QU DONG ZHUAN XING 211

北京建工集团有限责任公司

企业简介:

　　北京建工集团有限责任公司是以工程建设、房地产开发为主业,集设计、科研、安装、装饰、市政、环保、物流为一体的大型企业集团。建设了长安街两侧百分之九十的建筑,以及29项奥运及相关配套工程等一大批时代精品。已获得建筑业最高奖鲁班奖56项,国家优质工程奖31项,詹天佑大奖23项,居全国同行业前列。高度重视企业文化建设,先后荣获全国建设系统和北京市企业文化建设示范单位、精神文明建设先进单位、思想政治工作先进单位,全国及北京市创建学习型组织标兵单位,首都精神文明建设最佳活动奖等荣誉。

整合提升企业文化
驱动企业转型升级

中共北京建工集团有限责任公司委员会

　　北京建工集团党委始终将企业文化建设作为加强和改进党建宣传思想工作的重要抓手，"以文化人"、"以文兴企"，大力开展以宣传贯彻社会主义核心价值观为重点的精神文明建设，以质量、安全为中心的行为文化建设和以塑造品牌为核心的形象文化建设，培育出"劳模文化"、"安全文化"、"质量文化"、"学习型文化"等优秀企业文化，铸就了北京建工深厚的文化底蕴，先后荣获全国建设系统和北京市企业文化建设示范单位、精神文明建设先进单位、思想政治工作先进单位，全国及北京市创建学习型组织标兵单位，首都精神文明建设最佳活动奖等荣誉。为贯彻落实《中共中央宣传部、国务院国资委关于加强和改进新形势下国有及国有控股企业思想政治工作的意见》，进一步推动企业转型升级，凝练体现社会主义核心价值体系和"北京精神"的企业共同价值追求，在市国资委党委、市企业文化建设协会指导下，历时9个月，对企业文化系统地进行了整合与提升。

一、立足实际，充分认识企业文化建设的重要意义与发展需求

　　1. 开展企业文化建设的现实意义。企业文化是企业软实力。优秀的企业文化可以创造生产力、增强吸引力、形成凝聚力、提高竞争力。在"十二五"开局之年着力强化企业文化建设，对推进建工集团科学发展、加快整体上市步伐有着十分重要的意义。

　　首先，加强企业文化建设是学习贯彻党的十七届六中全会精神，践行"北京精神"的客观要求。党的十七届六中全会指出，文化越来越成为民族凝聚力和创造力的重要源泉，越来越成为经济社会发展的重要支撑。企业文化也越来越成为加强思想政治教育、提升员工综合素质、推动企业科学发展不可或缺的精神支撑。加强企业文化建设，是学习贯彻党的十七届六中全会精神，宣传践行"北京精神"的客观要求，必须认真抓实抓好。

第二,加强企业文化建设是推动企业转型升级的有力支撑。现代企业发展战略需要强有力的文化战略做支撑。要通过加强企业文化建设,进一步优化企业管理模式,强化母子公司管控,转变发展思维,促进突破创新,为推动企业转型升级,推动"十二五"规划贯彻实施提供强有力文化支撑和精神动力,进一步将文化软实力转变为企业的核心竞争力。

第三,加强企业文化建设是建设和谐企业的强大动力。优秀的企业文化对于吸引人才、凝聚员工力量、培育共同理想、提高职业素养等有积极的促进作用,是建设和谐企业、和谐社会的助推剂和润滑剂。

2. 集团企业文化发展现状分析。随着改革发展的不断深入,建工集团在企业转型升级过程中产生了一些新情况和新问题:产业结构由"一业独大"发展到现在的"双主业多板块",产品结构日益丰富;产权结构由国有股"一股独大"发展到现在的"产权多元";市场布局也由过去的京内为主,发展到京内、京外、境外市场三分天下;人力资源结构的国际化和本土化进程也进一步加快。这些都对企业文化建设提出了新的课题和挑战。

一是"集而不团"现象相对突出。子文化理念日益多样化、复杂化,缺乏统一规范;个别二级单位未能规范执行集团VI(形象识别)体系;个别改制单位以集团公司持股比例低或不控股为由,未能全面贯彻实施集团企业文化体系;70%的二级单位创办了自己的企业报,不符合"一个集团、一个声音"原则。"十二五"期间,我们需要用企业核心理念来统一职工思想、凝聚职工力量,集中精力破解困扰企业上市的突出问题。

二是二元文化融合难度加大。一方面,北京建工集团首开建筑业"嫁接民营资本"的先河,对80%的二级企业都进行了改制重组,国有企业与民营、外资企业在价值观念、管理制度、行为方式等方面存在差异。另一方面,境外工程已占集团近三分之一的市场份额,跨国家、跨地区经营带来的多元文化冲突日益显现,需要我们在"走出去"过程中营造平等、开放、沟通、和谐的文化氛围,搭建能够融合各国员工价值观念和行为准则的文化平台。

三是原有企业文化体系亟待完善。集团旧版"员工手册"和"VI手册"创制于上个世纪90年代,从内容到覆盖面均已不能很好地满足业务国际化、管理现代化的现实需要。

集团公司第二次党代会明确提出企业文化整合与提升工作的目标和要求,即:通过文化整合与提升,基本建立起与集团战略相匹配、母子文化相融合、全体员工普遍认可、富有北京建工特色和时代特征的企业文化;员工个人愿景与企业共同愿景实现有机统一;母子文化管理进一步规范;品牌战略全面推进;集团文化软实力整体提升。

二、着眼当前,扎实推进企业文化整合提升的谋划与设计

集团企业文化整合与提升工作坚持继承创新、兼收并蓄、严谨务实、文白结合等原则,主要经历了筹划准备、调研诊断、整合提升和深度谋划四个阶段。

1. 注重立足自身与兼收并蓄相结合,筹划准备、打好基础。坚持"眼睛向内",充分分析集团企业文化建设现状和发展需求。坚持吸收借鉴,走访了企业文化建设工作开展较好的部分市属国有企业,多次与市企业文化建设协会进行沟通交流,详细编制了集团企业文化整合与提升工作实施方案。

2. 注重理论指导与实际操作相结合,调研诊断、掌握情况。认真梳理研究500余份企业文化课题材料,搭建整合与提升理论框架。与此同时,加强调查研究,先后访谈两级领导班子成员73人次,发放调查问卷1000份,调阅内部档案、文件及其他资料约370余万字。着力将理论框架与调研结果有机结合起来,为开展整合与提升工作奠定基础。

3. 注重继承与创新相结合,整合提升、研讨创新。整合提升充分吸收建工集团近60年发展过程中形成的劳模文化、"建楼育人"文化等优秀企业文化因子,综合分析研判企业发展现状,重点就文化管控权与品牌使用权、文化建设与绩效考核、传统产业与新兴产业等进行创新探索。共组织各种研讨会、座谈会67次,征集创新性意见建议43个方面、97条。

4. 注重企业战略与文化载体相结合,深度谋划、完善体系。着眼实施集团"十二五"规划,重点就企业文化建设五年规划和母子文化管控开展深度研讨和谋划,探索建立企业文化内部管理规范,进一步完善推进企业文化建设的整体安排与举措。

三、注重实效,认真做好企业文化整合提升成果的发布与实施

企业文化整合与提升工作历时9个月,最终形成了《北京建工集团企业文化调研与诊断报告》、《北京建工集团企业文化手册》、《北京建工集团VI手册》、《北京建工集团企业文化建设五年规划》、《北京建工集团母子文化管理办法》等五项成果。

1. 调研分析了企业文化建设现状。《北京建工集团企业文化调研与诊断报告》在问卷调查、封闭访谈、资料调阅的基础上,对集团企业文化发展轨迹、发展需求和价值观匹配度等方面进行了梳理、分析和研判,明确了企业文化建设的发展方向和基本内涵。

2. 搭建了企业文化理念体系。新版《北京建工集团企业文化手册》,充分吸收《老子》、《论语》、《礼记》等古代典籍的文化营养,是广大干部职工认同、认知、践行集团企业文化理念的重要载体。首次解决了长期以来悬而未决的主文化问题,对集团数十载奋斗史进行高度概括与浓缩,将北京建工文化定位于"工",即:"建德立业、工于品质",隐含"建工"二字。新版文化理念体系包括文化概述、理念识别和行为规范3个方面,核心理念由企业愿景、企业使命、核心价值观、企业精神和企业宗旨组成。应用理念在原有安全方针、质量方针等基础上,对经营观、发展观、学习观、创新观、执行观等进行了大幅度丰富创新,数量由4个扩充到14个。

3. 全面规范了集团形象识别体系。新版《北京建工集团VI手册》坚持继承与创新兼收并蓄,既保持了原有VI系统的统一性和延续性,又紧密结合企业经营生产的新要求,广泛吸收时代元素,更好地诠释了集团的理念与文化。新版VI手册分为基础设计和应用设计两大部分,包含企业标识、辅助图形、施工现场环境识别、施工机械设备等14个类别,内容量扩充到旧版VI手册的两倍。

4. 研究制定了企业文化建设五年规划。《北京建工集团企业文化建设五年规划》是集团"十二五"规划的重要子规划,明确规定了企业文化建设的基本原则、工作目标、实施步骤和工作要求,对于建立企业文化建设三级管控架构,确保新版文化体系宣贯到位、落地生根具有重要的指导意义。

5. 首次出台了母子文化管控办法。《北京建工集团母子文化管理办法》是北京建工集团首个规范集团母子公司文化管理的指导性文件。文件立足于集团母子公司科学管控,首次创造性地提出了"品牌划界"原则,即:不再按照持股比例来划分文化管理权,而是依据是否使用集团的企业名称、企业资质、企业标识等品牌元素,将成员单位分为文化管控单位和文化影响单位两个类别,明确要求文化管控单位完整对接集团文化,鼓励引导文化影响单位使用集团文化体系。各文化管控单位每年与集团公司签订品牌使用协议。"品牌划界"对加强母子文化管理,促进母子文化融合有着积极的推动作用。

四、放眼长远,切实推动企业文化整合提升成果的学习宣贯与落地生根

北京建工集团大力推进"塑造品牌,凝聚人心"的企业文化战略,全面贯彻实施新版企业文化体系,努力建设具有北京建工特色和时代特征的企业文化,以文化塑造品牌、以文化形成合力、以文化提升核心竞争力。

1. 搭建三级管控机构。党政联合下发文件,成立了集团公司企业文化建设专业指导委员会和集团公司企业文化建设管理办公室,二级单位也相应成立或指定企业文化实施机构,形成上下联动、有机统一的工作机制。

2. 广泛开展宣传教育与集中培训。首先,组建了70余人的企业文化内训师团队,到成员单位巡回宣讲;其次,充分利用企业报、宣传栏、板报、橱窗、网站等媒介强化宣贯效果;再次,举办宣贯大会、党务干部培训班、后备干部培训班等对机关各部室负责人、成员单位主管领导及相关部门负责人进行集中培训,促进入脑入心。

3. 全面加强制度建设。制定下发了《关于学习宣传贯彻新版企业文化体系的通知》和《北京建工集团企业文化建设考核评价办法》,将企业文化建设工作成效纳入企业经营者绩效考核体系,加强对集团企业文化建设的过程指导与监督检查。

4. 扎实推进工作试点。综合分析各成员单位生产经营和企业文化建设现状,选取土建施工、房地产、新兴产业等8家有代表性的单位作为试点,充分发挥试点单位的示范带动作用,先试先行、以点带面,推动企业文化宣贯工作全面展开。

5. 实施三个层面的文化对接。集团公司引导各成员单位按照"一元化"原则,对本单位理念文化进行调整、修订,对VI使用情况进行规范整顿,按照"一个集团、一个声音"的原则,对成员单位平面媒体的版式、纸张、开数、版性等进行理性整合。

五、开展企业文化整合与提升工作的几点认识与体会

开展企业文化整合与提升工作,需要着重处理好以下五组辩证关系。

一是处理好文化载体与思想建设的关系。要将企业文化建设作为加强和改进企业思想政治工作的有效载体,重在通过科学有效的思想政治工作为企业文化建设提供正确的思想理论引导,使之相辅相成、相互促进。

二是处理好文化建设与企业管理的关系。要始终致力于实现文化与管理的无缝对接,将管理理念融入企业文化之中,用企业文化来推动管理创新,真正赋予企业文化灵魂与活力,真正实现有载体、有制度、有效果。

三是处理好实践与创新的关系。"品牌划界"原则的提出充分证明企业文化建设要深入基层,服务实践,不搞套路化、杜绝模式化,使企业文化建设成果在实践中不断丰富完善,进而更加符合集团实际,体现员工需求。

四是处理好现实与长远的关系。企业文化建设是百年铸魂工程。开展企业文化建设,要统筹现实与长远的关系,既要考虑到现实的实用性,又要考虑较长一段时期内的持续性与稳定性。

五是处理好一元与多元的关系。既要坚持"一元化"原则,自觉维护集团一元文化的权威地位,又要允许成员单位在一元文化体系的大前提下,突出特色、注重内涵,丰富健全成员单位子文化,实现与集团文化一脉相承、融会贯通。

(执笔人:俞振江　左慧萍　张晓磊)

北京二商集团有限责任公司

企业简介：

    北京二商集团有限责任公司是以食品制造、肉类加工、现代物流、现代分销与专业市场为主导产业，以科技、教育、信息、物业经营为支撑的大型国有食品产业集团。集团以企业发展战略为指导，通过对企业深厚文化内涵的挖掘、整合、凝练、提升，形成了以"国际一流的都市型食品生产商、供应商、服务商"为企业愿景，"提升民生品质、引领健康生活"为企业使命，"信为业本、智为利源"为共同价值观，"点滴之间，卓越无限"为企业精神，建立了传承创新的北京二商集团母子文化体系。

坚持文化兴企　促进转型发展

■ 中共北京二商集团有限责任公司委员会 ■

北京二商集团党委把建设先进文化作为企业发展的重要使命和关键举措,坚持文化兴企,促进转型发展,努力打造中国食品产业强势集团,不断实现科学发展新跨越。2003年到2011年,北京二商集团总资产由58.2亿元增加到105.3亿元,增幅80.9%;营业收入由30.6亿元增长到165.8亿元,增幅441.8%;利润由1159万元增长到23555万元,增幅1932%;员工人均收入由1.8万元增长到5万元,增幅178%。

一、实施文化发展战略,奠定百年事业基础

加强企业文化建设。整合、提炼、培育独具特色的企业理念,积极倡导代表企业信念、展示企业形象的团队精神,执行统一的行为规范,是二商集团实现企业发展战略目标,成就百年基业的重要保证。集团以2005年第一次党代会确定的企业发展战略为重要契机,以形成传承创新的集团企业文化促进科学发展为基本要求,实施以企业核心价值体系为灵魂,以企业愿景、企业使命和企业精神,以及行为规范、企业形象等为主要内容的企业文化建设,全面启动了集团文化兴企战略工程。

加强品牌形象建设。针对二商集团系统老字号众多,品牌文化历史悠久的特点,整合集团及所属各企业的文化资源,发挥优势,形成合力,全面导入并实施二商集团形象识别系统(CI),树立"二商集团"的企业精神和品牌形象,建设既有行业特点又有文化底蕴,同时又能体现时代精神的"二商集团"文化,形成了北京二商集团企业愿景、企业使命、核心价值观和企业精神,建立了母子公司文化体系。以集团统一的企业文化核心为引领,各出资企业结合实际,参照集团企业文化的模式,总结、凝练出了既符合集团文化要求又具有自身特点的子文化。

加强理念能力建设。集团在企业文化建设中注意做好三项整合,一是整合理念,引导价值取向;二是整合资源,强化集团意识;三是整合品牌,展示"二商"形象。在企业文化建设中主要形成了四种能力:一是强

大的企业凝聚力；二是强劲的市场竞争力；三是旺盛的员工创造力；四是持久的品牌影响力。这为都市型食品产业集团的战略定位营造良好的文化氛围，提供强大的文化动力。集团企业文化被中国企业文化研究会评为"改革开放30年全国企业文化优秀单位"，被中国企业联合会、中国企业家协会评为首届中国企业管理优秀案例；《以先进的文化引领健康生活》的案例被收入市国资委系统企业文化案例文集。

二、实施管理文化，实现从经验管理向科学管理的转变

从传统管理走向文化管理。集团把"以人为本，同心共进"作为管理理念，充分利用集团网站和《北京二商》报及社会媒体资源等宣传阵地。通过编辑企业文化手册、举行企业文化知识竞赛、拍摄企业形象宣传片，创作"司歌"，举办老字号庆典晚会、企业开业典礼及揭牌仪式，专题召开企业文化建设推进会，开展企业文化研讨活动。组织参加北京市大型活动演出、国庆60周年群众游行及北京影响力和北京十大旅游商品、"北京礼物"评选等大型活动。承担奥运（残奥）会和国庆60周年庆典活动食品供应服务保障工作。参与由政府部门或行业协会组织的中国食品旅游（文化）博览会、全国年货购物节暨年货精品展销会。这使集团企业文化逐步落地生根，深入人心，并不断深化全体员工对企业文化管理作用的认识，充分发挥了企业文化的管理功能，彰显人本企业的管理思路，使企业管理从传统管理阶段逐步走向文化管理阶段，全方位提升科学管理水平。

加强人力资源管理。在用统一的理念建立共同的信念，形成共同目标导向和强大凝聚力的同时，通过不断强化企业管理理念，深入落实人才发展规划和教育培训规划，构建了"三个体系"，创新了"五项机制"。"三个体系"即：职责明确、运转高效的组织体系；科学规范、日趋完善的制度体系；信息畅通、资源共享的信息化管理体系。"五项机制"即：人才培养机制、选拔任用机制、考核评价机制、激励约束机制和投入保障机制。开创了人才发展与产业发展相适应、人才结构与产业结构相对接、人才竞争优势与企业竞争优势相促进的良好局面，推动了人事管理向人力资源开发与管理的转型。

建立现代企业制度，完善法人治理结构。不仅仅是企业组织形式的改革，也是企业文化的完善和丰富。以董事会建设为重点，集团建立和

完善了法人治理结构,形成了董事会、监事会、经理层各负其责、协调运转、有效制衡、科学决策和执行的机制。认真履行出资人职责,通过委派董、监事、财务总监等方式,加强对出资企业的有效管理和控制。实施全面预算管理,落实经营责任,确保了战略目标和各项经营指标的完成。几年来,集团围绕创新企业制度与企业文化的充分结合,先后制定实施了加强董事会建设及企业内控制度等100余项管理规范,形成了较为完备的制度体系,提高了决策和运营的效率和水平,实现了从经验管理向科学管理的转变,使企业共同的思想、精神、原则和目标等精神层面的激励作用有效地转化为管理者和全体员工高度自觉的执行力。

三、实施诚信文化,实现由恪守老字号"古训"向构建安全食品产业链的转变

作为食品安全的倡导者、引领者和实践者,集团着力建设以"信为业本"和"德铸百味"为核心价值观的诚信文化。始终恪守众多老字号的古训,以构建安全食品产业链为目标。把抓源头、建体系、重标准、强管理作为传承创新老字号"古训"的载体,持续提升主导产业价值链,塑造了良好的企业形象,提升了产品的美誉度。

抓源头。做到关口前移、明确目标、控制过程。在全国自建或投资合作建设5个生猪和蛋鸡养殖基地,与22个政府生猪活体储备基地、120余家稳定的生猪货源供应基地、13个活牛活羊储备基地、70个蔬菜供应基地和4591亩有机茶和无公害茶园,以及1100余个原材料供应商,通过契约化管理建立了长期稳定的合作关系,从源头保障货源的供应质量。

建体系。大力实施食品产业链上下游各环节间有效链接的一体化管理。大力推进信息化和工业化的深度融合,实施管理信息化示范项目的建设。所属企业均建立并严格执行集团产品质量追溯体系,并逐步建立了原材料供应保障体系、内部质量控制监测体系、食品安全诚信管理体系、食品质量安全责任体系和食品安全保障体系。从原材料采购到产品出库和终端配送等各个环节,实现了源头可追溯、过程可监控、流向可追踪、产品可召回。

重标准。全面实现国际标准体系认证,提高食品生产安全管理科学水平。集团在行业内率先实施了《食品安全信用体系建设实施要点》,所有出资企业均先后通过了ISO9001、HACCP、ISO14001、OHSAS18001认证,所有产品均获得QS标志,并按照认证标准实施国际标准化管理。充分发挥7个国家级和市级食品检测中心及23个企业食品检测中心作用,并先后投资8000多万元购置同行业先进检测设备,及时对食品原辅料、添加剂、半成品或成品进行标准化检测、检验、检疫。同时,不断建立和完善企业从采购、制造、加工、仓储、运输、物流配送等标准管理体系。

强管理。明确职责,落实责任,构建安全食品管理的责任体系。集团牢固树立政治第一、安全第一、责任第一、质量第一、服务第一的意识。严格执行各项法律法规,文明生产、文明经营,把企业价值观融入食品安全管理,坚持不懈地加强全员质量安全教育,增强干部职工守法经营意识、质量安全意识和社会责任感。将食品质量安全工作与企业领导人员年度绩效考核紧密挂钩,实行一票否决,责任追究。

通过价值理念疏导、社会责任强化和管理手段创新,北京二商新鲜、安全、营养、健康的产品得到了广大消费者的信赖。

四、实施品牌文化,实现由产品经营向品牌经营的转变

北京二商集团传承了众多老字号品牌,以六必居、王致和、月盛斋为代表的中华老字号企业通过长期发展已经培养了众多的相对忠实、相对稳定的消费群体,但在较长时期一直简单维持产品经营的运营方式。集团在打造"国际一流的都市型食品生产商、供应商、服务商"企业愿景引领下,通过文化的力量促使企业不断传承创新,大力实施品牌发展战略,取得了显著成效。目前集团拥有各类产品或服务品牌(商标)60余个,其中有3个中国名牌、4个中国驰名商标、16个中华老字号、6个北京名牌、9个北京市著名商标以及3个国家级非物质文化遗产保护名录项目。集团先后荣获"北京最具影响力十大企业"、"中国食品行业十大品牌"、"中国食品行业十佳品牌"、"品牌中国金谱奖"、"中国品牌企业500强"、"中国食品制造业500强"、"中国最大500家企业集团"等荣誉称号。这些知名品牌和荣誉基本构成了北京二商食品产业的发展基础和优势资源,是企业文化建设的"窗口"和企业的"缩影",代表着北京二商的软实力。集团所属企业把转型发展作为企业文化渗透到战略目标的有效途径。通过与国内知名企业的战略合作,积极探索营销新模式,有效开发了餐饮、集

采、机关、外埠大流通企业的新市场,促进了生产与流通体制变革,使企业的目标市场从单纯超市、零售终端向机关团体、学校、宾馆、饭店、外埠全面开发转变。外埠销售收入占集团总销售收入的比例已由2005年的10%上升到2011年的25%,提高了市场竞争力。

五、实施创新文化,实现由传统食品生产企业向现代食品产业的转型

传统食品生产需要继承和创新,而继承和创新需要"智力、智能和智造"。集团坚持"以创新打造核能"为文化创新理念,把文化创新与科技创新双轮驱动作为传承创新的重要途径,将"智为利源"与"智慧民生"的价值观与提升自主创新能力有机结合,促进传统产业实现由制造向"智造"的转变。

重点推进现代化的食品工业基地建设。集团先后投资20多亿元,通过引进国际和国内同行业先进的生产设备、设施,并通过自主创新,运用自有专利技术,改造提升传统的手工作坊生产方式,在怀柔、通州、大兴、昌平工业开发区建成了二商大红门、宫颐府、月盛斋、白玉、六必居、金狮酱油、龙门食醋等老字号和知名品牌的食品工业基地,实现了生产全过程的机械化、自动化、智能化、现代化,抢占了食品产业发展新的战略制高点。以前有二商大红门公司投资6亿多元,新建、改造了包括外埠在内的5个具有国际先进水平的肉类加工企业及养殖基地,年屠宰量跃升至400万头,熟肉制品加工生产能力达2万多吨,全面提高了生猪屠宰和熟肉制品生产装备水平。

科技创新是传统食品企业向现代食品产业转型的必由之路。集团大力践行"提升民生品质、引领健康生活"的企业使命,把科技创新作为转型升级的重要支撑,以实施新产品开发的"折子工程"为载体,充分发挥科技创新的作用,研发新产品400余个,累计实现销售收入7亿元,实现了传统而又现代、经典而又时尚的完美结合,受到消费者青睐。其中,通过科技创新,二商食品股份公司独家自主创新并应用了王致和腐乳低盐化生产核心技术,在确保细、软、鲜、香等传统优良品质的前提下,腐乳发酵更加充分彻底,平均盐分由10%以上降至5%左右,鲜香、醇香、酯香的口味特点更加独特突出,营养更丰富更健康。二商希杰公司大胆突破豆浆传统生产工艺,创造性地把均质、UHT灭菌、无菌灌装等先进技术引

进生产工序,并对原料和包装膜等多方面进行大胆试验,在不添加任何防腐剂并保持原有口味的前提下,使"白玉"牌豆浆的保质期从冷藏3天达到了常温30天,实现了突破性的改革。

在推动产业结构调整升级的同时,集团通过京华茶文化经营交流中心和六必居博物馆等文化创意产业项目建设,紧密对接北京市提出的相关战略新兴产业规划,将老字号深厚的文化底蕴与旅游经济、体验经济、文化创意产业紧密结合,不断传播优秀饮食文化,并进一步升级现代食品产业。

六、实施融合文化,推动集团从区域性企业向全国知名企业的转型发展

从区域性向全国知名企业转型。北京二商集团一直是以保障首都市场供应为主要任务的地方性国有企业。要实现打造中国食品产业强势集团和"国际一流的都市型食品生产商、供应商、服务商"的企业愿景,就必须要实现从区域性企业向全国知名企业的转型发展,这是北京二商集团事业发展的必然选择。为适应首都食品产业发展的新要求,进一步发挥品牌文化的软实力优势,以品牌为纽带加快实施"引进来、走出去"的市场拓展战略。通过投资控股、机制创新、流程再造等,在广西、内蒙古、河北、江苏、陕西等地组建控股公司,建立生产加工基地、货源基地,先后完成了16个股权投资合作项目,走出了一条以文化为先导、以品牌拓市场的创新驱动转型发展之路。通过政企携手、强强联合、优势互补、资源共享等多种形式,先后与中粮集团、中国食品工业集团、黑龙江省农垦总局(北大荒集团)、广西壮族自治区农垦局、广州岭南集团、四川新希望集团、内蒙古赤峰市、山东德州市人民政府、河北唐山滦南县政府等实现了跨地区兼并重组、战略联盟、产业对接等战略合作。大力实施品牌运作和冷链物流合作,建设北京农副产品市场供应链和现代物流配送服务网络,构建以龙头企业为核心的品牌集群,提升了产业发展的协同效应。

坚持"品牌融合资源"的经营理念。由王致和公司出资1500万元控股了生产桂林腐乳的桂林花桥腐乳有限公司,使全国腐乳十大品牌的青方(臭豆腐)、红方(红腐乳)和白方(白腐乳)三大系列历史性地统一到北京二商旗下,成为我国民族腐乳行业的一个盛事,促进了"王致和"与"桂

林腐乳"品牌效应的融合与提升。依托品牌优势,加快实施资本运营战略。对王致和、宫颐府两家知名品牌和优质资源进行改制重组,组建了北京食品股份有限公司,并通过增资扩股方式引入战略投资者,成功募集资金1.4亿元。以此为标志,集团进军资本市场,为实现国有资本证券化奠定了基础。集团有力地推动了由区域型企业向全国知名企业转型发展,向效益二商、和谐二商、幸福二商迈进。

（执笔人：朱泉华　吴刚）

北京王府井百货(集团)股份有限公司

企业简介:

　　北京王府井百货(集团)股份有限公司,前身是享誉中外的新中国第一店——北京市百货大楼,创立于1955年,是国内外知名的民族商业品牌,也是上海证券交易所挂牌的上市公司。目前已成为国内拥有25家百货店或购物中心,专注于百货业态发展的大型百货集团。截至2011年底,王府井百货销售突破200亿元。曾获全国红旗单位、中国零售百强企业、全国城市商业服务文明经营示范单位等荣誉称号,在全国连锁经营30强中位居百货业连锁企业第一。

熔铸商道　迈向卓越

中共北京王府井百货(集团)股份有限公司委员会

　　北京王府井百货(集团)股份有限公司(以下简称王府井百货),企业文化源远流长,来自被誉为"新中国第一店"的北京市百货大楼"一团火"精神。半个多世纪以来,以先进的企业文化和骄人的业绩,使企业获得国家及地方的各类荣誉300余项,是当之无愧的中国零售业综合实力最强、知名度最高的企业之一。

一、王府井百货企业文化发展历程

　　"一团火"精神,是王府井百货企业之魂,一直受到社会各界的充分肯定和高度赞誉,是中国商业追求自我完善的象征,被树为商业的旗帜。"一团火"精神是企业文化的内核与精髓,其培养发展过程,大致经历了三个阶段:

　　第一阶段,上世纪50、60年代。萌芽于"坚持全心全意为人民服务"的办店宗旨,以张秉贵为代表的先进人物是"一团火"精神的主要缔造者。

　　第二阶段,上世纪80年代。"一团火"精神逐步形成和走向成熟,服务内容和形式不断完善和丰富,是开始自觉培育,刻意雕琢、精心打造企业形象和企业文化特色的时期。

　　第三阶段,上世纪90年代至今。是企业文化建设日趋成熟、"一团火"精神不断得到弘扬的阶段。主要任务是:与时俱进,提升服务品位、扩大服务内涵,外延拓展延伸,树立"人文购物,人性服务"的理念,打造现代百货服务品牌。

　　实践中,王府井百货始终坚持诚信为本,先后涌现出张秉贵、刘兆歧、王涛等劳动模范和一批又一批服务品牌、服务明星,培育出具有鲜明时代特征的"一团火"企业文化。如今在中国率先提出"百货连锁战略"的王府井百货,已成为拥有25家大型百货店或购物中心的连锁集团。集团以坚实脚步,构建了以北京为中心,遍布华北、华中、华南、西北、西南五大经济区域中心城市黄金地段的连锁销售网络,"王府井百货品牌"冲

228

出北京,走向全国。截至2011年底,王府井百货集团销售突破200亿元,利润总额突破8亿元。经57年创业、发展,现成为国内专注于百货业态发展的最大股份制零售集团之一。明天的王府井百货将迈出更加坚定、稳健的步伐,朝着新的目标不断奋进。

二、确立宏伟愿景,开拓创新,励精图治,驱动转型

企业战略是企业最高、最核心的层面,决定企业走向的正确、强劲与持久,最直接有力地促进企业科学发展。因此,以发展战略为先导,首先构建战略文化是企业文化建设的根本基础。王府井百货发展战略是通过股份制改造、二次创业、软体改造、业务体制改革、管理体系调整等发展历程,把王府井百货发展成为初具规模的连锁百货公司,成为中国商业最具代表性的企业,成为与国际商业接轨的现代百货集团。王府井百货砥砺发展的实践,是中国商业改革发展的缩影,也是王府井百货战略文化发展的奋斗轨迹。

1. 构筑百货连锁的宏伟蓝图,搭建全国百货连锁的基本框架。王府井百货在1993年完成股份制改造并成功上市后,针对市场和自身条件,把握流通产业发展规律进行战略转型。1996年提出“二次创业”的两大发展目标:一是体制上对传统的国有企业体制改造,与现代国际商业体制接轨;二是规模上发展为连锁化、规模化的零售集团,做中国百货零售业的强势企业。同年率先启动了集中采购模式的业务体制改革,对传统百货业“购销合一”体制彻底变革:撤销门店下属按照商品品类采购的商品部,设立采购中心,实现单店统一采购,使采购成本、资金成本和管理成本得到有效控制。从1996年起,先后聘请美国麦肯锡管理公司对王府井百货市场定位,业务体制,商品规划,店面设计,零售空间布局全面改造。聘请美国安达信财务顾问公司作为系统集成商,引进先进零售管理软件JDA。使王府井百货在企业体制、业务、经营、管理模式等方面逐步与国际现代商业接轨。集团管理团队融合世界先进经营理念,为打造中国最大民族商业品牌,奠定了强有力的基础,形成全国连锁发展的基本格局,初步确立全国业内领先地位。

2. 加快整合、规模发展,强化二次“业务体制”改革。2000年,王府井百货与东安重组后,以总部管理为中心,门店经营为主体进行整合发展。2007年始,进行了二次体制改革,由"松散型"连锁改制为"紧密型"连锁,建立中央采购平台,旗下门店采购职能全部上收至集团总部,把单一门店集中采购升级为集团集中采购,为"大连锁"提供业务体制保障。同时,进行了一系列调整:搭建强大的信息系统平台,支撑企业的规模连锁化发展;建立集团统一财务垂直管理系统,实现资金统一调度,提高资金使用效率,发挥了对财务人员统一规范管理的重要作用。随着转型发展与规模拓展,集团具备了高效管理团队和公众领军品牌等优势。形成以总部为核心的在京6家门店统一购进系统,初步形成多品牌、多层级、多功能,稳定的战略合作伙伴队伍,为实现品牌资源的实质性突破,奠定了基础。

3. 有效提升市场竞争优势,向强势百货集团发展。王府井百货开创了中国百货连锁化发展的先河,"王府井人"开辟了独具企业特色的发展之路,积累了宝贵的经验:一是正确把握流通产业规律,按照产业规律的要求,严格把握发展方向;二是建立与国际接轨的先进经营管理模式;三是坚持发展不停步,优化升级规模经营优势;四是造就了一支适应现代流通业需要的经营管理团队;五是充分运用信息技术,促进产业升级;六是创新思想政治工作模式,为企业发展提供思想政治保证。2012年,集团公司在充分总结初创阶段成功经验的基础上提出了"1234"战略方针,即:一个目标:打造"中国第一百货";两个方向:坚持规模化发展不动摇,坚持正确思想引领企业不动摇;三个保证:完善产权制度的改革;坚持推进以业务体制转型为核心的各项要素的改革;建立一支高素质团队;四个着力点:坚持规模化发展方向,坚持人性化价值观,坚持精细化管理,提升科学化程度。"1234"新战略,确立了企业发展指导方针、原则和重点,是多年实践摸索的结晶,是实现"中国第一百货"愿景的基本保证。

三、实现两个突破,打造现代化人才队伍,驱动战略目标实现

以人为本是王府井百货企业文化体系的核心理念。人才是企业发展的宝贵资源,人才队伍建设作为企业人本文化建设的一部分,发挥着重要作用。通过营造尊重人、塑造人的文化氛围,增强员工归属感,激发员工积极性、创造性,为企业储备后续动力,推动现代管理步入良性循环轨道。

1. 树立人才资源是企业核心竞争资源的观念。"十二五"期间,公司提出加快"一大命题,两大突破"(一大命题是深入构筑"差异性核心竞争力";两大突破是突破"品牌资源"和"人力资源"约束)的推进,为集团快速健康发展,提供智力支持和人才保证。到2015年,集团人力资源总体目标是:建立先进的现代人力资源开发体系,健全和完善人才开发的管理体制和运行机制;营造"用事业凝聚人才,用实践造就人才,用机制激励人才"的环境。通过"搭建四个平台,完善四个机制,实施211人才工程",培养和造就一支规模雄厚、储备充足、专业齐全、结构优化、布局合理、组合科学、德能兼备、素质优良、务实高效的精英团队,为企业又好又快发展,实现"中国第一百货"奠定人才基础。

2. 以战略为引领,建立完善人才培养一体化机制。为实现"中国第一百货"战略目标,公司搭建人才快速成长平台,建立了干部培训与使用一体化管理体系,取得重大突破。明确了现岗干部与后备干部的职责、培养、任用、考核方式及培训课程体系,使干部的培养与使用有机结合。创新后备人才培养机制,按照选拔、考察、确认、培训、任用的一体化管理体系,加速了后备人才战略储备,加快实现人才本地化进度。重视年轻人才的培养与开发,加快年轻干部、属地干部的培养与使用,形成合理梯队结构,实现了重点突破。在集团范围内全面推行竞聘上岗制度,实施空缺岗位公开招聘和岗位推荐制度,形成公开、透明的人才选拔市场,提供公平、公正的、透明的竞赛平台。为人才选拔成长搭建舞台,使选拔渠道不断拓宽。在此基础上,加大了社会招聘工作的力度,把优秀人才吸引到企业中来。同时招聘大学生输入新鲜血液,通过入职培训、岗位见习,发现培养人才。

3. 成立王府井商学院,构建立体化、多层面培训体系。集团2005年成立了王府井商学院,它以企业发展战略为核心,传承企业传统,培养商业精英团队,承载干部培训、培养工作。重点提高中高层管理人员和后备干部的思想政治素质和业务技术水平,用现代管理知识、优秀文明成果以及自有知识产权充实干部队伍,注重实践锻炼,做到"知行合一,学以致用",切实增强领导干部把握形势、驾驭全局的能力和创新能力,努力培养造就一支高素质、专业化的管理人员队伍,为集团公司快速、可持续发展提供充分的人才服务。通过提供令人振奋的工作环境、有竞争力的经济鼓励、富有挑战的工作机会,吸引、培养和提升各类管理人才、专业人才,建立一支高素质、高修养的人才队伍,用共同的价值理念凝聚干部队伍,形成具有"王府井百货"特色的能攻坚、善管理的优质人才梯队。

四、传承延伸"一团火"精神,确立"人文购物,人性服务"新理念,建立现代服务体系

服务文化是企业在长期对客户服务过程中所形成的服务理念、职业观念等服务价值取向的总和。"一团火"精神是王府井百货的服务文化内核和精髓,王府井百货致力传承延伸"一团火"精神,确立"人文购物,人性服务"新理念,建立现代服务体系。

1. "一团火"精神是企业文化的内核和精髓。"一团火"精神萌生于上世纪50年代末至60年代初。到70年代后期,以张秉贵的服务精神为最初摹本,逐步概括归纳为"一团火"精神。自上世纪80年代起30余年,王府井百货以"一团火"精神为特征的企业文化进一步得到了极大丰富和发展,成为企业服务文化的内核精髓。首先,"一团火"精神是王府井百货独有、巨大、无形的精神财富。在管理中发挥着文化激励作用,经营上的文化引导作用,服务中的文化示范作用,发展中的文化纽带作用。其次,"一团火"精神是"全心全意为人民服务"宗旨与中国优秀传统商业文化相结合的产物。"一团火"精神的传播与弘扬,已形成王府井百货特有的企业文化优势。经过几代人精心培育、精心呵护,在继承与弘扬中成熟发展起来,是王府井百货长期自觉培育的结晶,不断引领企业朝着实现"中国第一百货"的既定目标奋勇前行。

2. 传承"一团火"精神,深化提升,确立现代服务理念。新时期王府井百货加大了"一团火"精神的传承与发展,王府井百货各门店通过以张秉贵师傅之子张朝和子承父业,设立张秉贵柜台、火炬传递、开办张秉贵纪念馆等方式,弘扬传承"一团火"精神,积极营造学习模范、争当模范的浓厚氛围。近年来,集团各家门店继续延伸"一团火"精神,通过培养劳模先进,设立服务景观,评选服务品牌、服务明星、星级导购员,建立高级卖手队伍等形式,打造服务亮点,形成一支由劳模、服务明星组成的先进人物梯队,使各门店卖场之中劳模先进如群星闪烁,光彩夺目,既得到社会公众的广泛认可,也使王府井百货的美誉度进一步提高。

随着王府井百货进入新的发展阶段,集团专门聘请国际知名的朗涛公司,依据企业愿景目标,通过分析、访谈、调研,利用品牌驱动器原理,提出王府井百货"人文购物,人性服务"的现代服务理念。新理念的提出是王府井百货对"一团火"精神的延展和提升,是50多年来企业文化深化与升华。同时,包含现代百货企业的时尚化特征,体现企业核心价值观的深刻内涵和未来的发展方向,清晰反映出王府井百货新的战略目标和全方位的市场定位。

3. 建立现代服务体系,丰富深化"一团火"文化内涵。为全面提升王府井百货的服务水平,升华企业文化,最终形成企业核心竞争力。2010年,公司结合各家门店的特点及国内外实际考察的情况,开展以"一团火"为核心的王府井百货服务体系的研究。通过现代百货业的趋势和特点的调研,对公司"人文购物,人性服务"的服务理念进行深度解读:"人文购物,人性服务"就是通过人性化服务,满足顾客对于人文购物过程的体验与享受,以顾客需求为导向,以人文关怀为支撑,以精细化的贴心式服务为载体,力求为顾客创造美妙、幸福、愉悦的购物体验,以吸引更多顾客,培养和留住忠诚顾客。服务体系高度体现了服务人性化、专业化、规模化,通过分析消费者购物、时尚、人文、体验、便捷等11项需求特征,设置以导视、生态、设施、服务台、会员中心、商品配套及功能项目七大模块组成的王府井百货特色服务项目。王府井百货以"人文购物,人性服务"的服务理念为核心建立的现代服务体系,全面体现服务人性化、专业化、规模化。为企业文化发展注入了活力,同时亦是"一团火"精神的传承、发展、创新,王府井百货企业文化建设迈上新台阶。

五、开发和启用新VI系统,打造鲜明的品牌化、现代化、国际化新形象

王府井百货VI形象体系建设是企业文化建设的重要组成部分。王府井百货经50多年发展,已确立在国内百货零售企业中的领先地位,全新的发展需要全新的标识,需要重塑展示新形象。公司联手朗涛公司于2008年形成全新的企业品牌视觉形象(VI系统)。根据愿景目标,"人文购物,人性服务"理念,设计核心标识图形,以一条旋转的丝带为元素,表达"人性关怀";创意来源是:人们交往通常通过赠送礼物来表达,礼物通常选用缎带、丝带进行包装,缎带、丝带本身给人关怀、惊喜的感觉,而且让人感觉很精美。标识中丝带图形旋转成王府井百货拼音第一个字母W的形状,同时连贯的丝带带有连锁发展之意。标识图形形似中国传统印章,来源于王府井百货是有着深厚历史积淀的企业,整个标识以一个简洁、现代、高雅的方式表达中国传统印章的形式来得以完美体现。同时编辑了《品牌手册》,内容包括:董事长致辞、品牌平台、识别、标准用色、字体、品牌图案等。新VI系统的开发启用,不单单是企业标识符号的改变,它承载起企业厚重的文化内涵,包含现代百货企业的时尚化特征,体现企业核心价值观的深刻内涵和未来的发展方向。透过标识形象和重新定义的新标识形象内涵,清晰地折射出王府井百货对零售业竞争形势的理解和判断,反映出围绕企业新的战略目标及各项工作全方位的重新定位。VI系统的更新,也反映出王府井百货着眼于国际化的发展道路,按照符合国际化商业的标准,制定企业的发展战略。统一视觉识别系统是强烈的品牌信号,成功的品牌形象驱动着王府井百货业绩的提高。

总之,面对未来发展,王府井百货将继续顺应时代发展趋势,坚持规模连锁化发展方向,拓展新的发展空间,占领行业发展制高点。沿着打造"中国第一百货"的宏伟战略目标不断前行,丰富延展"一团火"精神为内核的特色企业文化,以开拓创新熔铸王府井百货商道,谱写迈向辉煌明天的新篇章。

(执笔人:张彤)

♻ 北京首都农业集团有限公司

企业简介：

    2009年4月,北京三元集团有限责任公司、北京华都集团有限责任公司、北京市大发畜产公司重组为北京首都农业集团有限公司。组建后的首都农业集团资产总额212.8亿元,员工4万人,国有全资及控股企业64家,中外合资合作企业26家,境外公司3家,其中北京三元食品股份有限公司为上市公司。首都农业集团在转型发展中,大力发展现代农牧业、食品加工业和现代物产物流业,靠文化驱动,把首农打造成为标志性的都市型现代农业产业集团。

以文化为核心品牌、为载体
建设都市型现代农业企业集团

中共北京首都农业集团有限公司委员会

一、首农厚重的文化渊源

首都农业集团中的三元集团,前身是成立于1949年9月6日的"平郊农垦管理局";华都集团的前身为1975年组建的北京市畜牧局;大发畜产公司是1985年市政府为实施"菜篮子"工程组建而成的。三家企业都有着自身光荣的发展史,都曾为首都的副食品供应发挥出重要的作用。也都在各自的发展中,形成了独具特色的企业文化,特别是三元集团的前身北京农垦,经过60年的发展,继承和发扬了农垦的大地文化,激励着几代农垦人不断开拓创新,取得新的业绩。

组建后的首农集团,在京拥有土地近11万亩。集团成立后,以都市型现代农业为主营业务,形成现代农牧业、食品加工业和物产物流业三大业务板块,具有国内领先的畜禽良种繁育体系和全产业链的企业集群,拥有5家国家级重点农业产业化龙头企业和"三元"、"华都"、"双大"三个"中国名牌",并与美国麦当劳公司、肯德基公司、正大集团、荷兰皇家/壳牌石油集团、日本双日株式会社等多家国际知名企业建立了良好合作关系,具有较强的市场竞争力和影响力。

可以说,首农集团既是一个年轻的企业,又是一个有着浓厚历史文化的企业。60年来,在大地文化的推动下,首农人奋发图强,始终承担着北京市民副食品供应的重要任务。如何通过传承优秀文化,打造适应首农发展的先进文化,推动首农转型发展,在北京新一轮"菜篮子"工程中发挥重要作用,是首农党委在加强新时期企业文化建设中的一项首要任务。

二、打造新时期的首农文化,实现转型发展

企业文化对于一个企业的成长来说,看起来不是最直接的因素,但却是最持久的决定因素。资金的多少、技术的高低、优质的产品、完善的

服务、精明的决策,往往依托于企业深厚的文化底蕴。企业文化作为一种组织系统,它具有自我内聚、自我改造、自我调控、自我完善、自我延续等独特的功能。近几年来,首农集团的企业文化建设工作始终围绕集团公司发展的中心任务,推动企业各项工作的开展。首都农业集团在紧紧围绕首都经济发展内涵,大力发展现代农牧业、食品加工业和现代物产物流业中一直把培育先进文化作为支撑力。在提高综合生产能力和经济效益的同时,强化服务"三农"的意识和社会责任,努力成为提供绿色健康食品、在国内同行业具有龙头地位、首都标志性的都市型现代农业产业集团。

1. 围绕集团战略规划,制定文化发展纲要。首农集团重组后,制定了全新的发展战略规划,确立了企业的定位是"立足农业,服务首都,以都市型现代农业为主业",企业的功能是"创新农业科技,奉献安全食品,提供应急保障"。企业的发展愿景是"建设首都标志性、具有行业领导力和品牌竞争力的都市型现代农业集团,成为创新型的国家农业产业化龙头企业"。

为了充分发挥企业文化在提高企业管理水平、增强核心竞争力、促进企业改革发展中的积极作用,我们围绕首农集团的发展战略制定了《北京首都农业集团有限公司加强和推进企业文化建设纲要》,对企业文化建设的重要意义、指导思想、总体目标与基本内容进行了详细说明,确立了企业文化建设的组织实施和基本要求。

2. "诚信"文化,助推企业健康成长。首农文化的基本特征是源于北京农垦的"大地文化",而"诚信"就是大地文化结出的丰硕果实。首农集团将"感恩、责任、诚信"作为企业的核心价值观,经过自上而下的宣贯学习,"感恩、责任、诚信"已经成为推动首农集团不断发展的有力文化根基。

通过在广大干部员工中开展形式多样的思想教育活动,"诚信经营、质量立市"的理念已根植于每个员工心中,体现在企业管理的每个细节中。以集团奶业为例,虽然市场上很多竞争对手在没有奶源基地的情况下,低价竞争、抢夺奶源,给我们造成了很大的压力,但是为了确保产品的优质安全,我们坚持"牧场+加工厂"的奶业产业模式,也正因为如此,三元在"三聚氰胺"事件中独善其身,从而成功收购了三鹿集团资产,获得了新的发展机遇。

3. 打造"首农"品牌,给力集团战略发展。品牌是企业文化最好的载体,但是,首先要有好产品才有好品牌。首农集团旗下的三元牛奶、华都肉鸡、八喜冰淇淋等产品,每家企业都是先做好产品再做品牌。特别是在竞争激烈的乳业市场,从奶牛的养殖、乳品的加工到销售是完整的一个产业链,先做品牌后建工厂的营销方式首农是不认同的。华都品牌已经有30年了,一直致力于为消费者提供高品质的肉产品,华都肉鸡是国内少数出口到日本的企业之一。八喜一直是用纯鲜牛奶作为冰淇淋的原料,叫纯牛奶冰淇淋,在冰淇淋行业里边也应该算独树一帜的。因此,要做好品牌必须上升到企业的战略层面来认识。

首农重组后,把品牌建设作为集团发展的重要战略之一,并聘请相关专业咨询机构,制定了《首农集团品牌发展战略》、《首农集团品牌管理办法》和《首农品牌媒体传播三年期发展规划》,确定了"首农"和"首农集团"作为集团品牌,与旗下三元、华都、双大等知名子品牌成为相互联动、互为支撑,共同发展的母子品牌体系。聘请正邦公司对"首农"品牌标识形象进行全新设计,并出台了新的VI视觉识别系统,逐步统一集团识别形象。同时,我们还强力推出首农集团广告,在中央电视台、北京电视台和中央人民广播电台播放,使首农集团的品牌形象逐步确立。通过建立母品牌的强势地位,不仅对首农集团产品营销、战略投资及资本市场的发展提供有力的支撑,而且可以为凝聚职工、融合企业文化提供巨大的现实支持。

4. 文化讲堂,让企业文化深入基层。企业文化不是凭空创造的,它是存在于每个员工思想、体现在每个员工行为的一种习惯之中。企业文化工作者需要总结、提炼其中的价值观念和企业精神,提升、培育和引导员工自觉地践行这些理念。2010年底,首农集团重组后,结合首农集团发展战略,重新提炼制作了《我们的精神家园》企业文化手册,并下发到每个基层企业的车间班组。

为了更好地发挥文化融合、驱动发展的作用,我们开展了历时两年的企业文化到基层活动。由企业文化部带队,组织业务骨干到集团所属各子企业宣讲,对各企业的宣传干部进行企业文化、品牌建设、宣传技能等方面的培训。通过与基层企业面对面的交流,提高了宣传干部对集团文化的理解,发挥了宣传战线的扩音器作用,产生了以点带面,少数人学习、多数人受益的效果。同时,通过多次宣讲及座谈,使首农文化的内容不断得到充实。

5. 青年文化节,鼓励青年岗位建功。首农集团充分发挥共青团和青年组织在企业文化建设方面的作用,通过举办"青年文化节"活动,使11183名青年员工从基层一线走到了企业发展前沿,提高了首农文化在首农青年中的影响力和凝聚力。

首农"青年文化节"至今已成功举办两届,主要以首农青年文化节为载体,形成和发展了"首农青年论坛"、"感恩、责任、诚信"主题演讲、"万名青工、岗位建功"主题实践活动、"首农十佳青年"评选活动、"走进首农知名企业"团日活动、"共建首农青年林"志愿服务活动等一批青年文化品牌项目,承办了"首农杯"北京市青年食品安全检验技能大赛。通过开展这些活动,使广大青年员工立足岗位,争当先锋,创造出上百项国家、北京市和集团公司优秀科技创新成果,涌现出了以"全国青年文明号"艾莱发喜公司为代表的先进青年文化集体和"全国青年岗位能手"牛博士马翀为代表的优秀青年员工,展示了首农青年的创新力量和健康向上的青春风采。青年文化节活动,同时带动和影响了以肯德基为代表的非公企业青年文化活动的深入开展。

三、几点体会

企业文化建设工作是一项长期动态的工作。通过这些年的企业文化建设工作,我们主要有以下几点体会:

一是重组企业要注重文化的融合。企业重组成立后,能否发挥1+1>2的效果,企业文化是否融合起着非常重要的作用。而文化变革的是一个渐变的过程,也是一个稳定发展的过程。因此,重组中的文化融合是一个长期的动态过程,需要从客观实际出发,循序渐进的推进。首先,要从战略层面制订共同的目标;其次,要在制度层面建立规范的管理制度和良好的工作机制;第三,要在行为上形成共同的规范准则;第四,要在理念上形成共同的价值取向。同时,还要处理好新企业文化与原企业文化的关系、母文化与子文化的关系、文化传承与文化创新的关系等,使企业文化成为推动重组企业科学发展的核心竞争力。

二是企业文化工作要紧紧围绕企业中心工作来开展。企业文化工作者要站在时代发展前沿,认真分析企业面临的客观形势与发展趋势,以宽广的眼界和与时俱进的精神,以提升企业竞争力和提高经济效益为中心,确保国有资产保值增值和促进员工全面发展。将企业文化建设纳入企业发展战略,作为企业经营管理的重要组成部分,与党的建设、思想政治工作和精神文明建设等相关工作有机结合,加强领导,全员参与,统筹规划,重点推进,既体现先进性,又体现可操作性,注重在继承、借鉴中创新,在创新、完善中提高。

三是要制定企业文化建设的实施步骤。要围绕企业文化建设的总体规划,制订工作计划和目标。根据企业实际,找准切入点和工作重点,提炼企业精神、核心价值观和经营管理理念,进一步完善企业规章制度,优化企业内部环境,导入视觉识别系统,进行企业文化建设项目的具体设计;采取学习培训、媒体传播等多种宣传方式,持续不断地对员工进行教育熏陶,使全体员工认知、认同和接受企业精神、经营理念、价值观念,并养成良好的自律意识和行为习惯;在一定时间内对企业文化建设进行总结评估,及时修正、巩固、提升、促进企业文化的创新。各企业可结合本企业实际,确定企业文化建设的具体步骤。

四是要重视企业文化载体与队伍建设。做好企业文化工作必须整合企业文化资源,重视载体作用,特别是把品牌作为文化融合的重要方式。建立集团的品牌权威,从而使职工产生文化认同感。同时,要利用互联网络等新型传媒和企业报刊等形式,扩大企业文化建设的有效覆盖面。组织开展健康向上、特色鲜明、形式多样的群众性业余文化活动,传播优秀精神文化。要注重发挥工会、共青团组织的作用,形成企业文化建设的合力,依靠全体员工的广泛参与,保持企业文化旺盛的生机与活力。

(执笔人:王美玲)

中石化北京燕山石化有限公司

企业简介：

    燕山石化有限公司是中国石化直属的特大型石油化工联合企业，成立于1970年7月20日。公司拥有生产装置63套，公用工程装置68套，原油加工能力1000万吨/年，乙烯生产能力71万吨/年，可以生产94个品种、431个牌号的石油化工产品，是我国最大的石油化工生产基地之一。燕山石化在企业发展中形成了具有燕山石化特色的企业文化体系，用先进文化引领企业发展转型，先后被评为"全国企业文化示范基地"、"改革开放30年全国企业文化优秀单位"、"新中国60年企业精神培育十大摇篮组织"、"企业文化30年实践十大典范组织"。

用先进文化引领企业发展转型

◤ 中共中国石化集团北京燕山石油化工有限公司委员会 ◢

　　燕山石化从上世纪80年代开始有意识地学习企业文化理论、提炼企业精神，建设企业文化。伴随着企业的发展历程，文化不断积淀，在传承、发展与创新中逐步形成了具有燕山石化特色的企业文化体系。近年来，公司对各时期所形成的文化元素进行全面整合和完善，形成了《企业文化手册》《企业文化案例》，推出了《燕山石化图志》四卷本，建成"燕山石化展览馆"，企业文化建设成果已成为统一思想、凝聚力量、规范行为的最直接、最核心的教材。目前，燕山石化在精神层面上已确立了以12条核心价值理念为主的一系列企业价值观；在行为规范方面建立了一整套行之有效的规章制度；在视觉形象方面统一了企业标识，建立了"企业形象"、"产品形象"、"现场管理形象"、"企业员工形象"和"企业管理者形象"五大形象标准。企业文化在公司发展的不同历史阶段发挥了凝聚人心、引导方向、鼓舞精神、规范行为、调整关系、整合力量的巨大作用，成为从传统国企向现代国企转型的坚强文化支撑。

一、文化引领，理念创新推动发展战略转变

　　作为中国经济转型的重要组成部分，国有企业担负着率先转型、主动转型的重要职责。随着中国石化工业发展的重心转向沿海，燕山石化作为一个传统的内陆老石化企业，新世纪以来面临严峻考验。正当干部职工苦苦探索发展之路时，科学发展观的提出给我们指明了方向。我们边思考、边实践、边学习、边探索，以创新的理念重新定位企业的发展战略。

　　在科学分析企业外部环境和内部条件的基础上，提出了"不求最大，但求最好、油化一体、效益最大"的发展理念。放弃"以量取胜"、"以大取胜"的旧发展观，树立"以质取胜"、"以好取胜"的新发展观。利用"油化一体化"的优势，争取使每一套生产装置的技术经济指标都达到国内一流、世界领先的水平，实现效益最大化，把企业做精、做优、做强。在这一发展思路的指引下，将企业愿景确立为："把燕山石化公司建成资源节约

文化驱动　WEN HUA QU DONG

型、环境友好型、科技创新型、本质安全型的现代化石油化工企业",并把"产品特色突出、技术实力雄厚、管理科学规范、员工素质优良、文化独特鲜明、发展持续稳定"作为企业发展的战略目标。适应国有企业改革深刻变化和时代发展要求,将"员工与企业共同成长、企业与社会和谐发展"确定为企业的核心价值观,使之成为处理社会、企业与员工三者利益关系的根本指导思想和价值取向。

在"十二五"开局之年,又提出了"造就精兵,成就高手,打造精品,攀登高端,率先建成具有国际竞争力的现代石油化工企业,争当中国石化的尖兵"的新目标,把特色产品、专有技术、信息化作为打造企业核心竞争力的努力方向。配合新的奋斗目标,公司还提出了"精心工作、止于至善"的工作理念,号召全体职工主动提高工作标准,立足岗位,超越自我,精益求精,使"止于至善"成为日常工作的准则,成为攀登高端的内在动力。

二、文化提升,思路创新促进发展方式转变

燕山石化地处首都,资源、环保压力大。首都需要能源保障,但首都不需要高污染、高耗能、高耗水、高风险的企业。燕山石化要安身立命,必须扎牢安全生产的根,破解节水环保的题。为此,公司提出走"资源利用率高、核心竞争力强"的发展道路,努力实现由"做大"向"做强"转变,从"长胖"向"长高"跨越。

燕山石化不断强化"我要安全,安全保我平安;我要环保,环保佑我健康"的理念,严格落实安全生产责任制和安全管理标准化,经受住了北京奥运、国庆60周年、建党90周年等重大活动的严格检验。特别是在奥运期间,作为唯一一家保持正常生产的在京大型工业企业,向世人展示了中国石化的良好形象和实力。积极打造节水、环保"亮点",通过清洁生产、技术改造、节能减排等措施,新鲜水用量由最高年份的6800万吨降至2011年的2074万吨,实现新鲜水用量连续10年下降。公司荣获"全国五一劳动奖状"、全国"安康杯"示范企业、中华环境友好企业、"全国节能减排十大功勋企业"等荣誉称号。

相对于沿海沿江企业,燕山石化资源获取成本高,面对"大路货"毛利率不断下滑的形势,燕山石化主动放弃同质化竞争,依靠科技创新提高资源利用率,提升附加值,打造精品,攀登高端,形成差异化竞争优

势。将"产品特色突出"作为主攻方向,以"独一无二"、"数一数二"为原则,形成"优化一流装置,改造二流装置,淘汰三流装置"的思路,持续进行装置和产品结构调整,努力实现"人无我有、人有我优、人优我精"。通过密切产销研衔接,加强与高校、科研院所合作,建立北京市第一家企业院士专家工作站,促进了科研成果转化。积极承担国家重点项目攻关,初步形成了"生产一代、研发一代、储备一代"的良好局面。"十一五"期间,共获得省部级以上科技成果奖28项,其中国家级奖项5项,49项科技成果通过省部级鉴定,申请国内外专利127项,已取得国内外授权81项。油品升级步伐进一步加快,效益好、市场前景好的高附加值化工新产品屡有问世,一批重点项目建设进入施工阶段。15万吨/年双酚A、6万吨/年聚碳酸酯、润滑油系统提高产品质量技术改造、260万吨/年柴油加氢、9万吨/年丁基橡胶项目相继实施,为产品结构调整奠定了基础。

创新的文化促进思路的转变,带来发展方式的转变和发展质量的提升。与"十五"时期相比,"十一五"燕山石化原油加工量增加1200万吨,销售收入增加1128亿元,产值增加85%,但万元产值综合能耗则下降了44%,万元产值水耗降低了67%,二氧化硫排放总量降低46%,绿色低碳战略效果初显。企业运营效率、盈利能力显著提升,总资产报酬率提高1.5倍。

三、文化整合,机制创新促进企业管理转型

对于国有企业而言,组织管理模式的改变是其建设现代企业过程中面临的最大问题之一。快速正确的决策,快速的执行,需要有好的运营模式,扁平的组织结构是发展的必然趋势。

由于历史的原因,国有企业普遍存在管理层级多、链条长、效率差等问题。基于现代企业特点和行业发展趋势,燕山石化提出"以专业化促扁平化、以扁平化促管理现代化"的理念,进行区域布局调整,实现"一个中心、两个生产区、三个生活区"的科学布局,对各类业务按专业进行整合。2006年开始,将原来分散在各厂的检维修、质量检验、计量统计、后勤服务等资源进行集中统一管理。2008年,对炼油化工核心业务进行专业化重组,最终形成炼化专业厂、生产辅助单位和专业服务中心三层组织架构,从"公司—厂—车间"三级管理体制变为"公司—厂"两级管理体

制,各专业厂只设四个管理部室,实施管控一体化。形成分工明确、规范有序、科学先进的生产运行体系,不仅压扁了管理层次,缩短了管理流程,而且实现了专业特点鲜明、业务集中统一,促进了企业从传统管理向现代管理的转型。

企业组织结构调整、流程再造、体制机制创新离不开信息化的深入推进。燕山石化以"打造数字燕山、建设智能工厂"为目标,大力推进工业化与信息化的深度融合,确立了一个架构、两个核心、三个平台的信息化应用体系,形成全方位应用、全过程管理、全业务支撑的"两化"融合机制。目前已经建立起较为完整的数据采集信息系统,实时数采点11.6万个,数采率超过93%,视频监控摄像点1971个,覆盖36平方公里的生产和生活区。形成了ERP与MES两个核心系统,建立了生产经营分析平台、生产运营监控平台和运行维护支持平台,实现了由效益分析,到计划优化、全面预算、生产执行、运营监控、指标考核,再到财务决算的闭环应用模式。公司决策指令随时下达到生产一线班组,优化生产方案自动调整装置运行。财务决算每月首日完成,实时监控、全面覆盖、即时指挥、精确控制、全程追溯。在信息化的推动下,专业化、扁平化、管控一体化深入发展,专业化与信息化相互支持、彼此促进,大大提高了工作和管理的效率。

四、文化聚力,和谐氛围促进员工与企业共成长

人才资源是企业最重要的战略资源,发现人才、培养人才、造就人才既是发展的需要,也是以人为本的重要体现。燕山石化坚持"员工与企业共同成长,企业与社会和谐发展"的核心价值观,实践"人人可成才、竞争选人才、岗位育人才、发展聚人才"的人才理念,积极倡导"科学发展从我做起,和谐社会共建共享",通过优秀的文化凝聚人心,持续改善职工生产、生活环境,使广大职工"安全体面的工作、健康舒适的生活"。

"十一五"以来,坚持实施"全员素质工程",将人才培养放在突出位置。一是建设率先垂范的领导团队。从2004年起,启动了"创建学习型领导班子活动",分期分批对800余名高中级管理者进行了为期一个多月的全脱产、半封闭式、半军事化调训,提升领导干部的综合素质和执行力。积极推进干部人事制度改革,坚持用制度管人、机制管事,实施岗位

交流,努力建设一支理念先进、素质过硬、纪律严明、精干高效、适应国际竞争要求的经营管理人才队伍。二是实施专业技术人员继续教育工程。与清华大学、中科院等单位合作,每年培训1000人。坚持大学毕业生在一线倒班三年,磨砺品格,打牢基础,促进成长,努力建设一支基础理论扎实、实践经验丰富、创新能力强的专业技术人才队伍。三是全面促进职工职业发展。抓好职业技能鉴定,开展岗位练兵、创新成果冠名、能工巧匠评选等活动,努力建设一支爱岗敬业、技能精湛、一专多能的技能人才队伍。成立首席专家委员会,评选出包括一线工人、科技工作者在内的首批27位专家,给予相当于高级管理岗位的待遇,拓展员工成长空间,畅通人才成长通道。还举办了英语、日语、阿拉伯语培训班,为培养国际化人才,向海外拓展奠定基础。5年间,职工总数下降24.2%,硕士及以上学历人数增加63%、高级及以上职称人数增加12.7%、技师及以上职业资格人数增加83.6%,技师、高级技师占技能工人比例由2005年的2.9%提高到7.6%,员工队伍整体素质显著提升。

在做精做强企业的同时,燕山石化始终坚持让职工同步分享企业改革发展成果。几年来,投资数亿元对职工生活区进行了大规模物业改造,改善职工生活环境;积极争取北京市政策,集资建房3800余套,解决职工住房困难问题;公司领导带头、党员群众积极参与、行政大力支持,建立了5000余万元的"爱心互助金",使扶危济困成为长效机制。2009年8月,公司与燕山办事处合作,启动企业主导型安全社区建设,通过两年的扎实工作,营造了辖区居民安全、健康、和谐的大安全环境。2011年10月经国家安全生产监督管理总局授权,中国职业安全健康协会正式授予燕山社区为"全国安全社区"。

(执笔人:纪粹瑶)

中铁电气化局集团公司

企业简介：

　　中铁电气化局集团有限公司是承担铁路电气化、城市地铁、轻轨建设及房建、土木工程等专业工程设计、施工、维护管理等任务的国家大型技术密集型综合集团企业。在近半个世纪的发展历程中，几代电气化人励精图治，顽强拼搏，为我国电气化铁路建设事业做出了重大贡献。多次荣获"全国优秀施工企业"、"全国质量效益型先进企业"、"全国用户满意施工企业"、"中国企业文化十大最具影响力企业"等称号和"全国五一劳动奖状"，2011年被评为"全国文明单位"。

加强企业文化建设
推动企业转型升级

■ 中共中铁电气化局集团公司委员会 ■

中铁电气化局是我国电气化铁路建设的国家队,1958年伴随着我国第一条电气化铁路宝成线建设而成立。至今已累计建成电气化铁路3万余正线公里,占全国电气化铁路开通运营总里程的近80%;建成高速电气化铁路4541公里,占全国已建成开通高铁和客专总里程的70%以上。中铁电气化局为我国电气化铁路拥有量跃居世界第二、高铁拥有量跃居世界第一做出了突出贡献。

在我国铁路现代化建设取得一次次历史性突破的进程中,中铁电气化局的企业文化建设也在不断发展提升。先后经历了1958-1985年"艰苦创业、产业报国"的文化积淀阶段,1985—1995年"塑造形象、开拓市场"的文化初始阶段,1995—2004年"系统整合、构建框架"的文化探索阶段,2004年至今的"文化强企"战略发展阶段,从自发到自觉,逐步形成了独具特色的"中国中铁电化文化"。特别是2004年以来,我们从企业发展战略的高度,大力加强企业文化建设,全力实施"铸魂、育人、塑形、传播、强本"五大工程,文化体系框架基本形成,企业核心价值体系、形象识别、行为规范三大系统基本确立,并转化为员工价值遵循和企业品牌形象,为企业转型升级提供了强有力的文化支撑和智力支持。

一、企业文化建设的基本做法

1. 实施"铸魂"工程,用先进文化铸企业之魂。中铁电气化局始终把构建企业核心价值体系作为企业文化建设的根本任务来抓,凝练形成了"促创干,争一流"的电气化精神;"技术领先,施组创新"的企业核心竞争力;"为您服务,让您满意"的企业核心价值观;"在不断否定中超越自我,在不断创新中追求卓越"的企业理念;"一呼就起、一触即发、一激即活、一战就胜"的企业作风和"特别能吃苦、特别能战斗、特别能攻坚、特别能奉献"的企业传统,构成了企业核心价值体系。注重把企业核心价值体系转化为员工共同的价值遵循。通过大力倡导广大员工在日常工作生活中形成的"艰苦不怕吃苦"、"热情好客,礼貌待人"、"说干就干,干就干好"、"干事,干成事"等"草根文化";大力宣传在国家重点工程建设中培育的"挑战新时速、砥砺再奋进"的高铁建设精神、"艰苦不怕吃苦、缺氧不缺精神、风暴强意志更强、海拔高追求更高"的青藏铁路建设精神、"敢于挑战、敢于胜利"的京沪铁路建设精神;大力弘扬在履行社会责任抢险救灾中锤炼的"关键时刻冲在前,舍身忘死我来干"的抢险救灾精神,不断将企业核心价值体系转化为员工报效祖国、发展企业、团结奋进、锐意创新的共同追求。

2. 实施"育人"工程,用先进文化固企业之本。中铁电气化局大力营造"人人都是人才、人人皆可成才"的员工成长环境,不断提高员工的能力素质,培养和造就了一支以"知识型新型工人、农民工楷模"巨晓林等全国先进典型为代表的高素质员工队伍,进一步巩固了"中国中铁电化"的行业领军地位。一是创新文化阵地,建设员工精神家园。精心创办的《电气化铁路》报、电气化网站、电气化视频电视、《探索与交流》杂志,成为员工互相交流、鼓劲、传经的精神文化主阵地。二是开展文化活动,传播电气化人的故事。通过编撰局志、年鉴等,总结电气化局历史,增强员工的自豪感光荣感;通过创作企业形象歌曲,传唱《添翼的路》,激励员工为我国铁路电气化事业的发展而不懈努力;通过每年员工自编自导自演一台大型文艺节目,送文艺演出到现场到一线,激励员工在艰苦的环境中奋发进取;通过每年开展员工摄影、美术、书法、邮票展,组织员工拍电化局、画电化局、写电化局、颂电化局,增强员工立志成才的责任感;通过编撰《电气化人的故事》系列丛书、拍摄电视片《飞驰的时代》、录制广播剧《特殊使命》、参与拍摄电影《青藏线》、电视连续剧《雪域天路》、《铁血》等,展现电化局在推动铁路现代化建设中的重要地位,激励员工立足岗位成长成才。三是大力实施"十百千万"人才工程,为员工成才创造条件。以"创建学习型组织,争做知识型职工"为主题,大力培养文明型、知识型、敬业型、主人型、创新型的"五型"员工,广泛开展劳动竞赛、"手拉手"提素、导师带徒、技术比武等活动,每年评比"金牌员工、首席员工、能工巧匠",不断增强员工的学习能力、创新能力、竞争能力和创业能力。

特别是,近年来在高铁建设中持续开展的"挑战新时速、砥砺再奋进"主题教育实践活动,成为企业解放思想,创新突破,勇攀科技高峰的推进器,实现了广大员工能力素质的大飞跃,涌现出一大批岗位专家、岗位能手和技术标兵。全局共培养资深专家10名、享受国务院政府特殊津贴专家15名、高级专业技术人才580名、高级技师200名。

3. 实施"强本"工程,用先进文化建企业之基。中铁电气化局把企业文化融入管理、把企业核心价值体系转化为干部员工的价值遵循,不断解放思想转变观念,科学研判形势,明确发展方向,以科学的发展战略,推动企业的科学发展。2003年,确立了"五四"发展战略,即建立"四跨格局"、构筑"四大支柱"、开辟"四新领域"、谋求"四化发展"、实现"四步跨越",把中铁电气化局集团建成行业领先、国内一流、国际先进的,资本、技术、管理相对密集,具有知名品牌的大型建设企业集团。根据企业战略的需要,科学判断形势,不断寻找推动发展的具体方式。2007年,企业营业额首次突破百亿元,公司以此为发展新起点,及时调整市场营销战略,提出了"纵向延伸上中下游产业链,横向完善结构拓展布局"的发展目标。2009年,抓住国家"扩内需、保增长、调结构"的新机遇,作出了"关于抓住新机遇,迎接新挑战,加快集团发展,增强集团实力"的系列决定,确保了"十一五"发展目标全面实现。2011年,公司制定了"做大做强做精做优,向世界一流企业迈进"的"十二五"发展规划,把工作的重点和立足点转移到提高发展质量上来,从内涵和外延两个方面着力加快调结构、转方式的进程,提出了"推动十个转变"、"实现十五个突破"、"六个方面要效益"的战略举措,推动企业在新的历史起点上不断发展。

4. 实施"塑形"工程,用先进文化树企业形象。中铁电气化局确立了"职业素养好、道德品行好、诚实信用好、合作共事好"和"信念坚定思想过硬、心系职工组织过硬、百折不挠作风过硬、行业领先本领过硬"的"四好四过硬"职工形象标准和企业形象标准,并通过加强执行力建设、完善识别系统、建造精品工程、履行社会责任,使职工和企业形象标准落地生根。广泛开展以"忠诚企业、诚实守信"为重点的精神文明建设、以"遵章守纪、安全生产"为重点的行为文化建设、以"标准化、精细化管理"为重点的制度文化建设、以"工程优质、干部优秀"为重点的廉洁文化建设、以"领导心中有职工、职工心中有企业"为重点的和谐文化建设和以"理性平和、包容开放"为重点的主旋律文化等12种文化建设,把形象标准的要求落实到员工工作生活之中。完善识别系统,统一品牌形象,先后下发《企业文化手册》、《视觉识别系统管理手册》和《中铁电气化局集团公司标准化工地建设方案(项目文化部分)》,从办公场所到施工现场、职工住地,从宣传画册到名片、胸卡,从工程机械到工作服、安全帽,规范使用"中国中铁电化"标识,全面整合、全方位统一企业形象。大力实施精品工程战略,全面推进科技创新,不断巩固和扩大在铁路及城轨"四电"、工业制造、系统集成、运营维管等电气化领域的领先地位,以卓越的文化、先进的技术、创新的管理,引领我国铁路电气化行业向世界前沿和高端迈进。履行社会责任,扩大品牌形象,在抢险救灾、促进就业、扶危助困、维护稳定等方面当先锋、打头阵、做表率。特别是在汶川特大地震宝成铁路109隧道抢险关头,党政主要领导与800名突击队员生死与共,连续奋战12个昼夜,抢通抗震救灾生命线,被誉为"钢班子、铁队伍",受到铁道部嘉奖,被国务院国资委授予"中央企业抗震救灾先进基层党组织"称号,极大地提升了企业的品牌形象。

5. 实施"传播"工程,用先进文化扬企业之名。中铁电气化局以"立体交叉、规模效应"为总则,大力加强文化传播工作,抓住时机、精心策划,突出重点、攻打战役,持续不断地把中国中铁电化推向全国。实施"重大典型"新闻宣传战役,总结宣传了一大批叫得响、过得硬、推得开的典型人物。特别是"知识型新型工人、农民工楷模"巨晓林的先进事迹,受到中央领导同志的高度重视和充分肯定,中宣部、中组部、全国总工会、国资委和国务院农民工工作办公室等五部委组织中央各大新闻媒体,对巨晓林同志的先进事迹进行了集中采访和深度宣传报道。巨晓林成为"时代先锋"人物,在全国引起了强烈反响。通过实施"重点工程"新闻宣传战役,把中国中铁电化推向全国。在重点工程建设中,广泛实施"六个一"系列文化工程(一本书、一本画册、一部录像专题片、一次摄影书画展、一篇长篇系列通讯、一次集中媒体深度采访报道)。近年来,重点围绕京津城际、合武、温福、甬台温、武广、沪宁、沪杭、京沪高铁、广深港等9条高速铁路建设,精心策划组织社会主流媒体进行系列采访和深度报道,上大媒体、上大文章、上深度报道,每年平均在省部级以上媒体发稿1000篇左右。通过实施"企业党建"新闻宣传战役,把中国中铁电化推向全国。集团公司一大批党建思想政治工作成果被中央部委专业刊物登载,上《人民日报》、上"焦点访谈"。特别是党委"三型党委"建设的经验、"三个优势转化为三个能力"的经验、"讲清小道理、解决小问题、开展小活动、做好小事情、宣树小人物"的精耕细作思想政治工作"五小工作法"、塑形象创先争优"联创共建"活动、"党员包群众、支委包工班、书记包重点"党支部"三包"工程、农民工与职工"五同五人"管理(即同学习,提高人;同劳动,激励人;同管理,尊重人;同生活,关心人;同待遇,体贴人)等受到了社会各界的广泛好评。

二、加强企业文化建设取得的成效

优秀的企业文化成为驱动企业转型升级的内生动力,"对标世界一流企业、建全球知名企业集团"等理念深入人心,推动企业实现了发展方式的三大转变。

1. 优秀的企业文化推动中国中铁电化实现了由国有老企业向现代企业制度的转变。建立了符合《公司法》要求的治理结构、治理模式和运行机制,基本形成现代企业的管理构架和管理体系,初步建立了与市场接轨的绩效考核、组织管理、科技创新、激励约束和内控管理机制,逐步成为真正意义上的多元资本现代企业。

2. 优秀的企业文化推动中国中铁电化实现了产业结构由相对单一向相关多元的转变。成功完成与西安铁路局西安工程公司的重组。向BT、BOT、PPP、工程总承包、房地产开发、系统集成、运营维管等建筑业上中下游发展。铁路及城轨"四电"、土木工程、房屋建筑、工业制造"四大支柱"基本形成。以资本经营带动生产经营,以生产经营推动资本经营,良性循环、协调发展的格局初步显现。

3. 优秀的企业文化推动中国中铁电化实现了由规模扩张型向质量效益型的转变。全面推行组织结构扁平化、工程建设标准化、企业管理精细化,全力实施项目法施工,大力加强内控管理体系建设,不断提高科技创新能力。全面掌握高铁电气化系统核心技术,实现了工程建设机械化、工厂化、专业化、信息化,大大地提高了施工效率,有力地提升了企业发展质量。仅"十一五"期间就实现企业新签合同额、营业额、利润总额分别增长4.5倍、4.8倍和7.2倍,企业总资产和净资产分别增长3.54倍和

2.38倍,相当于再造了两个中铁电气化局。

三、企业文化建设的启示

1. 建设企业文化必须整体规划系统实施。中铁电气化局企业文化建设从上世纪八九十年代起步、探索、发展,直到2004年全局首次企业文化建设工作会议的召开,并提出"三三五"企业文化建设发展规划,才真正步入了自觉发展的轨道。近几年在规划的指导下,企业理念识别系统、视觉识别系统、形象识别系统逐步完善,基层企业文化建设生动活跃,逐步深化,都是企业文化规范化发展的结果。

2. 建设企业文化必须紧紧依靠广大职工的积极参与。广大职工不仅是企业改革发展的推动者,也是企业文化的建设者和实践者。只有始终坚持从群众中来,到群众中去的群众路线,紧紧依靠广大职工,才能确保企业文化建设的群众性和广泛性,才能使企业文化成为由广大职工共同创建、共同遵循、共同受益的文化。

3. 建设企业文化必须特别注重突出企业的自身特色。企业文化只有突出自身的个性和特色,才具有生命力和感召力。只有结合企业实际,才能唤起广大职工的思想共鸣,才能发挥出企业文化应有的作用。

4. 建设企业文化必须不断创新并保持生机与活力。企业文化只有针对不断发展变化的新情况,坚持不断创新,才能保持先进性,才能显示出企业文化建设的生机与活力,才能体现出企业文化鲜明的时代特征。

5. 建设企业文化必须与党建和思想政治工作紧密结合。只有把党的政治优势与市场机制紧密结合,把党建思想政治工作与企业文化建设紧密结合,才能使之相互促进,相辅相成,才能使企业文化建设有政治保证,有组织依托,有精神动力,有活动载体,才能把企业文化建设的各项措施落到实处。

（执笔人：刘炀　王晓红）

CNR 北京南口轨道交通机械有限责任公司

企业简介：

　　北京南口轨道交通机械有限责任公司隶属中国北车集团，是由著名铁路工程师詹天佑先生于1906年创建，是具有国际先进水平的机械传动装置集成系统、铁路道岔集成系统、压缩风源集成系统三个专业化的研发生产基地，具备制造高精度、多规格机械产品的能力，先后通过ISO9001质量管理体系、ISO14001环境管理体系和OSHAS职业安全健康管理体系认证。公司具有国际化的文化视野和技术平台，与瑞典SKF、德国克诺尔等国际知名企业建立了长期合作关系。

传承天佑精神 做强百年企业

中共北京南口轨道交通机械有限责任公司委员会

北京南口轨道交通机械有限责任公司自1906年由中国铁路之父詹天佑先生创建以来,以"爱国敬业,自主创新,自强不息,追求卓越"的精神谱写了百年发展历史。从詹天佑先生创建中国第一个国有铁路工厂到中国共产党早期革命活动家何梦雄在工厂播撒革命火种;从支援抗日前线秘密向根据地运送物资到解放全中国抢修"渡江号"蒸汽机车;从工厂21名职工参加志愿军奔赴抗美援朝战场到投身人民铁路建设事业;从修理蒸汽机车生产各种机车配件到形成国际先进水平的机械传动装置集成系统、铁路道岔集成系统、压缩风源集成系统为一体的研发生产基地,百年历史孕育出具有南机公司特色的企业文化——天佑文化。

一、传承天佑文化,增强企业文化的时代感和吸引力

变革是历史的选择,一次次变革让天佑精神在南机公司得以衍变和发展,让南机公司在一个个历史瞬间能够华丽转身,传承天佑文化是历史所赋予的责任。

1906年,詹天佑先生修建京张铁路之时,创建了我国第一家国有铁路企业——南机公司的前身"南口机车厂"。2009年,在纪念京张铁路通车100周年、詹天佑诞辰148周年之际,南机公司在原詹天佑办公旧址筹建"詹天佑办公旧址纪念展馆"。开馆至今,先后有3000多人次参观学习。每年清明节,公司团委组织公司团员青年和特邀团市委、北京市铁路局团委及北车团委等相关人员,围绕"弘扬天佑文化"开展主题团日活动,前往詹天佑墓扫墓,深切缅怀公司奠基人詹天佑先生。

公司拍摄制作了中英双语企业商务宣传专题片《百年征程、万里雄风》。积极为中国北车画册、中国铁路新面貌大型画册、电力机车与城市轨道杂志、中国城市交通建设手册、铁道路讯等编发企业形象的图片及文字说明,在提升公司的品牌影响力和知名度的同时宣传天佑精神。积极配合中央电视台拍摄大型专题片《詹天佑》、《人大代表——艾存义》、

《瓜子画——清明上河图》、《老郑回家》，以及通过在《人民铁道报》整版刊登公司高速道岔生产纪实文章《站在巨人肩膀上起跑》等，传承天佑文化，激发员工工作热情，驱动公司实现新的变革。

开展公司成立百年系列庆祝活动。策划实施了位于公司正门南侧长达60米的《百年文化墙》，8易其稿，真切反映了天佑文化驱动公司改革发展历程。编撰了以《足迹》为书名的百年画册，记录了南机人的光辉业绩和感人故事。编撰了《劳模画册》，书中的主人公是南机人的优秀代表，他们的业绩和故事彰显文化在驱动变革中的深远意义。

运用多种载体开展企业文化活动。定期更换公司厂区主干道宣传栏内容，形成健康向上的思想氛围；每年举办的新春团拜会和"五月鲜花"文化活动，形式多样，内容丰富，已经成为公司的两个文化建设品牌；"庆祝国庆60周年文艺汇演"活动，观看人数达5000多人，受到广大员工的热烈欢迎。"员工大众体育运动会"吸引了近1500名员工参与，展现了广大员工昂扬向上的精神风貌。以"热爱祖国，热爱家园"为主题的员工摄影展览，投稿量达到了近700幅，丰富了员工的精神生活。"女工迎国庆，绣五星红旗活动"，78名女员工饱含深情，飞针走线，以22000多针绣出了一面鲜艳的五星红旗。以"祖国在我心中"为主题，开展的"庆祝国庆60周年员工征文活动"，收到征文150篇，讴歌了伟大祖国翻天覆地的变化。这些企业文化活动使天佑文化春风化雨般渗入到每一名员工心中。

二、践行天佑文化，薪火相传深化企业文化建设

企业文化的践行过程是一种感召，更是一种激励，发挥着文化驱动变革的巨大力量。在践行天佑文化过程中，南机公司企业文化建设得到不断深化。

1909年，詹天佑先生制定的"京张铁路展修张绥工程办事章程"中列出了工程师品行，明确提出了"恪守流程，勤慎精细，诚笃有恒"的理念。南机公司继承和弘扬詹天佑先生的精神，按照北车股份集团公司统一的企业文化核心理念，提炼具有公司特色的企业文化理念。把"恪守流程，勤慎精细，诚笃有恒"的理念写入南机公司《企业文化行动纲领》，实现中国北车文化和南机文化的有机结合。

坚持"恪守流程，勤慎精细，诚笃有恒"的理念，南机公司道岔项目自

一开始就站在了巨人肩膀上起跑。为保证道岔达到国际先进水平,采用了世界一流的道岔生产设备,成功开发了CAPP系统管理软件,成为世界上最先进的高速道岔生产基地。

坚持企业文化的品牌建设。自1991年以来,一直坚持季评"南机之星"、年评"南机明星"活动,用先进典型激励员工,产生了营造昂扬向上思想文化氛围的显著效果,被市国资委评为企业文化创新活动。从1991年至今,评选出了近1000名"南机之星"和近200名"南机明星"。

坚持凝心聚力的环境建设。实施了40万吨锅炉房改造;铺设了2000多米的厂区和社区主干道;厂区和社区绿化面积达10000余平方米,厂西区的"雪松园"和"银杏园"成为厂区一道亮丽的风景线;10栋新的职工住宅楼竣工,改善了职工居住条件;出资300万元整治员工健身广场和俱乐部广场,出资50万元对大学生单身宿舍进行了改造以及修建和谐农贸市场等,改善了员工生活条件,营造了和谐文明的生产生活环境。

坚持以人为本的和谐建设。以人为本是南机公司天佑文化的核心内容,通过开展一系列的人文关怀活动,不但留住员工的人,更温暖着员工的心。定期为职工体检;冬送温暖夏送清凉;开展为困难员工家庭、残疾人、孤寡老人"送温暖"工程;组织"金秋助学"行动;开展社区重点帮困救助捐助;走访慰问老干部、老工人、老党员和困难员工等,形成了和谐的劳动关系,促进了企业和谐建设。

三、升华天佑文化,继往开来助南机公司腾飞

南机公司作为有着一百多年发展历史的老企业,将天佑文化作为发展变革的动力,实现了新时期天佑文化的升华。南机公司把加强核心技术研发,全力打造国内领先,国际一流的"三个专业化"研发生产基地,实现公司又好又快发展作为企业愿景,确立了"富民强企"的企业宗旨,"诚信为本,创新为魂"的企业精神,"尽职尽责,尽善尽美"的职业道德,"为用户着想,让用户满意"的市场理念,完善了企业核心价值体系,提升了天佑文化建设的层次。

在天佑文化的驱动下,南机公司的生产经营理念得到升华发展,以"质量诚信"为重点,全面加强诚信文化建设进入新的发展阶段。推进诚信质量文化教育,把诚信文化延伸到经营管理的每个流程,做到知行统

一,让员工真正做到变他律为自律。公司以"质量诚信"为突破点,将过去加工产品首先自检、互检、专检的结果验证向过程控制转变;由事后抽查向首件确认转变;由单纯实物抽查向各工序质量控制转变;由对废品检查向不诚信、不可靠的行为考核转变。通过变革,把质量管理层的"强制性"要求变成员工的"自主性"行为,把企业的质量工作从"要我做"变为"我要做"。

天佑文化成为南机公司改革发展的动力源泉。南机公司作为中国北车所属的一家百年企业,通过投入近10亿元的大规模技术改造,目前"大型数控加工中心"、"热处理生产线"、"三坐标测量机"等一系列产品制造、检测试验装备都已达到国际先进水平,公司产品涵盖轨道交通和石油及风电机械、轨道固定装备、风源集成装置等领域,实现了稳定、协调、可持续发展。

(执笔人:沈庆虎　李云鹏)

北汽福田汽车股份有限公司

企业简介:

　　北汽福田汽车股份有限公司(简称福田汽车)是一家跨地区、跨行业、跨所有制的国有控股上市公司。现有资产近300亿元,员工4万人,是一个以北京为管理中心,在京、津、鲁、冀、湘、鄂、辽、粤、新等9个省市区拥有整车和零部件事业部,研发分支机构分布在中国、日本、德国、中国台湾等国家和地区的大型企业集团。

建立福田文化体系
引领企业科学发展

■ 中共北汽福田汽车股份有限公司委员会 ■

1996年8月,经北京市人民政府批准,北汽福田汽车股份有限公司正式成立。自此福田汽车拉开了建设世界级汽车品牌的大幕。在16年的发展中,福田汽车坚持建设先进文化,以文化整合发展资源,以文化推动追求卓越,引领企业科学发展。

一、与时俱进、持续升级的福田文化

福田文化是福田汽车在市场经济环境中全体福田人干事创业中形成的文化。伴随着福田汽车的发展,福田文化与时俱进、持续升级。

"九五"期间是北汽福田公司发展史上第一个创业阶段。在这一阶段,公司经历了从注册成立、股票上市到区位调整的"四年三大步"发展阶段。公司坚持以发展为主线,一切按市场规律办事,面向商品市场和要素市场,坚持走低成本扩张、高效率发展之路,企业实现了持续、快速、健康发展,轻型卡车市场占有率达到了第一。

1996—2000年也是福田文化建设第一个阶段。在此阶段,公司党委确定了企业文化建设的目标和根本任务是:培育并建立市场经济条件下的汽车产业文化。党委提出了"提升产业文化,调整产业结构"的指导思想。按照企业文化建设的目标、任务和指导理念,公司提出了一系列汽车产业文化理念和管理经营策略方针。如:"创新思维、超越自我、追求卓越"的企业精神;"讲团结、讲学习、讲纪律、讲能力、讲奉献"的员工行为准则;"分析评估环境,开展有效竞争,实现阶段超越"的经营思想;技术创新和市场营销"并行工程";"稳住中间,发展两头"的产业发展策略;"顾客第一,经销商第二,福田公司第三"的营销准则。这些先进的理念对于公司培育和建立汽车产业文化、促进公司持续健康发展起到了重要的作用。

新世纪十年是福田汽车商用车全系列发展的十年。北汽福田通过战略性调整,积累形成了商用车生产平台、战略管理与运营改善平台、品牌与技术创新平台三个新的平台,成功实现了商用车全系列发展的战略目标,累计产销汽车超过500万辆,奠定了中国商用车第一品牌的地位。

2001—2010年也是福田文化建设第二个阶段。面对商用车全系列发展的目标要求,福田文化建设的目标和重要任务就是全面提升企业形象。在这个目标和任务的指引下,2003年公司对企业文化理念和品牌形象作了较大的调整。确定了以"使命"、"愿景"、"核心价值观"、"经营理念"、"经营方针"、"竞争策略"为核心内容的福田文化理念体系(使命:致力人文科技,驱动现代生活;愿景:引领汽车产业;核心价值观:热情、创新、永不止步;经营理念:诚信、业绩、创新;经营方针:高质量、低成本、全球化;竞争策略:突破、超越、领先)。福田文化在福田汽车商用车全系列发展的过程中逐步丰富完善。在"十一五"末期,福田汽车已经形成了以发展为主线,以组织目标为基础,在法律和制度框架内的以人为本的福田文化。同时形成了福田文化核心理念体系及福田文化、福田亚文化、福田子文化的三个层级。其中福田亚文化主要包括质量、研发、营销等价值链亚文化和财务、人力等职能性亚文化;子文化主要包括各事业部子文化;理念体系主要包括"致力人文科技,驱动现代生活"的使命、"引领汽车产业"的愿景、"热情、创新、永不止步"、"团队第一、个人第二"的核心价值观等。

二、紧贴企业发展,持续丰富完善

在16年的发展中,福田文化建设紧密围绕科学发展这一核心,紧贴企业发展实际,持续丰富完善,形成了独具福田特色的企业文化,并积累了文化建设经验。

一是企业文化建设必须以经济工作为中心,以发展为主线。在福田文化建设过程中,福田汽车始终坚持以经济工作为中心,将发展作为贯穿企业的一条主线,一切都在发展中实践着发展的思想。发展是福田公司永恒的主题,在发展中遇到矛盾,通过发展来化解;在发展中碰到困难,通过发展来克服。这也是福田汽车成功突破商用车市场下滑、全球金融危机冲击的重要精神支撑。

二是企业文化建设必须与时俱进,思想理念永葆先进性。思想理念始终保持先进是福田文化保持先进性的根本所在,是福田文化的灵魂所在,是福田做大做强的第一法宝,是福田企业核心竞争力之一。"什么都可以落后,惟思想不能落后"。在先进的思想理念指导下企业制定了正确的战略,战略通过价值链运营得以成功转化,思想的先进转化成了行动的领先,企业实现了持续、快速、健康、和谐发展。

三是企业文化建设必须与企业战略紧密结合,遵循市场规律,依法经营。战略决策是企业发展的核心问题,也是企业文化建设的核心问题。先进的福田文化能够指导企业做出正确的战略决策,正确的战略决策又会不断地促进福田文化的升华,强大的战略管理能力使福田公司在发展中有效地避免了重大失误和经营风险。福田文化是典型的市场经济文化,企业始终遵循市场经济规律,按市场规律办事,依法经营。

四是企业文化建设必须坚持以我为主,要具有强大的整合力和创新力。福田文化独生独发、非从他受,以我为主,有选择地吸收其他优秀企业包括外来文化的精髓;在福田的发展过程中,不断地兼并重组一些国有企业,不断地在全球招聘各类人才,来自不同国家、地域、有着不同背景的企业及人员组合在一起,依靠的是福田文化强大的整合能力产生凝聚力。创新精神在福田文化中处处得到体现,理念的与时俱进、管理创新等创新保证了福田战略的创新实施,促进了发展目标的实现。

五是福田文化必须坚持以人为本,培育企业可持续发展竞争力。福田文化坚持以人为本,人处于福田生产经营的中心地位。把人的开发作为企业核心竞争力所在,建设个人成长和组织目标相统一的企业文化。公司对人才的需求和开发,对人才的管理和培训,对人才的培养和使用,处处将人作为企业的核心,为人的自我实现和个人发展提供平台。公司提出"十年树木、百年树人"、"建设专家型人才队伍"、"团队第一,个人第二"等理念和为员工成长提供发展平台的各种举措,充分表明了公司文化建设始终坚持了以人为本。

三、在驱动企业转型中发展壮大福田文化

在发展中,福田文化充分发挥出文化引领作用,促使福田汽车有强烈的责任感和使命感去驱动企业的科学发展,加快结构调整,推动企业

转型,增强了企业的内在发展活力。尤其在福田汽车的"十一五"发展时期,福田文化理念体系丰富,建设体系完善。

"十一五"时期是福田汽车转型发展的关键时期,在这一时期,福田汽车逐步完成了商用车系列产品的布局,也经历了较为复杂的发展形势。

2006年是公司第三次创业的开局之年,公司全面确定了"内涵增长、结构调整、全球化"的"十一五"经营方针。在此时期,福田汽车坚持走内涵增长为基础的业务扩张道路,公司全部战略性产品实现了升级,高端品牌、高附加值产品比例加大,通过市场的运作,公司的战略性调整成果得到了初步的体现,各项业务又实现了的新的增长。

由于受宏观经济形势的影响,商用车市场大幅下滑。福田汽车2005年的业绩增长较过去九年的高速发展相对缓慢,这时候公司内外部有部分人对公司发展认识不到位,信心不足。在这种情况下,如何引导广大干部员工正确而充分认识到企业发展面临的环境,坚定目标,坚定信心是企业文化建设的一个重要任务。2006年1月,公司党委提出了"全面建设以发展为主线的、以组织目标为基础,在法律和制度框架内的以人为本的福田文化"的目标。这个规划目标表明了新时期福田文化建设的重点就是组织文化建设、坚持以人为本。如何实现这个目标,重点要处理好组织目标与个人目标的关系、企业发展与个人发展的关系、法律制度管理与以人为本的关系、团队精神与个体提升的关系、理念认同与行为认同的关系等五个关系。通过对广大员工加强宣教、积极引导,统一了广大干部员工的思想,坚定了发展的信心,同时开展了团队建设和人才培养专项系列活动,福田汽车组织文化、团队文化得到了广大员工的认可。由"热情、创新、永不止步"的员工价值观和"团队第一、个人第二"的组织价值观组成福田核心价值观逐步形成。该核心价值观在福田汽车应对全球金融危机的过程中也得到检验,福田汽车面对金融危机,加强团队建设,开展"五讲"教育活动、"建设学习型组织、实现人力资本最大化"活动等一系列活动,苦练内功,增强各业务运营能力,调结构,上水平,推动了企业的转型,实现了新的发展,成为全球销量最大的商用车企业。福田文化的持续发展完善推动了企业的转型升级。

首先表现在持续加强科技创新、调整产品结构,增强了企业的发展实力。从2006年至今,福田汽车逐步向中高端产品调整,先后推出蒙派克商务车、迷迪多功能车、欧曼ETX、萨普征服者皮卡、欧曼GTL重卡、拓陆者皮卡、福田康明斯轻型发动机等产品,进一步完善了福田汽车的产品架构。福田汽车的中高端产品在汽车的整体销量中比例逐步提升。在此时期,福田新能源汽车也实现了跨越式发展。形成了纯电动汽车、混合动力汽车、氢燃料电池汽车、CNG汽车、LNG汽车等新能源与节能汽车产品系列,在2008年年初成为中国最早实现新能源汽车商业化运营的汽车企业后,福田新能源汽车先后在北京、杭州、台北等地投入使用,至今已有5000多辆福田新能源汽车在全球运营。在助力北京成为首个实现"十城千辆"发展目标城市的同时,福田汽车成为中国新能源汽车运营规模最大的汽车企业。

其次表现在企业产业结构的调整方面,从汽车产业向汽车产业关联产业拓展。尤其是在全球金融危机爆发后,福田汽车产业结构调整加速,先后进入现代物流、金融、新能源、工程机械、物联网等产业,成立了福田物流、银达信、福田爱易科新能源电池、福田雷萨泵、福田雷萨起重机、福田北斗物联网等事业部,形成以汽车产业为主体的五大产业布局。目前,福田金融产业已成为企业利润的贡献点,其他产业也正在蓬勃发展,未来也将成为企业的重要利润点。

再次是全球化发展方面实现新突破。在此时期,福田汽车面向全球的产品架构逐步搭建,欧曼GTL、拓陆者、福田康明斯发动机等具有世界级水准的产品陆续推出,并在澳大利亚、南非等全球90多个国家和地区市场实现了产品销售。同时积极整合全球资源,吸纳来自美国、澳大利亚、俄罗斯等国家和地区的高级人才,利用属地资源在印度、俄罗斯等国家建立事业部或工厂,逐步实现资源利用全球化。

为加快世界级汽车品牌的建设,福田汽车于2010年底正式发布了"福田汽车2020"战略,确定了福田汽车未来十年的发展规划。根据规划,未来福田汽车将坚持"商业模式、科技创新、管理创新、人才开发、全球化"的经营方针,以发展自主品牌为主线,全面实施"福田汽车2020"战略,积极发展汽车与新能源汽车、新能源、工程机械、金融、现代物流与物联网等五大产业,实施"5+3+1"战略,在俄罗斯、印度、巴西、墨西哥、印尼五个国家分别建立年产10万辆汽车的工厂,突破北美、欧盟、日韩等三个最发达地区市场,在中国建设全球总部,建设全球创新中心、业务管理和运营中心,确保在中国市场的领导者地位。到2020年,福田汽车将成为时尚科技与人文环保高度融合的综合性国际汽车企业,年产销汽车达到400万辆,实现销售收入5000亿元,进入世界汽车企业十强,建成世界级主流汽车企业。

　　为推动福田汽车全球化发展,福田汽车党委提出了"全球发展、文化先行"的理念,规划了福田文化发展目标——在2015年初步建立福田全球文化体系,并初步形成印度事业部、欧洲事业部等海外工厂子文化,在2020年建立适应福田全球化发展的福田全球文化。这将为加速"福田汽车2020"战略的实施进程、建成世界级汽车品牌提供文化支撑和思想动力。

(执笔人:李勇　史玉学)

北京铜牛集团有限公司

企业简介：

　　北京铜牛集团有限公司其前身是北京市人民针织厂,始建于1952年,经过图强求变、锐意进取的风雨征程,现已发展成为以针梭织服装的研发、制造,内外贸易为核心业务,线业、无纺布和现代服务业等具有综合实力的企业集团。铜牛集团公司生产的"铜牛牌"针织内衣产品以"绿色、自然、健康"为主题,注重高科技含量,体现人文关怀。

提升管理调结构
文化驱动促转型

【 中共北京铜牛集团有限公司委员会 】

北京铜牛集团有限公司自1997年组建以来,一直致力于推动企业文化建设,孕育了以"诚、实、韧、拓、雄"具象于牛的企业价值观和"品牌为根,文化为魂"的企业发展观为核心的铜牛文化。十多年来,北京铜牛集团有限公司党委加强对企业文化建设的领导,不断增强企业文化的凝聚力和渗透力,不断丰富发展企业文化理念的内涵,不断创新企业文化活动载体,逐步构建形成了铜牛集团特色的"铜牛母子文化体系"。长期以来,集团以文化力打造竞争力,在整合、再造、转型、提升的不同发展阶段,充分发挥铜牛文化的引领和支撑作用,为企业改制和稳健发展提供了重要保证,使企业走上了一条持续稳健发展之路。

一、逐步完善铜牛母子文化体系

铜牛集团企业文化体系经历了一个探索、实践、发展、完善过程。于2002年完成构建企业理念、行为和视觉识别系统,形成第一版《企业文化手册》。2007年,结合企业发展实际,形成第二版《企业文化手册》和《理念行为手册》,对《铜牛之歌》词曲进行了修改。2010年,集团党委为实现铜牛新的战略规划目标,明确提出公司未来三年(2010–2012)企业文化建设的目标和任务:"构建铜牛母子文化体系,创建子公司特色文化,使铜牛文化进一步落地生根。"

2010年4月,提升企业文化的工作全面启动。集团党委经过深入调研,并请北京市政研会企业文化专家组论证,制定下发了《关于推进企业文化建设的指导意见》。

《指导意见》提出今后三年铜牛文化建设的指导思想是:"以内强素质、外树形象、促进员工的全面发展、打造企业的软实力为基本着眼点,在继承与弘扬铜牛集团传统的铜牛文化,优秀的价值观与先进的企业运营理念的基础上,广泛借鉴现代企业管理与企业文化发展的优秀成果,修正、拓展与完善集团的企业文化体系,并以各种有效的措施推动企业文化落地,为集团未来三年发展规划与中长期发展提供强有力的精神动力和文化支撑。"

《指导意见》提出新阶段推进企业文化建设的基本原则、目标模式、主要内容和时间进度。基本原则是:坚持继承与创新,服务于战略规划的原则;坚持共性和个性相统一的原则;坚持以人为本、重在建设的原则。确定的目标模式是:走向文化管理;走向市场型文化;走向创新型文化和支持型文化。企业文化建设的主要内容是:进一步弘扬铜牛文化;界定企业的共同愿景与核心价值观;完善与丰富企业的运营理念;完善企业伦理与员工行为准则;构建铜牛母子文化体系,厘定母子公司的文化架构。在时间进度上,2010年:构建体系,创新完善;2011年普及宣贯,注重落实;2012年:全面提升,规划未来。用三年时间,完成骨干子公司(企业)文化手册的制定。

集团党委把2011年作为"企业文化年"。通过宣贯《铜牛集团企业文化纲领》,开展庆祝建党90周年系列活动和铜牛"文化宣传月"系列活动,促进了全体员工认同铜牛文化、认知铜牛文化、践行铜牛文化,推动了铜牛文化落地生根。

目前,铜牛集团已初步构建起"铜牛母子文化体系"。集团公司的铜牛母文化进一步完善,各子公司突出自身文化特色,在宣传和践行《铜牛集团企业文化纲领》的基础上,基本完成本企业《企业文化手册》的制定工作,逐步形成结构完整、内涵丰富、特色突出、一脉相承的"铜牛母子文化体系"。

二、以企业文化驱动企业发展

铜牛集团党委在积极推进"铜牛母子文化体系"建设的过程中,主动吸收借鉴学习先进企业经验,不断挖掘拓展铜牛文化内涵,创新工作载体,促进企业稳步健康发展。2003年在全国纺织行业率先通过ISO9001质量管理体系/ISO14001环境管理体系/OHSMS18001职业健康安全管理体系认证。铜牛牌系列针织产品自1995年蝉联"北京名牌产品"和"北京市著名商标",2004年和2007年荣获"中国名牌",企业荣获"中国环境标志贡献奖"、北京市"十大知名企业"、"中国纺织和谐企业"等称号。

1. 以企业文化驱动人才建设。强化中高层管理人员"知人善任、敏行善断、开放融合、图强求变"行为准则的教育与实践。"知人善任"就是在调结构促转型的实践中善于发现人才,培养他们认同公司的核心价值观,为他们提供施展才华的舞台,不拘一格大胆使用人才。"敏行善断"就是增强认识事物变化的敏感性,在复杂的市场环境中善于发现机会、把握机会、准确赢得企业发展的时机。"开放融合"就是以兼收并蓄的开放胸襟聚集人才,以开放的思维合作共赢,使企业不断焕发出生机与活力。"图强求变"就是善于用求新求变的创新思维化解矛盾、解决问题、谋划发展。

2. 以企业文化驱动管理团队。为了全面提升集团公司中高层管理团队的综合素质,以适应铜牛事业快速发展的需要,铜牛集团与北京和君教育咨询有限公司合作,制定了用3-5年的时间,通过系统的、持续的、专业的调训,打造一支适应当今时代需要、企业发展需要、人才成长需要的人才队伍的人才培训规划。并于2011年开始与北京和君教育咨询有限公司联合举办中高层管理人员调训班,来自集团本部和各公司部分中高层管理人员参加调训。调训班着力于提升坚持企业发展观和核心价值观的思想基础;提高包括创新力、执行力和领导力的履职能力;提高自身的综合素质和拒腐防变的能力。培训进一步提升了集团中高层管理团队坚持企业发展观、核心价值观的自觉性和开拓创新、谋划发展的管理能力。2012年将提升和管理为主题,继续开办中高层管理人员调训班,建设适应企业转型升级和走向文化管理的管理团队。

3. 以企业文化驱动企业转型。铜牛集团党委围绕生产经营的目标,以企业文化建设促进企业调整结构,保证企业顺利转型升级。针对铜牛集团处于"发展环境频变期,业务发展转型期,新老交替关键期",集团党委要求各党总支、支部创新工作思路,创新工作方法,不断挖掘和拓展铜牛文化内涵,既要珍惜近六十年来积累的文化资源,又要坚持开放融合的文化观。班子成员间实现融合,做到相互尊重,相互理解,相互支持;骨干团队与员工实现融合,做到相互学习,共同进步,和谐发展;同合作伙伴实现融合,坦诚相见,优势互补,合作共赢。发挥铜牛文化引领凝聚作用,使企业发展观和核心价值观成为推动企业重组、管理创新、结构调整、转型升级的精神力量。

三、推动企业文化建设的体会与启示

1. 要加大企业文化的宣传力度。集团党委充分发挥集团公司"一报一网"宣传窗口作用,在《今日铜牛》和铜牛网站上开设主题教育活动和企业文化建设专版专栏,宣传报道企业文化建设情况。及时、全面、准确地介绍企业发展和产品品牌,反映铜牛人的文化理念和精神境界。积极与新闻单位建立良好关系,大力宣传铜牛品牌和铜牛文化,以"走进铜牛、了解铜牛、宣传铜牛"为主题开展与新闻媒体记者大型联谊活动,提高企业的知名度与影响力。

2. 要加大先进典型的引领力度。集团党委高度重视对优秀铜牛人的宣传,发挥典型引领作用,用身边的闪光点来激励、教育和影响广大员工,促进铜牛文化落地生根。制作先进模范人物宣传片、宣传展板、光荣册和事迹汇编,坚持每年评选集团公司十件大事活动。在铜牛集团成立十年庆典活动中,编辑的画册收录了"铜牛 10 年百件大事"和 10 年来评选出的劳模和"铜牛功勋奖"等先进人物。在党员中选树北京市优秀党员韩咏鑫先进典型,用他的优秀事迹鼓舞广大员工。在农民工中发掘出"铜牛三姐妹"的感人故事,并代表纺织系统参加北京市"党在我心中"宣讲团。

3. 要加大企业文化落地践行力度。集团党委通过举办企业文化研讨活动广泛征求中高层管理人员、一般管理和技术人员、操作岗位的员工代表对铜牛文化建设的意见和建议,学习借鉴先进企业的文化管理经验,探讨铜牛文化"落地生根"的有效途径。强化中高层管理人员践行铜牛文化的表率作用,强化全体员工对铜牛文化的认知认同,通过多种形式的实践活动不断营造践行铜牛文化的环境氛围。集团公司在江苏、山东、甘肃、河北等地建立生产基地的同时传播铜牛文化,有效地促进了当地文化与铜牛企业文化的快速融合,使铜牛文化成为铜牛集团壮大发展的强大精神动力。

(执笔人:欧鲲)

北京二商食品股份有限公司

企业简介：

北京二商食品股份有限公司隶属于北京二商集团有限责任公司，以生产"王致和"系列调味品和"官颐府"焙烤系列产品为主的科工贸一体化、跨行业的集产品经营与资本运营于一体的公司，是北京市最大的生产经营腐乳、糕点的专业化公司，其规模和创利税水平在全国同行业中名列前茅。"王致和"、"官颐府"两大商标均被评为北京市著名商标，"王致和"被认定为"中国驰名商标"以及商务部首批"中华老字号"，获"中国名牌产品"荣誉称号。

传承老字号文化
助推企业转型发展

■ 中共北京二商食品股份有限公司委员会 ■

北京二商食品股份有限公司高度重视企业文化建设,以二商集团企业文化为蓝本,以塑造企业核心价值观为主线,以传承老字号文化为特色,从理念、制度、行为、物质四个层面,逐步建立起包容性强、文化底蕴深、时代气息浓、具有自身特色的企业文化体系,编撰了《企业文化手册》。2009年,公司对王致和、宫颐府两家企业的品牌和资产进行了整合重组;2009年至2011年,先后成功引进中国食品工业(集团)公司、北京国有资本经营管理中心、信达资本(天津)股权投资合伙企业、北京新希望产业投资中心等7家机构战略投资,企业在增资扩股转型中实现快速健康发展。既蕴含老字号文化深厚底蕴,又充分体现时代精神的"二商股份"文化,为企业转型发展提供了强大的文化动力和精神支撑。

一、传承老字号文化,民族品牌向现代知名品牌发展

打造国际一流的都市型食品生产商、供应商、服务商是二商集团的企业愿景,根据这一愿景,二商食品股份公司以生产高品质的,新鲜、营养、安全、健康食品为己任,传承老字号文化,实施规范化科学管理,做强做大做精老字号产品,使民族品牌向现代知名品牌转变。

"诚信"、"创业"是"王致和人"恪守了三百四十余年的儒商精髓,王致和公司先后通过了ISO9001质量管理体系、ISO22000食品安全管理体系、ISO14001环境管理体系和GB/T28001职业健康安全管理体系"四标一体"认证,王致和品牌多次荣获"中华老字号"、"中国驰名商标",企业连续七年保持首都文明单位标兵荣誉称号,被评为"全国精神文明建设工作先进单位"、"全国公平交易行业十佳单位","王致和腐乳酿造技艺"列入第二批国家级非物质文化遗产名录。坚持传承创新,打造老字号"传统而又现代、经典而又时尚"的现代都市型食品形象,已成为"王致和

人"承载的时代使命和奋斗目标。现如今王致和拥有一批庞大、忠实的消费群体。产品行销全国31个省市自治区,远销美国、欧盟等国际市场,北京市场覆盖率达95%以上,已成为产销研一体化的大型国有控股老字号企业。"十一五"期间年产值以平均28.48%的速度递增。王致和品牌实现了从传统老字号向现代知名品牌的成功转换,品牌竞争力大幅提升。

二、发挥自主创新品牌优势,实现产品结构转型升级

以皇家风范、宫廷糕点驰名的二商宫颐府公司,始终坚持以市场为导向,以科技为依托,视质量为生命,秉承"食品安全至上"的品质管理理念,建立了完善的质量管理系统,是北京市第一家通过糕点QS现场审核评定为A级的企业。宫颐府品牌多次荣获"北京名牌产品"、"北京国企自主创新名牌"、"中国月饼行业最具影响力品牌"等称号。"宫颐府人"坚持走高起点、高质量的发展之路,不断调整产品结构,从营销模式的变革到经营战略的转变,实现了跨越式的发展。2011年,企业加大设备更新改造力度,自筹资金,分别从德国、日本引进设备,改进产品质量等级,进一步巩固了宫颐府品牌在京城食品焙烤行业的领军地位,为宫颐府知名品牌的升级转换奠定了基础。

三、融入企业文化内涵,大力实施品牌扩张战略

一是王致和以腐乳科普馆,北京、上海、武汉等10余个主要城市的公交移动媒体等为窗口,宣传"王致和非物质文化遗产"和品牌文化,受到了社会各界的关注。腐乳科普馆自开馆以来,已接待市、区、委办局领导、知名人士、首都媒体和大中小学生近千人次,进一步扩大了"老字号"品牌的社会影响力。宫颐府以"品味好时光"为主题理念,通过企业文化成果发布、创建网站等形式,传播企业精神和理念、介绍焙烤知识,搭建互动平台,引领消费者走进宫颐府、认知宫颐府,不断提升品牌知名度。宫颐府自2008年开始进驻天津市场以来,市场进店占有率从不足5%,提高到2011年的40%,年营业收入以23%的速度递增。二商股份公司品牌扩张战略得到快速推进。

二是发挥老字号企业技术和管理优势,在发展生产基地的过程中,通过企业文化渗透,实施标准化认证,应用诚信体系管理等,确保基地产

驱动转型

QU DONG ZHUAN XING

273

品质量,切实维护老字号信誉。王致和生产基地由2001年的2家发展到目前的9家,基地产品达到6大类,64个品种,占企业现有90个产品品种的71%,逐步实现了产品线的延伸与扩张。生产基地健康良性发展加快了企业转型发展步伐。

四、加强制度文化建设,建立规范管理的公司内控体系

二商食品股份公司按照现代企业制度的要求,实行董事会、监事会体制,将制度文化融入企业管理,构建财务预算管理体系、风险防范管理体系,规范企业资本运作管理模式及制度流程,制定了《企业内部控制行为规范》等33项廉政风险防范基本制度和《总经理工作细则》、《合同管理办法》等18项与法人治理结构配套的内控制度,完善和梳理了110个工作流程,从制度、流程上保证企业运营的合法合规。

规范公司信息披露与报告制度。二商食品股份公司按照规定分别接受市国资委委派和股东会聘请的具有专业资格的会计师事务所审计,在规定期限内向董事会、股东会和监事会提交年度报告和中期报告,接受全体股东的监督。在公司系统内分别设立3名职工董事和2名职工监事,代表职工行使表决权和监督权。

五、赋予企业文化新内涵,提高党建创新工作水平

1. 企业文化融入党建创新工作,提高班子执行力。公司党委围绕开拓资本市场融资渠道,搭建资本运营平台的中心目标,推行"党建工作折子工程管理模式",实施党政工团各项工作同部署、同管理、同检查、同考核,先后编辑印发了《党建工作折子工程工作汇编》、《廉政风险防范管理基本制度》。发挥思想政治工作优势,引导职工树立核心价值观,形成主体价值取向,编印了《党委中心组学习资料参阅》等100余册。教育广大党员干部转变观念,学习掌握现代经营管理理念。要求各级班子成员及广大党员按照法人治理结构公司运行的标准,约束和衡量履职行为。公司领导班子的决策力、执行力明显提高,党员干部的履职能力大大提升,职工满意度不断提高。

2. 挖掘企业文化内涵,提升企业凝聚力。党委以庆祝建党90周年活动为契机,开展丰富多彩的党员教育活动,宣传"十一五"发展成果,发

挥群团组织作用,开展劳动竞赛、文体活动,用情感融洽交流,用典型引导示范,使职工自觉成为企业文化建设的主体。努力营造传统与时尚、老字号与自主创新品牌文化相互交融的二商股份文化,进一步增强了企业凝聚力。

3. 大力推进职工素质教育工程建设,培育核心价值理念。公司现拥有"劳模创新工作室"、"北京市巾帼文明岗"、经济技术创新标兵、首席职工等一批先进集体和个人。他们在各自的岗位上,较好地发挥了引领示范作用。公司同时拥有一个"农民工技能学习基地"、两个"全国和北京市职工书屋示范点"、一个"职工文化艺术团",为职工搭建提素质、展技能的平台,职工队伍整体素质得到全面提升。

4. 构建和谐企业氛围,调动各方积极性。公司党委以构建和谐企业为主线,通过建立民主管理机制和集体协商共决机制,激发了职工参与企业管理的自觉性、主动性。公司编排的《二商股份谱新篇》等特色文艺节目,得到职工的广泛参与。拟创办的《食尚》报已见雏形,将成为引领和宣传企业文化的平台。

近年来,二商食品股份公司的企业文化建设,逐步实现了"三个转变",即:由以物为中心转变为以人为中心,由以资为本转变以人为本,由以制度管理向以员工为主体的自我约束管理模式转变。通过不断加强企业文化建设,促进了企业转型发展,为实现公司"十二五"发展战略目标奠定了坚实基础。

(执笔人:苏燕伶)

北京百花蜂业科技发展股份公司

企业简介：

　　北京百花蜂业科技发展股份公司是集科研、生产、经营于一体的蜂产品高新技术企业。前身是我国近代著名养蜂学家黄子固在北京创办的李林园养蜂场，创建于1919年。经过几代人的艰苦奋斗，公司获得了长足的发展。百花品牌荣获"中华老字号"、"中国驰名商标"称号。

文化引领企业持续平稳较快发展

██ 中共北京百花蜂业科技发展股份公司委员会 ██

北京百花蜂业科技发展股份公司前身是李林园养蜂场,始创于1919年,百花蜂业是集蜂产品收购、研发、加工、销售为一体的高新技术企业。在93年的发展过程中,逐步形成其特有的蜜蜂文化。近十年来,公司党委全方位推进企业文化建设,实现企业文化建设与员工思想政治工作相互融合,与企业经营管理工作相互促进,为公司持续平稳较快发展提供了文化支持和思想保证。

一、深度发掘百花文化,确立企业文化体系

百花蜂业作为中华老字号企业,在悠久的历史中形成了自己的品牌和特有的文化。公司深度发掘百花历史文化深刻内涵,总结提炼品牌精华,引入体现时代精神的新理念,于2006年初步构建形成百花文化体系,编制印发了《企业文化手册》。百花文化主要包括"做大自然的天使,为人类健康尽力"的企业使命;"勤俭为根,诚信为本"的核心价值观;"团结的集体,严明的纪律,勤奋的劳动,无私的奉献"的企业精神等,并形成以企业核心价值观为代表的"勤俭诚信理念"、以企业愿景为代表的"追求卓越理念"、以企业使命为代表的"绿色天使理念"、以企业精神为代表的"劳动奉献理念"等百花文化理念体系。

二、多种形式宣传教育,统一员工文化认知

在推进企业文化建设的过程中,公司党委采取多种方式进行宣传教育,统一员工对百花文化的认知。公司党委书记、董事长举办企业文化的专题讲座,要求党员领导干部带头实践"勤俭为根、诚信为本"的核心价值观。公司总经理在全公司大会上倡导发扬蜜蜂精神,尽心尽力、尽职尽责做好本职工作。共青团组织团员青年参观有机蜂蜜养殖基地,体会百花绿色天使的健康理念。设立"百花文化长廊"和公司展室,作为宣传企业文化的阵地。新员工入职第一课就是参观公司展室,由公司领导

讲解企业文化。经过长期不懈的宣传教育,不断深化员工对百花文化和百花品牌的认知,提升了员工对企业的忠诚度。

三、全面展示百花文化,提升百花的社会形象

公司确立并实施品牌发展战略,统一了公司视觉形象,企业标识、标牌、颜色、专卖店门头、产品包装等视觉形象突出百花文化特色,让人留下深刻印象。每年在电视台、电台、报刊、广播、车体等媒体做宣传广告,提高百花品牌的社会知名度。举办"百花蜜蜂文化节"、"百花科普进社区"、"百花蜂蜜慰问百名劳模"、"百花蜂蜜慰问百名园丁"、"百花蜂蜜寻找百岁老人"、"百花蜂产品健康老人评选"等系列公益促销活动。公司举办了盛大的周年庆典,以深厚的文化底蕴为依托,展示蜜蜂文化的价值理念,提升了公司企业形象和百花品牌影响力,公司赢得了"中华老字号"、"中国驰名商标"、"奥运食品供应企业"等多项荣誉。近年来,公司销售收入以年递增22.7%的速度增长,保持了持续平稳较快发展。

四、坚持不懈以文化人,涵养百花发展动力

坚持以人为本,是企业文化建设的出发点和落脚点,也是企业保持持续发展的动力源泉。公司企业文化建设活动始终围绕提高员工素质,调动员工积极性展开。

公司常年开展员工教育培训工作,无论是中层干部领导能力、领导艺术培训,还是业务人员的营销知识技能培训;无论是员工的食品质量安全体系培训,还是生产加工人员的岗位技能培训,都把百花的人才理念、市场理念、服务理念、质量理念贯穿其中。近四年来,举办各类培训127场次,员工平均每年接受培训3.9次。

公司每年举办春节联欢会,中秋节组织家在外地的员工联欢。公司团委开展"走进百花,聆听百花,发展百花"主题活动和能力拓展训练。每年举办春季运动会和"百诚杯"足球友谊赛,坚持班前广播体操,开展书画摄影比赛。开展多种形式的教育、培训、文化、体育活动培养了团队意识,陶冶了情操,丰富了员工业余文化生活。

2012年,开展"百花文化·百日推广"专题活动,进一步把企业文化建设引向深入。整个专题推广活动历时一百天,包括百花文化专题讲座、

百花文化研讨会、百花文化书法绘画摄影展、青年专访退休老百花人、"我与百花"征文和演讲比赛、编辑百花文化典型案例故事、评选百花文化典型人物、办公环境改造美化、编发新版《百花文化手册》等十项活动。这次集中推广活动把公司企业文化建设推向了新高度、新阶段。

五、以企业文化为引领,确立百花发展新格局

2011年,公司制定"十二五"发展规划,提出百花公司"要成为中国蜂业第一品牌"的企业愿景目标,推动公司发展再上新台阶。在市场开发上,在保持超市优势地位的同时,相继开辟专卖店、专柜的"第二战场"和电子网络营销的"第三战场"。在产品开发上,向产品多样性、相关性发展,一批与蜂产品相连、相近、相关的产品相继问世。在经营方式上,文化特色经营、委托加工、定牌生产初见成效。在企业转型上,公司将发展目标瞄向资本市场,于2011年3月30日召开北京百花蜂业科技发展股份公司大会,完成了公司股份制改造和增资扩股,标志着百花蜂业向市场化、规范化的方向迈出新的步伐。

(执笔人:孔德声)

驱动管理

QU DONG GUAN LI

■ 企业文化理念摘录 ■

清洁城市，服务人民。

业绩为先，创新为源，团队至上，以人为本。

人品至上，诚信为本。

德为先，人为本，效为源，法为矩。

气融万物，惠泽万家。

人人都有改善的能力，事事都有改善的余地。

北京住总集团有限责任公司

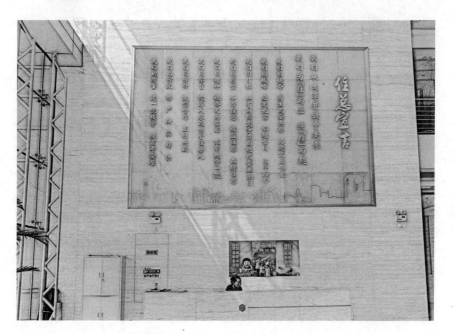

企业简介：

北京住总是国内国有大型住宅全产业链企业集团，拥有房建施工总承包特级资质、对外经营权、对外贸易权和外派劳务权。所属数十家国有独资或国有控股企业，职工1万余人，总资产100多亿元，净资产20多亿元，各类专业技术人员5000余名，农民工常年稳定在3万人左右，业务遍及国内数十个一、二、三线城市和亚洲、非洲、欧洲30多个国家和地区。

育文化唯实求真勇创新
构和谐文化兴业兴住总

■ 中共北京住总集团有限责任公司委员会 ■

住总集团企业文化建设始于1986年,是中国最早开始企业文化建设的企业之一。前期的住总文化建设,主要形成了住总精神、《住总之歌》和住总logo等一些基本元素符号。后来,随着企业文化建设的不断深入,进行了企业理念方面的征集和挖掘,开展了一系列群众性企业文化建设活动,推出了一批住总精神人格化的典型人物,培育出一批企业文化建设示范单位。这些,都为后来的企业文化建设奠定了基础。

随着企业的发展、时代的进步,住总文化建设也面临着进一步的挖掘、梳理、提炼和创新。2005年8月,住总新一届领导班子提出"建设学习型、创新型、务实型的企业文化",不仅界定了住总文化的内涵、特性,也给出了住总文化建设的风向标,住总文化建设进入一个新的发展时期。

一、从文化入手谋发展——强有力的组织领导体系是住总文化建设的发动机

2005年8月,住总集团新一届领导班子分析住总集团多年来徘徊不前的原因,认为虽然原因种种,但根本是文化的问题。一些人惯于说三道四、拨弄是非、当面不说、背后乱散、嫉贤妒能、打头掐尖……人们反映:"在住总,或者事难做,或者做不成,或者做成了落一大堆毛病。"1997-2005年9年间,上级5次调整住总集团领导班子"一把手",多少也反映了这个问题。

针对存在的问题,住总集团新一届领导班子通过多种形式的学习特别是中心组集中研讨,在企业文化建设上形成了以下基本认识:"企业文化是企业持续发展的精神支柱和动力源泉,是企业核心竞争力的重要组成部分。建设先进的住总文化,是建设高素质员工队伍、促进人的全面发展的必然选择,是持续提升企业管理水平和企业价值的战略举措,是加强企业党建、实现思想政治工作创新的重要载体。"在上述共识下,新一届领导班子决心从文化入手谋发展,拉开了住总集团企业文化建设新高潮的大幕。

建立强有力的领导体系,是企业文化建设的组织保证。按照"不变职责,便于工作,议行一体,富有效率"的原则,建立了党委书记、董事长任组长、专职副书记副董事长和总经理任副组长的集团两级企业文化建设领导小组和办公室,明确了企业文化建设工作主管部门,配备了专、兼职相结合的企业文化工作人员。在此基础上,不断对其进行业务培训,逐步形成了一支既具企业管理和企业文化理论业务知识、又有企业文化建设实操能力的专兼结合的企业文化人才队伍,并在企业文化建设的实践中,逐步形成了"党委统一领导、党政工团齐抓共管、专业部门统一协调、其他部门分工负责、机构人员专兼结合、职工群众全员参与"的企业文化建设管理体制和工作机制。

二、"唯实际、求本真、原生态,不策划、不嫁接、不做秀",建设"土生土长、原汁原味、特属特有"的住总文化

2008年,住总集团以成立25周年为契机,大力推进企业文化建设,定规划、颁宣言、立规范、建分支,住总文化建设呈现出蓬勃发展新景象。

第一,从企业实际出发,制定科学合理、目标明确、长短匹配、便于操作的企业文化建设规划。住总集团把市国资委系统和建设行业有关企业文化建设的指导意见与集团实际相结合,制定了《北京住总集团企业文化建设规划纲要》,确定了住总文化建设的大政方针,主要是:"坚持吸收、借鉴、继承与创新相结合;时代特征、行业特性、地域特点、企业特色相融合;成员单位与集团文化相一致;横向文化与纵向文化相贯通;领导倡导、组织协调、典型示范、全员参与、活动促进相协调"的企业文化建设五项原则。制定了"持续提高集团凝聚力、品牌辐射力、企业创新力与核心竞争力"的目标任务。提出了"以人为本、创新为魂、学习为径、力求特色、重在实践、逐步推进"的24字方针等。这些,都为推进企业文化建设循序渐进、健康持续深入提供了科学指导。

第二,精心提炼"土生土长、原汁原味、特属特有"的住总核心价值理念。住总集团总结和借鉴企业文化建设的经验教训,确定了"唯实际、求本真、原生态"，"不策划、不嫁接、不做秀"，建设"土生土长、原汁原味、特属特有"的住总文化的基本思路。从住总20多年的经营生产和改革发展实践中深入挖掘优秀的文化积淀，精心提炼优良的文化细胞基因，最终形成堪为住总核心价值观的《住总宣言》：

"我们从改革开放中走来，我们为'住'而立，兴'住'而起"——两句引言不仅回答了"我们从哪里来"，也把人带上了奔向远方的住总大船。

"我们的使命：为生民安其居，为建筑立伟业"——这既是住总使命，也是住总近30年一步步走过来、走出来的路。

《住总宣言》9句话188个字，没有一个字在住总集团找不到根据。比如，"我们的作风：精、严、细、实、好、快"是几代住总人逐步提出和形成的，住三公司、住六公司的职工过去都是这么做的，全集团也都熟悉；再如"我们的质量：建一流楼宇，保百年安居"，也是自打1997年就有的。由于始终坚持"土生土长"和"原汁原味"，坚决不搞"无中生有"和"策划嫁接"，因而有效地避免了企业文化建设中常见的"标语口号天上飞，土里没有硬要落地"的主观主义和形式主义。市国资委领导称赞"《住总干部作风建设八提倡八反对》非常切合住总实际"，各界对《住总工作作风六到位》也都给予充分肯定。

《住总宣言》的宣贯也力求"原汤化原食"，在广大员工中开展"讲经典故事，释核心理念"活动，举办"经典故事释理念"演讲大赛……使住总核心价值观自然地"内化于心"，并成为引领住总集团在科学发展新航程中不断攀登新高度的群体价值观和自觉内动力。

第三，按照"大统一，小自主"的集团文化建设要求，建立纵横两大分支文化。一是确定"体现核心、简明扼要、易于行守"原则，要求集团公司经营管理各系统、各部门遵照上述原则把住总核心价值理念与本系统、本部门实际相结合，提炼本系统、本部门核心价值目标"一句话"，内容包括安全、质量、品牌、服务、执行、廉洁等系统和部门文化。比如行保部提炼的核心价值目标"一句话"是："行于先，保为安"——意喻：后勤先行，行动在前；保卫、保障务求安全平安。宣传系统确定的核心价值目标"一句话"则是："唯创造企业精神价值为是"。管理各系统、各部门核心价值目标的确立，形成了集团核心价值理念有力的纵向支撑。二是按照"大统一，小自主"，即：核心理念、行为规范、形象标识原则统一，行业性、地域性、历史性差异体现特色的原则,要求集团各成员企业和单位,根据集团核心价值理念,结合企业所处行业、地域及企业实际,确立本单位核心价值理念。集团纵横分支文化的建立,既健全了集团文化体系,也推进了集团核心价值理念的深植。

三、勇于探索,创造性地开展企业文化建设活动

住总集团企业文化建设走过的是一条不断探索、创新创造的路。1997年9月19日,住总在企业界开设立"知识分子节"之先河,这是住总在企业文化建设上的创造。2006年11月,住总集团9•19"知识分子节"获首届中国企业管理优秀案例奖。至今,分为"大年""小年"的"住总知识分子节",仍是住总集团尊重知识、尊重人才、聚敛人才、褒奖人才的火红的日子和文化符号。

近年来,住总集团在企业文化建设过程中,一直秉承着创新——这一住总文化的基本精神和特征。

1. 选择群众性基础、"三贴近"程度、艺术化魅力俱佳的形式,开展"九兴九戒"讲故事大赛活动。2006年4月,集团公司党委把贯彻"八荣八耻"社会主义荣辱观与住总集团和谐构建实际结合,开展了以"兴和谐共进,戒挑拨害群;兴学人之长,戒专揭人短;兴当面说话,戒背后乱散;兴多提建议,戒说三道四"等"九兴九戒"为内容的讲故事大赛活动。

富有吸引力、感染力和艺术性的"九兴九戒"讲故事活动,得到了集团上下的积极响应,人们讲自己的故事,讲同事的故事,讲领导和员工的故事,讲住总大家庭的故事……说的是身边人儿,讲的是身边事儿,掏的是真心话,摆的是实在理儿;有吸引力,有感染力,更蕴含着做人做事的原则和道理,不仅让人感到亲切和真切,更给人以思考和启迪。据不完全统计,全集团共撰写故事200多篇,组织讲故事比赛30余场,150多人登台讲故事,听故事的上万人。

历时四个月的讲故事活动,讲出了住总大家庭的真情与"感动",讲出了干群、同事间的理解与沟通,讲出了荣辱是非、人际关系处理问题上的"当兴"与"当戒"、"应该"和"不应该",更讲出了住总集团的和气、人气与士气。该活动获2006年度北京市国资委党委宣传思想工作"创新奖"一等奖、获"2006—2007年度北京市宣传思想工作创新奖"。

2. 把古老而现代的段子文学形式、最普遍最便捷最现代的手机短信传播手段和企业文化建设与管理创新紧密结合,开展"住总段子大家编,和谐住总大家建"手机短信有奖编发大赛活动。住总集团联系和谐构建实际,学习"市委构建和谐社会首善之区的意见",总结讲故事活动经验,按照"和谐始于沟通"规律,探索利用手机段子开展和谐企业构建活动的新途径新方法,决定以手机短信为基本形式,利用短信人气高的黄金节日时段,开展以"住总段子大家编,和谐住总大家建"为主题的段子编发大赛活动。活动根据每个节日特定的文化内涵设计不同主题,作为编段子的参考。所选节日中,还拿来个别"洋节"的瓶子,装上和谐的新酒。如圣诞节的主题是:"与人为善,让住总充满爱";情人节主题是"亲情爱情朋友情,同乡同学同事情,家情业情住总情"。活动中,选择精彩"段子",在《北京住总》报上刊登,并开展"段子评说"和"我最喜欢的段子"评选活动。针对段子编发"严肃正统有余、诙谐幽默不足"的问题,还专门召开了段子编创研讨会。两年来,段子编发高潮迭起,三字诀、四六句、五言七言诗,谚语对联俏皮话,诗词歌赋歇后语……都被拿来入段子。

从千人精制的和谐段子大餐,到万人共享的住总段子评说,人们沉浸在和谐段子的海洋里。一名员工说:"欣赏住总段子让我想起纪晓岚的一句话,'诗也有,词也有,虽是短品,也是妙文'。"

沟通才能和谐,团结才有力量。一条条短小精美的信息,一句句温馨情暖的话语、一段段诙谐幽默的祝词,像一股股暖流,在住总人中传递。形成了"住总段子热编,和谐短信争传,和谐住总共建"的生动局面。"住总段子大家编,和谐住总大家建"手机短信有奖编发大赛活动,获市国资委2008年度宣传思想工作创新一等奖。《"以文化人"增和谐促发展——住总集团文化管理创新成果》获北京市第24届企业管理现代化创新成果二等奖。

3. 创造性提出和创造性宣贯保障房建设理念。住总集团勇于担当"为生民安其居,为建筑立伟业"的使命和责任,大举进行保障房建设并在实践中创造性地提出"保障房建设理念"。该理念共七条,核心是"把保障房建成政府放心房、百姓满意房",另六条说的是如何实现这个目标。2011年6月16日,李克强副总理考察保障房建设时,对住总集团在实践中形成的"保障房建设理念"大加赞赏。此后,集团在推进宣贯中,创造性地提出"把理念变成制度条文、管理标准、行为规范和操作规范"的"四变"宣贯模式。2012年2月,住总集团"保障房建设理念的创新提出和创新宣贯"获北京市国资委系统2011年度宣传思想工作"创新成果"优秀奖。

此外,精心设计并作为住总品牌符号的logo,也于2011年获北京国际设计周年度视觉传达设计奖。

住总集团"育文化唯实际求本真勇创新,构和谐文化兴业务兴住总兴"。今日住总,正气高扬,邪气没有了市场。上下同欲干事业,万众一心谋发展。2006、2007和2008年,住总十项主要经营指标叠创历史新高;2009年,不仅克服了金融危机带来的不利影响,而且化危为机,实现了十项指标同比超越,创造了四年跨越四个台阶的佳绩。"十一五"期间,住总集团年平均增速超过20%以上,集团提前一年实现"十一五"规划目标,接着,又赢得"十二五"开局之年的"开门红"。先后获住建部"抗震救灾先进单位"、国资委"中国企业信息化卓越实践奖"、北京市第24届、25届企业管理现代化创新成果一等奖、"中国房地产住房保障建设杰出贡献企业"、"中国房地产最具社会责任感企业"、"最具保障房执行力的典范企业"等40余项荣誉称号。

住总集团的企业文化创新实践,也从理论和实践上提供了有益的启示。2006年以来,连获"中国优秀企业形象单位"、"企业文化建设百家贡献单位"、"全国企业文化建设50强单位"、"中国企业文化建设十大杰出贡献单位"、"北京市安全文化建设示范企业"、"中国学习型组织优秀单位"、中国建设职工思想政治工作研究会"企业文化建设示范单位"等称号。

(执笔人:于文岗)

北京环境卫生工程集团有限公司

企业简介:

　　北京环境卫生工程集团有限公司重组成立于2006年4月,是首都环卫规模最大、综合实力最强的国有独资公司。主要承担首都市区和部分郊区的生活废弃物收集、运输、无害化处理,以及首都重大活动环卫保障任务。北京环卫集团坚持走持续、健康、协调发展的道路,努力发展现代垃圾处理技术,改善环卫设施、装备;积极探索新型环卫作业方式,完善服务网络和应急保障机制,提高作业质量,提升市场竞争力。

培育优秀企业文化
打造首都环卫新名片

■ 中共北京环境卫生工程集团有限公司委员会 ■

北京环卫集团主要承担着首都市区和部分郊区的生活废弃物收集、运输、无害化处理、道路机械化清扫、冬季除雪铲冰及首都重大活动期间的环卫服务保障等任务,同时还从事环卫装备制造、改装、车辆设备维修等多项关联业务。在全国政治、经济和文化中心的首都北京,保障城市环境卫生的安全运营不仅需要环卫基础设施、核心技术和完善的治理结构作保障,更重要的有先进的企业文化作支撑。

北京环卫集团虽重组于2006年,但是首都环卫事业发展起点可以追溯到新中国的成立之时。在这60多年的发展历程中,孕育并积淀了许多值得传承与发扬的优良传统、企业精神和先进价值理念。由于这些理念是在不同时代、不同背景下提出来的,有些已经不适应新时期企业的发展要求,为此集团党委非常重视企业文化建设。2007年,集团专门成立了企业文化建设研究会和思想政治工作研究会,制订了《北京环卫集团企业文化建设方案》,首先从出版内部刊物,规范企业标识,统一环卫作业车辆外观颜色等反映企业外在形象的方面入手,完成了视觉识别系统建设(VI)。2009年,集团党委开始着手理念识别系统(MI)和行为规范系统(BI)的建设,邀请业内著名专家学者进行指导,并动员广大干部职工积极参与,共同对企业的文化发展脉络进行梳理、整合,总结60多年来的文化精髓,深入分析历史发展不同阶段的管理特色,提炼出独具首都环卫国企特色的企业文化体系,并编制形成了《骁腾有如此——北京环卫集团企业文化手册》。

一、主要做法

1. 前期调研。一是问卷调查。"骁腾有如此"企业文化体系建设之前,集团党委首先进行了问卷调查活动,了解职工心声。其间,共发放500份调查问卷,占员工总数的10%左右。从收回、统计出的企业文化建设

驱动管理 QU DONG GUAN LI

291

调查问卷中可以看出,广大干部职工对大力推进集团公司企业文化建设工作非常支持,对形成统一的文化要求非常迫切,并希望通过企业文化建设不断提升集团公司的软实力,打造出有首都环卫特色的国企服务品牌。此外,工作组还翻阅了北京环卫集团20多万字的历史档案资料,查阅了百万字的有关理论书籍和国内外相关资料,形成了近两万字的调研与分析报告。二是深度访谈。北京环卫集团与北京市政研会、清华大学人文学院合作,对集团上上下下进行全面调研考察,从决策层领导到中层管理人员,再到职工代表、班组长,先后面对面访谈63人次,整理出了数万字的访谈记录。三是参观考察。工作组到西飞集团、中信重工、郑煤集团等企业学习先进的企业文化建设和管理经验,为北京环卫集团建设具有时代特色、首都特色、国企特色、环卫特色的企业文化,起到了积极作用。

2. 文化整合。随后,工作组对首都环卫行业60多年的发展历史脉络进行梳理,对北京环卫集团改革开放以来思想文化变化过程进行了盘点,对重组前各单位的企业精神、理念等进行整合,精心挑选出了优秀的环卫传统文化。如:"宁愿一人脏,换来万家净"的时传祥精神;诚信、责任、创新、团队的企业精神等。在此基础上,根据企业改革发展的要求,整理提炼出了北京环卫集团的企业文化理念系统和行为识别系统。通过召开业内专家座谈会、管理层座谈会、职工代表座谈会等,广泛征求意见,形成统一的思想共识。

3. 文化落地。2010年12月,北京环卫集团党委召开《骁腾有如此——北京环卫集团企业文化手册》发布仪式,标志着集团新文化体系正式建立,开始进入文化宣贯阶段。为促使新文化体系深入人心、落到实处,集团公司成立了由领导班子成员担任组长和副组长,总部各部室、各子公司党政主要负责人为成员的活动领导小组,分活动启动部署、深入宣传学习、文化融入管理三个阶段,将新文化理念循序渐进地渗透到员工思想并体现在日常工作和行为中,达到引导人、塑造人、凝聚人、激励人的目的。

"骁腾有如此"企业文化体系确立后,集团党委主要负责人多次在新员工入职培训、"送学上门"等活动中,结合国内外典型公司的企业文化建设案例,亲自宣讲和解读集团公司企业文化的核心内涵和理念体系,使广大干部职工进一步了解了集团公司的新文化体系,提高了对集团公司企业文化理念的认同度。

各基层单位党组织将企业文化宣贯活动与实际工作相结合，一方面开展了职工座谈、专题讲座、征文、知识竞赛等形式多样的文化活动，另一方面坚持把文化宣贯活动融入到环卫工作的生产实践中。一清分公司在宣贯过程中，利用液晶电子屏滚动播放集团公司的企业文化体系宣传材料，并制作了巨幅企业精神宣传标语，营造了浓厚的环境文化氛围；二清分公司不仅为各党支部制作了文化体系宣传展板，还在饭堂门口、职工之家等处悬挂企业文化展板，促使新文化体系深入人心；四清分公司在盛夏季节制作了方便易携带的折叠纸扇，上面印上了集团公司企业精神、企业标识、骏马图等，让职工在享受清凉的同时，又增添了一些文化气息。

二、工作亮点

1. 文化定位。"骁腾有如此"企业文化体系的核心定位是"马文化"。这是因为，马代表着一种勤勉工作、自强不息的精神象征，与我们城市美容师的工作性质相融合，寄寓着环卫人的品格追求。具象于马的这种环卫文化品格，表达了广大环卫人在肩负清洁城市与缔造美好人居环境的过程中，始终以"骁腾有如此"的精神气概，勇于并善于迎接各种困难和挑战，同时，也构成了企业未来能够可持续发展的根本保证。

2. 理念体系。"骁腾有如此"企业文化的理念体系涵盖了企业使命、共同愿景、核心价值观、企业精神和九大运营理念。

企业使命："环境缔造和谐、创新服务大众、节约回报社会、责任成就未来"。表达了广大环卫人将以高度的社会责任感与奉献精神，致力于建设资源节约型企业、环境友好型设施，促进人与自然的和谐共生；以敢为天下先、勇于突破的创新精神服务大众、让市民满意；始终以节约资源、节能减排等环保理念，打造现代化的节约、环保的生产方式与工作方式，勇担企业社会责任，回报社会，为社会创造更大价值。

共同愿景："成为环卫服务业的领先者"。将全体员工紧紧地联结起来，成为一种令员工深受感召，激发员工不断向前超越的巨大精神力量。

核心价值观："清洁城市、服务人民"。是企业的立业之本、胜利之基、力量之源，是环卫人永恒的价值追求，体现了环卫人的历史使命、事业理想、政治立场与人生态度，也彰显了环卫行业的价值取向，是环卫人立足环卫行业，促进环卫行业持续、稳定、健康发展的价值支撑。

企业精神："诚信、责任、创新、团队、高效"。"诚信"是公司发展的道德基石；"责任"是公司发展的最高使命；"创新"是公司发展的动力源泉；"团队"是公司发展的根本保障；"高效"是公司发展的永恒追求。

九大运营理念涵盖了"骥称其德、德才兼备"的人才理念，"好知乐知、学以致用"的学习理念，"日新又新、其命惟新"的创新理念，"诚者自成、信者自立"的诚信理念，"以人为本、简约有效"的管理理念，"精细严实、赢在执行"的工作理念，"上下同欲、共进共赢"的团队理念，"亲情共享、以企为家"的亲情理念和"循环清洁、和谐共生"的环境理念。

企业使命、共同愿景、核心价值观、企业精神和九大运营理念，构筑了北京环卫集团广大干部职工忠于职守、勇担责任、服务大众、追求卓越的文化氛围。

3. 行为方式。"骥腾有如此"企业文化行为方式，针对一般员工和中高层管理人员，制定了员工行为准则和中高层管理人员核心胜任能力标准。员工行为准则是企业价值观与理念系统的延伸与外化。中层管理人员核心胜任能力是在一般员工行为准则的基础上，对其提出的更高标准和要求。

三、活动成效

一是统一了思想。北京环卫集团党委将企业文化建设提升到为企业改革稳定发展保驾护航的战略高度，通过企业文化的整合和宣贯，广大干部职工深刻认识到，思想不统一、文化不融合、力量不往一处使，企业就不会有出路、不会有大发展，职工最关心、最直接、最根本的利益就无法得到保证。

二是营造了氛围。北京环卫集团党委将企业文化理念融入到丰富多彩的文化活动中，通过开展经济技术创新、岗位练兵、职工技能竞赛活动等，在集团上下形成一种比学赶超、争当业务领军人的良好氛围。通过开展丰富多彩的活动，职工的技能有了很大提高。在2012年北京市第二届职工职业技能竞赛中，汽车维修工组决赛的前10名全部由北京环卫集团参赛选手获得；汽车驾驶员组决赛前10名中，北京环卫集团参赛选手占了9名。

三是促进了工作。北京环卫集团党委持续、深入地传播企业文化理念，把"骥腾有如此"企业文化理念体系融入到生产经营管理和员工的思想行动中。广大管理人员将学习与实践相结合，坚持把学习体会转化为谋划发展的思路、促进工作的措施、领导全局的本领，对鼓舞和带领广大干部职工维护城市环境卫生安全运行,圆满完成新中国成立60周年庆典环境保障、2010年初特大暴雪的扫雪铲冰任务起到了很好的作用。

四是提升了实力。北京环卫集团党委在企业文化建设过程中,注重总结,创意性地推出企业形象宣传片《首都环卫礼赞》、《环卫设施对外开放宣传画册》、《生活垃圾处理知识问答》等各类文化产品,充分利用内外部传播途径,赢得广大干部职工和各界人士的认知和赞同,不断扩大集团公司的品牌知名度、企业影响力和综合竞争力。五年来,集团公司资产总额翻了一番多,营业收入增长126%,年度利润总额增长534%。在京内,年无害化处理城市生活垃圾量由初期占全市的20%增长到46.7%以上;制定了多项环卫作业质量标准,其中,高速路、城市快速路清扫保洁质量要求与评价、卫生保洁服务通则等已成为北京市地方标准;职工收入也实现了稳步增长。在京外,通过公开投标、多轮竞争后,与广东江门市政府合作,开工建设了旗杆石生活垃圾卫生填埋场特许经营权BOT项目,首次向国内发达地区输出环卫技术和管理;同样的方式,与辽宁盘锦市政府合作,开工建设了盘锦生活垃圾卫生填埋场特许经营权BOT项目。在境外,集团装备制造业的环卫车辆已经出口到古巴、东南亚等国家和地区,环卫研发技术出口到巴基斯坦等国家。目前,集团公司还正在与鄂尔多斯、哈尔滨、景德镇、绥化等外埠地区洽谈环卫项目合作事宜。

五是扩大了影响。从"十一五"时期北京环卫集团党委开展企业文化建设活动以来,广大职工思想积极向上,团队学习意识大大增强。先后荣获全国企业文化建设先进单位等国家级先进集体17个,全国企业文化建设先进个人等国家级先进个人11人;市级先进集体77个,市级先进个人124人;有3人被评为国家级劳动模范,有30人被评为市级劳动模范。以全国劳动模范任晓云、李春国等为代表的新一代环卫员工在北京环卫集团企业文化的熏陶下茁壮成长,肩负起了传承时传祥精神、美化首都环境的重任。

四、主要启示

1. 注重历史传承、不断创新,是确保企业文化建设取得成效的基础。北京环卫集团党委在企业文化体系建设过程中,十分注意处理好历史传承与不断创新的关系,在坚持传承"宁愿一人脏,换来万家净"的时传祥精神的基础上,不断总结、提炼、完善理念体系,根据时代特点、社会变迁和企业改革发展的实际,将企业文化定位在具有"骁腾有如此"精神气概的"马"文化上,及时为企业核心理念赋予新的内涵。

2. 广泛听取意见、群策群力,是圆满完成企业文化体系建设必不可少的条件。在"骁腾有如此"企业文化体系建设过程中,通过广泛征求基层、总部各部室和各级领导干部的意见,采取先民主后集中的办法,几上几下进行研讨和完善,最终选取出最符合行业实际和企业特点的方案,特别是广泛征求了职工代表的意见,不仅最大程度地吸纳了职工群众的智慧,也为下一步的宣贯工作奠定了扎实的基础。

3. 领导高度重视、实地宣讲,是促使企业文化有效落地的重要保证。从最初成立企业文化研究部门、广泛发动干部职工参与,到完成"骁腾有如此"企业文化体系建设、促使企业文化有效落地,融入了各级领导的辛勤汗水和正确决策。特别是在宣贯过程中,集团企业文化建设主管领导亲自下基层宣讲,调动了各基层单位宣贯的积极性,是促使集团企业文化有效落地、融入职工思想、工作、生活的重要保证。

4. 融入思想政治工作、党建工作,是保障企业文化建设正确方向的核心。把企业党建工作、思想政治工作与企业文化建设有机结合起来,能够更好地为企业改革发展保驾护航,保证企业文化建设的正确方向。北京环卫集团党委在开展企业文化建设过程中,注重做好"四个结合"。一是积极与企业党建工作相结合,大力开展"聚力工程"、"领航工程",发挥广大党员的模范带头作用,有力地提高了基层党组织战斗力,进一步提升了广大职工队伍的思想素质;二是与思想政治工作、舆情信息工作相结合,创建了《北京环卫》企业报、企业网站、宣传橱窗等宣传文化阵地,努力在打造舆情信息工作网络、突出工作针对性、把握舆情导向等方面下工夫,营造了良好的工作环境和舆论氛围,搭建了展示企业软实力的平台;三是与内控体系建设相结合,促进了企业管理的规范化,提升了内控管理效率,企业管理人员的管理思想正在向科学管理过渡、向文化管理攀升,集团公司进入了更高层次的管理模式;四是与廉政建设相结合,在企业内部营造了风清气正的和谐发展氛围。

此外,新文化体系宣贯过程中,北京环卫集团党委还将企业文化宣贯作为业余党校、职工课堂学习的重要内容,作为广大干部职工培训和各类座谈活动的重要内容,取得了良好的效果。

(执笔人:王伟节)

首旅集团

企业简介:

　　首旅集团是以旅游为主业的综合型现代服务企业,经营业务涵盖旅游酒店、旅行社、商业、餐饮、汽车服务、景区、地产等领域。集团旗下拥有4家上市公司,形成"首旅建国"、"如家"、"全聚德"、"东来顺"、"燕莎"、"西单"、"古玩城"、"康辉"、"神舟"、"首汽"和"首旅股份"等一系列知名品牌。集团以"走国际化路、创民族品牌、践行中国服务"为核心理念,以更加开放的心态,与各界朋友携手并肩,合作共赢,共同开创中国旅游业更加辉煌的明天。

凝心聚力　铸魂引航

中共北京首都旅游集团有限责任公司委员会

企业文化是一个企业的企业精神、核心价值观和经营管理理念的集中体现,也是企业核心竞争力的重要组成部分。随着国有企业的做大做强以及改革发展的深入推进,企业重组步伐不断加快,企业管控的幅度和深度不断扩大,加强企业文化建设并用企业文化来内聚力量和外塑形象,成为国有企业进一步向前发展的必然需求,企业文化建设的重要性与紧迫性日益凸显。作为北京市国资委监管的大型现代旅游服务企业,首旅集团始终高度重视企业文化建设,始终把企业文化建设作为推动企业改革发展的重要凝聚力和强大推动力。正是在这种企业文化巨大张力的有效促进下和正确引领下,在十四年潜心砥志的改革发展历程中,首旅集团精神文明建设和物质文明建设取得了同步发展和互促共荣,实现了企业跨越式发展。

一、首旅集团企业文化主要内容

首旅集团历经十四年改革发展和探索实践,已经形成了自己的企业文化核心理念,概括起来就是"人本和谐"与"干事创新"文化。展开来说主要体现在两个方面:一是"想事、干事、干成事";二是"业绩为先,创新为源,团队为上,以人为本"。"想事、干事、干成事"则是动机与效果的统一,是过程和结果的统一,干成事是最终的结果。"业绩为先"就是我们把不同岗位的工作业绩和工作成果,作为衡量一个管理人员、一个领导班子、一个企业的最终标准,这既是首旅人的思想观念和经营理念,也是大家共同的行为准则,同时也是价值判断标准。"创新为源"就是要结合实际,不断解放思想、实事求是、与时俱进。尤其是我们作为服务行业,要在坚持统一标准的基础上,紧跟时代发展步伐并适时进行前瞻性的思维,"存同"的同时要坚持"求异"创新。"团队为上"就是要强调团队精神,每个企业、每个班子、每个班组都要强调团队精神,团结共事,合力干事。要以共同的目标和共同的价值观来打造凝聚力。"以人为本"就是要坚持以员工为本,尊重人、爱护人、关心人、理解人、重视人的价值。在如何关心人、重视人方面,我们又提出了"三给予两善待":年老的给予待遇,中年的给予平台,年轻的给予机会。只有善待你的员工,员工才会善待你的顾客。在提出干事创新与人本和谐企业文化理念的基础上,我们也提出了首旅集团职工的职业精神和职业准则。职业精神:执着干事、真诚做人、终身学习。职业准则:自信自励、执着干事、终身学习、圆融协作、崇尚光荣。

"人本和谐"与"干事创新"企业文化核心理念的确立,成为集团内聚力量和外塑形象的共同价值追求,它既是统一指导首旅人的行为准则,也是评判首旅人行为结果的价值标准。这种以人为本的干事文化已经在首旅集团上下形成了一股无形的文化力,这种文化力正成为推动集团改革发展的强大内驱力。

二、统一鲜明的企业文化支撑了首旅跨越式发展

首旅集团是经过多次重组的企业,在企业重组过程中,集团党委特别重视企业文化的融合。可以说,首旅集团之所以在多次重组过程中获得了快速发展,这与集团党委和主要领导高度重视企业文化和不同企业文化融合有着密不可分的关系。

首旅集团从最初的行政性公司向核心企业转变,必须首先实现人的观念的转变。集团成立之初,进入集团的大多数企业是旅游局下属单一的企业,缺乏统一的文化和理念。集团党委把"想事、干事、干成事"确立为集团的价值观,就是要把首旅集团做成经营规模更大,实力更雄厚,市场竞争力更强,在中国跻身一流大型企业集团之列,在国际旅游业中具有影响力的大型企业集团。从一开始,这一衡量工作态度、工作标准的理念和价值观就被班子成员普遍接受和认同,并在实践中逐渐升华为全集团广大干部职工共同的思维方式和行为准则。这一价值观的具体内容可以用四句话给予概括:"业绩为先,创新为源,团队为上,以人为本。"

集团党委和主要领导在集团的各项改革中也认真坚持和推行这一价值观。例如在集团高管人员管理机制创新和改革中,积极推行人本文化,明确提出"给老同志保待遇,给中年高管人员提供平台,给年轻管理人员提供机会",由于集团上下共同遵循这一价值观,大家在集团改革发展中心齐、气顺、劲足,从而使集团高管人员的管理改革有一个良好的受众基础,改革措施出台大家理解,措施实施大家支持。可以说,十四年来,首旅企业

文化促进了集团跨越式发展。在"首旅大家庭"中,员工时刻秉承集团"干事创新文化"、"人本和谐文化"、"想事、干事、干成事",推动集团实现了一个又一个跨越式发展。今天的首旅集团产业涵盖了以"吃住行游购娱"六大旅游要素为基础的酒店、商业、旅行、餐饮、汽车服务和景区景点等六大板块,形成了"首旅建国"、"如家快捷"、"全聚德"、"东来顺"、"燕莎"、"西单"、"古玩城"、"康辉"、"神舟"、"首汽"和"首旅股份"等一系列知名主导品牌。在统一企业文化引领下,首旅集团品牌化、网络化、连锁化、产业化发展速度与发展水平日益提升,为集团快速发展插上腾飞的翅膀。首旅集团在后期的重组过程中,特别是2004年,首旅集团与新燕莎集团、全聚德集团、东来顺集团、古玩城集团成功合并重组,在"车同轨、书同文、人同心"的企业文化构建指导下,在这种统一文化、统一旗帜的感召下,集团上下企不论大小、人不分先后,大家都是"首旅大家庭"的一员,为着同一个发展目标,心往一处想、劲往一处使,凝心聚力,共同拼搏。这是首旅集团之所以在多次重组整合中,发展动力越聚越强不断跃上新的发展台阶的重要支撑力。

三、首旅集团企业文化践行基本做法

企业文化要真正发挥作用关键是要解决好企业文化的"落地生根"问题。企业文化虽然是软实力,但软实力要通过硬约束来推行,软实力才能体现出真实力。企业文化要深入员工的思想,化为员工的言行,必须要有一套物质性或制度性的设计和实践来推进。在这方面,我们主要有以下几点做法。

一是以培训来灌输企业文化:培训是灌输企业文化理念的重要平台。以培训来灌输企业文化主要包括两个方面的内容:第一,关于企业文化本身的培训。企业文化建设是具有一定专业性的系统工程,在这方面,我们连续多年派专人参加了中国企业文化研究会举办的企业文化高峰论坛,通过参加这种权威性高、专业性强的高规格企业文化论坛,开阔了企业文化建设视野,增强了企业文化建设的能力。同时,我们还将市国资委下发的有关"企业文化师"培训文件转发各企业,要求积极参加企业文化建设相关资格认证培训,不断提高相关人员的专业水平。第二,关于集团企业文化理念的培训。集团领导向来非常重视集团企业文化核心理念的培训和教

育,特别是高度重视对于高管人员和年轻后备高管人员进行集团企业文化理念的培训。截至目前,集团举办了10期规模总共为450多人的后备年轻干部培训班,在培训班的课程设计上,集团党委都把集团企业文化理念作为重要内容,并由集团主要领导亲自授课,以培训这种短平快的形式,不断灌输集团企业文化理念,增强凝聚力。

二是以管理来融合企业文化:把企业文化理念融入到经营管理各个重要环节中去是企业文化落地的重要保证。从2007年,集团在对企业考核指标中,增加了企业文化考核的因素,并给予了一定的权重和分值。集团以往对企业的考核只有三项指标:主要指标(如收入、利润、收益率等)、辅助指标(还贷、GOP等)、否定指标(安全事故等)。从2007年增加了第四项指标即评价指标,在评价指标中有三项是以考核企业文化建设为指向的:第一,以考核"团队为上"为指向的"团队凝聚力"指标;第二,以考核"创新为源"为指向的"创新发展能力"指标;第三,以考核"以人为本"为指向的"员工素质"指标。三项考核指标的建立,使集团企业文化建设在执行上有了硬约束,使软实力有了硬指标。另外,在薪酬制度方面,我们把"业绩为先"和"干成事"的核心价值观,有意识地融入"年薪制"的设计中,具体来说就是把薪酬兑现放在最后年终业绩成果评价上,这就充分体现了集团"业绩为先"和"干成事"的企业文化理念。所以,从另外一个方面看,我们的薪酬制度在本质上也是集团企业文化制度。总之,企业管理中有很多重要环节如职务晋升、薪酬兑现、评优奖先活动等,集团都有意识地把企业文化设计贯穿进去,管理与企业文化相互融合,相互促进,共同促进企业的改革发展。

三是以活动来展示企业文化:各种大型活动是展示企业文化的重要载体。以活动来展示集团企业文化主要体现在两个方面:一方面,通过集团内组织的大型活动来展示集团企业文化。比如,在奥运期间,开展的"迎奥运、树新风、技能比武大赛"活动,2009年集团参与的国庆60周年服务活动等。同时,各个二级公司和直属企业也都根据时代的大主题和集团的统一要求举行了多种多样的活动,通过这些活动充分展示集团各具特色的企业文化。另一方面,通过参加或参与集团外组织的大型活动来展示集团企业文化。比如,集团通过参加或参与"中国旅游博览会"、"北京旅游博览会"、"北京国际旅游文化节"等大型活动,向广大客户和社会充分展示集团企业文化,通过企业文化的张力来显示集团品牌的社会影响力和号召力。

四是以载体创新来拓展企业文化:为进一步弘扬企业文化,畅通信息渠道,2010年,由首旅集团党委主办的内部刊物《首旅人》于7月1日正式创刊发行。《首旅人》是架起首旅人相互沟通交流的重要桥梁,同时更是传承首旅集团企业文化的重要载体,全面传承人本和谐与干事创新的首旅企业文化,深入播种企业效益与社会效益相统一、企业发展与员工发展相统一、短期利益与长远利益相统一的企业追求,广泛宣传爱事业、爱企业、爱职业的首旅职业精神,积极倡导真诚做人、执着干事、终身学习,为顺利实现集团的新发展和大发展提供坚强的思想舆论保障。《首旅人》每月两期,分为"重要新闻"、"经管动态"、"党群天地"、"企业文化"等四大内容。《首旅人》目前已经出刊45期,发行涵盖首旅集团各级企业和六大板块,涵盖基层广大员工和每个班组,涵盖全体党员和各个支部,使首旅的全体员工都能够读到,并深切感受到集团成长的步伐,共同弘扬集团企业文化,为集团的改革发展凝心聚力、奋发进取。

总起来说,无论是培训、管理、活动,还是创新载体,这都可以看作物质性的"筐",我们就是要把集团核心企业文化理念装进这些"筐"中去,通过这些物质性的或硬性的筐,来不断彰显企业文化的张力,从而来推动集团经营管理和改革发展。

四、几点体会

首旅集团经过十四年改革发展,通过抓企业文化建设,主要有以下几点体会:

一是企业文化建设必须要抓住关键,充分发挥"一把手"的主导和领导作用。企业文化建设要取得真正的实效,关键是抓好企业一把手,充分发挥企业一把手在企业文化建设中的作用。从一定意义上说,企业文化就是一把手文化,这主要体现在两个方面:第一,企业文化在形成确立的过程中,必须反映出企业一把手的企业价值观和事业观,一个企业的企业文化在很大程度上体现出一把手的价值观判断和工作作风。很难想象一个企业的企业文化与这个企业的一把手的价值观相背离。第二,企业文化在推行和实施过程中,一把手起着重要的推动作用。如果一个企业的一把手对企业文化不重视,这个企业即使有着很好的理念和价值观,也很难有效推

文化驱动
WEN HUA QU DONG

行并落地生根,更谈不上开花结果。所以,无论是在企业文化的形成确立阶段,还是在推行实施阶段,如果没有一把手的作用,企业文化就是空中楼阁。因此,企业文化在很大程度上就是一把手文化,同理,抓企业文化建设关键是抓住企业一把手,就是这个道理。

二是企业文化建设必须要紧贴实际,善于学会"借势融入"。企业文化要落地生根,要解决两张皮的问题,特别是作为从事企业文化建设的工作者一定要善于学会借势(事)融入,借势(事)谋事。也就是说在企业文化建设中,一定要找准企业文化建设与企业其他各项工作的结合点,不要为文化建设而搞文化建设。总体上来说,有这样三个结合点可以考虑:第一,企业文化建设与企业经营管理的各个重要环节相结合;第二,企业文化建设与企业改革发展的总需求相结合;第三,企业文化建设与企业的精神文明建设、思想政治建设、党的建设、和谐企业建设等相结合。做到这样三个紧密结合,搞企业文化建设才更有抓手,更能丰富企业文化建设的内容,同时也才能真正促进企业的经营管理与改革发展。

三是企业文化建设必须要立足长远,持之以恒、常抓不懈。企业文化建设是一项综合性的系统工程。企业核心价值观的形成,以及将这种价值观作用于企业员工,形成大家的共识,化为统一自觉的言行,并为广大客户所认知,这都不是一日之功,需要立足长远,持之以恒地抓下去,这样才能见成效,才能真正彰显出企业文化力。当然,企业文化建设最终要服从和服务于企业的经营管理和改革发展,在长期具体建设过程中,出现时松时紧的现象也是正常的,在这个时候,应该合理安排好企业文化建设的阶段内容,做到阶段分明,松紧有序。比如,在企业文化建设的高潮期,要善于抓重点、抓突破,在企业文化建设相对低潮期,要学会多总结、勤梳理。

总之,经过十四年改革发展,首旅集团在企业文化建设方面取得了积极成果和良好效果,在推荐集团改革和实现跨越式发展过程中确实体现出了凝聚力、塑造力和推动力。在这种巨大张力的作用下,首旅集团在精神文明建设与和谐企业建设方面不断取得新成果,有2家企业获得全国文明单位,28家企业获得首都文明单位标兵。首旅集团被中国企业文化研究会评为"改革开放30年全国企业文化优秀单位"。

(执笔人:李国庆)

北京铁路局

企业简介：

北京铁路局是以铁路客、货运输为主的国有特大型企业,所辖线路分布在北京、天津、河北"两市一省"及山东、河南、山西省部分地区,与沈阳、济南、郑州、太原4个铁路局相接。营业里程5667.5公里,其中时速200公里以上高速铁路651.9公里(京津城际、京沪高铁部分区段、石太客专)。有职工20万名,下辖单位80个,其中运输站段57个;管内高速铁路3条,正线153条,其中主要干线15条(京哈、京广、京沪、京九、京原、京包等)。2011年,全局完成旅客发送量2.03亿人次,货物发送量3.01亿吨。

构建全方位安全文化体系
为运输安全提供文化保障

■ 中共北京铁路局委员会 ■

近年来,北京铁路局针对铁路安全标准高、要求严、压力大的新形势、新情况,着力从理念、管理、设备、素质、环境方面打造安全文化体系,努力为确保运输安全提供思想保证和文化支撑。2008年,路局被授予首批"北京市安全文化建设示范企业"光荣称号;2011年路局被国家安全生产监督管理总局命名为"全国安全文化建设示范企业"。

一、着眼新要求,提高对安全文化重要性的认识

2008年8月1日,京津城际铁路开通运营,使北京铁路局率先成为拥有高速铁路的铁路局。我们感到高速铁路绝不仅仅是对列车运行速度的要求,更重要的是对思想理念、运营管理、设备质量、安全生产等方面的高标准要求。面对新的设备、设施及社会对铁路服务的新需求,北京铁路局高度重视安全文化建设,紧跟时代步伐,坚持与时俱进,在原有《全局安全文化建设实施意见》的基础上,制定了《关于加强高铁文化建设的意见》和《企业文化建设三年规划》,提出了建设与高铁发展相适应的安全文化。即:把握高铁时代新速度、新技术、新设备、新标准对安全工作的新要求,从文化的角度促进安全意识树立、安全环境熏陶和安全行为养成,抓好突出安全问题解决和控制安全重点,形成"安全第一,生命至上"、"安全大如天,责任重于山"的安全价值观,营造"以人为本、管理和谐,标准严格、氛围协调,富有活力、行为自觉"为特征的安全文化氛围。

围绕确保运输安全这个主题,路局主要领导带头调研,并利用全局政治工作会议、路局党委全委(扩大)会、全局工作会议、安全工作会议等,从贯彻落实科学发展观、构建社会主义和谐社会、确保高铁安全万无一失的高度,从规范和提高高速铁路的安全管理水平、解决安全管理中

的深层次问题、扎实落实"稳、实、和,促发展"工作思路、进一步打牢安全生产基础的实际需要出发,大力宣传安全文化建设的重要意义和紧迫性,引导各级干部深刻认识安全文化的导向作用、激励作用、凝聚作用、约束作用和窗口作用,推动路局安全生产持续稳定。通过抓认识、抓宣传、抓普及,大家形成了"四个有利于"的共识。即:加强安全文化建设有利于强化干部职工的安全意识,构筑干部职工共同奋斗的思想基础;有利于借助文化的力量,进一步规范和提高安全管理水平;有利于激发职工保安全的内在动力,解决安全管理中难以解决的惯性问题;有利于贯彻政治工作"融入中心、服务大局"的要求,提高京铁企业文化建设水平。思想上的统一,为打造安全文化奠定了基础。

二、结合实际,增强安全文化建设的针对性

实践中,我们认为铁路安全文化建设包括表层、中层和深层三个层面:表层主要是指站容段貌、职场环境等可见之于行、闻之于声的文化环境的建设;中层主要是指组织机构、规章制度、作业标准等安全管理制度及其运作和落实机制的建设;深层主要是指安全思维方式和行为准则、安全道德观和价值观等积淀于铁路企业及广大干部职工心灵中的安全意识形态的建设。深层安全文化建设是这三个层次中的核心,起着支配、决定表层和中层安全文化建设的作用,而表层和中层安全文化建设也会促进和推动深层安全文化建设,三个层次是有机统一、互相交织、不可分割的整体。同时,感到制约铁路安全生产的主要因素有五个方面:一是管理理念的适应程度,二是制度约束的严明程度,三是人机配合的协调程度,四是队伍素质的达标程度,五是环境建设的优化程度。根据"三个层次"和"五个方面",路局着力从理念、管理、设备、素质、环境等方面建设安全文化体系,发挥安全文化在确保运输安全中的作用。

一是着力加强理念文化建设,努力形成共同确保安全生产的思想基础。安全文化建设的关键,在于用先进的安全理念指导安全实践,把安全理念转化为各项工作的自觉行为。按照铁路发展的要求,通过广泛征集、研讨,路局初步提炼形成了安全生产核心价值理念:安全第一,生命至上。通过举办系列活动强化安全理念的渗透教育,使先进理念不断深入人心、融入管理。在路局核心价值理念统一规范、引领下,基层站段紧密结合实际,采取挖掘、提炼、征集、评议等方式,建立具有本单位特色的安全理念体系,着力引导干部职工深刻理解"安全是铁路运输的生命线,安全是铁路的'饭碗工程',安全生产大如天、安全责任重于泰山、安全工作压倒一切"的内涵和意义,实施安全风险管理。形成"三点共识",即:"牢固树立安全第一的指导思想,强化安全工作无小事的意识,明确安全问题必须立即解决的工作要求"。落实"三个重中之重",即"客车安全是安全工作的重中之重,加强安全管理是安全工作的重中之重,抓落实是安全管理工作的重中之重"。

二是着力加强制度文化建设,努力用标准规范职工的行为。我们在加强管理制度建设中,主要解决制度的科学性和落实制度的自觉性问题,彰显规章制度的刚性要求和人文特征,让执行标准成为习惯。针对管理体制的变革和高速铁路的新要求,路局坚持以先进理念为引领、以严格管理为基础、以精细管理为过程、以自我管理为目标,把安全文化渗透到管理制度整合和重建之中,助推了适应新的要求、便于实际操作的安全生产管理制度体系的形成。特别是路局实施"落实标准、防范风险、完善机制、强化基础"的安全风险管理,开发建设了充分体现"抓基础建设、抓关键卡控、抓过程考核、抓结果激励"的"安全控制管理系统",使安全管理实现了信息化,促进了"干部管理规范化、职工作业标准化"氛围的形成,努力实现"自我约束、自我控制、自我调节、自我防范"。

三是着力加强设备文化建设,努力以优质设备保安全。高铁设备复杂,科技含量高,驾驭难度大。我们主要是围绕高速、提速和客车安全,解决人机关系问题,实现人机互补、人机制约、人机和谐,保证设备处于常态优秀。路局机务、车辆系统针对高速、提速及动车等新技术新设备的推广运用,严格记名检、记名修、记名验制度;工务系统以"精雕细刻、精益求精、精细管理"为标准,大力开展线路设备大整治活动;电务系统针对高科技含量设备增加、管辖跨度加大、维修体制改革等一系列新情况,严格落实设备保养制度和标准,使路局运输设备质量有了较大的改观,设备故障率明显下降。

四是着力加强素质文化建设,努力提高干部职工安全生产的能力和水平。我们把着力点放在提高干部职工以业务素质为主的职业素养上,大力开展"大学习、大练兵、大比武"活动,加强动车组司机、高速铁路技术管理人员和特殊工种职工的培训,坚持对复转军人进行学历教育,把职工的技术业务水平与奖励晋级和选拔任用挂钩,努力提高干部职工对新技术、新设备、新维修管理方式的认知水平和养护能力。采取领导上台宣讲、编发宣传提纲等形式,认真搞好安全形势、安全警示、安全法制教育。大力实施"典型引领工程",引领人才队伍建设。

五是着力加强环境文化建设,努力营造环境友好型氛围。主要解决职场和人际环境的优化问题,增强环境对于安全生产的影响力。路局下大力量对场区环境进行整治,建设优美的工作环境,提高环境的文化品位。组织开展"安全文化艺术节"、"安全文化巡回演出"、"小品比赛"等活动,组织劳模先进"乘高铁、看发展、迎国庆",把理性的说教和感性的启发结合起来,把有形的载体和无形的力量结合起来,不仅增强了安全教育的实效性,还提升了安全教育的文化品位。

三、运用多种途径,推进安全文化建设

路局和各单位把安全文化建设摆上重要议事日程,加强领导,精心组织,强化措施,推动安全文化建设不断深化。

一是交流推动。连续三年,召开专门会议研究部署全局安全文化建设工作,路局党政领导作了专题报告。组织基层单位从不同角度,介绍企业文化建设的经验。组织参会同志参观丰台车辆段、石景山南运用车间等现场,观看了各单位企业文化建设的实物成果。组织基层单位党委书记到呼和浩特铁路局福生庄工务段、北车集团唐山公司等地进行考察学习,接受文化熏陶和启迪。2011年6月,我们到天津车务段等单位进行安全文化建设专项调研,形成了《文化为安全发展奠基》的安全文化建设调查报告。2012年7月,我们将召开"全局安全文化、服务文化建设现场推进会",推进文化建设向纵深发展。

二是典型引领。路局党政工团联合下发了《"典型引领工程",2010年—2012年总体实施方案》、《"典型引领工程"工作方案》,并制定了《北京铁路局先进典型评选办法》。2010年,利用网络、报纸平台,在全局选出"十大安全标兵、十大服务明星、十大科技人才、十大技术能手、十佳管理干部、十大模范品牌"和"十大领军人物"。之后,路局党委开展了"学典型、赶先进、创一流"活动,举办了声势浩大的颁奖盛典,制作了宣传光

文化驱动
WEN HUA QU DONG
308

盘,编辑《引领——"典型引领工程"群英谱》,广泛开展了"引领京铁——高铁时代需要什么样的先进典型"主题征文活动。"十大领军人物"——北京机务段动车组运用车间指导司机李东晓被中宣部作为"时代先锋",在北京人民大会堂举办了"李东晓同志先进事迹报告会",在全国6省市进行了巡回报告。2011年5月,我们又组织"北京铁路局全国先进典型事迹报告团",先后在全局进行了8场巡回报告,积极促进人人学先进、人人当先进,引导广大职工努力做到懂安全、会安全、能安全。截至目前,全局站段级以上各类先进典型达到25902人,占职工总数15%。

三是教育引导。大力开展安全教育工作,运用"历史上的今天"、"我身边的悬乎事"等案例,引导广大干部职工进行自我教育,增强安全责任意识。运用报刊、网络及橱窗、板报、标语等阵地和载体,积极营造"安全第一,生命至上"的浓厚氛围。针对阶段性的安全重点工作要求,编发宣传提纲,组织各级干部深入车间、班组宣讲,激励干部职工时刻把安全放在重中之重的位置。

四是合力共建。宣传部门和安监室作为安全文化建设的牵头部门,充分发挥组织协调作用。组织编辑了《安全文化建设手册》系列丛书、《京铁魂——北京铁路局"走进高铁时代,创新企业文化"现场会成果集》。工会、共青团组织发挥各自优势,开展各具特色的活动和文化平台。路局党校把安全文化建设作为干部培训的重要内容。路局报社开辟《企业文化》专刊,每月一期,及时传播安全文化知识和各单位做法。业务和管理部门从设备、管理、素质、环境文化建设上选准切入点,在促进安全文化与管理深度融合上发挥重要作用。

五是活动促进。各级组织结合各自实际开展以"三保一促"为主题的创先争优活动、党员"无违章、无违纪、无事故"活动、"党员先锋岗"活动,党员安全生产标兵、优质行车设备、安全责任区、共青团员号的创建、党员安全生产互控等活动,推进铁路安全文化建设。

安全文化的建设有效助推了铁路安全,在安全管理实践中收到了一些成效。第一,促进了安全管理观念的转变。"安全第一,生命至上"的安全核心理念,实施安全风险管理,已成为安全实践的指导思想,正在转化成为职工的行为习惯。第二,促进了安全实践活动不断深化,安全管理、设备质量、职工素质显著提升,各类铁路交通事故和安全隐患问题大幅下降。第三，促进了生产力布局调整后干部职工的思想融合、各项管理工作的创新。特别是大力实施"典型引领工程"，"学典型、赶先进、创一流"氛围日益浓厚。第四，促进了思想政治工作向安全管理的深层次渗透，人本管理、亲情化教育、严爱相济等理念，使管理与思想政治工作进一步实现有机结合，促进了共保安全工作大格局的形成。许多站段领导认为安全文化建设有用、好使、抓到了点子上；站段中层干部认为抓安全的视野开阔了，办法多了；许多一线职工认为"在严格管理中感受到了文化的温暖"，有效地引领和推动了现有企业文化建设的提升、深化。

四、立足现实，着眼长远，推进安全文化建设

安全文化建设是一项长期性、战略性的任务，需要长期探索和打造。在安全文化建设中，我们通过反思认为还存在三个问题：一是发展不平衡，认识不到位。有的领导干部还存在着安全文化建设与己无关的思想。二是表层化倾向。个别单位满足于贴标语、写板报、出刊物、整环境；安全文化理念，还没有被广大职工接受和认同。三是时代特色还不够突出。高速铁路的特点和活动特色不够突出，创新载体不够新鲜。

一要进一步提高思想认识。实践中，我们感到安全文化建设推进得如何，关键是认识问题，特别是各级领导干部的思想认识。路局将加大宣讲、培训的力度，大力宣传安全文化建设的紧迫性，用先进文化和安全价值理念进一步提高认识，切实增强安全文化建设的责任感和使命感，巩固和发展党政工团齐抓共建安全文化的良好局面，使之更加适应高速铁路要求。

二要着力抓好"四个教育"。即：加强安全形势教育、责任教育、警示教育和典型教育。广泛开展安全形势任务大宣讲，把党中央对铁路的重要指示精神宣传到职工，把北京市和北京市国资委、铁道部、路局系列会议精神宣传到职工，引导干部职工正确理解和把握安全形势，把认识统一到上级要求上来，把精力集中到保安全上来。广泛开展安全责任教育，形成"安全责任大如天"、"安全工作压倒一切"、"要把客运安全特别是高铁安全摆在重中之重"等思想共识。广泛开展安全警示教育，运用甬温线"7·23"事故和"历史上的今天"、"身边的悬乎事"等事故案例，警示广大干部职工看到事故造成的严重后果，时刻绷紧安全这根弦。开展

文化驱动

WEN HUA QU DONG

安全典型教育,实施"典型引领工程",注重选树在大检查活动中涌现出的先进典型,选树安全标兵、安全示范岗、安全技术能手,以典型带动广大干部职工保安全。

　　三要积极创新活动载体。针对新形势、新变化,加强调查研究,不断创新创建思路,创新方式方法,创新工作载体,拓展传播平台。重点组织好安全文化研讨活动、"让安全理念成为行为习惯"主题实践活动、安全文化建设示范点以及安全品牌创建活动等。进一步加大执行力度,切实解决干部职工在安全生产中存在的各种问题,形成安全生产自控、互控、联控的良好局面。适时采取召开安全文化建设座谈会、推进会、现场观摩、成果展示等形式,及时总结推广安全文化建设中好的做法,不断推动安全文化建设深入发展,为确保安全生产提供思想保证和文化支撑。

(执笔人:江涛　孙生会)

中国建筑第二工程局有限公司

企业简介：

　　中国建筑第二工程局有限公司隶属于中国建筑股份有限公司，是国家工商行政管理总局注册的具有国家房屋建筑施工总承包特级资质，市政、钢结构、路基工程施工总承包一级资质的大型建筑施工企业。近年来，中建二局着力培育和打造以"诚信、发展、盈利、和谐"为核心价值观的超越文化，提升企业软实力，公司主要经营指标不断创出历史新高。2011年，中建二局年营业额达到600亿元，发展规模在北京排名第一，在全国同行业、同级次企业中排名前四。

打造超越文化　驱动企业发展

中共中国建筑第二工程局有限公司委员会

企业文化是企业的软实力。一般来讲,企业的健康发展需要两种助推力量:一种是物质、利益、产权的力量;另一种是文化、精神、道德的力量。企业如果只有前一种力量而缺少后一种力量,是不能得到持续发展的。中建二局的企业文化,就是二局16000名员工培养出来的共同规范、共同信仰和共同追求。

1952年5月,解放军步兵99师改为解放军建筑工程第五师——这就是中建二局的前身。那个时候,二局的前辈放下枪杆,拿起铁镐,从建设长春第一汽车制造厂开始,为共和国的建设立下了汗马功劳,被建工部誉为"工业建设的先锋,南征北战的铁军";1986—1996年,中建二局主动出击市场,创造出的"南京扬子精神"、"四川马回精神"、"深圳妈湾电厂精神"在全国广为传颂,丰富了中建二局企业文化内涵;1996—2000年,中建二局推行和实施中建总公司CI战略,起到了"内练素质、外塑形象"的效果,并在深圳地王大厦创造了两天半一层楼的"深圳速度"。特别是上世纪90年代,中建二局建成了中国第一座核电站——广东大亚湾核电站,被誉为"中国电力建设的劲旅";2001—2005年,中建二局先后提出了"人无我有,人有我优"、"先人一步,高人一筹"、"适应变化,持续创新"等经营理念,确立了"为业主创造更大价值,为员工谋求更大发展,为出资人谋取更大回报,为社会提供一流服务"的企业宗旨;2006—2008年,中建二局以打造品牌文化为主要任务,提出了以科学、完善、统一为特征,以品牌战略为导向,着力建设企业文化的目标。

近年来,中建二局企业文化建设取得了更加丰硕的成果。中建二局紧密结合企业发展历史、战略定位、经营模式等,梳理和提炼出以"诚信、发展、盈利、和谐"为核心价值观体系的"超越"文化。这一全新的文化理念体系既是对中建二局文化发展历史规律的深刻总结,也是对当前企业自身建设规律认识的不断深化。

"诚信、发展、盈利、和谐"是中建二局"超越"文化的核心价值观。诚信是中建二局核心价值观的基本准则,对中建二局的战略决策、人力资源、资金管理、市场营销、施工管理、安全生产等方面有着重要指导意义。发展是中建二局的根本任务,要求企业在战略模式创新、营销模式创新、培育新的经济增长点、打造企业核心竞争力等方面要有持续作为。盈利是中建二局改革发展的必然要求,是做大做强的关键。中建二局的领导层和广大职工认识到,只有以成本管理为核心,以合约管理为重点,全面加强项目盈利能力,中建二局才能实现发展质量的持续提升,最终实现高品质发展。和谐是中建二局改革发展的最终目标,它包括企业的"内部和谐"和"外部和谐"。所谓"内部和谐"主要是企业内上下级单位、各职能部门之间和谐,企业与职工和谐,职工与职工和谐等;所谓"外部和谐"主要是企业与业主、劳务队伍和谐,企业与地方政府、自然环境的和谐等。

"超越"作为一种时空境界,一方面要求企业员工在传承历史文化的基础上超越历史,一方面强调企业在与对手竞争中敢于超越;另一方面,中建二局倡导所有员工要做超越的勇者,不仅要超越对手、超越强者,更要超越自我、超越平庸,以个人的优秀成就企业的卓越!

一、以诚信拓市场,发挥超越文化的扩张力

人无信不立,政无信不威,商无信不富。诚信是自古以来人们所共同认可的立身处世之本、治国为政之道、经商办企之准则,是中建二局核心价值观的重要基础。

良好的品牌价值和企业形象,是中建二局开拓市场营销的重要依托,是实施科学发展战略的重要抓手。中建二局在发展过程中坚持以诚信拓市场,以诚信聚人气。中建二局在招投标、施工设计、施工管理、过程控制、履约结算等各个方面都秉承诚信、实事求是的原则。特别是在现场管理方面,中建二局以高度负责的态度对待工程质量和安全生产,大力推进底线管理。多年来,中建二局通过坚持"今天的现场就是明天的市场"的理念,形成了具有强大影响力的中建二局"金字"招牌。

中建二局强调对外讲诚信主要是致力于多方共赢,共同发展,在与利益相关方合作中一方面坚持重合同守信用,按照市场经济规律做事,一方面坚持"为业主创造更大价值"的经营理念。对外讲诚信,是适应市

场竞争的需要,对内讲诚信则为企业转变经营机制提供了内在动力。

在项目管理中,中建二局大力推行项目目标责任制,将各项生产经营目标与项目、公司职工的收入紧密挂钩,实行严格的奖罚制度,有效地调动了员工的生产积极性,同时也为全局上下诚信经营、完美履约奠定了制度基础。

正是依靠一如既往的诚信经营,近年来,中建二局打造出上海环球中心、奥运射击馆、岭澳二期核电站、空中华西村等一大批精品工程。中建二局也凭借一个又一个完满履约的经典工程赢得了包括中广核、万达集团、万科集团、中信集团等一个个业主的认同与赞赏,为企业又好又快的可持续发展提供了坚实的后盾。

二、以发展保稳定,发挥超越文化的引领力

在发展中求生存,在生存中求发展,是企业永恒的主题。发展是中建二局的第一要务。

发展是企业指向未来的综合扩张和完善性努力及其结果,既包含量的扩大也包含质的增进。发展作为一种企业文化,既是企业与外部生存环境良好互动的过程和结果,也是自身机体内各要素相互促进的过程和结果。

在战略模式创新方面,中建二局根据中国建筑总公司加快区域化和专业化发展进程的要求,坚持"1+3+3"发展模式,进一步优化了企业的业务结构。"1"是指将房建作为主导业务,扩大规模,提升品牌;第一个"3"是将房地产、电力建设、海外市场三个板块业务作为中建二局经济增长型产业,大力发展,提高效益;第二个"3"是将钢结构制作安装、建机和基础设施三个板块业务作为中建二局传统特色产业,发展优势,突出特色。这为中建二局实现"稳中求快、快中求好、好中求优"的可持续发展奠定了基础。

在营销模式创新方面,传统的市场营销模式已经不能适应建筑企业的迅速发展。为适应市场环境,中建二局在市场竞争中在行业中率先提出了"三大"战略,即开拓大市场,对接大业主,承接大项目的经营战略。

坚持大市场战略,即将优势力量集中于北京及周边、上海及周边、深圳及周边、郑州及周边等四个传统的大市场,在范围集中的同时,更注重

对一片市场区域的深度挖掘,提高市场集中率,以最小的营销成本换取最大的回报,把所选中的目标区域做强做细,在有限区域内实现最大效益;实施大业主战略,即将工作方向集中于那些能为企业带来较大合同额,提供稳定利润回报,具有长期的、持续性强的基建投资、信誉良好的客户;推进大项目战略,即在施工经营过程中,侧重于承接那些总体建筑规模大、单体体量大、合同额高、建筑高度高的项目。

在超越文化的引领下,中建二局在战略模式、营销模式上不断创新,解决了下属企业普遍面临的大而不强的问题。数家经营困难的企业实现扭亏为盈,重新步入发展的快车道。

三、以盈利求空间,发挥超越文化的推动力

盈利是一个企业发展的重要动力。在市场经济环境下,面临着激烈的竞争,企业优质的资本结构、周密的计划、良好的管理、高效的团队、先进的施工工艺等经营模式对盈利水平、盈利稳定性、盈利持续性、盈利趋高性有着至关重要的影响。盈利能力建设,是建筑企业做强做大所需要解决的一个关键问题,也是关乎解决企业发展空间的一个重要课题。

在提高工程质量、保证工程进度的前提下,中建二局要求经营管理者必须在项目管理工作中以工期管理为主线,以成本管理为核心,以合约管理为重点,不断提升项目管理水平,全面加强项目盈利能力。

工期管理过程中,建筑施工企业面对着诸多不确定因素的挑战。中建二局对此施加了严格的风险管理和风险控制。在组织结构上,中建二局致力建设具有总承包要求的人力资源、深化设计能力、完善的项目管理体系、强有力的技术支持能力、总承包协调能力、应对风险能力等,并编制工程总承包项目管理手册,建立企业自身的风险管理体系。在人才资源开发上,注重团队学习,有计划地向员工宣教管理、建造、合同、经济、金融、保险等知识;在操作上,积极采取技术性对策,回避、减轻、预防、分散和自留项目的风险。

企业盈利能力建设的关键在成本管理。在成本管理基础上,中建二局重视原始记录和统计工作,注重建立健全定额管理制度以搞好计量工作;在成本管理方式上,从制定成本管理考核标准入手,中建二局建立了一套有考核评价体系和激励措施体系构成的目标激励体系;在成本管理

过程上,中建二局注重开源节流,始终坚持节俭持家办企业。

在合约管理方面,中建二局在合同签订前要对业主资信特别是工程资金的到位率进行仔细调查;投标前要掌握要素市场价格,使报价准确合理,并对招标文件深入研究和全面分析,制定投标策略,成立高效的合同谈判班子;在合同履行中,中建二局实施严格的风险控制,特别是在合同的交底与策划、索赔管理、合理风险转移方面有着严格的程序要求;在拖欠款的风险预警与催收上,中建二局建立了较为完善的风险预警机制。

在盈利精神的指引下,中建二局一方面以合约集中管理、资金集中管理、劳务集中管理、物资集中采购为基础,着力推进项目管理的制度化、标准化、规范化、精细化的"四化";另一方面,狠抓项目管理的前期策划、责任体系、月结成本、过程审计、结算收款这五个环节,规范和完善管理流程,有效地提高了项目的盈利水平。中建二局盈利能力的显著提升为企业发展赢得了更加广阔的空间。

四、以和谐树品牌,发挥超越文化的影响力

中建二局所追求的和谐企业,是一个健康发展的企业,一个多元有序的企业,一个良性运行的企业,一个宽容大度的企业,一个公平正义的人性化企业。

为客户创造更大价值,为员工谋求更大发展,为出资人谋取更大回报,为社会提供一流服务。这是中建二局的企业愿景与使命,是企业员工面向未来,始终坚持并为之奋斗的动力,也是中建二局在社会经济发展中存在的意义、肩负的责任和应尽的义务。

作为国有大型建筑企业,国家和人民的呼唤就是二局人奋发有为的动力。近年来,中建二局积极参加奥运工程和抗震救灾建设,认真履行央企责任,彰显了央企勇于担当的风采。特别是四川汶川特大地震、青海玉树地震、甘肃舟曲特大泥石流等自然灾难发生后,中建二局先后累计捐款698万元,援建过渡安置房28.9万平方米,被授予"全国抗震救灾工人先锋号"等数十项荣誉,援建的什邡新家园被当地誉为"震不垮的放心房"。中建二局还积极响应"当好主力军、建功'十二五'"劳动竞赛的号召,积极投身到轰轰烈烈的安居工程劳动竞赛中,在保障房建设方面投入大量人力物力,着力打造让老百姓放心的精品工程。

作为目前南京市四大保障房片区中单次开工合同额最大的项目,南京万晖上坊保障房项目通过深入开展劳动竞赛,积极推行科技创新,严把质量关,以最严格的标准追求最完美的工程,在有限的施工场地内投入无限的建设热情,将为百姓盖好房、为政府做好事摆在第一位。项目将施工工作区分片分栋,在施工过程中引入竞赛机制,以竞赛促进度、以竞赛促质量。同时中建二局以"样板引路"打造过程精品,将其比照精品商品房标准建设,工程质量敢于和任何一栋商品房PK,该工程先后接受过1500人次的学习观摩,被南京市建委列为示范标杆的保障房项目。

在2012年举行的全国保障性安居工程建设劳动竞赛表彰大会上,中建二局三家单位荣获全国五一劳动奖状,两个项目荣获"全国工人先锋号"。截至目前,中建二局承建的全国保障性安居工程面积达到570万平方米,总合同额约110亿元。工程涉及北京、重庆、四川、江苏、内蒙古、河南、辽宁等省市区。今后两三年预计将建成5万余套保障性住房。

责任铸就品质,文化驱动管理。经过了近年来的蓬勃发展,以"诚信、发展、盈利、和谐"为核心价值观体系的中建二局"超越"文化已深入人心,并助推企业发展持续迈向新台阶。自2006年以来,中建二局年新签合同额实现了5次大跨越,即2006年突破200亿元,2008年突破300亿元,2009年突破500亿元,2010年突破800亿元,2011年突破1000亿元;中建二局年营业额实现了3次大跨越,即2008年突破200亿元,2010年突破400亿元,2011年突破600亿元;年利润额实现了5次大跨越,即2006年突破1亿元,2007年突破2亿元,2008年突破4亿元,2010年突破9亿元,2011年突破14亿元。特别是2011年,年营业额直接跨入600亿元的大台阶,发展规模在全国同行业、同级次企业中排名前四,发展成效鼓舞人心。凭借着高度的责任意识和先进的文化理念,中建二局共荣获了27项中国建设工程鲁班奖,这也是中国建筑工程质量的最高荣誉。

目前,中建二局已步入以"超越文化"为主导,以制度为保障,运转有序,执行高效的发展阶段。

(执笔人:刁元文)

中铁六局集团有限公司

企业简介:

　　中铁六局集团有限公司隶属于世界500强企业的中国中铁股份有限公司,是国有大型建筑施工企业。中铁六局成立八年来,多次获得全国优秀施工企业、全国工程建设质量管理优秀企业、中国优秀诚信企业、纳税信用A级企业等荣誉称号。坚持以构建企业文化体系为主线,不断创新完善企业文化建设。先后荣获全国企业文化建设优秀单位、全国企业文化竞争力10强、全国企业文化建设50强单位、首都文明单位、北京市劳动关系和谐单位等荣誉。

构建先进文化体系
推进企业科学发展

中共中铁六局集团有限公司委员会

中铁六局集团有限公司（以下简称中铁六局）的企业文化是在继承传统的铁路工程建设文化、燕赵文化、三晋文化和草原文化的基础上，按照中国中铁统一品牌的要求，经过文化的重组、整合、融合与创新，形成具有鲜明时代特征和中铁六局特色的企业文化体系，企业文化成为驱动企业改革与发展的强大动力。

一、精心谋划，准确定位，全面构建企业文化体系

1. 站在发展战略高度，规划企业共同目标和愿景。按照"新观念、新思维、新举措"的战略思想，通过反复调查论证，在2004年集团第一次党代会上明确提出了"突出一条主线，加快三个转变，推进六项战略，实现两大目标"的发展战略构想。在此基础上制定了企业发展四年战略规划，确立"把中铁六局建设成为综合优势明显、核心竞争力突出、行业领先、创誉中外的现代企业"作为企业发展愿景。结合企业实际，制定了《中铁六局集团企业文化战略》、《中铁六局集团品牌战略》、《中铁六局集团企业文化建设实施纲要》，形成了加强企业文化建设，建立具有行业特征和六局特色的企业文化的整体思路。

2. 深入调研，精心提炼，建立企业理念、视觉、行为系统。按照企业文化建设的总体规划和目标要求，紧密围绕生产经营工作中心任务，不断深化认识，在广泛调研的基础上反复修改完善，构建了具有中铁六局特色的企业理念、视觉、行为三大识别系统。

构建与时俱进的企业核心价值理念。以"勇于跨越、追求卓越"的中国中铁企业精神为核心，以培育提炼体现时代精神和创造精神的企业价值观体系为重点，通过深入调研、精心提炼，逐步形成了与中铁六局发展相适应、具有中铁六局特色的15条企业核心价值理念。即："把中铁六局建设成为综合优势明显、核心竞争力突出、行业领先、创誉中外的现代企业"的

企业愿景；"做强企业、致富员工、实现共赢、回报社会"的企业核心价值观；"体现员工价值、致力企业发展、真诚服务社会"的企业宗旨；"人品至上、诚信为本"的司训；"中国中铁六局"的企业品牌；"高效、务实、创新"的企业作风；"求实创新、超越自我"的企业精神；"诚信赢得市场、和谐促进发展"的企业哲学；"拓展市场、科学管理、追求最佳效益"的经营理念；"人才是财富"的人才理念；"学习力决定竞争力"的学习理念；"以人为本、关爱生命"的安全理念；"用户满意、持续改进"的质量理念；"建设绿色工程、保护绿色环境"的环境理念；"公道正派、廉勤立身"的廉洁理念。这些体现与时俱进，具有中铁六局特色的企业理念，经过广泛深入宣贯，有效增强了员工对企业文化的认同感和归属感。

构建体现企业特色的行为识别系统。对企业行为识别系统进行设计与实施，制定了包含企业管理人员、机关员工、专业技术人员、基层管理人员、一线工人的《员工行为规范》以及包含语言礼仪、办公礼仪、社交礼仪、国旗礼仪、宗教礼仪、外事礼仪等的《礼仪规范》，形成了《中铁六局集团行为识别系统（员工行为、礼仪规范部分）》手册，编辑制作了《中铁六局集团行为、礼仪规范专题片》。组织员工认真学习，逐步使企业理念成为每一位员工的思想共识，贯穿到员工的一言一行，培育了广大员工的良好素质和精神风貌。

构建统一规范的视觉识别系统。以"内聚人心、外树形象"为目标，构建统一规范的视觉识别系统。设计制作了《中铁六局集团视觉识别系统手册》，规范了企业标志、企业旗帜、标准色、标准字、办公用品、员工着装，并以工程项目部为重点，修订完善了CI实施标准，包括"一门四区"、"一图六板"、"围挡统一"等，做到新建工程项目CI实行整体规划、规范实施、同步到位。2005年、2007年按照中国中铁统一品牌的要求，先后两次对视觉识别系统进行了修订完善，全方位树立了企业品牌形象。

二、加强领导，建章立制，健全企业文化建设机制体制

1. 建立健全机构，强化组织保障体系。成立了由局党政主要领导任组长的企业文化建设委员会，全面领导企业文化建设工作，并专门成立企业文化部，具体负责企业文化建设的日常工作。所属各单位成立企业文化部（党委宣传部），设专职人员负责本单位的企业文化建设工作。各项目部建立由项目部经理、党支部书记为项目文化建设第一责任人的领

导小组,确保企业文化建设工作落到实处。每年专门列出企业文化建设经费使用计划,做到保障充足,专款专用。几年来,在企业文化建设上的投入累计达几千万元。行之有效的机制体制为企业文化建设提供了组织、人员、财力、物力保证。

2. 加强制度体系建设,发挥制度刚性作用。加强制度体系建设,是保证企业文化落地生根的重要条件。以建设现代企业制度为标准,先后建立和完善各类管理制度400多项,梳理编写管理流程142个,初步形成了企业文化与规章制度统一融合的管理体系。通过宣传教育和制度约束,严格执行制度已成为员工的一种习惯、一种自觉、一种内在需要,培育了一支特别能战斗的员工队伍。

3. 努力打造交流平台,营造良好文化氛围。先后创办了以引导内部舆论为主要任务的《中铁六局》报、《中铁六局思想文化研究》、互联网中铁六局门户网站等;制作了《中铁六局企业画册》、《中铁六局企业形象宣传专题片》、《中铁六局安全文化手册》、《中铁六局廉洁文化手册》、《企业文化建设经验交流集》、《中铁六局项目管理经验汇编》、《中铁六局政治工作创新成果集》、《全国劳模赵秀丽事迹报告会专题片》等书刊及光盘;围绕重点工程,组织了上百次的开工、竣工仪式;充分利用中央和地方媒体宣传的作用,在中央电视台、《人民日报》、《工人日报》、北京电视台等各大媒体刊播稿件12000多篇;以丰富多样的文化产品进行文化传播,使广大员工对企业文化的认识和理解不断深化,对宣传企业、提升企业品牌知名度起到了积极作用。

三、突出重点,体现特色,创新发展项目文化建设

1. 深化宣贯,提升认识。工程项目是施工企业的主体,中铁六局把项目作为企业文化建设落地生根的主阵地,创新发展项目文化建设,推动了企业文化建设向深度和广度发展。充分利用各种宣传载体,持续深入地宣贯企业核心价值理念,使企业文化理念深入人心,真正起到凝聚广大员工思想,统一广大员工行动的作用。同时,明确项目文化建设的必要性,使项目部领导班子认识到,项目文化不是表面工程,是传统管理向文化管理发展,对提升项目管理水平、增强项目部凝聚力、打造优秀团队具有重要意义。明确责任分工,项目部经理、党支部书记作为项目文化建设的第一责任人,形成党政齐抓共管的领导机制。2009年,举办了

文化驱动
WEN HUA QU DONG

中铁六局集团项目文化建设现场观摩会,组织各单位党政主要领导到中铁隧道集团广深港客专狮子洋隧道项目部参观学习项目文化建设经验;召开了全局规模最大的宣传文化工作会议,各工程建设指挥部指挥长、党工委书记,以及产值在1亿元以上的项目经理参加了会议,进一步明确了项目文化建设的内容和要求。

2. 健全制度,指引方向。先后编制了技术、物资设备、安全质量、计财、科技管理及综合管理等各类项目管理制度95项,形成了《中铁六局铁路建设工程项目标准化管理制度汇编》。编制了《中铁六局铁路建设工程项目标准化管理手册》、《中铁六局精益项目文化建设手册》等,为企业实现各项奋斗目标提供了制度保障。各工程项目部依据中铁六局各项管理办法,结合管理重点、品牌建设要求和项目管理实际,提出符合项目部发展的各项管理目标,结合精细化管理要求,逐步完善项目部的各项规章制度,细化岗位职责和行为标准,将管理目标分解到部门、岗位和个人。利用多种形式反复宣贯,使员工认同管理目标,并在工作中贯彻落实。

3. 明确目标,强化考核。按照"项目文化建设三年要实现90%以上达标"的目标,严格执行中铁六局集团《关于加强工程项目文化建设的指导意见》、《工程项目文化建设考核实施细则》、《项目标准化管理手册》,主要领导亲自抓,分管部门具体抓,一级抓一级,层层抓落实。局企业文化部连续三年抽调有关人员组织联合检查考评小组,分别对321个在建重点项目开展项目文化建设达标检查考核。通过开展达标检查,在总结经验的同时查找出项目文化建设中存在的一些不足,给予指导并督促限期整改,确保了全局在建工程项目的文化建设全面达标,提升了工程项目管理水平。

4. 树立典型,营造声势。坚持把工程项目作为企业文化建设的主阵地,紧密结合项目实际,积极探索,勇于创新,不断推动企业文化在工程项目落地生根,引领项目团队建设,铸造精品工程,提升项目管理水平,全方位树立企业品牌形象。先后涌现出北京铁建公司新建广州至珠海铁路SG-5标项目部、太原铁建公司准朔铁路黄河大桥项目部等35个局级以上"工程项目文化示范点",14个"中国中铁红旗项目部"。通过报纸、杂志、网站等载体,对先进项目部的经验大力宣传,营造了比、学、赶、超的良好氛围。

四、共建和谐，科学发展，文化驱动品牌全面提升

1. 营造和谐健康的发展氛围。始终把关爱员工、为员工办实事、办好事、解难题作为和谐文化的主题。每年逐级签订和履行"集体合同"，落实各项对员工的承诺，切实维护员工权益。在工程项目中开展以"工地生活、工地卫生、工地文化"为内容的"三工"建设，开展重点工程项目"示范点"达标活动，为员工创造安全舒适的工作环境。经常举办文艺汇演、演讲比赛、体育竞赛等员工群众喜闻乐见的文体活动。全面推进"三不让"承诺，开展救助困难员工、"两节"送温暖、农民工"五同"管理等活动。形成"企业靠员工发展、员工靠企业生存"的和谐氛围。中铁六局连续多年被评为"北京市和谐劳动关系单位"。

2. 丰富企业责任文化的内涵。八年来，在发展中始终注重责任文化建设。坚持资助各项公益事业，积极开展"向灾区献爱心"、"金秋助学捐款"等活动，先后向汶川、玉树灾区捐款达300多万元。积极促进就业，维护社会稳定，每年接收大中专毕业生300多名。每年为4万多名农民工提供就业岗位，对他们实行"五同"管理。先后涌现出了"全国五一劳动奖章"获得者盾构分公司农民工李想、"文明北京新市民"北京铁建公司农民工李全山、"中国中铁劳动模范"铺架分公司农民工李建学等一批农民工先进典型，对他们的事迹大力宣传推广。

3. 树立社会信赖的企业品牌形象。八年来，坚持以安全、质量、工期、效益为重点，以综合实力提升、核心竞争力突出为目标，工程履约率100%，各类工程验交合格率100%。承建的重点工程先后获得中国建筑工程鲁班奖、中国土木工程詹天佑奖和国家优质工程奖、全国用户满意工程奖20余项，省部级优质工程奖67项，14项工程被载入"中国企业新纪录"名册；创建了31项局级以上安全文明标准工地。中铁六局多次获得"全国优秀施工企业"、"全国工程建设质量管理优秀企业"、"中国优秀诚信企业"、"全国建筑业诚信企业"、"中国公路建设行业先进企业"、"全国用户满意企业"、"AAA级信用等级单位"、"质量AAA级单位"、"守合同重信用企业"、"纳税信用A级企业"等荣誉称号。各项经营指标在中国中铁连续保持优秀水平，中铁六局领导班子连续五年被评为中国中铁"四好"班子。

（执笔人：尚玉凯）

中国铁建十六局集团有限责任公司

企业简介：

　　中国铁建十六局集团隶属于世界500强中国铁建股份有限公司，是国家大型综合特级施工企业，年营业额达200亿元以上，在全国100家铁路、公路、隧道、桥梁最大建筑业企业排序中名列前茅。践行"超常规、争第一"的企业理念，为国家的铁路、公路、房建、市政、水利、水电、机场、码头等重大工程的建设作出了新的贡献。

践行六大文化理念
驱动企业管理升级

中共中国铁建十六局集团有限责任公司委员会

中国铁建十六局集团有限责任公司(以下简称中铁建十六局)紧紧把握时代脉搏,紧跟世界发展潮流,提出文化治企、文化兴企、文化强企的战略目标,把企业经营管理问题深置于企业先进文化层面来思考,经过持续不断的理论探索和实践摸索,逐步形成了以"超常规、争第一"为核心的六大经营管理理念体系,并用这些理念驱动企业管理不断提升。

六大理念是:

"超常规、争第一"的管理理念,意即各项工作要打破常规,勇于创新,力争第一。

"先要命、再要脸、后要钱"的经营理念,意即要正确处理好安全、信誉和效益三者之间的关系。

"先让别人赢、我们才能赢"的伦理理念,意即要坚持与业主、监理、广大员工、分包队伍等利益相关方合作共赢。

"德才兼备、注重实绩"的选贤用能理念,意即用人主要看品行、看能力、看业绩,不唯文凭、不唯年龄、不唯资历。

"领导关心员工、员工关心工作"的和谐理念,意即各级领导干部要把员工的事情当成自己的工作职责,广大员工要像关心自己的切身利益一样来关心工作。

"大力提升执行力、落实力"的领导理念,意即把想干的事情干成,把确定的目标变成现实。

这"六大理念"比较系统地回答了中铁建十六局为什么发展、怎样发展的重大问题,深化了对企业发展目的、发展理念、发展方法的认识,赋予了企业文化新的时代内涵,表明了中铁建十六局企业文化达到一个新的高度。

一、大力倡导六大理念，驱动企业快速健康发展

先进文化理念是企业生命的"基因"。小胜靠智慧，大胜靠文化。我们从倡导六大理念抓起，努力使六大理念逐步成为十六局的核心价值观，形成驱动企业经营管理升级的原动力。

一是六大理念导入管理，加大企业发展助推力。2005年初，"超常规、争第一"的管理理念在领导班子中形成共识，并立即在全员中强化教育，大力倡导。这一理念的提出和实施给企业发展注入了强大动力。2005年原计划承揽任务100亿元，比2004年多20亿元，当时大家都觉得难以实现。在"超常规、争第一"理念指导下，承揽任务计划调整到150亿元。到2005年底，实际承揽160亿元，大大超过了调整后的计划指标，理念的力量在企业经营中得到充分显现。坚持"超常规、争第一"的管理理念，有效提升了经营管理，打开了科学发展的空间。"十一五"期间，完成签合同总额1408亿元，是"十五"时期的343%，年新签合同额从2005年的160亿元增长到2010年的462亿元，年均增长率达到26%；完成企业总产值903亿元，是"十五"时期的334%；年完成企业总产值从2005年的80亿元到2010年的272亿元，年均增长率达到27.7%。2011年，即使受到国际金融危机和国内基建市场萎缩的严重影响，承揽任务和完成产值也分别达331亿元和283亿元。企业各项经济指标年年创历史新高，企业发展进入了"快车道"。

二是六大理念全员认同，发挥"以文化人"作用。六大理念的提出和贯彻，带来了全员思想的激荡。为实现全体员工对六大理念的认知认同，我们展开了一系列解放思想、更新观念的"以文化人"行动。2005年以来，先后召开各层次干部会议70多次，举办各类人员培训班50多期，每次会议和培训班都结合实际宣贯六大理念，用六大理念统一思想、统一行动。为使六大理念辐射到全员，开展了学习贯彻六大理念专题教育活动，编写专题教育材料，人手一册，层层宣讲；精心制作了《文化铸魂，企业腾飞》《毫不动摇贯彻"超常规、争第一"理念，奋力推进企业科学发展水平再上新台阶》《同一片蓝天、同一个理念》等专题教育片，组织全体员工收看讨论；开展践行六大理念演讲和征文比赛，大力营造践行六大理念的思想氛围；运用"屏幕政工"、内部报刊、企业网站等载体进行广泛宣传。六大理念逐步植根于全员，带来了观念上、行动上的深刻变化。

二、全面融入六大理念,驱动企业管理完善创新

文化管理是一种更高层次的管理。我们着力于把六大理念渗透和融合到企业管理的方方面面,促使企业管理方式实现变革,在企业管理中充分彰显六大理念的"软实力"。

一是用六大理念完善管理制度。六大理念的提出和实施,必然引起企业原有的管理方式、管理手段、管理制度等的革新变化。我们从完善管理入手,从六大理念的角度,对企业管理的方方面面加以梳理、检视,并逐步改进完善,努力使企业的各项管理符合和适应六大理念的要求,与六大理念的贯彻落实相协调。根据"先要命、再要脸、后要钱"理念,对项目安全质量管理进行了补充完善,重新制定了《安全质量事故处罚暂行办法》和《安全质量管理终端责任制》,明确了安全质量管理的基本原则是"用简单有效的工作方法解决复杂问题","发现危险源,消除危险源",进一步细化了各级各类人员安全质量管理的责任,规定了所有项目在安全质量管理中抓短板、创亮点的具体措施。这一重大变革使企业的安全质量管理渐入佳境,共有200多项工程被评为国家和省部级优质工程,其中14项鲁班奖、13项詹天佑大奖、4项国家科技进步奖、5项国家优质工程奖。以六大理念为指导,新的工程承揽制度、项目管理制度、经济管理制度、干部任免制度等相继出台,使六大理念在企业各项管理制度中得到全面体现,基本形成了从理念文化到制度文化的管理体系。

二是用六大理念推进管理创新。倡导和实施六大理念,把创新作为本质内涵,努力使这种创新文化向管理创新、管理升级延伸。在企业形象建设上,提炼推出"先让别人赢,我们才能赢"的企业伦理后,在管理上立即配套推出实施《工程项目信誉评价管理办法》。在选人用人上,提炼推出"德才兼备,注重实绩"选贤用能理念后,干部管理和考核评价制度发生了重大变化,推行了项目竞聘制度。在项目管理上,大力推行项目标准化管理,制定出台了《工程项目标准化管理手册》和《企业文化建设实用标准手册》。在分配激励上,提炼推出"大力提升执行力、落实力"的理念后,酝酿出台了《生产经营指标挂钩办法》和《抓短板创亮点奖罚办法》,贡献大小论奖赏,以个人业绩算收入,极大地调动了各级人员工作的积极性、主动性和创造性。在管理手段上,实行网络化和办公自动化,提高了管理效率。每年开展"安全管理年"、"制度落实年"、"规范管理

年"等主题管理年活动,推动企业各项管理执行到位,落实高效。近五年来,随着企业经营规模的扩大,通过企业文化驱动管理升级,使企业稳步走上了精益化管理的轨道,较好地挖掘了企业各项管理的潜能,有效地缓解了管理力量有限和经营规模扩大之间的矛盾,保证了企业的稳健发展。

三、自觉践行六大理念,驱动企业升级核心竞争力

六大理念能否真正变成一种全员的自觉文化,取决于持续不断的实践。我们注重发挥六大理念对提升企业核心竞争力的引领和支撑作用,在生产经营的实践平台上下工夫,求实效,把它外化为广大干部职工的实际行动,努力使六大理念成为企业发展的不竭动力。

一是在项目建设中实践。把项目建设作为主阵地,引导和激发全员把六大理念充分体现在项目施工中,高质量实现施工目标。石太线是2005年初我们揽到的第一个铁路客专项目,该项目从一上场就把六大理念贯彻到施工中,提出了"以绝对优势争第一"的目标,以大手笔、大气魄规划临建布局,以超常规手段在安全、质量、进度上争第一。业主在全线13个参建单位中先后组织4次信誉评比,该项目以3次第一、1次第二的佳绩,实现了整体争第一的目标。近年来,六大理念在项目建设的实践中取得了丰硕成果:武广客专在全线6次评比中,5次夺魁;南水北调穿黄工程项目在业主连续15次评比中,夺得13次第一,2次第二;京沪高铁、贵广铁路、兰渝铁路、哈齐客专、成渝客专等项目,从上场开始就一直领先别人,排名始终靠前。良好的信誉带来了竞争实力的增强,以往"找米下锅",如今项目主动上门。内蒙古城东高速项目中标价只有7400多万元,后来滚动发展到超过5亿元;昆明、北京、天津、上海、深圳、广州地铁等的滚动发展,也开辟了良好的发展空间。

二是在队伍建设中实践。把倡导六大理念与加强队伍建设有机结合起来,激发全员践行六大理念的积极性。各级班子在贯彻六大理念中起着龙头作用,我们以"互相补台,好戏连台;互相拆台,一起垮台"为原则,加大对各级领导班子的考核和调整力度,以"德才兼备、注重实绩"、"大力提升执行力、落实力"等理念为指导,对基层领导班子几乎都进行了不同程度的调整和配备,使各级班子始终充满工作激情。广大员工是

实践六大理念的主体。践行"先让别人赢，我们才能赢"、"领导关心员工、员工关心工作"的理念，努力增加上岗就业率，认真落实"三不让"政策，全面推行指标挂钩增加员工收入办法，专业培训班提高员工工作技能，使员工切身感受到践行六大理念带来的实实在在益处。员工与企业共享发展成果，集团公司连续五年获得北京市"创建和谐劳动关系模范企业"称号。

三是在人才建设中实践。践行六大理念，着力营造吸引人才、促进人才成长的良好环境。使他们只要有才干，就会有平台；只要勤奋工作，就会有位置；只要为企业创造价值，个人价值就会得到充分实现。硕士毕业生黄昌富1998年来到十六局工作，先后参与负责了北京地铁、广州地铁、深圳地铁等国家重点工程建设，个个项目都干得十分出色。2005年底他任北京站至北京西站地下直径线项目经理，以六大理念指导施工，凭借过硬的专业才能和良好素质，使该项目为十六局在首都树立了品牌形象。2006年我们推荐他参加北京市十大杰出青年评选，在70多名不乏许多知名人士的参选中，他脱颖而出获此殊荣。2007年中铁建总公司推举他参加中国青年"五四"奖章十大标兵评选，他成功当选。2008年获得全国五一劳动奖章，2011年入选全国"时代先锋"。像黄昌富这样在企业干有所成的一批人才不断涌出，一批技术创新标兵得到了大力表彰，一批能干事、想干事、干实事的人才得到了提拔重用。

集团公司先后获得"全国先进施工企业"、"全国技术进步先进企业"、"全国工程建设质量管理优秀企业"、"全国思想政治工作优秀企业"、"中国企业文化建设先进单位"等荣誉称号。

（执笔人：向际华）

内蒙古京泰发电有限责任公司

企业简介:

内蒙古京泰发电有限责任公司是北京能源投资(集团)有限责任公司所属的控股企业,由其建设和管理的内蒙古酸刺沟坑口煤矸石综合利用电厂,是典型的循环经济型项目。京泰发电公司实现生产基建一体化管理,取得工程建设"六项领先"和生产运营"五项突破",安全文明生产、主要技术指标、煤泥掺烧技改均居于国内同类机组前列,正在开展二期两台600MW等级循环流化床机组扩建前期工作,已被纳入《内蒙古自治区高铝粉煤灰综合利用整体规划》,是践行科学发展观、实现资源综合利用的样板。

构建先进文化提升管理绩效
锻造卓越团队实现持续发展

■ 中共内蒙古京泰发电有限责任公司委员会 ■

内蒙古京泰发电有限责任公司(以下简称京泰发电公司)是北京能源投资(集团)有限公司在内蒙古投资建设的火力发电企业。京泰发电公司实施文化先行战略,自员工队伍刚刚组建、工程建设尚未展开、建章立制才具雏形之时,就建立了理念识别系统、行为识别系统、视觉识别系统,编制并实施了《企业文化建设五年规划》,持续开展文化宣贯和行为引导,在建章立制、员工甄选、施工组织、生产准备、经营管控等各项具体工作中,体现文化的引领作用,形成了独具特色的"泰和团队文化",有力地促成了"工程建设六项领先"与"生产运营五项突破"目标的实现,形成了企业与员工同成长、共增值的生动局面。

一、确立企业文化建设的基本原则,循序渐进实施规划

京泰发电公司立足于行业特点、地理位置、内外环境,确立了企业文化建设的四项原则:一是以人为本原则,尊重人、理解人、关心人、信任人,充分调动员工的积极性、主动性和创造性,把员工看做是具有价值追求、有潜力可挖的资源,树立员工全局观念,通过有效沟通锻造卓越团队。二是持续性原则。有计划、按步骤地从基础工作抓起,在观念形态文化、制度行为文化、物质形态文化三个层次上重点突破,全面推进,长期不懈、一以贯之。三是创新性原则。公司奖励工作创新和超越,鼓励员工大胆讲出自己的想法、建议,提倡小改小革,从细节开始,持续改进各项工作。公司倡导建设学习型企业,不断借鉴、吸收国内外先进管理经验,使得各项管理工作能够与时俱进,常有新思路、新举措。四是团队建设原则。一方面强调共性,用公司理念和制度统一步调、统一行动,另一方面注重员工个性发挥,让每个成员都拥有特长、表现特长,以彰显其价值,增强其责任感和荣誉感。按照企业文化建设五年规划,京泰发电

公司明确了各阶段的目标并采取了相应的举措:

——2008年为导入阶段。通过企业文化宣贯,将公司理念体系灌输到员工头脑当中,建立观念形态文化,使公司各项管理工作具有统一的思想依据和是非标准。

—— 2009年为认同阶段。将公司理念作为公司开展各项管理工作的指导思想,并据此修订、完善公司各项制度,建立制度行为文化。

——2010年为深植阶段。通过理念体系宣贯、制度行为体系建设,结合思想政治工作和精神文明建设,使员工价值取向与公司一致,初步建成以"泰和团队文化"为统领的、目标清晰、体系健全、管理先进的企业管理模式,形成物质形态文化。

——2011年为巩固阶段。整合、梳理公司的观念形态文化、制度行为文化、物质形态文化,从而优化管理流程,使管理机制更加顺畅。

——2012年为升华阶段。全面总结五年来公司文化建设的经验与教训,评估其实施效率与结果,有针对性地实施文化与管理体系的变革。

二、确定企业文化体系基本理念与行为准则,内化于心、外塑于形

京泰发电公司的企业使命、企业愿景、核心价值观、企业精神、管理理念、安全理念、人才理念、环保理念共同构成了"泰和团队文化"的理念体系,其中使命、愿景、核心价值观是内核,通过公司管理层与员工的充分讨论与有效沟通,这些基本理念得到了全员的认知与认同:

一是企业使命得到员工认可,激发了团队的工作热情。京泰发电公司将公司的使命确定为:"奉献清洁能源,输出文明动力,造福社会,回报股东,成就员工"。要求员工树立社会责任意识、成本意识、竞争意识,常思企业经营之不易、常想造福社会之责任、常为技能精进之努力,将股东长远的经济效益作为公司的终极责任,通过持续不断的改进,追求公司基业常青。在这样的使命感召下,公司坚持高起点、高标准,建立了安全、质量、工期、造价、文明施工管理体系,全体员工战胜地质条件差、设计改进项目多、冬季严寒、交通不便等诸多挑战,同心协作、奋力拼搏,在最短时间内完成了基建任务;在这样的理念引领下,公司克服了设备供应紧张、材料价格上涨、市场竞争激烈等困难,实现了工程建设"六项领先"目标,讲诚信、重协作、快节奏、高效率已成为员工的自觉行动。

二是企业愿景得到员工赞同,引起了团队的心理共鸣与行为共振。京泰发电公司以"建设五型企业、树立行业典范"为愿景,明确了公司的发展方向。员工在艰苦的环境中忘我劳动,顽强拼搏,不需提醒、不用监督,每个人都全身心投入工作,主动发现问题,主动协调解决。工程建设期间,无论白天夜晚还是酷暑严冬,工程部、安生部的专工24小时盯在现场,监督着安全文明施工秩序、检验着施工现场的每一个角落、每一个细节;运行部的员工白天组织调研、培训、编写规程,晚上整理技术资料、分析设备标书;计划部挤在简易的办公房内,不分昼夜地在为工程招标、设备催交、施工核算而忙碌着。一个人干着几个人的工作,一天一天忙碌着,然而,没人抱怨,没人喊累。因为大家明白:唯有勤奋的员工才能在企业里求发展,唯有把工作当成人生乐趣,才能获得成功。

　　三是企业核心价值观为员工信守,成为团队的行事准则。京泰发电公司以"交泰志同、和谐日新"为核心价值观,其释义为:相互交流、换位思考、思想统一、共同发展;积极履行社会责任、不断开拓创新,对外寻求各界认同,对内激发员工热情,在团结友爱、温馨和谐的氛围里不间断地推进管理与技术革新。公司要求员工一要做到"泰而不骄",即胸有大志,心有定力,克服骄矜之气,竭尽协作之力,面对困难和挑战泰然自若,相互信任、通力协作,富有创新精神和强大执行力;二要做到"和而不同",即胸怀坦荡、多元共存,既强调自尊、又强调自律,既追求自我实现、又懂得宽容他人,既强调统一目标、形成合力,又注重彰显个性、体现个人价值,追求责任感和荣誉感。

　　在此基础上,京泰发电公司推出了践行核心价值观的四项关键行为准则:其一,持阳光心态,倡导积极、感恩、达观的心智模式,以积极的心态享受工作,在工作中实现自我价值,使每个人都获得职业的尊严和体面;其二,须彼此信任,树立"我为人人、人人为我"的处世观念,善于发现他人的优点,乐于认可别人的长处,学会换位思考,相互理解、相互支持,公司团队内外和谐、上下同欲;其三,行协作之力,全体员工坚持合作,走集体奋斗的道路,以公司为平台,发挥员工的聪明才智;其四,达有效沟通,从大局出发、从团队的荣誉出发,做到宽以待人,使公司处处洋溢着关爱的情怀,时时体现出集体的温暖,营造感动心灵、振奋精神的环境。

　　在这样的核心价值观和关键行为准则的指导下,员工们打破岗位、部门界限,一切以公司大局为重,自动自发地工作、协调精细地管理。在设备招标、监造、工程管理等工作中,检修、运行与计划、工程人员互补、共同参与,及时发现问题,协同解决,有效保证了工程质量;公司与监理、施工单位、部门与部门、员工与员工之间协作紧密,配合默契,干工作不问分内分外,形成了群体协作、团结互助、高效运行的良好风气,涌现出一批品质优秀、技能超群、爱岗敬业的先进人物和先进集体。基建期间,全体参建者放弃休闲娱乐和生活享受,远离父母子女亲朋好友,辛勤劳作、加班加点,换来了工程建设的显著成绩——实施了277项循环流化床锅炉技术改进,实现了生产基建一体化管理,保证了机组试运各项节点与生产各项重大操作均一次成功,达到了生产与基建的无缝对接;工期同类机组全国最短,整个基建期事故为零。经对标分析,本项目在前期筹备效率、锅炉技术优化、工程造价、安全文明施工、北方地区建设周期、生产技术指标等六个方面均处于全国同类项目领先水平,其建设经验已成为标杆和典范,在京能集团范围得到大力推广。

三、文化与制度建设有机结合,促进了管理与技术创新

京泰发电公司用企业文化的理念指导制度建设,在基建期即编制了各类程序文件、操作文件140余项,在生产运营期又修编了工作标准、技术标准、管理标准合计363项,达到了日常工作数字化描述、流程化运作。公司实现了主机全能值班,辅机集控管理,打破了同类电厂燃、化、灰运行人员分设、各自独立值班的管理模式,不仅节约了人力成本,而且提高了运行人员的整体技能。公司建立了"德为先、人为本、效为源、法为矩"的管理机制,以"唯才尚德、人尽其才"为选材用人之道,从"和、贤、能、仁"四个维度来甄别人才,实现了人力资源管理从被动向主动、从应急到储备、从法律契约到心理契约、从外聘到内聘的转变。坚持不懈地践行"泰和团队文化",做到以制立企、以文化人,员工用心每件事情、尽到每份责任、干好每天工作,自我管理、自我超越,使先进文化在现场看到、在岗位体现、在流程中沉淀、在细节和行为上闪光,形成了讲和谐、求创新的良好局面。进而实现了生产运营的五项突破:

一是在安全生产方面实现了突破。安全生产记录突破700天,各类事故为零,1号机组连续运行205天,2号机组连续运行152天,各类事故

为零,为全国同类机组领先水平。

二是在经济与技术指标上实现了突破。2010年实现了机组投产当年即盈利。在蒙西电网平均机组利用小时仅4200小时、发电企业普遍亏损的情况下,尽管因煤价上涨、国家连续上调贷款利率使发电成本一再上升,2011年,京泰发电公司仍实现净利润5441万元;年平均综合供电煤耗为344.27克/千瓦时,同比降低6.23克/千瓦时;综合厂用电率为6.76%,同比降低0.09个百分点;平均排烟温度降至128.55摄氏度,同比降低11.38摄氏度,主要生产技术指标位居全国300MW循环流化床空冷机组前列。

三是在文明生产上实现了突破。全面治理七漏,实施了输煤系统除尘、锅炉烟风及灰渣系统治理,彻底扭转了循环流化床锅炉脏乱差的局面,6S管理深入推广,生产现场整洁文明、规范有序。广受国内外同行赞誉,前来参观学习的单位络绎不绝。

四是在人才培育上实现了突破。公司实施全员培训计划,实现了点检定修、生产人员独立上岗、主机与辅网系统全能值班、保证了日常操作和事故处理无失误。不仅培养了一支训练有素、富有创新能力的生产运营团队,而且培养出了富有经验、能打硬仗的工程管理人才。

五是在掺烧煤泥技术上实现了突破。为节约资源,消化煤矿洗煤厂产生的煤泥,依靠团队协作,实施了整套技改方案,克服了掺烧配比测算、输送系统堵塞、煤泥精选等10项技术难题,在全国300MW等级循环流化床机组当中率先达到煤泥掺烧比例50%,由此每年节约发电成本5000万元。

四、"泰和团队文化"建设实践的启发与体会

回顾开展"泰和团队"文化建设四年来的历程,其之所以能够直达人心、凝聚力量、收获成功,主要基于四个显著特征:

第一,发端于中华传统文化。中华文化当中蕴含博大精深的管理思想,建设"社会主义和谐社会"需要借助传统文化对国人潜移默化的影响,弘扬"社会主义荣辱观"也与儒家所倡导的"礼、义、廉、耻"有着密切联系。传统文化强调做人的修养和道德自律,倡导"其身正,不令而行;身不正,虽令不从",主张"身和气和",诉求"政通人和",做事"和衷共

济"，做人"和光同尘"，生意"和气生财"。《易经》曰："天地交而万物通，上下交而其志同"，阐述的是在自然界，阴阳和畅则万物生长，于人类社会，志同道合则事业兴旺的道理。京泰发电公司员工来自五湖四海，习俗不同、经历不同、性格不同、志趣不同，但在"泰和团队文化"的熏陶下，在构建和谐企业理念的指导下，大家秉承阳光心态、站在"同为公司一员、合作实现共赢"的立场上，求同存异，全方位地进行沟通，彼此理解、相互尊重，形成了可爱、可敬、可亲的群体氛围，做到了舒心工作、舒心生活，进而提高了公司绩效、提升了团队执行力。

第二，立足于企业管理本质。企业管理目的是将人、财、物、信息等生产要素结合起来，对生产经营活动进行组织、计划、指挥、监督和调节。而企业管理的各项具体行为，都要落实到"组织"这样一个特定的单位中，公司成立了，招来了一批人，将大家分配到各个工作岗位上，开始干活。这就是"组"，就像将一团线揉在一起，成为一个线团，而企业管理中的本质问题是"织"，就是让员工们纵横交错，相互扶持，紧密结合，唇齿相依，由线团变成一块布，其紧密度越高，价值越大。"编织"的过程，不仅需要管理制度的介入，更需要企业文化的牵引。"泰和团队文化"即将企业目标与员工个人目标紧密地联系在一起，指导公司编制具有人性化与可操作性的管理制度，实现了管理流程的顺畅与持续完善，使公司资源配置效率大为提高，形成了团队协作的良好风尚。

第三，扎根于员工基本诉求。"泰和团队文化"致力于建立先进的人力资源管理机制，为不同层次、不同能力的员工搭建施展才华、激发创造性思维的工作平台。公司认为，如果忽略员工追求发展、求得认同、赢得尊重的诉求，片面强调薪酬待遇、物质奖惩，或是崇尚"狼文化"，用血淋淋的"丛林法则"、严酷无情的"末位淘汰"制度去约束员工，也许会造成新的悲剧。反之，他们力求通过拓宽员工成长之路，让员工看到个人职业生涯不断发展的希望，实现企业员工同成长，以此激发员工对文化的认同、换来员工对公司的忠诚。

第四，面向于公司持续发展。从"泰和团队文化"的宗旨出发，根据国家注重环保、发展循环经济、建设生态文明的政策，京泰发电公司着眼于在更大范围、更广领域和更高层次上实施市场化经营，在激烈的发电市场竞争中求生存、谋发展的前景，以煤泥和粉煤灰综合利用为突破口，积极推进二期扩建。二期工程作为当地循环工业园区的核心项目,不仅得到了当地政府的重视和支持,而且使得员工工作激情持久、奋斗方向明确。

综上所述,从京泰发电公司的实践看,"泰和团队文化"顺应了当今和谐社会理念、满足了公司创业需求,必将在今后的岁月中持续发挥其内增凝聚力和创造力、外增公信力和影响力的强大功能,成为一笔宝贵的无形资产,为企业创造更大的价值。

(执笔人:郭克琪)

北京市燃气集团有限责任公司

企业简介：

北京市燃气集团有限责任公司（前身是成立于1958年的北京市煤气热力公司）是组建于1999年的国有企业，是目前全国最大的城市燃气企业。北京市燃气集团集燃气输配、销售、科研、设计、施工到燃气设备制造、煤化工生产销售等多元化产业为一体，始终坚持以用户需求为导向，在为用户奉献优质清洁能源的同时，提供安全满意的服务。凭借稳定可靠的资源保障、先进成熟的技术管理、安全优质的运营服务，已成为北京最有影响力的品牌之一。

构建企业文化体系
促进企业和谐发展

■ 中共北京市燃气集团有限责任公司委员会 ■

北京市燃气集团肩负"服务社会,造福民生"的企业使命,秉承"能拼搏,能奉献"的企业作风,继承和发扬"朝气,正气,大气"的企业精神,经过50多年的发展积淀形成了独具特色的燃气文化,并在"气融万物,惠泽万家"的企业文化理念引领下,建设形成了安全、服务、廉洁、执行四个子文化,先进的价值理念逐步成为员工的自觉行动。50余年的厚重积淀,十余年的艰苦锤炼,北京燃气人用智慧和汗水谱写了燃气事业的华彩篇章,先后获得"中国企业500强"、"北京市最具影响力的十大企业之一",全国"五一"劳动奖状等殊荣。

一、北京燃气企业文化体系建设历程

企业文化建设是北京燃气集团"十一五"期间重要战略性工作之一,企业文化建设是北京燃气集团"十一五"规划发展总体战略的一个重要组成部分,也是北京燃气集团强化内部管理和树立良好企业形象的重大举措。北京燃气集团在企业文化建设中,坚持以科学发展观为指导,坚持以人为本的根本原则,按照企业文化系统性的整体要求,突出企业特色和时代特征,旨在为提高企业文化管理能力发挥积极作用。

在"十一五"规划第一年,组成了企业文化编制工作组,将企业文化建设纳入集团折子工程,结合集团发展战略、发展目标、"十一五"规划以及企业发展趋势,围绕燃气集团生产经营、面临外部以及处于市场经济中的地位特点,开展企业文化分战略编制工作。

2006年北京燃气集团启动了企业文化理念建设工作,2007年底成功提炼形成了以"气融万物,惠泽万家"为核心的企业文化理念体系,这是北京燃气集团特有的企业文化,也是员工对自身存在意义的评价标准和对行为价值的选择标准,更是燃气集团开创未来的力量源泉。在理念体系形成的基础上，随着企业文化建设的深入和推进，又形成了安全文化、服务文化、廉洁文化，这三个子文化是企业文化的重要组成部分，是企业文化特色的进一步展现，是企业价值理念的更深入诠释。为持续推进企业文化建设，通过以文化人发挥导向作用，不断提升核心竞争力，在主文化引领，三个功能性子文化建设成功基础上，2011年完成了执行子文化建设，这标志着北京燃气集团文化理念体系整体建设的形成。

在"十一五"规划期间，北京燃气集团的企业文化从无到有，由浅至深，自内向外，不断强化和丰富企业文化的内涵，最终形成了一套全面系统、积极向上的企业文化体系。北京燃气集团的企业文化建设工作已经走在了全国燃气行业的前列。北京燃气集团主文化理念体系建设是企业顺应市场发展的正确举措，体系的建设成功奠定了北京燃气集团在同行业中"领头羊"的地位，为推进北京燃气集团企业发展起到了不可小觑的作用。

二、完善企业文化体系建设

北京燃气集团建立了以"气融万物，惠泽万家"为核心理念的北京燃气企业文化理念体系，该文化体系富有燃气行业特色和自身特点，在建设过程中运用了成立专项团队，外出考察调研，学习吸收已经建立优秀企业文化企业的先进经验；聘请专业机构深入研究企业特征、经营特点等多种手段。子文化理念是北京燃气集团文化的重要组成部分，子文化的研究建立，充分借鉴了主文化的成功经验。为深化企业文化建设进程，将子文化理念与北京燃气集团文化理念体系落地工作密切结合起来，形成主文化为引领子文化贯彻实践的系统性文化体系，开展了多个环节的工作。

1. 文化资料研读。通过研读文化资料，深入领会文化理念建设的重要维度，研读相关工作的制度规范、文化建设基本形式和载体，将与北京燃气集团相关的工作精神与企业文化理念结合起来。

2. 走访调研。实际走访调研北京燃气集团的二级单位，听取二级单位员工和党政领导对北京燃气集团文化理念的思考、心得与经验。

3. 理念内涵挖掘与释义。内涵释义则注意将文化与企业运营管理实践结合，以正面引导为主基调，将企业科学发展与以人为本的理念贯穿起来。

4. 文化的集体研讨。通过讨论和思辨,宣贯了文化理念,复习了职能管理工作的要点,从文化角度解读了管理中人文精神,使北京燃气集团文化的精神内涵内化于心。

5. 后续内容的充实与调整。企业文化部与各相关业务管理部门创新职能管理的工作方式,完善管理工作制度,提升企业的整体文化管理能力。

6. 形成文化体系。企业使命:服务社会,造福民生;企业愿景:成为世界一流的清洁能源运营商;核心价值观:气融万物,惠泽万家;企业精神:朝气,正气,大气;企业作风:能拼搏,能奉献;经营理念:领先开拓市场,服务赢得客户;管理理念:扬弃成就卓越;安全理念:安全是魂,预防在先;服务理念:服务为本,真情到家;人才理念:为人才创造机会;执行理念:知道是前提,做到是关键;廉洁理念:注入清洁热能,践行阳光运营。

三、建立企业文化建设的保障机制

北京燃气集团一方面积极构建具有燃气特色的文化体系,另一方面更注重文化的落地,培育员工价值观念和行为方式,融合个体差异,促进思想统一,增强队伍凝聚力,通过具体行动提升企业执行力,为企业又好又快地发展提供精神动力和文化支持。

1. 健全机构、保障实施。为了适应企业发展的新形势,进一步加强企业文化建设,北京燃气集团成立了由公司党委书记、董事长和党委副书记、总经理为主任,领导班子成员为副主任,各部门负责人为成员的集团企业文化管理委员会,并成立企业文化部,负责企业文化管理的日常工作,研究制订企业文化建设实施方案及年度工作计划,总结、评估企业文化实施情况。各单位建立健全了企业文化建设的组织领导机构和工作机构,明确了行政、党委主要负责人作为企业文化建设的第一责任人,明确了专兼职人员具体负责企业文化建设的相关工作。

为保证企业文化工作的长效性、持续性,并与经营管理工作结合起来,以"文化力"来推动公司战略目标的实现,构建了一套具有燃气特色的企业文化管理系统。每个年度对企业文化建设实施情况进行评估,对企业文化建设工作进行定性、定量并接受考核。

2. 理念引导、全员宣贯。在开展企业文化建设中,北京燃气集团十

分重视对广大员工的宣传、教育和引导,紧紧抓住宣贯这项"龙头"工作,以理念为引导,从时间安排、组织实施、培训内容和效果评估等方面全方位推进,保证企业文化建设的健康发展。北京燃气集团上下分级成立宣贯培训机构,制定宣贯培训方案,采取各种不同的措施以保证宣贯培训工作的顺利开展。建设企业文化,高层是决定者、倡导者,中层是推动者、传播者,基层是接受者、参与者。为了使全体员工充分了解领悟企业理念,让理念深入员工头脑,北京燃气集团领导多次在大会上带头宣讲,并将企业文化建设作为折子工程写入年度工作报告,在推出的《企业文化手册》中,董事长、总经理亲自撰写序言,号召员工认真学习,深刻理解。

在组织开展企业文化骨干培训、全员培训的同时,北京燃气集团充分发挥企业报、网站、宣传橱窗、板报、标语等媒介的作用,刊登理念系统和识别系统,形成文化建设的共识。二级单位还利用答卷竞赛、党课、团课、志愿服务者、文化体育等活动大力宣传北京燃气企业文化,弘扬企业精神;集团公司编印《企业文化手册》2万册,发放到每名员工手中。在编印对外宣传的画册、彩报上,将文化理念刊登于显要位置,在重大节日、庆典、职代会等大型会议期间悬挂巨幅标语,向员工灌输、向外界宣传北京燃气集团文化理念。通过各种主流媒体,大力宣传北京燃气集团为首都城市建设和绿色奥运所作出的贡献,强化企业形象宣传。

3. 制度保障、齐抓共管。北京燃气集团及二级单位把企业文化建设工作纳入本单位目标管理之中,做到企业文化工作与企业其他管理工作同部署、同检查、同考核。各级组织、党政领导从贯彻落实"三个代表"重要思想和科学发展观的高度,坚持正确的政治方向,成为企业文化建设的领导者、倡导者、推动者和实践者,以实际行动为广大员工做出表率;广大员工积极参与,内化于心、外化于行,从而形成有效的企业文化建设工作的长效机制。

4. 开展活动、营造氛围。企业文化氛围是一个企业中特殊的文化气氛和情调,它通过全力营造和倾力打造,可以被人们感觉、感知。北京燃气集团在企业文化建设上,坚持以人为本,通过形式多样、内容丰富的文化活动和其他载体,提高广大员工的思想道德素质,培育和弘扬员工的团队精神,改善和融洽人际关系,提高员工的文化品位,使员工切身感受到团队的力量。

通过各种载体和形式开展的活动主要有:宣讲北京燃气事业发展历史,弘扬传统、展望未来;举行"发扬光荣传统,发展燃气事业"系列座谈、访谈和征文活动,回顾历史,讴歌时代;编印了《气贯京华》书籍、纪念片和纪念册,举办北京燃气事业陈列展,全面反映北京燃气事业的光辉历史和辉煌成就;开展企业歌曲征集活动,成为鼓舞人心、凝聚力量、团结奋进的嘹亮号角;向山区捐资教师奖励基金,体现燃气集团社会责任感;协同邮局发行全国首枚以燃气安全宣传为主题的明信片,受到广大用户的欢迎;在首都主要媒体上连续刊载北京燃气人的故事,扩大了北京燃气集团在社会上的良好影响;评选一批"贡献北京燃气事业代表人物",在集团内外引起极大的反响。

在企业文化落地和宣贯过程中开展的各种活动,对内加深员工对企业文化理念的认知,对外加强了与用户的沟通和互动,逐步推进了良好企业社会形象的树立。通过举行北京燃气集团企业文化演讲大赛,展示当代燃气人风采;开展北京燃气集团企业文化"请进来、走出去"活动,传播企业文化,树立企业形象;两次受清华大学经济管理学院邀请,将"气融万物,惠泽万家"的北京燃气企业文化管理理念传进清华学子的管理学课堂。

一系列的活动、一系列的举措,体现了北京燃气集团文化落实在具体细节的强大执行力,彰显了"气融万物,惠泽万家"的企业文化理念,营造了良好的文化氛围,同时丰富了员工生活,给员工提供了一个施展才华的舞台,增强了企业的凝聚力、向心力、和谐感,树立了良好的企业形象,进一步激励和鼓舞广大干部职工为企业又好又快的发展作出新贡献的信心和动力。

5. 文明创建、提升管理。为培育良好的企业工作作风和员工队伍的职业道德,北京燃气集团积极开展首都文明单位创建活动和文明班组活动,以规范化服务为主要内容,强化责任心,增强责任感,提高职工遵章守制的自觉性,不断提高企业的管理水平并落实到生产、经营、管理各环节。通过创建活动,广泛宣传先进典型,形成了以企业精神为内涵的群体意识,职工精神面貌发生了巨大变化,责任意识、服务意识不断增强,提高了企业管理水平,促进了企业经济效益的提高,窗口单位规范、热

文化·驱动
WEN HUA QU DONG

情、礼貌的服务为企业赢得了良好声誉。

6. 多种渠道、全面推进。北京燃气集团采取多种企业文化传播渠道，推动企业文化建设持续开展。《北京燃气》报每旬发行，设有企业文化报道；集团OA系统和视频系统及时反映企业文化动态；企业网站(www.bjgas.com)设有企业文化专栏；《企业文化手册》人手一册；橱窗、板报、标语等深入基层宣传企业文化；采取不同方式，组织开展企业文化骨干培训、全员培训、新员工入职培训；深入开展文明单位和文明班组创建活动；规范企业标识的使用，统一北京燃气窗口服务单位、场、站地点等对外视觉形象。

四、北京燃气企业文化体系建设取得成果

北京燃气人经过50多年的厚重积淀，在优秀文化理念的引领下，员工通过对北京燃气集团文化的认知和理解，将文化理念转化为执行的动力，先进的价值理念已经成为每个员工的自觉行动，激发了广大员工内心的热情、智慧与活力，使燃气集团在更高的境界、更远的追求中科学发展。

1. 成功构建北京燃气企业文化体系。形成以北京燃气企业文化理念为主导，功能子文化理念为支撑的企业文化体系，通过子文化的建设充实了主文化的目标和内容，体现了北京燃气企业文化理念的系统性和整体性。

2. 以企业文化体系建设推动企业文化建设管理工作走上正轨。制度管理和文化管理密不可分，企业文化建设是长期工作，通过建立健全企业文化建设组织架构，形成制度实施管理，建立指标进行考核。设置专职部门和人员，负责计划、组织、检查、协调和考核等工作，使企业文化建设工作走向正规化、常态化。

3. 通过对北京燃气集团文化的深入研究提炼，推出了《北京燃气企业文化手册》。《企业文化手册》是北京燃气集团长期实践的总结、集团上下集体智慧的结晶，是北京燃气企业文化建设的重要成果、精神财富。

4. 企业文化体系建设获得的成果。获得"全国企业文化建设50强"称号；全国企业文化建设百家重诚信单位荣誉称号；高压管网分公司、燃气学院获得全国企业文化优秀单位称号；2011年获得"企业文化建设示范单位"称号。北京燃气集团在企业文化体系建设和实践中深刻认识到,文化不是影响企业发展的最直接因素,但可以成为最持久的发展动力,是企业发展、创新的灵魂。同时,企业文化体系建设也是一个系统工程、长期工程,随着企业不断的深入发展,企业文化建设必须与时俱进,不断适应环境的变化和企业发展的需要,使企业文化建设与企业生产经营工作做到紧密结合,促进企业管理水平的提高。

(执笔人:吴岳)

文化驱动
WEN HUA QU DONG

北京星海钢琴集团有限公司

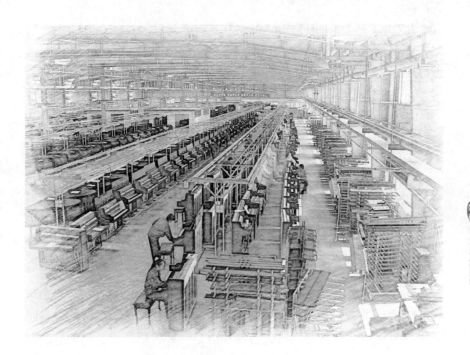

企业简介：

    星海钢琴集团公司是1994年由北京星海乐器联合公司改制的中西乐器制造企业，是国家大型工业企业，主要生产立式钢琴、三角钢琴、西管乐器、民族乐器、打击乐器、电声乐器和乐器配件等系列产品。企业1998年首次通过ISO9002国际质量认证；2004年ISO9001:2000国际质量管理体系证书换版成功；2001年通过ISO14001国际环保认证。星海不仅连续获得了"中国名牌"的称号，而且还取得了"产品质量国家免检"资格，跻身于"中国工业企业排头兵"行列。

企业传承文化　文化塑造企业

■ 中共北京星海钢琴集团有限公司委员会 ■

北京星海钢琴集团公司是由北京星海乐器联合公司改制的中西乐器制造企业。"星海"品牌享誉中外,企业效益屡创佳绩,除了企业把握机遇,抓住市场,超越自我以外,还得益于创建了以"星海精神"为核心的企业文化。

一、实施企业文化战略的背景

1. 1985年10月21日,经北京一轻总公司党委研究决定将北京乐器总厂和北京钢琴厂合并,成立了北京星海乐器联合公司,至此把企业名称、商标名称和名人的名字合为一体。

2. 1985年12月21日,为了纪念人民音乐家冼星海逝世40周年,星海乐器公司将一台镶有"星海精神永存"字样的星海钢琴赠给了冼星海的女儿冼妮娜。在准备这台赠琴的时候,全厂上下尽全心、举全力,不论经过哪个班组、哪道工序,都把最高的水平、最棒的工艺、最好的材料倾注于这台钢琴上。星海公司党委发现这是一种无形的力量把职工的向心力凝聚起来了,把这种力量、这种精神梳理好、引导好,它将是一种强大的精神力量,并能推动企业乘风破浪、所向披靡、不断发展。

3. 此后,星海党政联席会认真研究企业两个文明建设,一致通过将"星海精神"确定为企业精神。公司党委敏锐地意识到,把这种精神提炼、升华为全体员工统一思想、统一行为的共同理念,将会给企业带来更加清新的活力。

二、星海文化的形成与发展

(一)以活动促建设,初步形成"星海"文化

1. 举办冼星海的生平事迹和革命生涯展览。在企业识别的要素中,首先要考虑的是企业的名称。以冼星海的名字命名的"星海钢琴集团有限公司"不仅是一个称呼,一个称号,而更重要的是要体现企业在公众中

的形象。为了首先让职工真正了解到什么是"星海精神"的实质和内涵,星海公司党委组织专人收集和整理了冼星海的生平事迹,在职工食堂举办了冼星海的生平事迹和革命生涯展览,并把冼星海的革命精神概括为八个字,即:团结、拼搏、求实、创新。

2. 在厂区设立冼星海塑像作为企业个性化标志。为了进一步营造环境氛围,星海公司党委在厂区矗立了一座冼星海的花岗岩塑像,基座上镶嵌中、英文两种文字的冼星海的生平,使职工时时刻刻都能感觉到星海在我身边。星海塑像成为企业标志性建筑,不论是领导视察、客户来厂,还是离休退休的老职工,都愿在星海像前留影。

3. 成立以星海命名的各类业余协会组织。不论是党、政、工、团搞什么活动,开展什么比赛,大家都习惯于以"星海"冠名。如:星海突击队、星海志愿者、星海见义勇为基金会等。一提到"星海",干部职工就有使不完的劲儿。

4. 开展多种形式的主题实践活动。党委连续四年在党内持续开展"以我为榜样,向我看齐"的主题实践活动,提出党员"五领先"的工作标准;工会组织开展"为星海事业立功"的劳动竞赛;共青团开展了"争当最佳星海青年"的活动。

5. 组织丰富多彩的文体活动和厂庆活动。特别是每年在厂庆前后的一段时间,全厂天天有歌声,人人唱星海,厂庆活动每次都有千余名职工登台演出,反映了员工对星海事业的热爱,折射出对企业发展前景的希望与信心。

(二)文化融入管理,推动提升企业管理水平

1. 强化七种行为规范。在构建企业文化体系的过程中,公司经过整理和提炼,制定了七种行为规范,作为企业和干部职工的行为准则和用以识别星海集团公司行为的标准。这些行为规范包括了对管理者和员工的基本要求、企业内部环境、公共关系、营销活动、公益事业、服务体系等,覆盖了整个企业的经营管理活动。

2. 突出以人为本的管理理念。始终坚持全心全意依靠职工群众办企业的方针,充分发挥职工的积极性、创造性。每年都召开1—2次职工代表大会,充分发挥职代会和职工代表作用,积极引导职工参与企业民主管理。落实厂务公开制度,在"荣辱榜"和"公开栏"及时通报企业重大

事项和生产、质量、经济、技术指标的完成情况。建立"领导接待日制度"，贴近群众、倾听呼声、融洽关系、维护稳定。

3. 以"德"铸魂加强团队建设。在全体干部职工中大力弘扬"团结、拼搏、求实、创新"的星海精神，并以此为灵魂，努力营造积极向上的思想文化氛围，将职业道德融入企业文化，形成"不须扬鞭自奋蹄"的精神动力。开展建设"学习型组织"活动，建立中、高层技术管理干部培训机制和职工技能培训机制，开展技术练兵、技术竞赛活动。以"文"化人，全面提高员工的综合素质，巩固星海公司持续稳定发展的人文基础。

（三）创新促进发展，打造世界知名品牌

1. 全员树立强烈的品牌意识。"让星海品牌响遍全世界"是公司的企业愿景，钢琴质量是星海公司的生命。多年来，公司视质量为诚信和人品，强化全员品牌意识，树立"质量好，人品好；质量差，人品差"的理念，要求"把已经达到和可能达到的最高标准当做日常的工作标准"，提倡"人人都有改善的能力，事事都有改善的余地"，把产品生产的每一个环节视同于艺术创作，看成是美好乐章的一个音符，用产品质量展示"星海乐器——伴您步入美好人生"的企业的使命。

2. 引进、吸收和消化国际同行的先进技术。在国家引智办、市政府有关部门和一轻控股公司的支持下，星海公司先后聘请了德国钢琴制作大师劳瑟·切尔先生任技术副厂长和总工程师；聘请了太箸道宏和下村隆彦两位著名钢琴技师任技术顾问。同时还实施了"走出去"的策略，先后派出7批共40名关键岗位的技术人员出国受训，学习世界前沿的钢琴制造先进工艺，造就了一支能打造"精品"钢琴的技术队伍，为进一步确立企业自身的关键技术优势奠定了坚实的基础。

3. 实施技术改造和科技创新。为尽快缩短与国际先进水平的差距，公司先后进行了两次大规模的技术改造。第一次技改侧重于工艺技术和装备水平的提高，使星海钢琴的生产能力由改造前的年产4500台增加到3万台，产品质量达到国际中档水平。第二次技改侧重于引进先进设备和扩大生产厂房面积，使钢琴生产能力由年产3万台上升到5万台，基本实现钢琴制造技术与同行业国际先进水平接轨。两次成功的技术改造，使星海公司成为国内技术力量最强、实力最雄厚的乐器生产企业之一，从而奠定了世界第五大钢琴生产企业的地位。

三、企业文化建设的作用与效果

1. 提升了企业形象。通过"星海"企业文化的构建和传承,使企业上下焕然一新,不仅树立了全新的企业形象,而且还改变了员工的精神风貌。与此同时,"星海"社会形象也赢得了国内外社会各界的广泛赞誉。

2. 提高了员工素质。通过"星海"企业文化的构建和传承,使广大员工进一步转变了思想观念,强化了市场意识、质量意识、品牌意识、竞争意识、创新意识和安全意识等,增强了学习的紧迫感和工作责任感,增强了努力践行企业文化理念的自觉性,提高了文化素质和文明素养。

3. 增强了企业实力。通过"星海"企业文化的构建和传承,27年来企业销售收入增长了50.16倍;钢琴产量增长了7.2倍;企业总资产增长了50倍。

4. 推动了企业制度创新。通过"星海"企业文化的构建和传承,逐步建立了企业文化建设的领导体制、运行机制、工作机制和保障机制,使企业文化建设走上了有序化和规范化的轨道。同时,把企业文化的基本思想和建设成果及时融入到企业的各项规章制度中,推动了收入分配、劳动人事、经营管理等制度的创新。

5.促进了思想政治工作和精神文明建设。通过"星海"企业文化的构建和传承,企业的思想政治工作、精神文明建设与生产经营相结合有了更为有效的载体和途径。企业连续十年被评为"首都文明单位标兵";连续两届被评为"全国文明单位";并先后荣获"北京市先进基层党组织"、"北京市思想政治工作优秀单位"、"北京市质量效益型企业"、"北京企业100强"、"全国五一劳动奖状"、"全国乐器行业强势企业"、"中国轻工思想政治工作优秀企业"、"全国轻工业质量效益型先进企业特别奖"等称号。

(执笔人:刘春祯)

北京祥龙博瑞汽车服务集团有限公司

企业简介：

北京祥龙博瑞汽车服务集团有限公司,是首都规模最大的汽车服务集团公司。集团拥有34家汽车品牌专卖店、1家旧车交易市场、5条汽车检测线、2家报废车解体厂、7.5万平方米零配件仓库,在全国率先打造"汽车服务全系列、全产业链"的经营新模式。集团形成多品牌集群的强大优势,汽车维修评为市一类企业,二手车交易量多年居全国市场首位,曾连续五年跻身中国服务企业500强行列,2011年重组后的第二年,再次进入中国服务企业500强。

"博瑞文化"推动企业
跨入文化管理新阶段

■ 中共北京祥龙博瑞汽车服务集团有限公司委员会 ■

北京祥龙博瑞汽车服务集团有限公司(以下简称祥龙博瑞集团)企业文化建设为新集团的成长壮大提供了强大的文化动力,有力地驱动了企业管理迈上新台阶,跨入新阶段。

一、祥龙博瑞集团的企业文化

目前集团企业文化主要是以原北京市汽车修理公司的"博瑞文化"为基础,融合新进企业的文化精髓,使之与新集团的使命相结合,不断延伸和丰富博瑞文化体系。

1. 构建完整的、具有鲜明企业特点的"博瑞文化体系"。全面推进企业文化建设是原汽修公司党委"十一五"期间助推企业现代化管理的一项重大工程。从2005年开始,公司党委先后组织企业文化培训、调研,大讨论、大访谈等一系列工作,借鉴优秀企业的宝贵经验,采取内外结合,全面挖掘企业文化资源,系统提炼出具有鲜明的汽修公司特色的"博瑞文化体系",形成《北京汽修成功宣言》、《博瑞之家》企业文化手册、《北京汽修企业文化建设纲要》等一整套重要的成果。经过几年的运行,这一文化体系得到全体员工的认同。博瑞文化体系,第一次从文化的角度审视企业半个多世纪的发展:追访企业的成功之路、总结企业的成功之道、凝练企业的成功之魂,将几代汽修人砥砺品学,上下求索的拼搏进取精神高度概括,成为文化管理的理论体系,激励后人视今如昔,永臻至善,超越成功,再创辉煌。博瑞文化体系,第一次从文化的角度诠释出面向未来的企业管理理念:确立企业的远景目标、提出企业的文化理念、制定企业的行为规范,引领全体员工凝心聚力,科学发展,在实现共同愿景的实践中,创造出国有企业改革发展新奇迹。博瑞文化体系,第一次从文化的角度透视出企业主营业务中"人"与"车"的关系:"服务于车,用心到人,造福社会,回报家人"。它是在汽修公司长期发展过程中培育和积淀而成,为企业和员工共同拥有,支撑企业过去、现在和未来在竞争中取胜的核心价值观。它深深蕴涵于企业内质之中,难以被其他企业所模仿和替代。

博瑞文化体系,坚持传承与创新相结合,历史与未来相呼应,立意高远,全员覆盖,载体新颖,硕果累累,不仅成为企业发展历程上的一个重要篇章,也为企业未来的发展提供了一笔宝贵的精神财富。

2. 达到企业文化全员参与、全员践行的目标。为使企业文化成果落地生根,使广大员工清晰地了解企业历史和成功的文化因素,对企业核心价值观、愿景等企业文化理念有系统的认识,党委组织开展学、讲、演、做等一系列企业文化的宣传、教育活动。

学——集中开展大规模全员普及、宣贯培训,每年组织新员工培训,人手一本培训教材,每人参加培训不少于5课时;

讲——先后组织员工开展"企业文化在我心中"、"我和我的祖国"等主题征文、演讲,国庆女民兵巡回演讲报告会、"爱心故事演讲"、安全警示语征文等活动,讲出体会、讲出收获;

演——举办"家和万事兴"展览、"博瑞赞歌"大型文艺演出、"唱响奥运精神,弘扬企业文化"歌咏比赛、"迎奥运、讲文明、树新风"礼仪知识竞赛等,潜移默化,寓教于乐;

做——公司编撰了《企业文化建设系列丛书》、《超越》、《留住美景期待明天》、《汽修人手册》和《汽修人》等企业书刊;制作企业宣传片、宣传册和企业歌MV,改版公司网站;基层各单位也不断丰富和创新自己的品牌文化传播载体,《博瑞一家》、《年轻的心一起跳动》、《挚友》、《丰华众茂》等一批优秀的企业期刊应运而生。

2010年7月,企业展馆落成。它立体化地再现了企业半个多世纪的历史进程和几代汽修人的奋斗精神,成为新集团员工思想教育和对外交流的重要基地。截至目前,已经有2400余名员工和150多位上级领导、兄弟单位的同志参观了展览,大家对展览给予了高度评价。

3. 确立"十二五"企业文化建设总体规划。2010年12月,在新集团成立、企业重组改制的关键时期,集团党委组织召开了2010年企业文化年会暨"十一五"企业文化建设成果展示会。全面总结了"十一五"以来

企业文化建设的情况,交流了经验,制定了"十二五"企业文化建设规划,起到了承上启下的作用,为新集团企业文化建设奠定了坚实的基础,掀开了崭新的一页。集团党委提出,一定要坚持"传承优秀、延续脉络、融合发展"的方针,在传承的基础上融合,在融合的基础上发展,在发展的基础上创新,以文化铸就企业基业常青。"十二五"期间,企业文化建设要坚持科学发展观的原则,坚持以生产经营为中心,目标同一的原则,坚持以人为本,全员参与的原则,确立个性化的品牌文化的原则,坚持整体统一的原则,坚持系统推进,注重实效的原则,在现有文化成果的基础上,通过完善和整合,逐步形成符合企业发展战略、体现员工根本利益、以感恩奉献为追求、以人本管理为核心、以学习创新为动力、具有企业特色和时代气息的企业文化体系,进一步提升企业品牌形象,注重文化传播和沟通方法的改善,使"博瑞文化"在"持久渗透、深入传播、内化于行、固化于制"的过程中与时俱进的成熟、创新和发展。

二、企业文化建设驱动企业管理和企业创新

　　企业文化建设作为一种管理实践,其最终目标是促进企业经营业绩的提高、管理水平的提升和可持续发展。公司始终将企业文化建设的过程作为推进企业经营与管理上水平的过程,使企业文化理念在经营管理和工作创新上的落地生根。

　　1. 以企业文化为内力,不断提高企业管理水平。博瑞文化"不进则退,慢进亦退;居安思危,居危思变";"锐意进取,追求卓越,领先一步,赢取主动";"理性务实,专注所长,夯实基础,规避风险";"精细管理,控制成本,强化执行,提高效率"等企业经营管理理念,逐渐成为各级经营管理者的自觉意识和管理行为。企业注重优化管理职责、优化业务流程,形成职责清晰、配合密切、控制有效、方便客户的新型管理模式,实现了从粗放型向集约型、从低效益向高效益的转变;在视野上,注重以ISO9000质量管理体系为标准,企业管理快速与国际接轨,管理日趋标准化、流程化、规范化,企业更加从容地应对国内和国外两个市场的竞争;在企业内部控制上,加强财务风险控制,完善审计制度,强化安全管理,保证企业沿着健康的轨道,安全、有序的发展。

　　2011年,面对国家政策调整,公司在经营上调整结构,多方开源,保

持了收入规模的稳定;在管理上加强内控,挖潜增效,实现了利润总额的大幅提升;总体经营格局在稳定的基础上得到巩固。经过重组后一年的融合发展,全产业链经营格局初步形成,资源优势初步显现,全年销售收入115.33亿元,完成年度计划的104%;利润总额2.86亿元,完成年度计划的132.9%;实现利税4.78亿元,同比增长12.8%;新车销售3.91万辆,完成年度计划的115%;配件流通18亿元,同比增长55.1%;汽车维修103万辆,完成年度计划的100.4%;汽车检测10.19万辆,完成年度计划的110.8%;旧车过户28.68万辆,完成年度计划的191.2%。企业再次进入中国服务企业500强。

2. 以企业文化为内力,不断提升企业服务水平。客户是企业赖以生存的基础资源。2011年集团公司面临政策、市场和自身变革的多重考验,稳定基础产业,强化服务盈利能力,坚持用"服务于车,用心到人,造福社会,回报家人"的企业核心价值观和"立足汽车服务,关注客户需求,坚持优质诚信,创造客户满意"的企业服务理念教育广大员工,持续创建独具特色的"博瑞之家,客户之家"的服务品牌,树立了北京汽车服务行业的品牌形象。公司以提高有效客户保持率为重点,在客户服务上确立服务过程精细化,服务行为规范化,引导员工优化服务流程,创新服务模式,拓展服务空间和领域,打造温馨舒适的服务环境,鼓励员工创造服务的差异化,追求个性化的满意体验,开展满足个性化需求的预约服务、快速维修、上门服务、售后跟踪服务、外出抢修、急修服务、24小时无假日服务、"修车夜市"、"交钥匙工程"、二手车置换、保险理赔一条龙服务等新的服务方式、服务项目;率先组织技术专家为用户开办车辆保养知识讲座,开设网络技术问答,为用户提供更加人性化的超值服务,以高质量的服务水准,赢得广大用户的良好口碑。

服务的创新,有力地拉动了客户的增长。到2011年底,公司管理内有效客户总量达到29.34万个,同比增长7.2%。有效客户保持数量为17.47万个,同比增长18.1%;有效客户保持率64.05%,同比提高3个百分点。全年维修车辆103万辆,同比增长0.7%。

3. 以企业文化为内力,积极创新人力资源管理机制。人才是企业的第一资源。公司坚持以人为本,积极创新人力资源管理机制。为全面提高员工综合素质,公司以全国劳模魏俊强的姓氏命名成立了"魏工培训

文化驱动
WEN HUA QU DONG

学校"，作为员工"接受新观念，吸纳新知识，训练新技能，做学习型员工"的教育培训基地，共计培训各类员工近5000人。公司加强技术培训，积极开展"岗位练精兵，成才在汽修"和"敢担当、作贡献、新车销售竞赛"等各种岗位练兵和劳动竞赛活动。引导员工"干一行、爱一行、精一行"，激发广大员工"学知识、练技能、比贡献"的生产积极性和创造性，形成"比学赶帮超"的良好气氛。到目前为止，累计评选出"满意服务明星"187人、"满意服务标杆集体"64个，全国和北京市劳模4人，在市级以上技能大赛中，获奖员工达311人次；另有3名技术工人获得"政府技师特殊津贴"。共投入奖励金额达1003.2万元。

公司确立"内部竞争，适者上岗，科学评价，实现价值"的人才管理理念，实行人员分级管理，鼓励员工充分发挥专长，提高技术水平和劳动效率；公司确立"海纳百川，包容差异，关注个性，共同发展"的人员管理理念，广开用人渠道，使人员结构更加合理；公司遵循"按劳分配、效率优先、兼顾公平"的原则，建立健全职工工资正常增长机制，不断修订、完善《薪酬管理制度》，使员工共享企业发展的成果。

4. 以企业文化为内力，不断促进企业技术创新。公司分析汽车服务业的未来发展趋势，着力推进工艺工时管理项目改革，是生产管理的一次革命。大到工艺流程的编制、员工维修操作的程序，小到每一件工具的摆放和使用，都有严格的标准。它使一线员工克服旧习惯，遵守新规矩，人员配置更为合理，逐渐形成以定额管理为核心的生产管理体系，有效地提高了维修产量和维修质量。同时，公司积极开展"创建学习型组织，争做知识型职工"的活动，促进员工"由体力型向智力型、由经验型向技能型"的转化，激发了广大员工开展技术创新的热情。比如：员工将微钣金技术与快干漆工艺有机地结合，形成一套事故车快修工艺，提高了质量，缩短了用户等待时间，创造出更好的效益。近年来，公司累计创新项目73个，合理化建议948件，创造经济效益635万元；先后有4个基层单位获得"北京市经济技术创新先进单位"称号；15名员工被评为"北京市经济技术创新标兵"。

多年来，运用文化管理的手段，用"无真才难博八方信赖，有爱心方成百年祥瑞"的企业家训，教育员工了解和认识知识经济时代的特征，努力提高技术水平和创新能力，始终拥有竞争优势，始终保持在同行业的领先位置。

5. 以企业文化为内力,不断创新企业品牌文化建设。品牌是企业进入公众视野的通行证。公司引导旗下企业在提升主体文化的基础上,延伸子文化创造出的品牌价值和社会影响力。首先,公司着力打造"博瑞之家"的品牌集群形象。集团下属37家以博瑞冠名的企业,以市场经营活动为载体,通过各种宣传途径,提升"博瑞之家"品牌集群的影响力。2012年,公司参加第五届北京影响力评选活动,以"祥龙博瑞影响北京车生活"为主题,全面展示汽车服务全产业链的新模式、新形象,被评选为最具影响力十大企业之一。其次,公司引导下属企业积极培育和持续创建各自特点的汽车园区文化、子品牌文化,并与"博瑞之家"母文化相得益彰,形成集团文化的大系统。如,公司积极支持旧车市场沿用2SC品牌,组织"2SC杯坝上草原赛马文化节"以及2SC品牌文化公益活动,增强了企业品牌的凝聚力、感召力和社会影响力;总结和推广一分公司"博瑞一家"汽车园区文化的成功经验,给新园区建设带来了启示。

6. 以企业文化为内力,积极构建和谐企业,助推和谐社会建设。博瑞文化的一个重要理念就是构建和谐,这是企业基业常青、持续发展的需要。多年来,公司始终坚持从关爱员工入手,努力为职工办好事、办实事。新集团成立后,坚持执行原汽修公司建立的企业困难员工救助机制和"博瑞育人奖"的奖励机制。到2011年末,已经救助409名困难员工,金额达78.85万元;获得企业医疗救助的员工1252人次,总金额达1117.7万元。获得"博瑞育人奖"的员工子女821名,奖励资金84.14万元。有7名困难员工的子女获得了特殊奖金。公司始终以"社会为本,创造财富,奉献爱心"的文化理念教育引导干部员工,成立"博瑞爱心助教基金会",通过经营者和广大员工的爱心捐款,支持和帮助贫困地区发展教育事业。2005年至2011年,共集资127余万元,为房山后石门小学、通州杜柳棵小学改建校舍;在甘肃省庄浪县王山修建北京博瑞爱心小学,使学校的教学条件得到了全面改善。2012年,公司还举办了"平凉——北京夏令营"活动,组织11名王山小学师生到北京旅游参观,并继续为王山小学配备了电脑、电视,实现了电化教学。通过这些活动,培养了员工对社会的责任感。

三、企业文化建设中的几点启示

"博瑞",在公司就是立意高远、思想深邃、胸怀宽广、风格独特的企业精神,就是全员不断与时俱进,矢志追求科学发展的心劲与行程;"博瑞"精神,源于公司各个历史阶段的创业实践,凝聚着几代人的汗水和智慧,是思想文化的结晶。在企业发展历程中,"博瑞"精神就像汽车的引擎,就像发动机的润滑剂,引领博瑞集团公司在新的征程上加速发展。实践使我们深深体会到:

第一,企业文化建设必须有最高领导者的强力推进。公司为推动企业文化建设,专门成立了企业文化建设委员会,总经理和党委书记亲自挂帅,班子成员集体参与,为企业文化建设提供了充足的人、财、物资源,保证了企业文化建设的顺利推进,取得了今天的丰硕成果。

第二,企业文化建设是思想政治工作的有效载体。思想政治工作是国有企业的独特优势。但在新形势下,无论是汽修公司这个老企业,还是"祥龙博瑞"新集团,靠什么把企业里不同身份、不同所有制性质、不同文化水平、不同价值取向的员工思想意志、价值理念和行为统一起来?实践证明,只能靠强有力的企业文化。企业文化建设已经成为思想政治工作的有效载体之一,加强企业文化建设既是提升企业管理水平、培育企业核心竞争力的重要途径,也是企业思想政治工作创新的需要。

第三,企业文化建设是企业持续发展的助推器。企业文化建设的过程是"实践、认识,再实践、再认识"的过程,也是与时俱进,不断创新的过程。特别是新集团企业文化建设要在公司制企业、集团化管理、汽车服务全产业链构架、现代企业管理制度逐步建立和完善的新形势下,继续思考、探索和实践,逐步将文化管理作为企业管理模式的更高阶段,为企业科学发展、持续发展提供助力。

企业发展永不停息,企业文化建设也会永不停步。祥龙博瑞集团将紧密结合企业发展,不断对博瑞文化的内涵及表达形式进行完善,凝聚精神力量,统一员工的思想,努力完成企业新的历史转变,在博瑞文化的基础上搭建新的企业文化平台,为新集团的成长壮大提供更加强大的文化动力,助推新集团朝着更高的目标阔步前进。

（执笔人：桂艳虹　边洁）

北京市糖业烟酒公司

企业简介:

    北京市糖业烟酒公司成立于1949年,现隶属于北京二商集团公司,是一家具有悠久经营历史的国有大型商业批发企业,被商业部命名为"中华老字号"企业。公司主营酒类、食糖、食品饮料等商品,拥有"京酒"、"京糖"等多个自有品牌。在激烈的市场竞争中,坚持"主业是根,品牌是本,延伸是脉,创新是魂"的发展理念,努力创造新的业绩,综合指标在全市企业中位居前列。

企业文化凝心聚力促发展

中共北京市糖业烟酒公司委员会

一、开展企业文化建设的背景

北京市糖业烟酒公司成立于1949年,是北京二商集团旗下唯一一家以现代分销为主营业态的企业,主要经营食糖、酒类、食品饮料、化妆品等数千种商品。在跨越半个多世纪的发展历程中,孕育形成了独特而深厚的文化积淀,以"服务第一,诚信至上"的经营之道、以"坚忍、勤勉、勇于创新"的奋斗精神为代表的企业文化,是北京糖酒人聪明才智与优秀品质的集中体现,是历经几代糖酒人不断继承、弘扬、丰富、发展的文化精髓,始终贯穿于企业发展的全过程之中,支撑着糖酒公司走过了改革开放与市场经济的洗礼,收获了经营大发展、面貌大改观的累累硕果,也铸造了"北京市糖业烟酒公司"的金字招牌。

随着市场经济的深化,面对着外部市场环境变化和企业自身发展目标的双重压力,以及日益激烈的市场竞争所带来的新挑战,如何进一步统一思想,凝聚起广大干部职工的智慧与力量,共克时艰,拼搏奋斗,推动企业快速健康发展,成为需要破解的重大课题。糖酒公司党委深刻认识到,全面开展企业文化建设工作,对于营造团结奋进、拼搏奉献的发展氛围,进一步增强企业归属感与凝聚力,不断提升企业核心竞争力,是破解发展难题、突破发展瓶颈、加快发展步伐的必由之路。2007年7月25日,糖酒公司企业文化建设启动大会的召开,标志着糖酒公司企业文化建设工作全面启动。

二、建设企业文化的基本做法

1. 加强领导、深入宣传,营造企业文化建设氛围。为全面推动企业文化建设工作,糖酒公司党委将企业文化建设列入重要日程,切实加强领导,成立了由党政主要领导任组长的企业文化建设领导小组。下发加强企业文化建设的相关文件,明确开展企业文化建设的目的意义、主要内容、时间安排、组织领导及工作要求等。将企业文化建设写入《北京市糖业烟酒公司2010—2015年发展战略规划》和《北京市糖业烟酒公司2010—2015年党建工作规划》中，并将相关内容纳入《党建工作目标责任书》中做重点考核，考核结果作为奖惩依据，与绩效年薪挂钩，有力地推动了企业文化建设形成上下互动、协调配合的格局。加大宣传教育力度，特邀国内企业文化建设方面的知名专家学者及二商集团宣传部门领导就企业文化建设作专门讲解与培训。充分利用宣传栏、橱窗、企业简报、信息网等宣传工具普及企业文化知识，大力宣传企业文化建设的目的意义及糖酒公司的发展战略目标。通过扎实有效的工作，全体干部员工对企业文化的认识不断深化，为推进企业文化建设营造了良好的氛围。

2. 深度挖掘、注重凝练，形成企业文化体系。从认真做好调研设计环节入手，聘请有关专家协助开展企业文化方案的调研与设计。先后召开了公司领导及所属各单位党政负责人参加的企业文化座谈会，组织了公司本部各部室负责人、所属各单位党政主要领导及职工代表共计200余人参与的企业文化建设问卷调查，并向业务关系密切的酒厂、经销商发放了合作伙伴调查问卷。通过对收回的问卷分类汇总、深入分析研究，最终形成了对理念识别(MI)系统设计与企业文化核心价值开发模式的基本共识。依据调研结论，结合与二商集团企业文化体系的"母子文化"联系和对原有企业文化内涵的挖掘整理，将糖酒公司长期经营实践中形成的、从战略上引领企业发展的"主业是根，品牌是本，延伸是脉，创新是魂"的经营思路确定为公司的经营理念。依据行业发展趋势，将部分在计划经济时代形成的却不适应市场经济发展需要的理念及时淘汰，引入了"客户满意最大化"的服务理念，引导广大员工进一步更新观念，转变工作作风，强化服务意识，以优质高效的服务为企业创造新的价值。提出了反映糖酒公司发展需要、对企业经营管理有指导作用的"与客户共赢，与市场共荣"的经营宗旨；"以能为本，高效和谐"的管理理念；"重学历更重能力，重资历更重业绩"的人才理念；"赢在速度，赢在细节，赢在执行"的工作作风和"以德修身，以廉执业"的廉洁理念。推出了独具糖酒公司特色的主打广告语"醇美生活，甘甜万家"，并设计了企业标识，规范了视觉识别(VI)系统与行为识别(BI)系统。2008年2月初步构建起糖酒公司企业文化体系架构。

3. 立足实际、抓好结合,深入开展企业文化建设活动。糖酒公司党委立足企业实际,紧紧围绕经营管理中心工作,深入开展多种形式的企业文化建设活动,充分调动发挥广大干部员工的积极性、主动性与创造性,使企业文化建设的过程成为坚定信心、振奋精神的过程,成为凝心聚力、共谋发展的过程。

2009年,恰逢糖酒公司成立60周年,公司党委将60周年庆祝活动纳入到企业文化建设活动之中。6月16日,在北京饭店举行北京市糖业烟酒公司成立60周年庆典招待会。会上播放了《奋斗·超越——北京市糖业烟酒公司成立60周年专题片》,举行了"起航"仪式,各界嘉宾致辞,整个大会气氛浓重热烈,通过回顾糖酒公司60年发展的光辉历程,宣传了企业改革发展的成果、经营的品牌,展示了作为中华老字号企业的良好形象。6月18日,召开了北京市糖业烟酒公司成立60周年纪念大会,举行了企业文化发布及启动仪式,播放了《北京市糖业烟酒公司企业文化发布》宣传片。广大干部职工于喜悦之中备受激励,于文化氛围中进一步增强了企业归属感、自豪感与责任感。11月19日,糖酒公司召开了企业文化宣传推广会,公司经理张德春以《铭记一份使命 担当一份责任》为题作了主旨讲话,并特邀中国企业文化研究会副理事长、北京财贸职业学院副院长王成荣教授为参会人员做了企业文化培训,印发了《北京市糖业烟酒公司企业文化建设实施意见》,发放了《北京市糖业烟酒公司企业文化手册》、《视觉识别系统手册》以及企业文化宣传张贴画。一系列活动外塑了形象、内聚了人心,开启了推动糖酒公司发展的动力之源。

公司党委把2010年作为企业文化宣传年,开展了形式多样的文化活动。按照《北京市糖业烟酒公司视觉识别系统手册》要求,逐步规范办公场所、办公用品、产品内外包装、主要建筑物装饰等的企业标识的应用,着力塑造糖酒公司整体形象。继续完善企业文化体系,开展司歌征集活动,经过层层甄选、广泛征求意见,集中全体干部职工的智慧,形成了《北京糖酒之歌》,并在年初"明星工程"总结表彰大会上正式发布。随后与《北京市糖业烟酒公司企业文化发布》宣传片一起制作成光盘下发所属各单位,掀起学唱司歌、普及文化的热潮。为进一步营造"全员参与、深入宣传、广泛认知"的企业文化氛围,开展了以知识竞赛和"司歌大家唱"为内容的企业文化宣传日活动,展现广大干部员工奋发向上、开拓进取的精神风貌,为糖酒公司顺利完成全年各项任务目标起到推动作用。

2011年作为糖酒公司企业文化贯彻年,公司党委继续坚持用文化凝聚人心,用文化促进管理,用文化规范行为,用文化打造品牌。年初,对所属各单位企业文化建设情况进行摸底,检查实施贯彻《北京市糖业烟酒公司视觉识别系统手册》情况,检查各项经营管理制度,推动企业文化理念与经营管理制度的有效对接。年底,召开销售突破50亿元庆功表彰誓师大会。大会气氛热烈、隆重、团结、简洁、喜庆,播放了《实现新跨越铸就新辉煌——北京市糖业烟酒公司销售突破50亿元纪实短片》,对销售突破50亿元作出贡献的单位与个人及"青年榜样"、"优秀青年"进行了奖励表彰。公司经理张德春以《上下同欲 实现新跨越 乘势而上 誓夺开门红》为题做了主题讲话,在回顾2011年公司所取得成绩的基础上,结合公司实际和"十二五"时期新的发展定位提出了新的希望,并进一步激励广大干部员工要以突破50亿元为新起点,以奋斗超越为目标,认清形势、牢记使命、坚定信心、振奋精神、再接再厉、乘势而上、再创佳绩,为集团"励精图治、跨入百强、打造中国食品产业强势集团"目标的圆满实现、为早日把公司打造为效益糖酒、和谐糖酒、幸福糖酒,成为国内一流的现代分销企业做出新的更大的贡献。

所属各基层党支部按照公司党委的部署要求,开展了各种形式的企业文化宣传活动。东城公司党支部建立了自己的网站,开设了"酒歌网"网上直营店,宣传了企业形象、文化与主营商品,拓宽了销售渠道,增强了市场影响力。京酒销售中心党支部在建党90周年之际,以"秀出文化,献礼七一"为主题,精心挑选了9位女职工利用业余时间,用时三个月一针一线绣出的糖酒公司"点滴之间,卓越无限"的企业精神和"主业是根,品牌是本,延伸是脉,创新是魂"的经营理念及"在北京喝京酒"的广告语等9幅十字绣作品向七一献礼,展示了京酒中心女职工的精神风貌。酒类公司党支部开展了学习一次公司企业文化手册、制作一套工装、装饰一个企业文化展室、组建一支司歌演唱队的"四个一"活动,引导广大干部职工争做企业文化的参与者、宣传者和实践者。鑫升商场党支部开展了企业文化宣讲,通过幻灯片的形式分别展示了公司成长篇、文化篇和荣誉篇,介绍鑫升商场组建成长过程、自身管理理念以及近年来取得的各项成绩和荣誉,激励着青年员工勇担重任,为企业发展奉献青春。

三、企业文化建设的主要成效

糖酒公司党委全面推进企业文化建设工作，通过有效挖掘企业的优良传统与文化精髓，整理形成了传承创新、独具特色的企业文化体系。通过广泛开展形式多样的宣传推广活动，努力做到企业文化宣传教育全覆盖。不断深化全体员工对企业文化的认识，形成全体员工时时处处置身于企业文化建设大环境中，达到潜移默化的效果，从而进一步统一了思想、明确了目标、坚定了信心、提振了精神，使广大干部职工由"要我这样做"转化为"我要这样做"，增强了文化认同感与企业归属感，提高了执行力，进一步提升了企业形象，扩大了企业影响，为推动糖酒公司"经营上台阶、管理上水平"营造了良好的文化氛围。

在企业文化建设全面开展的同时，也进一步推动了糖酒公司"明星工程"创建活动的持续深入开展，涌现出了一批明星集体和个人。"营销先锋"北方洋酒公司2011年继续扎实推进经营，瞄准高端市场，打造亮点，力推华都大师酒，狠抓高尔夫茅台、金奖茅台等系列酒销售，全年实现销售收入16.54亿元，继续保持了领先地位，为糖酒公司的发展做出了突出贡献，并连续七年被评为"明星企业"。全国"五一劳动奖章"获得者、食糖经营公司业务员李贵茹，始终坚持以忘我的热情和执着打动客户，用最好的服务赢得客户忠诚，站在客户的立场为客户着想，一切行动着眼于企业利益，销售业绩逐年攀升。2011年创下4.7亿元的个人销售新高，连续七年被评为"金牌销售明星"，并被授予"金质奖章"和"销售模范"荣誉称号。这些集体和个人以实际行动践行着糖酒公司企业文化的核心理念，成为全体干部员工学习的榜样。在全体干部员工的奋力拼搏和共同努力下，糖酒公司2011年累计销售额一举突破50亿元，达到54.13亿元，再次刷新了历史新纪录，书写了企业发展新篇章。"明星工程"创建活动也已经成为塑造企业形象的展示平台和糖酒公司企业文化的重要组成部分。

（执笔人：黄恺）

北京市东方友谊食品配送公司

企业简介：

  北京市东方友谊食品配送公司隶属于北京二商集团有限责任公司，是以食品冷链物流、肉类经营、仓储、现代分销、专业化市场为主业的大型国有企业。曾被评为"全国创建和谐劳动关系模范企业"、"全国农产品综合批发百强市场"、"中国优秀诚信企业"、"北京市纳税信用A级企业"和"商业品牌一百强"。

创新企业文化　助推企业发展

■ 中共北京市东方友谊食品配送公司委员会 ■

　　北京市东方友谊食品配送公司(以下简称东方友谊公司)隶属北京二商集团有限责任公司,是以食品冷链物流、现代分销、专业市场及肉类屠宰加工为主业的大型国有企业。公司雄厚的冷冻仓储资源,规范的购、销、存流程管理,现代化网络信息平台,科学的管理认证体系,先进的食品检测设备,为客户提供安全放心的食品。50多年的企业发展历史,形成了东方友谊自有的文化传承,我们在注重企业经营发展的同时,也力求使企业文化在传承国企社会责任,实现公司"打造商贸型冷链物流领军企业"的企业愿景,推动管理创新中成为基本驱动力。

一、东方友谊企业文化建设发展历程

　　1. 在企业合并重组中融合(1994—2003年)。1994年,在二商集团资源优化重组的战略调整基础上,由北京市食品供应处和西南郊食品冷冻厂合并组成东方友谊公司。企业成立初期,通过实施"以市兴库、以库养市"和"以三条主线为突破口,全面调整经营结构"两大战略,给企业带来了快速发展。面对两个老的国有企业整合带来的文化融合的问题,公司开始了企业文化建设的初步探索。1994年,在通过广泛讨论,向职工征求意见基础上,由职工自己设计了"和平鸽"为主题形象的司徽,融合原两个企业的传统文化和管理经验,逐步建立各项规章制度,初步形成了员工统一遵循的行为准则及规范。企业文化产生了增强企业凝聚力和感召力的重要作用。

　　2. 在战略调整中形成体系(2004—2007年)。2004年,随着冷链物流产业兴起,东方友谊公司审时度势,调整企业发展战略,确立了"打造具有核心竞争力的冷链物流强势企业"的发展目标,设置冷链物流、现代分销、专业市场为主导的三大业务板块。公司将理念文化进行凝练并明确写进战略实施方案。制定了《企业文化视觉识别系统规范化手册》,重新设计企业司徽、司旗等企业文化视觉识别系统,对公司院内建筑物外墙进行统一颜色粉刷,根据不同岗位要求制作标准工作服装,实行可视化管理。通过企业文化系统的建立和健全,向科学、标准化管理的现代经营型企业迈进。

3. 在企业发展中整合提升(2008—2011年)。在二商集团公司母子文化体系确立的基础上,适应企业发展的客观需要,公司全面强化企业文化建设,开始制订详细的企业文化建设整合提升方案。2008年11月,公司企业文化展室落成,标志着企业文化建设进入了整合提升阶段。2009年,召开了企业文化发布会,颁发了经过修订的企业文化手册,形成了一系列企业文化管理制度,形成适应冷链物流产业发展要求,体现东方友谊特色的企业文化体系,为全面实现"打造冷链物流领军企业"的战略目标提供了有力支撑。

4. 在企业转型的探索中实施(2011年至今)。2011年以来,公司积极探索科学转型之路,谋求在"十二五"期间持续健康发展,早日实现"打造北京商贸型冷链物流领军企业"的企业愿景。在公司企业文化建设日趋完善的基础上,将企业文化建设的重心转向基层单位,要求基层各单位根据公司母文化的核心精神,构建具有自身特点的子文化体系,解决企业文化落地问题,使企业文化真正成为助推企业发展的有力支撑。

二、东方友谊企业文化建设体系

东方友谊公司始终坚持企业文化建设贴近生产、贴近经营、贴近管理、贴近改革的"四个贴近"原则,突出"以人为本,多维结合"两个重点,从物质文化、行为文化、制度文化、精神文化四个方面整体推进系统运作。

1. 建立企业文化组织领导机构。成立了以党委书记、总经理为组长,党委副书记、纪委书记、工会主席、公司副经理为副组长,各基层单位书记、本部部室负责人为成员的企业文化建设委员会,负责企业文化建设工作的决策、领导、监督和评价。明确企业文化建设的指导思想、原则、任务、步骤、措施和具体要求,制定企业文化战略实施方案。建立公司级文化和基层单位两级企业文化管理体系,落实党政一把手责任制,建立企业文化宣传员队伍。通过建立完善的组织机构,形成企业文化建设网络体系,为构筑东方友谊特色文化提供坚实的组织保障。

2. 统筹规划企业文化战略。东方友谊企业文化建设以"大家的文化大家建"为基本建设思路,把"科学发展观"和"企业发展战略"作为两大指引,遵循"循序渐进、引导激励、开放融合"三大方针,坚持文化建设"系统化、规范化、制度化、科学化"的四项原则。与企业"十二五"发展规划相匹配,制定了企业文化建设五年规划,并确定每年企业文化建设的主题。如:2011年为整合文化,2012年为铸造文化,2013年为引领文化。

3. 建设企业文化理念体系。东方友谊企业文化理念体系包括企业愿景、企业价值观、经营哲学、管理理念等共13条核心理念。理念提炼经过三个步骤,一是分解深化。在原有企业文化理念的基础上,聘请专家培训讲座,召开领导者、管理者和员工座谈会,深入调研企业的发展内涵、传统内涵和价值观内涵,形成调研报告。二是凝练提升。在充分调研的基础上,企业文化建设小组提出能精辟反映企业内涵的企业理念精炼语句,广泛征求各方面、各层次意见,然后进行讨论和筛选。经过10余次研讨会,最终确定企业文化主要理念。

企业愿景:国际一流的都市型食品生产商、供应商、服务商

企业使命:提升民生品质,引领健康生活

企业价值观:信为业本,智为利源

企业精神:点滴之间,卓越无限

企业哲学:强者胜,快者胜

经营理念:捷足先登,步步为赢

经营哲学:突破一点,赢得一片

管理理念:决策靠执行,绩效论英雄

企业作风:责任第一,效率为先

服务理念:员工为客户服务,企业为员工服务

品牌理念:高端品质、高端服务,成就高端品牌

员工铭:奉献企业成就自我,奉献社会成就企业

广告语:冷暖相知,链通你我

4. 建立企业视觉识别系统。 在理念系统建立的基础上,公司不断完善"视觉识别系统"。将视觉识别系统与企业品牌相融合,促进管理,提高效益。

印制企业文化手册。企业文化手册通过10余稿修改后定稿,下发到员工手中,进行企业文化宣贯工作,增强员工的向心力和凝聚力。

建立东方友谊企业文化展室。展室作为企业文化内涵的"物化"载体,发挥文化传播作用。征集了企业发展的历史图片上千张,搜集历史实物及资料上百余件。展室于2008年11月29日落成,以"责任成就历史,使命铸造辉煌"为主题,共分为"流金岁月"、"光辉历程"、"东方在前进"、"特殊供应任务"、"领导关怀"五部分展区。企业文化展室浓缩了企业历史文化,对内是激励、教育职工,凝聚人心、培养文化认同感的基地;对外是展示企业形象,提升企业美誉度的窗口。2009年8月15日,中共中央政治局委员、中央书记处书记、中组部部长李源潮同志调研基层党建工作时来到公司企业文化展室视察,给予充分肯定并为展室题字:"历史光荣、责任重大。"展室落成四年来,共接待各级领导、各界同仁来访近两万人次。企业文化展室为企业积蓄文脉,树立企业良好品牌形象发挥了积极作用。

录制企业文化宣传片。组织员工参与企业文化宣传片录制,增强了员工的主人翁意识。通过宣传片的播放,宣传企业和品牌形象,展示行业发展动态。

5. 形成企业行为识别系统。东方友谊公司的责任理念立足企业实际,提高工作效率,提升执行力。企业行为识别系统分为领导者行为规范、管理者行为规范和员工行为规范三个层次。

领导者行为规范从四个方面提出要求:精心谋划,思危求变,知人善任,公正廉洁。

管理者行为规范从四个方面提出要求:敢于负责,勇于创新,精于执行,善于合作。

员工行为规范从四个方面提出要求:忠诚守信,崇学求知,遵规明理,协作共进。

三、东方友谊企业文化建设落地途径

1. 以争优创先活动为载体推进绩效管理。东方友谊公司在确定企业文化理念识别系统后,将企业文化内涵运用到管理中。党委把创先争优主题实践活动与企业文化建设相结合,把握企业文化、企业党建与绩效管理之间存在的内在联系,不断推进企业文化落地。在开展创先争优主题实践活动中,以"岗位建规范、服务上水平,本职岗位显先锋"为主

题,在全公司开展了制定和落实岗位服务规范工作。各基层单位进行岗位标准和服务标准全员培训,发挥党员落实规范的先锋模范作用,提高了公司整体服务水平。根据"决策靠执行、绩效论英雄"的管理理念,实行目标管理、绩效管理。以上报"折子工程"为抓手。公司每个部门、每个单位年初通过调研讨论上报折子工程,依据统一表格设置,详细填报每项工作的内容、措施、负责人、协作人和预期效果。每项工作具体化、可视化、数量化,为绩效考核提供了科学考评依据。

2. 深化品牌理念大力推进品牌建设。在运用"视觉识别系统上"下工夫,做好产品品牌宣传。

日配库建立了参观通道和企业文化墙,使客户能够清晰地看到货物验收、分拣、配送的全过程,通过文化墙详细了解物流业务流程,增强客户对冷链物流事业部所提供的物流解决方案的透明度和信任度。冷链物流业务板块自2004年成立以来,业绩每年以30%–40%的速度增长,2011年实现销售收入10822万元,同比增长40.7%。

三十四号供应部作为50余年承担国家重大国事、外事活动的食品供应机构,在保证国家政治任务的基础上,不断开拓市场,运用多年的专供经验、安全采购渠道、严格检测手段,研发"三十四号"自有品牌商品,以成立团供部为契机,将"三十四号"干菜和专供酒推向市场,为首都和全国人民提供高品质商品、高价值服务。

3. 坚持经营哲学强化经营管理。以"突破一点赢得一片"的经营哲学为指导,探索冷链物流运作新模式,通过拓展冷库延伸服务赢得了商户的信任。先后成立装卸队、站台管理部、车场管理部,规范管理商品出入库秩序和院内交通管理,经营利润每年达400万元以上。

2011年,公司通过客户调研,了解到中小企业客户贷款难的问题,与多家银行洽谈贷款抵押监管项目,为3家中小企业商户解决1000余万元贷款,解决了燃眉之急。公司以金融服务为突破口,探索如何将虚拟经济与实体经济更好地融合在一起,使企业发展步入更加科学、良性的发展轨道。

东方友谊公司2011年销售收入较2006年销售收入增长了173.59%,利润增长了156.64%;人均收入以每年8%的幅度递增。

4. 坚持以人为本构建和谐企业。东方友谊企业文化强调"人本"管理,公司创办的"干群沙龙"成为领导同员工心与心沟通和交流的平台。"干群沙龙"活动宗旨为"学习传播新知识、新理念;探索企业存在的问题和解决途径,为干部、员工搭建沟通交流的平台"。"干群沙龙"可由各部室组织,指定专人参加;也可由基层单位提出课题,指定公司部室或公司领导参加;还可由员工个人提出某部分人参加开展自由交流。自2004年6月8日开始至今,共召开各种涉及企业发展和员工培训的沙龙会76场次。"干群沙龙"推进了企业民主管理,密切了干群关系,是建设和谐企业的一个创新之举。

(执笔人:宋颖)

北京铁路局丰台车辆段

企业简介:

    北京铁路局丰台车辆段始建于1902年,距今已有上百年的历史。现在已经发展成为中国铁路最大的货车车辆段,管辖范围覆盖北京、天津、河北、辽宁、内蒙古、山东、山西、河南等六省区两市。安全保证区段5148公里,每年担负着1500余万辆货车日常检修任务。丰台车辆段以开展安全文化建设为引领,为确保全段安全稳定、和谐发展。全段安全基础建设不断加强,管理制度和机制不断完善,职工队伍精神面貌和综合素质有了明显提升,企业凝聚力明显增强。

以安全文化为引领
大力推进企业文化建设

中共北京铁路局丰台车辆段委员会

北京铁路局丰台车辆段在推动企业发展中,大力加强企业文化建设,先后荣获"首都精神文明建设先进单位"、全路"先进基层党组织"等荣誉称号。丰台车辆段的《铁路运输站段合并整合后的安全文化建设》、《大型铁路站段合并重组后的管理整合》分别荣获第十五、十六届国家级企业管理现代化创新成果二等奖。国家安全生产监督管理总局、《中国安全生产报》对我们丰台车辆段安全文化建设情况给予了重视和专题报道。

374

一、注重文化融合,构建创新发展的理念体系

经过四次整合而成的新丰台车辆段,不同地域职工在文化底蕴、思维方式、行为理念上的差异和矛盾,迫切需要共同的文化理念统一思想和认识。我们以构建职工易于接受、自觉遵循的共同理念为切入点,把培育形成统一的价值观,作为企业文化建设的首要任务。

1. 抓实理念培育。在总结提炼原有做法的基础上,我们把理念文化的培育建立在职工群众的全员参与上,在全段广泛开展以企业精神、企业愿景、方针目标等为主要内容的理念征集活动,形成了人人动手编写理念,人人动口讨论理念的热潮。通过梳理归纳、层层筛选,最终提炼形成了以"创建全国铁路一流货车车辆段"的企业愿景、"务实奉献、学习创新、追求卓越、和谐发展"的企业精神为纲,以学习理念、安全理念、管理理念、质量理念为目,以各车间、班组、工种安全理念为支撑和补充的企业文化理念体系。

2. 注重理念融合。一是培训灌输。先后两期组织全体中层干部参加铁道部、路局党校集中培训,聘请国内知名企业文化建设专家罗云教授授课,组织到现代汽车、齐齐哈尔车辆厂等企业文化先进单位实地参观,使大家从理论层面上对企业文化理念有一个清晰的认识。二是学习认知。在管理层组织学习《企业文化务实手册》、《管理心理学》,在职工层组织学习《员工突击》、《你为什么工作》等书籍,在局域网开辟专栏交流干部职工读书学习体会,加深大家对企业文化理念的认知。三是教育引导。通过拍摄制作全方位反映丰台车辆段整合后段容段貌、改革成果、先进典型和职工精神风貌的《新丰辆》、《铸魂》电视专题片,编印《企业文化画册》,创办反映职工生产生活的《新丰辆》季刊,征集段旗、段徽方案,建立企业文化建设专题网页、长廊等手段,扩大了企业文化理念教育的覆盖面。

3. 健全工作机制。在组织领导上,形成了党政主要领导共同负责,党委主抓,党委宣传科和安全科牵头组织协调,各职能科室相互配合、分工落实,各车间党总支、党支部积极参与、发挥作用的工作格局。在总体规划上,制定了段《企业文化建设实施规划》、《推进计划》和《考核评估标准》,明确了企业文化建设的指导思想、总体框架和推进措施。在推进落实上,建立健全了企业文化会议制度、考核评价、经费保障等工作制度,把企业文化建设纳入每半年车间工作一体化综合评估、"四强党总支"验收和"最佳科室"评比。职责明确的管理机制为企业文化理念体系的推行和渗透,提供了重要保证。

二、以人为本,打造精益求精的管理文化

我们以打造干部职工主动遵循、科学合理的现代管理机制为着力点,既注重运用科学精细的管理方法,更将以人为本的理念贯穿始终。

1. 在创新安全管理中深化教育。探索建立了段、车间、班组三级安全保证体系、安全管理流程和以安全生产责任制为中心的安全逐级负责制。特别是在全路推行安全风险管理中,对全段20余项安全生产基本制度逐一逐项进行了修订,形成了以系统管理为主线、以专业管理为重点、以综合管理为基础、以区域管理为依托、以车间管理为支撑、以逐级负责为保障的安全管理模式。在推行中,大力开展"让管理理念成为行为习惯"的主题教育实践活动,通过征集安全漫画、制作安全Flash动漫片、编印《小错误诱发大事故》的"危险镜头"宣传页和"事故剧场"宣传画、"安全生产图片展"深入到各作业场巡回展出等。通过多种形式的安全教育

活动,不断强化干部职工的安全责任意识,使企业安全生产的管理责任更明确,管理基础更扎实,管理效果更明显。

2. 在强化质量管理中提升品位。以ISO9000贯标为契机,按照"精细策划、精确执行、精品保证"的原则;组织清理、修订、完善已有的技术操作规程和管理标准,实施严格的质量跟踪反馈,不断追溯和改进,形成了科学规范的质量管理体系。为全面推行质量管理,我们以四零,即"管理零距离、工艺零缺陷、检修零误差、设备零故障"为目标,积极推进"6S"管理活动开展,编印《现场管理硬功夫》《6S》知识读本,组织职工学习和实践。在石景山南运用车间召开安全文化建设成果现场会,在全段范围内推广扩展。各检修车间"轴上架、轮成串",现场作业流程规范、标识清晰、环境整洁,有力促进了现场规范管理。

3. 在实施情感管理中筑牢防线。坚持严格管理与关爱职工相结合,运用"情感安全管理",大力营造"家"的氛围。段党委开发党员信息平台系统,定期发送短信进行亲情提示;各车间运用情感管理,通过制作各具温馨特色的"全家福",贴在更衣箱等处所;与职工家属签订"安全包保责任书",积极发挥家属保安全的第二道特殊防线;每年评选"安全文明模范家庭",对模范职工和家属披红戴花、授牌表彰;部分车间自行研制"亲情语音提示器",职工进入工作区域时首先听到的是家属的亲情嘱托;无处不在地反映夫妻爱、儿女情内容的揭挂提醒式、人性化标语等,更灵活、更富有创造性地将安全文化的触角向家庭延伸,增强了职工对单位的认同感和归属感,为企业发展奠定了坚实的文化基础。

三、规范标准,培育自觉从严的行为文化

我们以培育干部职工对企业管理的个人响应和情感认同为出发点,以此引领和导向职工的职业行为。

1. 规范干部管理行为。制定《干部履责说明书》,446名干部人手一份。从理顺工作关系、明确任职要求、规范工作项目、细化工作标准四个方面,对各级干部该履行哪些职责、如何履行职责提出具体要求,并以铭示牌的形式统一摆放在办公桌上,时刻提醒每名干部切记工作职责,自觉履行管理责任;实施干部绩效考核和日常工作写实制度,细化各级管理干部的职责、任务和要求,量化干部安全包保任务和指标,规范约束干

部管理行为。促使各级干部将段价值理念融入到日常管理行为之中,自觉塑造"从严管理、按章办事"的良好形象。

2. 规范职工作业行为。制定各岗位工种《作业指导书》,对每个岗位的作业流程进行细化明示,坚持用科学的安全理念、严格的安全规章、标准的作业行为培育规范职工。专门拍摄了检修、运用、动态检测三个系统的标准作业过程的示范片,以班组为单位组织每名职工学习。在全段226个生产班组中推行岗前安全宣誓活动,规范宣誓形式,明确宣誓内容,统一制定岗位"安全承诺誓词",各车间分别建立了"宣誓台",通过全员岗前宣誓,约束职工践行安全理念,规范作业行为,引导职工逐渐养成"遵章守纪、按标作业"的良好习惯。

3. 提升职工职业素养。大力倡导"让学习成为第一需要"的理念,充分利用全段教育培训基地资源,广泛开展"每日一题、每周一课、每月一考、每季一比"的岗位技术练兵、事故救援应急处理演练和技术大比武等内容丰富、形式多样的安全技能训练,使职工的安全职业素养和技术业务水平有了明显提高。

四、渗透引领,塑造舒适和谐的环境文化

我们以重视职工的精神需求和打造企业文化品牌为落脚点,着力塑造企业文化建设的硬环境和软环境。

1. 坚持环境塑造。以职工摸得着、看得见、能够直接受益的环境文化建设为突破口,制定环境文化建设标准。以车间科室部门为单元,大力美化工作环境、净化作业场地、规范岗位标识、更新宣传阵地。全段范围内的格言警句、安全提示、宣传橱窗、文化长廊和具有各自特色的小雕塑、小景观等,无不体现了企业文化的渗透力量。各车间自己编印的企业文化手册、拍摄的职工全家福照片、建立的防止典型故障展览台等,时刻提醒职工牢记安全不放松。

2. 注重文化渗透。通过借助主题鲜明、生动活泼、喜闻乐见的各种活动载体的影响和渗透,使职工在寓教于乐中陶冶情操、提升文化品位和思想境界。以"共筑安全屏障,唱响和谐丰辆"为主题,每年举办段职工体育运动会、文化节,开展"红五月"歌咏比赛、元旦春节家属联谊团拜等活动。深入开展送文化到一线活动,邀请中铁文工团到车间现场慰问演出,开展职工书画、摄影、文学作品竞赛,编辑《墨镜情深》、《我的书》、《祖国颂、丰辆情》等书籍。尤其是2009年举办的"红歌会"参加了央视激情广场节目,威风锣鼓队参加了国庆60周年庆典。丰富多彩的文化活动不仅培育了职工的团队精神,而且提升了职工的文化素养和安全追求。

3. 推进典型引领。以深化"典型引领工程"为主线,一方面通过深入挖掘各类先进典型,开展"寻找闪光点"活动、评选"标准化职工"、设立光荣榜、举办先进事迹报告会、建立标兵劳模宣传一条路、加大工人技师、高级技师选拔力度等多种措施,增强企业文化建设的视觉感染力,进一步营造全段上下共保安全的浓厚氛围。另一方面注重发挥企业文化建设典型示范作用,定期评选安全文化示范车间和示范班组,颁发奖牌授予荣誉称号。我们深入挖掘石景山南运用车间安全文化建设的内涵,制作了《锤声》示范片,组织各车间科室参观学习,推动企业文化建设蔚然成风,聚合为安全生产持续发展的深厚内力。

（执笔人：曹学军　段学军）

后记 POSTSCRIPT

　　《文化驱动——北京市国有企业企业文化建设新探索》一书,经过中共北京市委宣传部宣传处、北京市国资委宣传处和北京市企业文化建设协会的共同努力,于今年11月下旬顺利付梓。

　　全书共30万字,图文并茂,内容翔实,展示了北京市属国企在企业文化建设方面的新认识、新成就;总结了从文化管理到文化驱动的新探索;勾画了企业文化建设的发展脉络,为进一步加强企业文化建设提供一本好教材。

　　本书编著过程中,中共北京市委宣传部、北京市国资委和北京市企业文化建设协会的领导,共同研究,相互配合,具体组织了全书设计、组织协调等各项工作。本书从3月21日部署,到11月底书籍正式出版面世,在8个月的时间内,北京市国资委系统各单位积极响应,踊跃参与,认真撰稿,严把质量,从而确保了42家一级企业的54个单位经验材料编入该书。在此对参与本书策划、采访、撰稿、编辑、校对等工作,付出辛勤劳动的同志们一并表示衷心的感谢和诚挚的敬意。

　　由于时间、能力所限,本书难免出现疏漏之处,欢迎读者批评指正。

《文化驱动》编辑委员会

2012年11月

图书在版编目(CIP)数据

文化驱动 / 中共北京市委宣传部, 北京市国资委, 北京市企业文化
建设协会编. —北京 : 同心出版社, 2012.7
　　ISBN 978-7-5477-0113-3

　　Ⅰ.①文… Ⅱ.①中… ②北… ③北… Ⅲ.①企业文化 – 建设 – 中
国 – 文集 Ⅳ.①F279.23-53

　　中国版本图书馆 CIP 数据核字(2012)第 132452 号

文化驱动——北京市国有企业企业文化建设新探索

出版发行：同心出版社

地　　址：北京市东城区东单三条 8–16 号东方广场东配楼四层

邮　　编：100005

电　　话：发行部：(010)65255876

　　　　　总编室：(010)65252135–8015

网　　址：www.bjd.com.cn/txcbs/

印　　刷：廊坊市海涛印刷有限公司

经　　销：各地新华书店

版　　次：2012 年 11 月第 1 版

　　　　　2012 年 11 月第 1 次印刷

开　　本：787 毫米 × 1092 毫米　1/16

印　　张：24.5 印张

字　　数：300 千字

定　　价：45.00 元